修訂四版

International Law in Peacetime

平時國際法

蘇義雄 著

三民書局

國家圖書館出版品預行編目資料

平時國際法 / 蘇義雄著.－－修訂四版五刷.－－
　臺北市：三民，2016
　　面；　　公分

　ISBN 978－957－14－4896－1　（平裝）
　1.國際法

579.3　　　　　　　　　　　　　　96019171

© 平 時 國 際 法

著 作 人	蘇義雄
發 行 人	劉振強
著作財產權人	三民書局股份有限公司
發 行 所	三民書局股份有限公司
	地址　臺北市復興北路386號
	電話　(02)25006600
	郵撥帳號　0009998-5
門 市 部	(復北店)臺北市復興北路386號
	(重南店)臺北市重慶南路一段61號
出版日期	初版一刷　1979年10月
	增訂三版一刷　2001年11月
	修訂四版一刷　2007年10月
	修訂四版五刷　2016年8月
編 　 號	S 583350

行政院新聞局登記證局版臺業字第○二○○號

有著作權‧不准侵害

ISBN　978-957-14-4896-1　（平裝）

http://www.sanmin.com.tw　三民網路書店
※本書如有缺頁、破損或裝訂錯誤，請寄回本公司更換。

修訂四版序

本版修訂重點如下：

一、更正文字或內容之錯誤。

二、重新改寫部分章節內容。

三、增補新資料。

蘇　義　雄　謹識

中華民國九十六年十月

增訂三版序

　　增訂三版「平時國際法」係在舊版原有架構下增補改寫而成，具有下列特色：

　　一、國際法基礎理論部分全部重新改寫。

　　二、依據現階段國際法之發展，增補最新資料。

　　三、深入剖析國際法之重要問題。

　　四、增加國際環境保護法。

　　五、更正舊版本文字或內容之錯誤。

蘇　義　雄　謹識

中華民國九十年九月

修訂二版序

　　本書自民國六十八年出版以來，國際法在海洋法、航空法、人權法、國家繼承、國家責任等方面均有重大發展，尤其是一九八二年聯合國海洋法公約的通過導致傳統海洋法制度的根本變動。作者依據五年來研究心得，重新改寫海洋法，並就其他部分補充最新資料，舊版本錯誤之處亦一併校正。

蘇　義　雄　謹識
中華民國七十八年十月

自 序

　　國際法不僅是一門變動與發展極為快速的學科，其法理與判例更浩瀚如海。學者認為治國際法有下列困難：

　　第一，國際法所必須參考的文件甚多，各國出版的期刊、國際判例，以及歷年來不斷增加的國際條約和國際組織的決議等。

　　第二，慣例是國際法的重要法源，這種不成文的國際法包含若干不明確的法則，在解釋上難免發生困難。

　　第三，國際法的範圍相當廣泛，包括各種具有國際性質的一切法律。其中若干法律又有逐漸脫離國際法，成為獨立學科的趨勢。例如：國際經濟法、國際組織法、國際勞工法、海洋法和太空法等。

　　第四，技術上的問題。由於國際法與國內法的性質互異，以國內法所悉知的方法，來處理國際法的問題難免發生偏差或不符國際社會的實際。

　　基於以上理由，作者乃根據多年教學經驗和研究心得，撰寫這本專供大學相關科系採用的教科書。作者撰寫本書時，曾參考許多歐美學者最新出版的書籍及專書，尤其引述法國學者查理·盧梭 (Charles Rousseau) 所著「國際公法」的觀點和資料甚多。

　　本書為配合教學上的需要，附錄中列有國際公約重要條款；惟因篇幅有限，所摘錄的公約或條款，未必能盡愜人意，亦盼讀者見諒。

　　作者才疏學淺，以一人之力撰寫一本變動快速的國際法教本，尤感力不從心，遺漏疏忽在所難免，尚祈學術先進不吝指正，自當於再版時予以修正。

蘇 義 雄 謹識

中華民國六十八年十月十日

平時國際法

>> CONTENTS

註解略字表

A. D.	H. Lauterpacht, Annual Digest and Reports of Public International Law Cases
Ann. Eun.	Annuaire Européen
A. F. D. I.	Annuaire Français de Droit International
A. J. I. L.	American Journal of International Law
B. Y. I. L.	British Year Book of International Law
C. E. E.	Communauté Économique Européenne
C. I. J.	Cour Internationale de Justice
C. P. J. I.	Cour Permanente de Justice Internationale
D. I. P.	Droit International Public
G. A. Res.	General Assembly Resolutions (U. N.)
I. C. J., Rep.	International Court of Justice, Reports of Judgements, Advisory Opinions and Orders
I. C. L. Q.	(Int'l and Comp. L. Q.) International and Comparative Law Quarterly
I. L. C.	International Law Commission
I. L. M.	International Legal Material
I. L. Q.	International Law Quarterly
I. L. R.	International Law Reports (Continuation of the Annual Digest)
O. N. U.	Organisation des Nations Unies
P. C. I. J.	Permanent Court of International Justice
R. A. I.	De La Pradelle et Politis, Recueil des Arbitrages Internationaux
R. C. A. D. I.	Recueil des Cours de l'Académie de Droit International
R. D. I.	Revue du Droit International
R. D. I. L. C.	Revue de Droit International et de Législation Comparé

Rec. C. I. J.	Recueil des Arrêts et Avis de la Cour Internationale de Justice
R. G. D. I. P.	Revue Générale de Droit International Public
R. S. A.	Recueil de Sentences Arbitrales Publié par les Nations Unies
T. A. M.	Tribinaux Arbitraux Mixtes
U. N.	United Nations
UNTS.	United Nations Treaty Series

大　綱

第一章　緒　論

第一章　緒　論

第一節　國際法的概念

壹、國際法的定義

　　依據傳統定義，國際法是國家之間的法律，其內容主要是規範國家與國家之間權利與義務關係的規則。因此，具備國家要素的國家，才是國際法的主體。惟，晚近國際法的發展，已承認除了主要主體的國家外，還包括其他主體，例如國家間的國際組織。一九四九年國際法院的諮詢意見曾表示：「聯合國是國際法主體，具有國際權利與義務，並得提出賠償要求，以保障其權利。」❶一九八六年「有關國家與國際組織及國際組織與國際組織間條約法公約」更確立國際組織在國際法的地位❷。至於個人是否為國際法主體，學者見解並不一致。

　　就理論而言，一般承認個人在某些情況下，得享有國際法之權利並負擔義務。在義務方面，國際法有關戰爭罪 (War Crimes)、滅絕種族罪 (Genocide)❸、違反人道罪 (Crimes against Humanity)、破壞和平罪 (Crimes against Peace)、奴隸買賣、海盜罪 (Piracy) 及劫機罪等規定均課個人在國際法之義務，個人犯上述罪行，應受處罰。在權利方面，一九六一年維也納外交關係公約、有關保護少數民族條約、一九五〇年歐洲保護人權暨基本自由公約、一九五一年難民地位公約、一九四八年世界人權宣言、一九六六年消除一切形式種族歧視公約、一九六六年公民權利和政治權利公約以

---

❶　Reparation for Injuries Suffered in the Service of the U. N. Advisory Opinion, I. J. C. Rep., 1949, p. 179.

❷　U. N. GA. Doc. A/Conf. 129/15, March 20, 1986.

❸　防止及懲罰殘害人群公約第四條規定，凡犯有滅絕種族罪行之個人，均應予以制裁。

及經濟、社會、文化權利公約等，均涉及個人權利保障之規定，尤其是人權保障已邁向國際化。

由上述可知，國際法有關個人權利和義務規定的情形，也說明個人在國際法地位的提高，個人與國際法之間已部分發生關係。倘以此種情形，而遽認個人已成為國際法的主體，似欠妥當。因為個人與國家地位不同，個人並無能力獨立參加國際關係，並直接承受國際法上權利和義務❹。就權利而言，國際法雖為個人創設權利，但在大多數情形下，個人並不能自己行使其權利，例如國際法院規約第三十四條明定：「在法院得為訴訟當事國者，限於國家。」雖然若干學者認為權利創設與權利行使應予區分❺。就義務而言，個人亦無履行國際義務的完全能力。吾人認為，就現階段國際法發展而言，個人仍不能視為國際法的直接主體，因為國際法對個人權利和義務的設定，須國家的介入；國際法在多數情況下，須經國家的「轉換」(Transformation) 或「納入」(Incorporation) 成為國內法，才能對個人發生作用。

貳、國際法的定名❻

「國際法」(International Law 或 Droit International) 源自拉丁名詞「萬民法」(Jus Gentium)。羅馬人所稱「萬民法」係適用於外國人間的任何性質的法律規則，此種名稱對於國家相互間行為規則的研究並不恰當。國際法學者遂採用各種不同名稱。英國牛津大學教授蘇虛 (Richard Zouche) 採用「主權國法」(Jus inter Potestates; Law among Sovereignties)，格羅秀斯 (Grotius) 採用「和平與戰爭法」(Jus Belli ac Pacis)，康德 (Kant) 採用「國家

---

❹ 參閱王鐵崖等編著，國際法，五南圖書出版公司，民國八十一年初版，頁 98。

❺ 學者勞特派屈 (Lauterpacht) 認為，當個人在國際法具有權利和義務時，即是國際法主體，不論個人在國際法庭是否有訴訟之行為能力。Sir Hersch, International Law and Human Rights, London, 1950, pp. 27–38.

❻ 參閱 L. Delbez, Les Principles Généraux du Droit International Public, Paris, 1964, pp. 1–2; Sibert, op. cit., p. 1.

間公法」(Jus Publicum Civitatum)，以上名稱略嫌範圍狹窄，排斥國家以外的其他個體。迄一七八〇年英國法學家邊沁 (J. Bentham) 出版「立法與道德原則導論」(An Introduction to the Principles of Moral and Legislation) 才開始採用「國際法」(International Law) 一詞。該書於一八〇二年譯成法文後，法國也接受邊沁所創名詞，但改稱為「國際公法」(Droit International Public)以別於「國際私法」。後者係牽涉國際事件的國內私法規則。此後，拉丁語系國家均採用「國際公法」名稱❼。德國仍採用「萬民法」(Völkerrecht; Jus Gentium) 德文「國際法」(Internationales Recht) 乃指「國際私法」。在中國，美傳教士丁韙良 (W. A. P. Martin) 翻譯惠頓 (H. Wheaton) 所著「國際法原理」於同治三年刊行，題名為「萬國公法」❽。晚近，國內國際法學者受英美及歐洲國家著作之影響，「國際法」和「國際公法」並存，無統一規定。

參、國際禮讓與國際道德

一、國際禮讓

　　國際法是國家相互間必須遵守的法律規則，國際禮讓 (Comitas Gentium; International Comity) 則是國家為彼此的方便所為的禮貌與友好行為。因此，國際禮讓不具有法律義務，一國對於他國不為國際禮讓時，他國不得視為權利的侵犯，亦不得抗議或採取戰爭、武力或其他強制手段為損害賠償的請求。國際法係建立於國家同意的基礎上，國際禮讓則完全由一國單方的意願表示，以決定是否實現或完成禮讓行為。

　　國際禮讓與國際法有相互關係：

　　1.國家不得經由國際禮讓方式，作出違反國際法的行為❾。

---

❼　法國學者塞爾仍採傳統名稱 "Droit des Gens"；G. Scelle, Précis de Droit des Gens, 1932–1934.

❽　丘宏達主編（陳治世、陳長文、俞寬賜、王人傑等合著），現代國際法，三民書局，民國六十二年版，頁 58。

❾　一九五〇年初，一架從布拉格 (Prague) 起飛之飛機為機上幾位旅客迫降於德國

2.國際禮讓經常是國際法規則的來源。例如外交特權與豁免權最初僅是一種國際禮讓行為。

3.某些傳統國際法規則也可能喪失其法律效力,而成為一種國際禮讓,例如兩船在公海上相遇時相互敬禮的航海儀式規則。

二、國際道德

國家不僅要遵守國際法,並且要尊重道德法則。法律與道德的內容有時極難區別,例如遵守諾言的義務既是法律也是道德。大部分法律原則均有其道德基礎,制裁力的有無並不能作為兩者區分的尺度。國際法是國際社會中在事實上被各國承認而遵從的一切規則;而國際道德係國際社會中在觀念上被各國視為應該遵從的規則❿。

事實上,國家經常以道德作為決策的基礎。例如一八六四年八月二十二日簽訂的日內瓦改善傷兵命運公約,黑奴制度的廢除等。

道德法則有輔助國際法的作用。一九〇七年十月十八日海牙陸戰公約前言明白確認國際道德在國際法的地位:「在能擬訂一部較為完整戰爭法典以前,締約國承認如未有各國所接受的協定時,平民和戰鬥員仍應受保護,並適用源自文明國家間已確立的習尚、人道法則。」

境內美國佔領區。捷克向美國請求引渡機上所有八十五位旅客,美國政府的照會中表示:「以禮讓之名所為違法行為非法律之所許」,照會中又重申:「美國與捷克間未有可適用引渡的條約存在;國際法並不承認無條約依據的引渡權。因此,美國政府並無遣送這些旅客的義務。顯然地,這些旅客為政治原因而尋求可能方式逃離捷克。美國對政治犯庇護的立場於一八五三年之 Koszta 案已明白表示……因此,美國政府並不認為有理由必須協助捷克政府適用其國內法,而遣返這些被控的旅客。就禮讓而言,美國政府當於各種條件許可下送回這批旅客,此種國際友好行動,美國將繼續遵守。但,吾人不能解釋禮讓乃是美國政府必須將這批決定居留於佔領區的旅客遣返。依人道法則,這些人應享有庇護權。」The Department of State Bulletin, vol. XXII, No. 563, April 17, 1950, p. 595. 引自 Sibert, op. cit., p. 19.

❿ 杜蘅之著,國際法大綱,上冊,臺灣商務印書館,民國六十年版,頁 53。

第二節　國際法的性質

一般人通常對於國際法的法律性質持懷疑態度，認為國家甚少尊重國際法，而國際社會亦欠缺強制制裁的超國家制度 (A Supranational System of Sanctions) 存在。國際法究為一種真正法律，抑或僅屬道德規範？

學者有關國際法性質的見解，並不一致。奧斯汀 (Austin) 及霍布斯 (Hobbes) 等合理主義代表者，祇承認法律是國家或主權者的命令，惟有主權的法律方為法律，法典是其主要淵源⑪。奧斯汀認為，國際法因欠缺超國家的權威，來強行制裁，故不能稱為實證法，而僅為「實證道德」⑫。維諾格拉多夫 (Vinogradoff) 則認為國際法與通常法律相類似，或許在形式與強制的方法上有所不同，但在本質上並無不同；故國際法是真正屬於法的一部門⑬。

事實上，國家不僅接受國際法為法律，而且遵守國際法，雖然國家有時違反國際法而未受制裁。此種情形在國內法亦復如此。一般人所以認為國家經常違反國際法，主要原因係誤解任何國際爭端發生，都是國家（至少是一方）違反國際法的結果。就實際國際關係而言，有些國際爭端的發生，可能源於當事國對於事件的事實或法律問題發生歧見，也可能是由於當事國的一種不友好的合法行為所造成⑭。

現代國際社會並沒有立法機構來制訂國際法，國家自行制訂國際法；非經其同意，不受國際法庭的管轄；亦無中央權力機構來執行國際法。這些法律特徵的欠缺，並不影響國際法的法律性質。茲就國際法的形式與強制力來探討其法律性質。

---

⑪　梅仲協著，法學緒論，華岡出版，民國五十六年版，頁 4。

⑫　引自林文雄著，法實證主義，臺大法學叢刊，民國六十五年版，頁 18。

⑬　Vinogradoff, Common Sense in Law, pp. 30–31; 引自林文雄，上揭文。

⑭　例如美國介入越戰問題，涉及越共 (Vietcong) 在越南，究係內部叛亂組織，抑或北越的顛覆活動團體？此外，國家無償國有化外國財產的行為，其合法性，國家可能各持己見。參閱 Michael Akehurst, A Modern Introduction to International Law, 1982, pp. 2–4.

壹、國際法的形式

國際法形式上缺乏法典，並不因而喪失其法律性質。從歷史或社會學觀點而言，法律與立法者並非同時發生。在任何社會，習慣法產生在成文法之前。國際社會雖沒有制度化立法機構來制訂法律，仍受習慣法的拘束。因此，欠缺成文法規並不能推論國際法的不存在。習慣法僅使國際法成為一種較「不穩定」或「不確定」的法律。晚近，國家間經由各種國際會議或國際組織所擬訂的立法條約大量增加，國際習慣法所佔比例已相對減少。法國學者查理·盧梭認為國際社會沒有一個超國家機構來負責制訂國際法，乃是技術上問題。因為國家本身就是制訂國際法的機構❺。

貳、國際法的制裁力

理論上，欠缺制裁力並不影響國際法的法律性質。因為制裁力雖然影響法律有效性，卻非法律存在的條件。例如國內憲法並無制裁規定，仍然是真正的法律。事實上，國際法並非毫無制裁力；習慣法承認各種不同形式和程度的制裁方式，例如外交關係的繼絕、條約的廢止或解除、報仇 (Reprisals) 和報復 (Retorsion) 等。這些方式都是國家對抗侵權行為國家的一種「自力救濟」(Self-Help) 手段。現代社會，「自力救濟」雖已成為法律規則的例外，但在國際法領域，卻仍然是一種規則。往昔，國家甚至可以發動戰爭來維護其合法權利；現代國際法不再承認戰爭是合法行為，卻不排除國家使用武力的自衛權。

國家的「自力救濟」方式，仍會造成若干不利的後果，例如對侵權國採取報復或報仇的制裁方式，也可能本身受損；同時，祇有受害國國力優於侵權國，此種制裁才能達到預期的效果。由於此種制裁方式的特殊性，若干學者稱國際法為「不完全法律」(Imperfect Law)❻或「弱法」(Weak Law)❼。

---

❺ Ch. Rousseau, Droit International Public, t. I, Paris, 1970, pp. 22–26.

❻ Vinogradoff，引自林文雄，同前揭文。

晚近國家集體制裁制度的發展，改善上述缺點。例如聯合國憲章第一條第一項明定為維持國際和平及安全，採取有效集體辦法。第七章更詳訂有關和平的威脅、和平的破壞及侵略行為的應付辦法。總之，在聯合國體制下，對於會員國違反國際法或憲章的行為，可能受到集體的經濟、財政、外交關係斷絕，甚或軍事制裁⓲。此外，若干國際條約本身規定執行條款，更能表現出國際法的制裁力，例如一九八七年蒙特婁「有關破壞臭氧層物質之議定書」設立貿易障礙，禁止議定書當事國與非當事國間輸出或輸入受管制之破壞臭氧層物質及相關產品⓳。

最後，國際社會由於沒有組織化的公權力來強制國家遵守國際法，戰爭仍然是制裁方式。國家對戰爭的恐懼及可能的後果，促使國家遵守國際法。此外，道德制裁、公共輿論、他國的警告、外交團的表示等也能產生相當程度的效果。事實上，沒有一個國家能夠無視其他國家聯合對抗下，作出違反國際法行為⓴。

由上述可知，現階段國際法雖具法律性質，因其制裁力的薄弱，而成為一種不完美的法律。此種不完美仍被假設為暫時現象；當不完美消失，將是一種「世界法」形成之時，一種世界聯邦國的憲法。換言之，國際法將由一個新的世界聯邦國的國內公法所取代。

第三節　國際法的基礎

國際法何以具有拘束力的問題，學說紛紜，莫衷一是。在最古老學說中以「自然法」(Natural Law) 為代表。自然法學派學者認為全人類律法源自神 (God) 或自然 (Nature) 或人類理性 (Universal Reason)。自然法是人類

⓱　J. G. Starke, An Introduction to International Law, 1977, p. 22.

⓲　實際上，聯合國安全理事會在運作上仍受限制，例如常任理事國否決權的行使、依政治考量作成決議等。

⓳　Montreal Protocal on Substances that Deplete the Ozone Layer, art. 4; 參閱拙著，論地球氣候之保護，中興法學第 35 期，頁 62–77。

⓴　一九三九年德國侵略但澤，入侵捷克，引發他國的對抗，終使德國嚐到苦果。

社會最基本的行動法則，自然法絕非因人類相互約定而成立，而係深植於
人類的共同人性㉑。此種自然律令的適用，最理想社會秩序得以實現。惟，
自然法學派學者在適用此種抽象理論於人類行為及制度時卻有不同的闡
釋。自然法學派的目標原為建立國際法的客觀指導原則，反而流於主觀的
武斷㉒。

　　自然法學派學者將國際法的基礎建立在自然法上，認為國際法是自然
法的一部分。例如「守信踐約」的原理，對任何人、任何處所、任何時代，
都有其法律效力；準此，國家在國際關係上遵守「條約必須履行」的原則，
乃是國家「為其所應為」，而非法律規定之故。自然法學派乃據此否定任何
以國家同意為基礎的習慣與條約為國際法的淵源。

　　由於自然法具有「理性」與「理想」的特質，對於國際法的發展，當
然有重大和有利的影響㉓。自然法的主要缺點是脫離國際關係的現實；國
際法大部分規則係來自國家於其相互關係上的實踐，而自然法學派學者，
對於這些實踐卻未予重視㉔。

　　法國國際法學者查理・盧梭 (Ch. Rousseau) 也指出：「法律需要精確與
穩定，學者對於自然法卻有不同解釋：諸如理性表露、人類共同法、客觀
法、事物之倫理、正義觀念、社會共同產物等，凡此均無法解釋具體問題。」㉕

　　另一種學說為實證法學派 (The Positivists)，他們認為國際法是國家同
意的結果。換言之，國際法是國家意志所接受的規則。條約是國家明示同
意接受；習慣法則是經由國家默示的同意。新興國家在加入國際社會之前
即已默示同意習慣法的規則。因此，條約與習慣法才是國際法的淵源。實
證法學派認為國際法特質表現在對違法國家的制裁，沒有制裁 (Sanctions)
制度即為宗教或道德而非法律。實證法學派從早期蘇虛 (Richard Zouche,

㉑　參閱梅仲協著，法學緒論，華岡出版，民國五十六年版，頁 20。

㉒　杜蘅之，前揭書，頁 14。

㉓　J. G. Starke, op. cit., 1972, pp. 22–24.

㉔　Ibid.

㉕　Ch. Rousseau, op. cit., t. I, Paris, 1970, pp. 24–26.

1590-1660) 到晚近的克爾生 (Hans Kelsen) 均主張國際法應以各國相互間的實際情形作為基礎，而其特質是對法律主體的拘束力❷。實證法的批評者則認為國家「同意」(Consent) 僅屬一種人為的假設，甚或不存在。儘管如此，實證法學派重視國家實踐，可使國際法更趨於實際。

折衷學派則試圖結合自然法與實證法的理論，並闡釋兩者間的關係。主張國際法得建立在自然法及國家同意的基礎上。

十六世紀法學家蘇瑞 (Suarez)❷首先將自然法與實證法予以區分。實證法係源自人類意志，其規則是由習尚、傳統及國家實踐所確認，既非永恆不變，亦非普遍性。惟，實證法與自然法有密切關係，其規則雖非來自自然法，卻不能違反自然公平 (L'Égalité Naturelle) 原則。格羅秀斯 (Grotius) 對於自然法與實證法之區分，有更精確的剖析。他認為實證法即「意志法」(Droit Volontaire)，惟法律並非經常是一種意志的產物，有一種獨立於意志之法，有其本身價值，此乃自然法。自然法乃由若干正當理由的原則所組成，例如遵守諾言、賠償過失所造成的損害等。格羅秀斯 (Grotius) 亦指出自然法是一種永恆不變的法則，即使上帝也無法改變，蓋因人之本性是相同的，在任何地方及任何時代都一樣。他認為自然法適用於個人，亦適用於國家。因此，在國家之上，有著必須遵守的法則，尤其是國家主權的行使，必須受到自然法的約束。戰爭必須是「正義」之戰，例如為自衛或自保，而非純功利之戰。他所謂「人意法」(Droit Humain Volontaire) 亦即今日所稱「實證法」(Droit Positif)，係源自國家意志的協議，而非國家之上的機構所制訂。惟，意志法並非由國家任意形成，自然法拘束國家意志，自然法乃是實證法不可動搖的基礎。換言之，國家必須承認自然法規則，這些規則並非建立在國家同意的基礎上。

二十世紀又出現社會學派 (The Sociological School) 的理論，認為法律秩序是其特定社會的完整部分。法律是一種衍生物，是社會需要的結果，

---

❷　H. Kelsen, Principles of International Law, 1952, p. 5.

❷　Suarez, De legibus ac Deo Legislatore, t. V, pp. 102 et s. 引自 L. Cavaré, op. cit., pp. 26–28; 30–32.

也是社會秩序的保護者。國際法之所以有拘束力，是因為個人以及國家都有維持一種正常關係的需要。法律的有效性與社會構成分子的團結有密切關係。因此，法律在一個構成分子間僅基於功能上需要而鬆散結合的國際社會，較不具有拘束力。

馬克斯主義信徒則認為傳統國際法為資本主義階級的法律。他們主張以和平共存五項原則來處理國際關係❷。依據馬克斯主義的觀點，國際法必須全無任何一種政治或社會意識形態。在一種存在不同政治體制的世界，國際法不能代表任何一種制度，否則共存必將成為不可能❷。蘇聯國際法學者希冀國家間日益增加的經濟關係能導致國際間的合作，並進而促成國際法的發展。

吾人認為人類由於完美本性及增進其福祉的推動，幾世紀以來不斷地擴大其需求。為滿足此種需要，各國人民乃逐漸建立並擴張商業上關係，此種關係的建立亦導致國家間相互依存的狀態。儘管現階段各國趨向經濟上自給自足，相互依存仍是人民生活上無可避免的條件。此情勢亦反映到國家間的法律生活。

在此種社會，法律並未承認構成社會每分子的自由與平等應被剝奪，擁有單一法律的每分子並未承認共同上級機構存在。因此，現階段的國際法絕非一種「超國家法」(Un Droit Supra-National)，乃是為達成共同目的所表現自由意志為基礎的國家間法律 (Un Droit Interétatique)。一種經由國家默示同意的習慣或明示同意的條約所建立的規則因而形成。

---

❷ 中共根據一九五四年中印條約，標榜五項原則：(1)尊重領土完整與主權獨立；(2)互不侵犯；(3)不干涉內政；(4)各民族平等；(5)互惠共存。引自董霖著，國際公法與國際組織，臺灣商務印書館，民國八十二年，頁 2。

❷ 參閱 G. Tunkin, International Law, Moscow, Progress Publishers, 1986.

第四節　國際法與國內法的關係

壹、前　言

國際法與國內法關係涉及形式與實質上的問題。就形式而言，國際法是由國際程序（例如條約或習慣）所建立，而國內法則依國家所定程序（例如憲法規定）來制訂。兩者間程序上的差異，引發規則適用的問題，例如國際法能否直接為各國人民設定權利與義務？國內法院法官能否自動並具完全權力來適用國際法？國內法可否適用於國際法律秩序？兩者相牴觸時，如何解決？就實質而言，必須探究何種事項由國內法來規範，以及何種事項是國際法管轄範圍，此問題解決乃取決於國際法的發展。

貳、形式上關係

一、理論方面

㈠二元論 (Dualism)

二元論者主張國際法與國內法是兩個分別獨立和對等的法律體系，以德利伯 (Triepel) 和安齊諾帝 (Anzilotti) 為主要代表人物[30]。他們認為兩個法律體系是完全劃分，不相逾越，亦無發生牴觸的可能[31]。兩者主體不同，國際法主體是國家，國內法則是個人；法源不同，國際法來自多數國家的共同意志，國內法則是國家單方意志的表示。二元論導致下列四種結果：

1.國際法不直接適用於國內法，反之亦然。國際法規範國家間關係，不能同時在國內法領域中規範個人之間的關係。每種法律均有其適用範圍的限制。

2.國際法必須經過國內法的「接納」(Reception)，才能產生國內法的效

---

[30] Anzilotti, Cours de Droit International, 3^{éd}, pp. 51 et s.; H. Triepel, Les Rapports entre le Droit Interne et le Droit International, Rec. des Cours, t. I, 1923, pp. 76 et s.

[31] L. Cavaré, Le Droit International Public Positif, t. I, Paris, 1967, pp. 169–170.

力。換言之，國際法規被「轉換」或「變形」(Transformation) 成為國內法後，再由國內法院適用之。

3.法律的牴觸僅在具有位階的同一法律體系中發生。此種牴觸經由高位階法律優於低位階法律予以解決。因此，此種牴觸不可能發生在國際法與國內法之間。

4.違反國際法的國內法並非無效，而是引發國家的國際責任。換言之，國際爭訟原則上是一種責任之訴，而不是一種無效之訴。

現階段國際法的實際狀況並未依循二元論，各國憲法承認國際法在國內法之效力。國內法庭亦經常適用未經「轉換」(Transformation) 程序的國際法，並且認為條約效力優於在條約之前的國內法。由於國家頒佈違反國際法的國內法，必然引發國際責任，兩者間的協和關係必能在短期內重建起來。

㈡一元論 (Monism)

一元論學者認為祇要承認國際法是真正法律，就無法否認國際法與國內法都是構成完整法律體系的一部分❸。換言之，認為國際法與國內法不可分離。此乃傳統自然法的理論，認為自然法源自人類理性與社會的本質，不因時空而變動，人們不應有不同法律分別獨立的想法❸。狄驥 (Duguit) 所主張「客觀法」(Droit Objectif) 也認為，法律乃是個人整體良知的產物，此種良知表現在國內與國際領域內；國內法與國際法的主體都是自然人。法律主體一致與社會需求一致相呼應，社會聯繫一致的需求、必然產生相同性質的規則❸。

由於一元論者認為國際法與國內法的相互跨越關係，兩者均建立在主

---

❸ J. G. Starke, op. cit., p. 79.

❸ Le Fur, Précis de Droit International Public, 4ᵉ ed., 1939, p. 14.

❸ Politis 及 G. Scelle 亦持相同理論。參閱 Politis, Les Nouvelles Tendances du Droit International, Chap. II, pp. 55 et s.; G. Scelle, Précis de Droit des gens, 1ᵉʳ fascienle, pp. 32 et s. Kelsen 亦堅持法律的一元性。Kelsen, Recueil des Cours de l'Academie de D. I., Le Rapport de Systeine entre le Droit Interne et le Droit International Public, t. IV, 1926, p. 231.

體及法源同一性的單一制度上。此種法律的單一制度，在邏輯上必然引發法律位階問題。換言之，產生國際法與國內法之間有上下層次的關係。至於兩者發生衝突，何者優先適用？主張國內法優先學者認為國家在國家間法律關係產生及發展之前已存在；同時，國際法在國家主權下，僅係國內公法。主張國際法位階高於國內法則受到大部分一元論者所支持。塞爾 (Scelle) 明白指出，法律一元論乃是國際法優越的必然結果。任何社會之間的規範應超越與此規範相牴觸的內部規範。因此，國內法低於國際法乃是根本原則❸❺。

就以上不同見解，應如何解決？依事實觀察，國內社會與國際社會仍存在重大差異。國內社會較之國際社會完善，國內法有較之國際法更好的法律技術。國內社會較能獨立運作。作成此結論必然推定國家的優越地位，預先判斷國際進步及組織化的不可能。此種論斷無法令人接受。吾人若從社會學及歷史觀點來探討，國際社會處於劣勢乃係暫時狀態，其進步較國內社會緩慢，惟仍不斷地進步。唯有承認國際法的優越性，國際法的發展才有可能，國際社會才能避免無政府狀態，也才符合社會的整體利益。國際實踐及國家本身實踐亦顯示國際法優於國內法。

二、實踐方面

㈠國際實踐

在外交實踐上，許多仲裁協定及條約確認國際法的優越性。例如一九五五年法國與突尼西亞所訂條約第三條明定：「兩國政府承認國際條約效力優於國內法」。在哥丁 (Cutting) 案，墨西哥政府控訴一位美國公民在美國違反該國出版法，美國國務卿貝亞 (Bayard) 表示國際法原則是一種正義的保證，應優於墨西哥國內法。墨國政府最後接納此見解，並釋放此美國公民❸❻。

在國際判例方面，一九二八年喬治賓森 (Georges Pinson) 案法墨求償委

---

❸❺　參閱 Kopelmanas, La Pensée de G. Scelle et ses Possibilités d'Application à Quelques Problèmes Récents de D. I., J. D. I., 1961, pp. 351 et s.

❸❻　Cobbett, Cases, t. I, 6ᵉ ed., p. 243.

員會的判決表示：「國際法效力優於國內法乃是無可爭論的原則。」一九三
〇 年 七 月 三 十 一 日 常 設 國 際 法 院 在 希、保 會 社 (Communautés
Greco-Bulgares) 案的諮詢意見中揭示：「在締約當事國之間，國內法的規定
不能有優於條約的效力，此乃國際法一般承認的原則。」一九三六年三月二
十三日仲裁法官阿塞 (Asser) 在華沙電力公司仲裁華沙電力公司案 (La
Compagnie d'Electricité de Varsovie) 也表示：「合法締結的條約是締約當事
國的客觀法源，條約規定即使與締約以前或以後所制定國內法相牴觸，對
於締約當事國仍具拘束力。」❸一九二三年常設國際法院在有關波蘭國籍取
得問題的諮詢意見指出：「僅在公約義務保留下，一國始能決定何人為其國
民。」❸此外，國際判例亦顯示國際法優於國內憲法。一九三二年國際常設
法院在有關但澤 (Dantzig) 領土內波蘭人待遇案判決指出：「但澤憲法的適
用導致一種國際義務的違反。一國不應對他國援引其憲法，以規避國際法
或條約所課加之義務。」❸

㈡國家實踐

各國適用國際法的實際情形，視各國憲法規定與國內法院適用國際法
所採取態度不同而有若干程度上差異，大體上，各國實踐亦承認國際法的
優越地位。

1.英　國

原則上，國際習慣被納入普通法 (Common Law) 再經過法院承認，才
具有國內法的效力❹。

英國現代司法判例顯示，國際習慣法為英國法律一部分，由英國國內
法院適用之。一九三九年鄭銓琪案 (Chung Chi Cheng v. The King)，樞密院

❸　以上判例資料引自 Ch. Rousseau, Droit International Public, t. I, Paris, 1970, pp.
46–47.

❸　C. P. J. I., Ser. B, No. 7, p. 16.

❸　Traitement des Nationaux Polonais et des Autres Personnes d'origine ou de Langue
Polonaise dans le Territoire de Dantzig, C. P. J. I., Ser. A/B, fasc. 44, p. 24.

❹　W. G. Vitzthum 主編，當代西方國際法，吳越、毛曉飛譯，韋伯文化，民國九
十五年版，頁 119。

司法委員會認為:「法院承認國際法的存在,這些國際法可由法院視為國內法的一部分而適用之。」❹惟,此種國際習慣不得與國會制定法相牴觸,雖然英國國會在立法上假定國會無意制定與國際法相反的法律❷。

在英國,條約本身並不能直接發生國內法上的效力,除非經過國會的立法,蓋因行政部門掌握締約權,條約若無須獲得國會同意,可直接成為國內法的一部分,則無異承認行政機關得自行制訂法律。換言之,英國對於國際條約須經由國會立法來實施❸。假如國會沒有通過立法,條約在國際法上仍對英國具拘束力,英國將因違約而承擔國際責任❹。因此,在實踐上,一個需要在國內法上適用的條約,在批准前往往先送國會同意或通過授權法,然後再由行政部門批准❺。

此外,使條約在國內生效的國會制定法,可能被隨後的國會立法所廢止,在此種情況下,必然發生國際法與英國法間的衝突,因為國際法認為英國仍受該條約之拘束。因此,英國法院通常盡力解釋國會立法與以前所簽訂條約不相牴觸❻。

2.美　國

美國司法判例接納國際習慣被認為美國法律一部分並得由法院予以適用。一九○○年美國最高法院在哈巴那號船 (The Paquete Habana) 案判決揭示:「國際法是我們法律的一部分,當依據國際法的權利問題適當地提交裁決時,有適當管轄權的法院須予以確認並適用之。」❼美國國會立法明確與國際習慣相牴觸時,法院則優先適用國會立法❽。惟,美國法院判例表示,

---

❹ Briggs, The Law of Nations, 1952, p. 303.

❷ J. G. Starke, An Introduction to International Law, 1977, p. 93.

❸ Ibid., pp. 94–96.

❹ Michael Akehurst, A Modern Introduction to International Law, 1982, p. 44.

❺ 引自丘宏達,國際慣例、條約、協定及非官方協定在我國國內法上的地位,中國國際法與國際事務年報,第 2 卷,民國七十七年,頁 9。

❻ M. Akehurst, op. cit., p. 44.

❼ 175 U. S. 677 (1900); 引自陳治世,國際法,臺灣商務印書館,民國七十九年版,頁 71–72。

應將國會立法，儘可能解釋為不與國際習慣相牴觸❹。

　　至於條約在美國國內法的地位，美國憲法第六條第二項明定：「本憲法、與依據本憲法所制定之合眾國法律，及以合眾國之權利所締結或將締結之條約，均為全國之最高法律……」因此，經過憲法程序批准的條約，當然成為美國聯邦法律的一部分，與國會制定的法律具有同等地位。美國判例將條約區分為「自動履行條約」(Self-Executing Treaties) 與「非自動履行條約」(Non-Self-Executing Treaties)。前者係因條約明定或依其性質，不需經國會立法，就可在國內生效。因此，祇有自動履行條約，法院才能直接適用。至於非自動履行條約則需經國會立法補充後，才能由法院適用。條約若與國會立法相牴觸，則依「後法優於前法原則」解決❺。

　　3.西德、法國及荷蘭

　　德國基本法第二十五條規定：「國際法的一般原則構成聯邦法律的一部分，高於法律，並對聯邦境內居民直接創造權利與義務。」「國際一般原則」之涵義，學者見解並不一致。有解釋為應包括條約與國際習慣❺❶。有認為係指國際習慣（慣例）❺❷。有認為限於「一般」國際習慣❺❸。至於某一國際法的一般原則是否存在，因而對聯邦境內居民產生權利與義務發生爭議時，則由憲法法院解釋❺❹。

　　德國基本法第五十九條第二項規定：「凡涉及德國聯邦政治關係與聯邦立法事項的條約……應經立法主管機關的同意與參與。」因此，並非所有條約都必須經過議會的批准，除非條約涉及政治關係或其內容屬於聯邦的立法範圍。所謂政治關係乃指直接涉及德國國家存在、領土完整、獨立自主及國際地位的重大利益❺❺。至於條約是否優先聯邦法律適用？西德蒙斯特

---

❹　Tag v. Rogers (1959), 267 F. (2d) 644; 引自 Starke, op. cit., p. 96.

❹　引自丘宏達，前揭文，頁 5。

❺　陳治世，前揭書，頁 72。

❺❶　姜皇池，國際公法導論，新學林，民國九十五年版，頁 308。

❺❷　丘宏達，現代國際法，三民書局，民國八十九年版，頁 114。

❺❸　W. G. Vitzthum，前揭書，頁 152–158。

❺❹　同上，頁 162。

(Munster) 最高行政法院於一九五五年十一月二十五日的一項判決中承認：「構成德國法律一部分的條約，僅具與聯邦法律相等地位。條約效力既不優於憲法，亦不優於生效後所公佈的聯邦法律。」❺❻

　　一九五八年法國第五共和憲法第五十五條規定：「凡經正式批准或通過的條約或協定，於公佈後具有超越法律的效力。」因此，法國法院對於經批准公佈的條約，即與國內立法相牴觸，仍應有效適用條約。此外，法國憲法前言亦表明接納國際習慣。一九五三年荷蘭憲法不僅承認國際條約效力在國內法之上，而且表示條約即使與憲法相牴觸，法院仍認為條約有充分效力。荷蘭憲法第六十條之五規定：「施行於王國內的法律若與依法公佈在法律之前或在法律之後的國際條約相牴觸者，則不適用之。」第六十條之三又規定：「遇國際法律秩序發展有必要時，條約所定的內容得遠離憲法某項規定。」

4.中華民國

　　關於國際習慣在我國國內法效力問題，我國憲法並無明文規定，我國法院判決承認可以適用國際習慣❺❼。換言之，法院必須先確認所適用國際習慣之存在而後適用之。吾人認為除非國際習慣已「轉換」成為國內法的一部分，我國各級法院法官必須就具體案件，「證明」某一國際習慣存在。如果國際習慣與國內法律相牴觸，何者應優先適用？丘宏達教授表示：「我國恐怕法院一定會適用法律，但在解釋上應儘可能將二者解釋為不牴觸。」❺❽事實上，立法院不可能制訂明顯違反國際習慣的法律，此種法律的適用必然引發國際爭端。因此，經由法律修改，兩者之間的協和關係必能在短期間重建起來。

---

❺❺　同上，頁 138；姜皇池，前揭書，頁 308。

❺❻　Annuaire de la Convention Européenne des Droits de l'Homme, 1958–59, pp. 573 et s.

❺❼　民國五十四年十一月八日臺北地院五十四年度訴字第二一〇七號刑事判決及五十八年十一月十三日最高法院五十八年度臺非字第一二九號刑事判決。引自丘宏達，前揭文，頁 12–13。

❺❽　丘宏達，現代國際法，三民書局，民國八十九年版，頁 123。

　　依據我國憲法第六十三條規定，條約案須經立法院的同意。換言之，條約須由立法院批准。一九六九年條約法公約第二條第一項(乙)款規定：「稱批准者，指一國具以在國際上確定其同意承受條約拘束的國際行為。」因此，條約經批准後，對我國具有拘束力。至於何種國際書面協定須送立法院審議？依據民國八十二年大法官會議釋字第三二九號解釋：「憲法所稱之條約係指中華民國與其他國家或國際組織所締結之國際書面協定，包括條約或公約之名稱，或用協定等名稱而其內容直接涉及國家重要事項或人民之權利義務且具有法律效力者而言。其中名稱為條約或公約或用協定名稱而附有批准條款者，當然應送立法院審議，其餘國際書面協定，除經法律授權或事先經立法院同意簽訂，或其內容與國內法律相同者外，亦應送立法院審議。」準此，經立法院審議通過或經法律授權或事先經立法院同意簽訂的國際書面協定，不論其名稱為何，均為我國法律的一部分，法院自得適用之。至於條約是否得由法院直接適用，亦即可否自動履行？則視條約內容而定，丘宏達教授指出：「條約中規定須立法執行者，為不能自動履行之條約，須俟立法院完成後，法院才能適用條約或根據條約所立之法。」❺❾

　　此外，我國法院適用條約問題，依憲法第一百四十一條規定：「中華民國之外交，應本獨立自主之精神，平等互惠之原則，敦睦邦交，尊重條約及聯合國憲章。」吾人認為祇有法院能直接適用條約，並承認條約效力優於國內法，才是「尊重條約」的表示。法院如果優先適用牴觸條約的法律，必然發生條約義務不履行的國際責任問題。我國司法判決亦採此種見解❻⓿。

　　由上述各國適用國際法的實踐，可作成下列兩點結論：

　　(1)有關國際習慣在各國適用情形，有些國家承認國際習慣構成該國國內法的一部分，得由國內法院適用之。國會制定法若明確與國際習慣相牴觸，則國會制定法將優先獲得適用。惟，這些國家司法判例仍認為應儘可

---

❺❾　丘宏達，現代國際法，三民書局，民國八十九年版，頁 129。

❻⓿　最高法院在民國二十三年上字第一〇七四號判決表示：「國際協定之效力，優於國內法。」民國七十三年四月六日最高法院七十三年度臺非字第六九號刑事判決，再引述此項判決。引自丘宏達，前揭文，頁 18。

能解釋國會制定法不與國際習慣相牴觸。此外，另一些國家法院則採國際習慣優先原則。

(2)各國適用條約情形並不一致。一般言之，條約經各國批准後，均可在批准國內生效，由法院適用之。至於條約與國內法相牴觸時，有些國家採國內法優先（英國），有些國家採「後法優於前法」原則（美國）。惟，多數國家在二次大戰後的憲法或司法判例承認條約的優越地位（法國、荷蘭、我國等大陸法系國家）。

總之，國際法在各國實踐的實際情形雖不盡相同，惟就國際法而言，國家有遵守國際法的義務，國家以國內法的理由來規避國際義務的履行，必將承擔國際責任。

參、實質上關係──權限劃分

國際法與國內法關係在實質方面乃表現在管轄權的劃分問題。所謂「管轄權」(La Compétence) 就廣義而言，乃指行使一種法律活動的法定權力。此問題乃因一個傳統名詞「保留事項」(Le Domaine Réservé) 而引發。凡應保留給國內法規範的事項，禁止國際法的侵入。至於何種事項係國家可表現其專斷權力的「保留事項」？

一般言之，凡涉及「主要榮譽與利益」、政治爭端、主權、國家構成要素和國籍等問題列入保留事項。

國際判例顯示，若干事項基於國內社會之需求，應屬國內權限，並由國內法予以規範。這些事項包括民法、刑法、商法、財稅法的問題❻❶。此外，國籍、領土及憲法等國內公法事項亦屬之❻❷。

---

❻❶　一九三九年常設國際法院在一項判決中指出：「原則上，在任何國家，個人財產權及契約權屬於國內法範圍。」Lithuanie-Esthonie, Affaire du Chemin de Fer Panevezys-Soldutiskis, C. P. J. I., Ser. A/B, No. 76, pp. 18–19.

❻❷　一九二三年常設國際法院諮詢意見表示：「依現階段國際法，國籍問題原則上係屬保留事項。」Affaire des Décrets Tunisiens et Marocains, Avis du 7 Fév., 1923, Ser. B, No. 4, pp. 27–34; R. D. I. P., 1908, p. 9.

　　另一方面，基於國際社會的需要，受國際法規範的強制管轄事項
(Domaine de la Compétence Obligatoire) 日益擴大。這些事項在領海、國際
運河、國際河川方面特別顯著。今日，保留事項範圍須受國際法發展的支
配。假如仍由國家在許多情況下，來決定國內管轄的法規，此非因事項在
「性質」上，保留給國家活動的空間，而是國際法不完備的結果。

　　茲就有關保留事項的國際實踐情形加以說明：

　　1.在有關蘇聯女性公民案❻❸蘇聯婦女與外國人結婚，要求離境以便與
丈夫共同生活，卻遭蘇聯當局的拒絕。蘇聯代表雖在聯大提出憲章第二條
第七項有關「國內管轄事件」之規定，大會仍決議，認為蘇聯違反聯合國
憲章及人權宣言，並要求蘇聯取消此種措施。

　　2.有關匈牙利及保加利亞傳教士訴訟案❻❹匈、保兩國對於傳教士的刑
事追訴及所採行方式引起廣泛爭議。波蘭及蘇聯等國亦提出「保留事項」
屬國家的裁量權。惟，大會認為，這些措施已構成人類尊嚴及自由的侵犯。
憲章第五十五條規定聯合國應促進全體人類之人權及基本自由之普遍尊重
與遵守。

　　3.一九二四年常設國際法院有關邊界及領土問題表示，這些問題雖屬
國內機構權限，國際機構亦得處理❻❺。

　　由上述可知，民事、刑事及領土問題，不再必屬國家自由裁量權。事
項究為國家自由裁量，抑或國際強制管轄，必須顧及國際法發展之狀況。

　　在實證法方面，國際聯盟盟約第十五條第八項規定：「如相爭各造之一
造自行聲明，並為行政院所承認，按諸國際公法純屬該造本國法權內事件
(La Compétence Exclusive)，則行政院應據情報告而不為解決該爭議之建
議。」依此規定，保留事項並非由相關國家自行決定，而是由國際組織依據
國際法判定。一九二三年二月七日常設國際法院在「突尼西亞與摩洛哥國
籍法」案的諮詢意見表示：「保留事項之範圍受國際法發展之支配」❻❻。

---

❻❸　Bulletin des Nations-Unies, 15 mai, 1949, pp. 459 et s.

❻❹　Bulletin des Nations-Unies, 15 nov, 1949, 1er Sept. 1950, p. 232.

❻❺　Monastère de Saint-Naoum, Ser. B, No. 9, pp. 12–13.

聯合國憲章第二條第七項規定:「本憲章不得認為授權聯合國干涉在本質上屬於任何國家國內管轄事件 (La Compétence Nationale d'un Etat)，且並不要求會員國將該事件依本憲章提請解決；但此項原則不妨礙第七章內執行辦法之適用。」依憲章規定，保留事項觀念明顯被擴大。事件是否在本質上屬於「國內管轄事件」，各國保留自行決定權。惟在實踐上，在保留事項發生爭議時，聯合國曾不顧當事國抗議或反對下，自行決定爭議事項之性質，尤其在有關人權問題方面，聯大已形成一致決定：例如有關南非印度人待遇及種族隔離政策、英伊石油案、匈牙利人起義之鎮壓事件等。此外，事項如涉及憲章第七章執行辦法適用時，安全理事會有權決定。換言之，安全理事會所決議的軍事、外交、經濟等集體制裁措施，不因保留事項而癱瘓。

由上述可知，保留事項並無任何標準存在，處於一種不穩定狀態，沒有「性質上」的保留事項；祇有國際實證法所認定的保留事項。就理論而言，國際法與國內法之間的權限劃分，乃是一個僅得在社會基礎上解決的問題。國際社會與國內社會有著共同而無法分割的需求。問題在於知悉何種需求優先，以及求助於何種規則才能滿足此種需求。事實上，國際實證法的發展，逐漸邁向限制國家之自由裁量權 (Le Pouvoir Discrétionnaire)。

第五節　國際法的法典化

國際習慣與條約都是國際法的主要法源，但國際習慣有以下缺點[67]:

1.國際習慣缺乏穩定性和精確性，有待成文化的國際條約予以改善。

2.國際習慣存在的證明困難，須經由理論、先例、國際判例和國際條約予以證明。

3.國際習慣形成相當緩慢，經常無法配合當前環境的需要。

因此，國際法的法典化 (Codification) 乃是現代國際法發展的趨勢[68]。

---

[66]　Nationality Decrees Issued in Tunis and Morocco, P. C. I. J., Ser. B, No. 4, p. 24.

[67]　M. Sibert, op. cit., t. I, p. 34.

[68]　學者對於國際法的法典化持有兩種不同的看法。反對法典化的學者中，首推薩

現階段國際社會由於仍未能將所有的國際法納入一部完整的法典中，所謂國際法法典化實際上乃指由政府間的國際會議通過對國家具有約束力的一般性國際公約。例如一九五八年在日內瓦通過的領海及鄰接區公約、公海公約、大陸礁層公約和捕魚與養護公海生物資源公約、一九六一年維也納外交關係公約、一九六三年維也納領事關係公約、一九六九年維也納條約法公約和一九八二年聯合國海洋法公約等。

二次世界大戰後，聯合國憲章第十三條第一項規定：「大會應發動研究，並作成建議：（子）以促進政治上之國際合作，並提倡國際法之逐漸發展與編纂。」聯合國乃於一九四七年十一月二十一日通過決議❻❾，設置一個由十五人組成的國際法委員會 (International Law Commission)❼⓿，並賦予「國際法之逐漸發展與編纂」的一般權責，但聯合國的其他機構則賦有國際法上之特殊問題的發展與編纂的任務❼❶。

依據委員會規約規定，「國際法的逐漸發展」乃指對尚未為國際法所調整或在各國實踐中法律尚未充分發展的問題，擬訂公約草案。所謂「國際法的編纂」乃指在已經有廣泛的各國實踐、先例和學說的領域內對國際法原則，進行更精確的制訂和系統化❼❷。事實上，委員會對國際法的法典化（編纂）包括「國際法逐漸發展」的工作。換言之，委員會將所審議的項目擬訂條文草案，再向聯合國大會提出報告，作出建議。如果進一步由大

維尼 (Savigny)，認為法典化使法律原則失去彈性。晚近學者歐本海 (Oppenheim) 和安齊諾帝 (Anzilotti) 等人亦持懷疑態度。

❻❾ Res. 174 (II).

❼⓿ 聯合國由於新會員國的不斷增加，乃於一九六一年通過決議，委員由十五名增至二十五名。Res. 1647 (XVI).

❼❶ 依國際法委員會規約第一條第二項規定：「委員會以國際公法編纂為主要職責，但非謂其不得介入國際私法事項。」因此，聯合國設置其他機構，並賦予國際法特殊問題的編纂任務有兩理由：1.基於歷史上原因，某些機構為處理特殊問題在國際法委員會設立之前，早已存在，例如人權委員會；2.為處理當前特定問題。

❼❷ 國際法委員會規約第十五條。

會就此草案召開國際會議，通過國際公約，就算完成國際法某一項目的法典化工作。

　　由上述可知，國際法委員會祇是協助大會從事法典化（編纂）的準備工作，國際法法典化主要是由大會所召集的國際會議來完成。因此，若干政治性較強的問題，並不由國際法委員會所審議，而是交給法律委員會或特別委員會，例如一九八二年第三屆聯合國海洋法會議所通過的「海洋法公約」是在特別設立的海床委員會籌備下，經過長期討論完成的❼。

---

❼　參閱王鐵崖等編著，國際法，五南圖書出版公司，民國八十一年初版，頁47-50。

大 綱

第二章　國際法的淵源

第二章　國際法的淵源

學者對於「淵源」一詞大都採用歐本海的見解，認為「淵源」乃探求泉水的發源處，而非追求泉水發生的「原因」❶。國際法的淵源可區分為主要淵源和輔助淵源兩種。前者包括國際條約和國際習慣；後者包括一般法律原則，衡平原則，單方法律行為❷。

第一節　條　約❸

二十世紀以前，國際法學家認為國家是國際法的唯一主體，稱條約是國與國之間的協定。一九六九年維也納條約法公約第二條第一項甲款明定：「稱條約者，謂國家間所締結而以國際法為準之國際書面協定，不論其載於一項單獨文書或兩項以上相互有關之文書內，亦不論其特定名稱為何。」因此，條約乃是國際法的主體間所締結的任何協定，並且大多數的條約存在於兩個或兩個以上的完全主權國之間❹。但，條約法公約第三條又明定，

---

❶ Ch. Rousseau, Droit International Public, t. I, 1970, p. 57; 丘宏達主編（陳治世、陳長文、俞寬賜、王人傑等合著），現代國際法，三民書局，民國六十二年版，頁 63；雷崧生著，國際法原理，上冊，正中書局，民國五十八年版，頁 14。

❷ 學者對於國際法的淵源主要依據兩項文件：1.一九○七年海牙設立國際捕獲法院公約第七條列舉法院適用法源：公約、國際法一般規則、法律一般原則和衡平原則；2.常設國際法院和國際法院規約第三十八條的規定所列舉的國際條約、國際習慣、法律一般原則、司法判例和公法學說。其中學說和司法判例是否為國際法的淵源，學者意見亦不一致。學說祇不過是法律的揭示而非具創造性的淵源，判例則是國際習慣構成要素而非自主淵源。參閱上揭 Ch. Rousseau, ibid., p. 59. 部分學者則依據規約所規定「作為確定法律原則之補助資料者」，認為應視為輔助淵源。參閱丘宏達主編，上揭書，頁 64；L. Delbez, Les Principes Généraux du Droit International Public, 1964, p. 43. 至於國家單方行為和國際組織的決議在國際法法源的地位日趨重要，也是國際法的輔助法源。

❸ 詳論參閱條約法。

❹ 雷崧生，前揭書，頁 289。

國家與其他國際法主體間所締結的國際協定，或其他國際法主體相互間之國際協定的法律效力不受影響，足見國家與國際組織間或國際組織相互之間的協定也是國際法上的條約。

至於條約的分類，學者意見並不一致。如果僅就國際法淵源有關者予以分類，可以區分為契約條約 (Treaty-Contracts) 與立法條約 (Law-Making Treaties)，前者規範兩締約國或少數締約國之間的特別義務，後者是國際法的主要淵源❺。

壹、契約條約

契約條約源自私法上的「契約」觀念，凡特定國家間為規範特別法律情勢所締結的書面協定均屬之，例如商務條約和同盟條約等。長久以來，學者將任何條約視同契約，乃因條約的形式與內容（例如商務條約）與契約相類似。此外，二十世紀以前國際立法的觀念在當時的國際社會鮮為人所了解❻。

契約條約可能成為締約國間的特別法。國際法院規約第三十八條第一項第一款規定法官裁判時應適用「特別國際協約」，乃指訴訟當事國間所訂的契約條約。

契約條約雖不是國際法的直接淵源，但其規定亦可能形成國際法的習慣規則。例如從有關引渡的雙邊條約中，確立了請求國國民與第三國國民可以引渡的普遍規則❼，一八八八年有關蘇彝士運河和一九〇一年及一九〇三年巴拿馬運河條約規定：「運河對一切國家船舶自由開放」，形成運河地位的規則❽。

---

❺　丘宏達主編，前揭書，頁 71。

❻　L. Cavaré, Le Droit International Public Positif, t. II, 1969, pp. 73–74.

❼　J. G. Starke, An Introduction to International Law, 1972, p. 49.

❽　參閱第二節國際習慣的形成。

貳、立法條約

立法條約乃是制定對於大多數國家發生拘束力的普遍適用規則。立法條約之規定成為國際法的另一種淵源。由於國際習慣形成的緩慢，不能適應國際社會共同利益的迫切需要，二十世紀以來，國際立法條約不斷增加，已成為國際法形成的重要方式。

多邊條約並不一定都是立法條約。學者史塔克認為稱立法條約為「規範條約」(Normative Treaties) 更為適當。凡多邊條約為確立一般標準條約 (General Standard-Setting Instruments)、創設國際所承認制度的條約，例如一九五九年南極條約、附有國際規則的蕆事文件 (Final Acts)，例如一九六〇年國際海上避碰規則等均屬之❾。

至於立法條約是否對於沒有批准的國家具有拘束力？一般言之，條約對非當事國並無拘束力。因此，經大多數國家所接受的立法條約，僅形成大多數國家間的一般國際法，蓋因現階段的國際社會並沒有一個超越國家之上的立法機關來制定國際法。惟，吾人從多邊國際條約簽訂目的來區分，有些條約是為確認國際習慣的規則，使既存的習慣法成文化，例如一九六一年維也納外交關係公約、一九五八年日內瓦公約有關公海自由之規定。此種條約具有普遍適用的效力。另有些條約是為創制新的國際法規則，此種條約對非當事國仍不具拘束力，例如一九五八年日內瓦大陸礁層公約第六條有關兩國間大陸礁層重疊劃界依中央等距原則之規定，國際法院在一九六九年北海大陸案判決指出，西德因未接受該公約，不受此原則適用之拘束❿。

---

❾　J. G. Starke, op. cit., p. 47.

❿　國際法院認為等距原則並非習慣法規則，未批准一九五八年公約的國家並不一定適用此項原則。法院更明確指出：「一九五八年大陸礁層公約第六條規定具有『純議定之性質』(Un Caractère Purement Conventionnel)。」參閱 North Sea Continental Shelf Case, I. C. J., Rep., 1969, pp. 45–46.

第二節　國際習慣

壹、概　說

由於國際習慣是不成文的規則，必須找證據來證明它的存在。查明一項習慣規則是否存在是相當困難而複雜的手續。一九四七年聯合國國際法委員會規約第二十四條明定委員會應研擬易於證明國際習慣法的方式與方法。後來，該委員會向聯大提出報告，建議各會員國政府刊載其外交文件彙編，以便了解各國適用國際習慣的情形。

國際習慣 (International Custom) 是國家行為一致和持續實踐的結果，並確信該行為已普遍被接受，而具有法律效力。因此，國際習慣具有兩項特徵：

一、國際習慣是國家實踐的表示

習慣是源自先例。換言之，是由國家間共同的實踐，並因連續的實踐而構成習慣的規則❶。

二、國際習慣是國家應遵守的法律規則

國際法院規約第三十八條第一項第二款所稱國際習慣乃「作為通例之證明而經接受為法律者」❷。因此，習慣與習尚 (Usage) 不同，習尚是國際交往一種例常行為，尚未完全具有法律性質；習慣則是「具有法律效力的習尚」❸。

---

❶ 國際法院在一九五〇年哥祕有關庇護案中表示哥倫比亞政府並未能證明其所引述之一九一一年玻立瓦協定第十八條和一九二八年哈瓦那庇護公約符合爭端國所遵行之「持續和一致的習尚」(A Constant and Uniform Usage)，Asylum Case: Colombia v. Peru. 1950, I. C. J. Reports 271; 引自 G. T. Mangone, The Elements of International Law: A Casebook, 1963, pp. 10–11.

❷ 學者對於「通例之證明」曾有所批評，認為習慣並非一般通例之證明，而是經由通例證明習慣的存在。Ch. Rousseau, op. cit., p. 310.

國際習慣形成的法理基礎，主要學說如下：

㈠默示同意說

傳統國際法學者將習慣建立在國際默示同意基礎上。英美國內法院判決亦採納此種理論。一八七一年美國最高法院對史科希亞 (The Scotia) 號船和一九〇〇年對哈巴那號船 (The Paquete Habana)❶的判決揭示某些規則因國家默認而具有普遍拘束力。此外，常設國際法院在一九二七年蓮花號船案 (Lotus Case) 為查明在公海上船隻碰撞案件，船旗國是否有專屬刑事管轄權時，表示：「拘束國家法律規則源自國家意志表示。此等意志表示於公約或普遍接受為法律原則之習尚。」❶

㈡共同法律信念說

習慣乃國家對於既存法律確信的表示，而非國家意志行為的結果。「法律信念」(Opinio Juris) 是國家在法律上堅持其行為應符合既存法則。國家之遵守習慣規則乃因確信這些規則符合正義觀念、客觀法則、社會經濟的依存性或人類法律感。因此，國家並不能任意拒絕國際習慣。

貳、國際習慣成立的要件

一、實質要件

習慣是源自習尚，而習尚是相同行為或不行為的重複❶。因此，習慣構成的實質要素有兩項：

---

❸　沈克勤引述溫尼爾 (Viner) 之定義，參閱沈著，國際法，頁 34。

❹　兩案事實經過參閱丘宏達主編，前揭書，頁 67–69；Hudson, Cases on International Law, 1929, p. 708.

❺　The Lotus Case, P. C. I. J., Ser. A No. 10, Mangone, op. cit., p. 3: "The rules of law binding upon states, emanate from their own free will as expressed in conventions or by usages generally accepted as expressing principles of law."

❻　不行為可否形成習慣？學者見解不一致。Scelle 認為國家自制行為足以形成慣例；Strupp 則持相反意見。英法兩國之公法實例揭示國家機構長久不行使專屬權而喪失其權力。

㈠時間上的連續適用

習慣具有「永恆」性質。習慣法則必須是國家不斷地接受而予以適用，始具拘束力。因此，形成習慣時間的長短則無法予以確定。習慣乃是逐漸形成，有如田間小徑是前人足跡所到，而後人跟進的結果。至於何時形成可見小徑，則無法確定。

美國最高法院在哈巴那號船案判決，認為在文明國家之間，在「數世紀前」就有這樣一種習尚，就是沿岸漁船及船上貨物與船員，從事它的職業活動時，在戰爭中免於拿捕 ❶。常設國際法院法官尼格烈斯哥 (Négulesco) 在一九二七年有關多瑙河歐洲委員會管轄權的諮詢意見表示：「習慣需要一種古老習尚，存在於國際關係方面所完成未經中斷的事實的重複。」❶國際法院在一九五〇年庇護案判決認為拉丁美洲之外交庇護事件並無不斷地和一致地使用的證據，並且表示：「哥倫比亞政府必須經證明其所引用的規則，始終經有關國家實行的經常和一致的習尚。」❶

㈡空間上的普遍適用

習慣不僅是國家實踐的連續和重複，而且是國家「一致」實踐的表示。因此，習慣具有普遍性，一個國家單獨行為的重複並不能創制義務性的規則 ❷。

但，習慣亦非所有國家對於既存法則的「全體一致同意」(Consensus Omnium) 的結果。國際法院在一九六九年北海大陸礁層判決僅表示：「習慣存在乃包括相關國家在內的相當多數和代表性國家的參與。」❷常設國際法

---

❶ 引自丘宏達主編，前揭書，頁 69；"By an ancient usage among civilized nations, beginning centuries ago, and gradually ripening into a rule of international law...." The Paquete Habana, 參閱 R. N., Swift, International Law: Current and Classic, 1969, p. 30.

❶ P. C. I. J., Ser. A/B, No. 25, 1927, p. 1051.

❶ "A Constant and Uniform Usage", I. C. J., Rep., 1950, pp. 276–277; 參閱拙著，大陸礁層之研究，法商學報第 8 期，民國六十一年版，頁 360。

❷ M. Sibert, Traité de Droit International Public, t. I, p. 32.

❷ North Sea Continental Shelf Cases, I. C. J., Rep., 1969, p. 42; 引自 Ch. Rousseau,

院在蓮花號船案判決亦表明習慣是「普通接受的習尚」(Usages Acceptés Genéralement) ㉒。

學者通常將習慣區分為一般習慣 (General Customs) 和特別習慣 (Special Customs) 兩種 ㉓。前者包括一些適用於任何國家的法律規則，例如公海或外交特權等規則 ㉔。後者乃涉及非一般化的問題，例如邊界爭議；或涉及某特定地區之法律規則，例如拉丁美洲庇護法。

國際法院的判例也承認特別習慣的存在。在一九六〇年印度領土過境權案 ㉕，國際法院揭示：「英國統治期間和以後，在印度境內之葡國人圍領土間人員或貨物之自由通過，已存在一種一致和持續的實踐。此一實踐已持續一百二十五年並未因政體改變而受影響。因此，已為當事國所接受為法律的通例，已構成相互間的特別權利和義務。」 ㉖

二、心理要件

祇有實質要素並不能將國際實踐轉變成為具有法律義務的習慣。任何國際習慣法的形成除了必須由國家持續實踐外，更須在心理上深信此種實踐的必要性，也就是國家有適用一種法律規則的信念 (Opinio Juris) ㉗國際法院在一九六九年北海大陸礁層案判決揭示：「國家不僅行為必須表示一致的通例；更須證明此種通例是一種法律規則，而必須遵守的信念；當事國必須有履行一種法律義務的感覺，而非僅單純出於禮讓或傳統的考慮。」 ㉘國際法院規約第三十八條第一項稱國際習慣是「一般通例（實踐）而經接

op. cit., p. 319.

㉒　引自 M. Sibert, op. cit., p. 33.

㉓　參閱拙著，前揭文，頁 360。

㉔　這些規則均已法典化。

㉕　有關葡國在印度境內的入圍疆土之人或物通過印度領土權問題的爭議。Case Concerning Right of Passage over Indian Territory, I. C. J., 1960, Reports 4.

㉖　引自 Mangone, op. cit., p. 125.

㉗　參閱拙著，平時國際法，三民書局，民國六十八年初版，頁 34。

㉘　North Sea Continental Shelf Case, I. C. J., 1969, Rep. 44.

受為法律者。」惟，現代國際法的發展所確認的習慣規則存在，有三點值得注意者：其一，習慣規則得在國家間短期間的實踐而發生 ❷；其二，習慣規則的存在需被國家廣泛而非一致的實踐。國際法院在北海大陸礁層案判決亦指出：「習慣存在乃包括相關國家在內的相當多數和代表性國家的參與。」❸；其三，國家抗議某項習慣規則的違反，須提供此項規則存在的證明 ❸。此外，習慣規則的形成並不完全仰賴國家間的互動關係，亦能從國家對個人單方行為而產生，例如有關禁止酷刑的習慣規則 ❸。學者畢爾德 (Bilder) 亦指出，國際人權法建立在國家對個人義務的基礎上 ❸。

總之，現代國際習慣的形成不再限於國家實踐 ❸。法律信念 (Opinio Juris) 亦不再是一種經歷長久期間慢慢形成的感覺，而是一種深信有社會必要性規則的信念 ❸。學者利威爾 (Rivier) 亦表示：「習慣是某些事實的連續重複，並深信有此必要者。」❸

第三節 國際法的輔助淵源

壹、一般法律原則

國際法院規約第三十八條規定法院裁判時的適用法，除國際條約和國際習慣外，還列入「一般法律原則為文明各國所承認者」(The General Principles of Law Recognized by Civilized Nations)。學者勞特派屆 (Lauterpacht) 認為，這個條款是指國際法院可以適用國內法體制裡的一般

---

❷ Ibid., Rep. 41.

❸ Ibid., Rep. 42; I. Brownlie, Principles of Public International Law, 1979, pp. 6–7.

❸ A D'Amato, The Concept of Custom in International Law, 1971, p. 91.

❸ Filartiga v. Pena-Irala, 630 F. 2d 876, 880–884 (2d Cir. 1980).

❸ Bilder, An Overview of International Human Rights Law, 1984.

❸ Case Concerning the Continental Shelf, Libya v. Malta, 1985, I. C. J., p. 13.

❸ Stein, The Approach of the Different Drummer: The Principle of the Persistent Objector in International Law, Harv. Int'l Law Journal, 1985 (26), pp. 457–459.

❸ 引自 Ch. Rousseau, op. cit., p. 324.

原則，特別是私法方面。換言之，這些國內法的一般原則可類推適用於國際法。

　　所謂「一般」法律原則並非意指存在於每一文明法制的相同原則。但法官於採用源自私法原則前，必須確信該原則是被所有主要法制所承認❸❼。因此，必須由比較法的採用，以求取世界上最具代表性的普通法原則，亦即最公正和最適當的原則。

一、一般法律原則的性質

　　一般法律原則的法律性質，學說可歸納如下：

(一)類比適用說

　　指習慣或條約不足以解決問題時，可以訴諸國內法則來處理案件。但這種類比適用必須取自所有國內法體制下的共同原則，例如善意原則(Good Faith)❸❽。故此說所強調不過是技術性原則的運用。換言之，採用類比方法以期達到某種結論。同時，此種方法乃是以兩種不同觀念中已存在相似觀念為基礎❸❾。類比適用的一般法律原則並不能稱為法律淵源之一。

(二)自然法說

　　將一般法律原則與自然法原則混為一談，早於一九二〇年常設國際法院規約臨時草案擬訂時，法律學家委員會主席戴斯幹 (Descamps) 認為一般法律原則是「客觀正義」(La Justice Objective) 的適用❹⓿。但，「真實」乃是一般法律原則的主要特質，此種單純的理想或客觀法的觀念，未具實在價值，並不足以表示其法律性質。規約第三十八條所稱「為文明各國所承認」，已表明一般法律原則是各國國內現行法的一部分，並為各國所承認者，並

---

❸❼　國際法院規約第九條亦規定：「每次選舉時，選舉人……應注意務使法官全體確能代表世界各大文化及各主要法系。」

❸❽　Anzilotti, Verdross 採此說。

❸❾　例如一九五四年伊朗石油協定規定適用「當事國共同法」(Common to the Laws of the Parties) 意即英美普通法上契約原則，法國民法以及受法國法影響的荷蘭和伊朗民法的比較和適用。最後成為西方國家兩大主要法系的比較。

❹⓿　Spiropoulos 和 Le Fur 亦採此說。Ch. Rousseau, op. cit., p. 373.

具實證法之特質者。

㈢獨立法源說

近代部分實證法學者亦否認一般法律原則是國際法形式上的獨立法源，並進而否認國際判例曾以獨立法源適用之。彼等認為一般法律原則衹不過為促進國際法發展而引進的國內法，並具高度技術性。

事實上，一般法律原則是一種自主的國際法源。規約第三十八條所明文列舉於第三項即為證明。法律解釋的基本原則是「任何字詞均應視為有意義」。因此，一般法律原則既非習慣亦非「公允善良」原則。

總之，一般法律原則明文納入規約有其重要性。實證法學者所主張國際法限於國家所同意的規則已被否認。這無疑對國際法院的創制功能和國際法的成長性予以承認。勞特派屈也認為規約納入一般法律原則是國際法上嚴格實證主義的喪鐘❹。

二、一般法律原則的內容

常設國際法院的判決或諮詢意見中並未明示提及規約第三十八條第一項第三款的「一般法律原則」。法院僅以不同名稱予以適用，諸如「一般法律觀念」(Une Conception Générale du Droit)、「一般公認原則」(Un Principe Ordinairement Admis)、「共同法律規則」(Une Règle de Droit Commun) 等❷。

國際法院的判例的情況亦未改變。法院於適用此項原則時稱：「文明國家所承認原則」、「既定法律規則」(Règle de Droit Établie) 等❸。

---

❹　引自 J. Stone, Legal Contracts of International Conflict, London, 1959, p. 137.

❷　例如在一九二七年「邵作廠案」（賠償）於適用「已決之案」(Res Judicata) 時稱為「一般法律觀念」，法院揭示：「任何約定的違反都包括給予賠償的義務」(Any Breach of an Engagement Involves an Obligation to Make Reparation)，Chorzow Factory Case, P. C. I. J., 1928, Ser. A, No. 17, p. 29; 引自 J. G. Starke, op. cit., p. 36. 一九三七年姆斯河轉向 (Diversion of Water from the Mouse) 案，法官伍德生 (Hudson) 說：「法院得適用英美衡平法為一般原則。」P. C. I. J., 1937, Ser. A/B Fasc., No. 70, p. 76; 引自 J. G. Starke, ibid.

❸　Ch. Rousseau, op. cit., p. 376.

　　國際法院判例或仲裁判決所適用法律一般原則的內容包括兩方面：其一是國內法律原則的適用；其二是國際法一般原則的適用。

㈠國內法律原則的適用

　　各國國內法有關實體法或程序法的某些規則，國際判例曾予以適用。有關「契約必須履行」(Pacta Sunt Servanda)、「權利濫用」(Abus de Droit)、「既得權尊重」(Respect des Droits Acquis)、「消滅時效」(Prescription Liberatoire)、「損害賠償」(Réparation du Préjudice)❹。

㈡國際法一般原則的適用

　　國際法一般原則既非公約法則亦非習慣法規定，而是特別適用國家相互間的原則。近代國際公約以不同形式採此原則於條款中。聯合國憲章第一條第一項規定：「……以和平方法且依正義及國際法之原則，調整或解決足以破壞和平之國際爭端。」一九五八年公海公約第二條第二項亦明定：「各國行使以上各項自由及國際法一般原則所承認之其他自由……」

　　一九二七年常設國際法院在蓮花號船案 (Lotus Case) 判決中揭示：「國際法一般原則乃是所有獨立國家間所適用原則……」❺

　　國際判例對於某些規則曾以國際法一般原則適用之，例如「國際條約優於國內法」、「國家獨立」、「國家責任」、「國家繼承」、「用盡當地救濟辦法」和「海上戰爭行為」等規則❻。

三、一般法律原則的適用

　　一般法律原則在國際法源上應居於輔助地位。換言之，法官祇有在缺乏公約法或習慣法的情況下始能適用。

　　近代大部分學者均為一般法律原則為國際法的「次要法源」(A Secondary Source)，在實踐上甚少採用，卻於必要時有所助益❼。

---

❹　引自 Ch. Rousseau, ibid., p. 383.

❺　P. C. I. J., 1927, Ser. A/B, No. 22, pp. 16–17.

❻　Ch. Rousseau, op. cit., p. 394.

❼　G. von Glahn, Law among Nations, 1970, p. 18.

貳、衡平原則

一、衡平原則的涵義

國際法院規約第三十八條第二項規定:「前項規定不妨礙法院經當事國同意本公允及善良原則裁判案件之權。」因此，法院可以經當事國同意，依「衡平」(Equity) 原則裁判案件。

學者對於此一原則的解釋亦可分為兩類: 其一是將「衡平」、「正義」、「一般法律原則」和「公允善良原則」等視為同義字 ❹; 其二是將「衡平」和「公允善良」原則予以區分。「衡平」雖賦予法官於裁決案件時得超越嚴格法律規則的考慮，但「衡平」卻不能分離法律而存在，「衡平」乃是一種法律。「公允善良」乃由二部分所構成: (1) "Ex Aequo" 意指「公平」，亦即符合「自然正義」(La Justice Naturelle)，一種可以在制定法中發覺的正義;(2) "Ex Bono" 乃是基於實際效用或時宜的考慮，換言之，為維護利益或為滿足情勢需要的明智判斷的表示 ❹。

二、衡平原則的功能

衡平原則是國際法的輔助法源，其主要功能如下:
㈠調和實證國際法的適用

衡平原則可以補救實證法適用時所欠缺的彈性。換言之，具有調和及軟化的作用。在仲裁協定中列入「衡平」或「公允善良條款」可以使法官判定給予受害國以賠償時，不必符合嚴格的法律義務。

在實例上，凡有關戰爭對交戰國或中立國人民以及內戰對外國人造成

---

❹ Makowski, L'Organisation Actuelle de l'Arbitrage International, Recueil des Cours, 1931 (I), p. 358.

❹ M. Bourguin, Stabilité et Movement dans l'Order Juidique International, Recueil des Cours, 1938 (II), p. 421. 參閱 L. Cavaré, Le Droit International Public Positif, Paris, t. I. p. 228.

的損害賠償的仲裁案，多數仲裁法官均以「衡平原則」為判決基礎，以救
濟國際法上「國家責任」適用的困難❺⓪。

㈡補充實證國際法的適用

「衡平」原則不僅有調和國際法的功能，亦有補充制定法闕文的作用。

參、單方法律行為

單方行為係一個法律主體所為的意願表示。傳統上，此種類行為限於
國家行為。惟，現階段國際組織的誕生，其所為行為成為一種新型態的單
方行為。這些單方行為是否得視為國際法的法源有探究必要。

一、國家單方行為

國際法的基礎建立在國家同意表示上。但，國家單方意思表示亦可能
發生法律的效果。

國家得以單方行為處理國際關係，而發生法律效果，例如國家片面劃
定海域。單方行為擬訂的過程雖屬國內法，但行為的效果須受國際法的規
範。換言之，處理國際關係的國家單方法律行為必須符合國際法的原則，
才能發生法律效力。

㈠國家單方行為的生效要件

1.必須符合國際社會整體利益

當國家為履行國際法或國際組織的建議，而採取單方行為時，即符合
有利國際社會整體利益的要件。例如國家依據國際法，自行決定領海寬度、
制定法律來規定個人取得該國國籍的條件，以及依據條約本身規定來決定
加入、退出或提具保留條約的行為。

2.必須尊重國際公法

國家單方行為的有效條件乃是對國際公法的尊重。因此，國家單方國
際立法行為必須遵守下列兩項基本原則：

⑴誠信原則：原則上，國家負有使其立法符合國際法的義務❺①。因此，

---

❺⓪　判例詳列於 Ch. Rousseau, op. cit., t. I, pp. 405–410.

國家法律行為須受誠信原則的支配，例如國家為防止公海的污染，不得採取僅符合本身經濟利益的措施。國家亦不得因實施反托辣斯法，而為本國籍公司謀取利益，甚或導致外國公司權益的損害❺❷。

(2)有效原則：國家單方措施須能有效執行。反之，祇有法規的宣告，而無執行法規的控制方式，不足發生法律效果。

總之，國家單方行為如果違反國際法規則，而為本身利益著想，則其行為的效力必然引起爭論，例如國家禁止非海岸國或他國人民利用公海的特別規定。

㈡國家單方行為的類型

國家單方行為通常可區分為下列類型：

1.通知：通知 (Notification) 係一種條件行為，乃作為其他行為效力的條件。例如依據國際法院規約第三十六條規定，國家得經由單方聲明，對於接受同樣義務的任何其他國家，承認法院的管轄權為當然而具有強制性，不須另訂特別協定❺❸。國家單方行為的通知或宣告可以發生法律效果已獲得國際法確認者，如封鎖、宣戰、領土「先占」❺❹的通知等。

2.承認：承認 (Recognition; La Reconnaissance) 乃一國確認若干事實（例如國家或政府有效的承認）或若干行為（例如對他國授予個人國籍）的存在，並同意這些行為對其具有拘束力。承認係最重要及最頻繁的單方行為，包括默示承認。

3.抗議：抗議 (Protestation) 乃形成承認的否定。一國的抗議行為係為保留其本身權利或為阻止一項習慣規則的拘束。例如在一九五一年北大西

---

❺❶ A. Verdross, La Primauté du Droit des Gens et la Conception Unitaire du Droit, Rec., t. I, 1927, pp. 295–296.

❺❷ U. S. v. Watch Makers of Switzerland Information Center. Trade Cases, 70 600 SD N. Y., 1962.

❺❸ 法院對於第三十六條第二項所列舉的法律爭端具有強制管轄權。

❺❹ 先占為領土取得法律方式之一，國家發現無主地後，將取得無主地意思通知相關國家，可取得該地的「原始權利名義」，一九二八年常設仲裁法庭在帕爾瑪斯島案 (Palmas Case) 的判決理由，參閱杜蘅之，前揭書，頁 218–219。

洋漁業案 (L'Affaire des pêcheries de l'Atlantique Nord)，國際法院表示：「領海寬度不得超過三浬的規則，對挪威不具拘束力，因其持續的抗議。」❺❺ 一項明確抗議的欠缺等同承認他國權利。在領土「時效」(Prescription) 原則適用，必須是一國曾有效地、公開地、繼續地及和平地在該領土上行使管轄權。因此，他國對其管轄權行使的持續抗議，得阻止該國依「時效」原則取得爭議領土的主權。

4.棄權：棄權乃一國權利的拋棄。棄權應明白表示，不得臆測之。常設國際法院蓮花號船案 (Lotus Case) 表示：「對國家獨立的限制，不得臆測之。」❺❻

5.承諾：上述承認、抗議及棄權乃涉及既存事實或法律的行為，承諾則產生新的權利。

(三)國家單方行為的效力

多數國際判例似乎承認單方行為僅屬國家單方意願表示，故性質上不具有國際法效力，亦不得對抗第三國❺❼。此種觀點實有欠妥之處，違反既存法律的單方行為雖然不得對抗第三國❺❽，合法單方行為則另當別論。晚近國際判例亦逐漸修正或放棄以往的觀點❺❾。事實上，國家得在國際法所許可範圍內公開表示自願自行課加義務或單方行使權利，國際法院在核子試爆案表示：「涉及事實或法律情勢的宣示，具有產生法律義務的效果……」❻⓪；反之，國家欲對具有主權之其他國家課加義務，除非經他國同意，不得對抗他國，乃主權平等適用的必然結果。惟，國家亦得在未經他國明示同意下，單方對他國課加義務，倘此種單方行為係源自條約或國際

---

❺❺　參閱 L'Affaire du temple de Preah-Vihear, Rec., 1962, p. 23.

❺❻　Lotus Case, Recueil des Arrêts, Ser. A, 1927, p. 18.

❺❼　Wimbledon Case, P. C. I. J., 1923, Ser. A/B, No. 5, p. 29; Jaworzyna Case, ibid., No. 8, pp. 30–32.

❺❽　例如一九三五年二月三日英法公報宣示任何列強均不得以單方行為來變更有關軍備方面的義務。R. G. D. I. P., 1935, pp. 355 et s.

❺❾　Ch. Rousseau, op. cit., p. 418.

❻⓪　L'Affaire des Essais Nucléaires, Recueil des Cours, 1974, p. 270.

習慣所承認的權力。

二、國際組織的決議

國際組織的決議❻是否為國際法源，因而對國家具有法律上拘束力？事實上，聯合國的決議可否成為國際法源，應依決議性質而定❻。

㈠組織內部事務決議

聯大依憲章規定❻所為內部事務的決議，大部分均具行政性質，可視為該組織內部法源，會員國有遵行或接受的法律義務；但與國際法的形成並無關聯，應排除於國際法源之外。

㈡有關維持和平與安全的決議

聯合國安全理事會依憲章第六、七、八章的規定，負有維持世界和平與安全的任務。第三十九條明定：「安理會應斷定任何和平之威脅、和平之破壞，或侵略行為之是否存在，並應作成『建議』或抉擇依第四十一條、第四十二條規定之辦法（或其他辦法），以維持或恢復國際和平及安全。」

安理會曾依此規定作成某些重要決議，例如聯合國軍隊對北韓的軍事佔領❻、宣佈中共為侵略者❻、向中共和北韓輸出戰略物資和武器的封鎖❻，和一九五六年以埃敵對期間在蘇彝士運河沿岸建立緊急武裝部隊❻等。這些決議係對具體事項所作出的決定，其拘束力源自憲章規定。憲章第二十五條明定：「聯合國會員國同意依憲章之規定，接受並履行安全理事

---

❻ 國際組織得通過「決議」(Resolutions)、「建議」(Recommandation) 和「決定」(Decisions)，並發表諮詢意見、作成「判決」，惟這些名詞含義不甚明確。

❻ 陳治世引述顧爾德 (W. L. Gould)，認為大會的決議是否可視為國際法淵源，現在尚無公認的定論，現代國際法，頁 265–266。

❻ 憲章第四、十五、十六、十七、二十二、二十三、六十一、八十六、九十七、一百零一等條。

❻ Res. 376–V.

❻ Res. 498–V, 1951.

❻ Res. 500–V.

❻ Res. 997–1001.

會之決議。」因此，此種決議對會員國雖具有拘束力，但對國際法形成不具任何意義。

㈢原則宣示的決議 ⓰

聯合國成立以來，大會曾多次以決議 (Resolutions) 或宣言 (Declarations) 方式宣佈某些國際法原則或國家的實踐，這種決議或宣言可以視為國際習慣形成或演進中的一種方式 ⓱。但在實踐上，決議也可能創制新的國際法則 (De Lege Ferenda)，例如聯大在一九六三年通過第一九六二號關於「各國探測及使用外空活動之法律原則宣言」 ⓲。此種聯大對於國際法的立法，僅限於原則性的宣告；至於詳細規則，仍待多邊條約的規定。換言之，必須由大會的相關委員會，依據聯大通過的原則而起草公約，由各國正式簽字批准或接受。

聯大的決議通常包括宣言或一般性原則的宣告，此種宣示性的決議欲確認既存法則的目的多於創制新的法則 ⓳。除為創制新的國際法規則的決議，其是否具有法律上拘束力尚待進一步的確認外 ⓴，一般確認習慣法則的決議似應具法律上拘束力。

⓰ 參閱丘宏達著「聯大通過決議在國際法上的效力」，現代國際法問題，民國五十五年出版，頁 5–26；J. Castaneda, Legal Effects of U. N. Resolutions, N. Y., 1969; Ch. Rousseau, op. cit., pp. 440–441.

⓱ J. G. Starke, op. cit., p. 56. W. G. Vitzthum 認為也是確定「法律信念」(Opinio Juris) 的輔助方法。前揭書，頁 83。

⓲ 丘宏達，前揭文，頁 19。

⓳ Ch. Rousseau, op. cit., p. 440.

⓴ 此種宣示性決議並不具法律拘束力，卻非毫無實際上效果。當此種宣言所介入領域，相關實證法不存在時，有助成新法產生的功能。下列學者認為原則宣示之決議可能有促成習慣法則形成的作用。Lino di Qual, Les Effets des Résolutions des Nations Unies, Paris, 1967, pp. 235–271; D. Johnson, The Effect of Resolutions of the General Assembly of the U. N., B. Y. I. L., 1955–56, vol. 32, pp. 97–123; S. Sloan, The Binding Force of a Recommendation of the General Assembly of the U. N., B. Y. I. L., 1948, vol. 25, pp. 1–34; Castaneda, op. cit., p. 172. 其中 Johnson 的意見較為保守。

㈣建議的法律效果

國際組織為行使職權，有權作成「建議」(Recommandations)。此種建議性的決議通常係以會員國及其他國際組織為對象。國際組織所屬機構所發表「意見」(Avis) 亦視為建議的一種。

建議是不具法律義務的行為。就國家而言，建議祇在國家明示或默示接受後，始生拘束力。惟，事實上假如國家任意拒絕接受國際組織的建議，可能會處於政治上或道德上的不利地位，因為拒絕行為表示與多數會員國或其他全體會員國立場的不一致，尤其是當此種建議係為解決世界危機的方案時❼。因此，建議雖不具法律拘束力，卻可作為國際組織欲影響會員國的一種壓力方式。例如聯合國在人權發展、反殖民統治及禁武等方面的建議對會員國形成某種程度的心理壓力。

就嚴格法律意義而言，建議仍具有下列法律效果：

1.建議可能是習慣形成的一種要素，倘建議發展出一種法律信念，並由國家一致實踐所遵循。

2.任何會員國應一秉善意 (De Bonne Foi) 來審視建議案❼，蓋因建議案事實上代表大多數會員國的意見。

3.假如建議內容係宣示一項具有「許可價值」的原則，則吾人不能認為國家依此原則所採取行為係屬一種非法行為。

由上述可知，聯合國是一種普遍性的政府間國際組織，其所作成各種決議，包括組織內部決議，處理具體事件的決議，以及宣示國際法原則的決議。前兩種決議，對國際法的形成並不發生作用；宣示法律原則的決議是否具有法律拘束力，視其目的在於確認既存法，抑或創制新法而定。至於具建議性質的決議，雖不具法律拘束力，卻非毫無法律效果。

---

❼ 例如依聯合國憲章第六章規定，安理會所提有關爭端解決的「建議」，參閱憲章第三十六條，三十七條，三十八條的規定。

❼ 參閱聯合國憲章第二條第二項規定。

第四節　確定法律原則的輔助方法

國際法院規約第三十八條第一項規定：「法院對於陳訴各項爭端，應依國際法裁判之，裁判時應適用：(d) 在第五十九條規定（保留）下，司法判例及各國權威最高之公法學家學說，作為確定法律原則之補助資料者。」⓻因此，判例及學說是法律確定之方式，並非法律之創制；有助於證明一項規則的存在，並指出其內容。國際法院規約之起草者無意將判例及學說視為法源⓼。換言之，法院僅「利用」判例及學說，來尋求其所「適用」的法律規則。

壹、判　例

判例乃是由司法及仲裁判決之整體所構成。所謂司法判決包括國際及國內判決，前者主要源自國際法院之判決及諮詢意見，其他國際性法庭及仲裁判決，其中國際法院之判例最具權威性。如上述，判例有助於實證法規則之確定，尤其是習慣法。

塞爾 (G. Scelle) 則認為國際判例應被視為一種真正法源。他表示國際判例如同國內司法判例具有「規範力」(Un Pouvoir Normatif)，吾人必須注意到國際法院雖不受前判決之拘束⓽，並非毫無影響力。國際法院經常提及判決及諮詢意見係其「恆永判例」(Jurisprudence Constance) 之產物。

國際法院在一九七八年愛琴海大陸礁層案判決指出：「法院判決雖僅對當事國具有拘束力，其對一項法律問題所作宣示，得影響其他國家之關係。」⓾

⓻ "Comme Moyen Auxiliaire de Détermination des Règles de Droit"，法文版譯為「作為法律原則確定之輔助方法」似較適當。

⓼ 規約第三十八條雖規定「法院……裁判時應『適用』……」。惟，學者並未因「適用」一詞，而解釋其為法源。

⓽ 此與英美法院受 "Stare Decisis"（服從前例）原則拘束不同。

⓾ L'Arrêt Rendu le 19 déc. 1978 dans l'Affaire du Plateau Continental de la Mer Egée, Rec. 17.

由於此種連續性，國際性司法判決事實上在條約解釋及衡平原則適用方面，行使一種一般規範之創制功能。總之，判例不同於學說者，在於能夠創造習慣規則之先例，並直接參與其形成之過程。

貳、學　說

在國際法上，學說具有兩種不同涵義：其一，意指國家對若干根本政治問題之原則性立場，例如門羅主義、布里茲涅夫 (Brejnev) 主義等；其二，意指國際法官、學者以個人身分對國際法相關問題所表示之見解。國際法院規約第三十八條所規定乃指後者而言。

就法律科學而言，法律乃是尋求可適用規則，並予以確認、分類及闡釋之。學說納入規約第三十八條即具此項功能。學說亦具從判例研究中經由歸納方式指出一般原則之功能。因此，學說有助於國際法之形成及發展。雖然大部分法學家並未完全放棄其對立法者之影響，其對實證規則乃未具直接創制之權能。

儘管如此，由於國際法之不確定性及大部分規則仍具習慣法之特性，學說在國際法之地位較之國內法更為重要。因此，國際法院規約明定須「各國權威最高之公法學家學說」，亦即參考最具權威學者所表達之一般概念。

此外，國際法院法官所表達之個別或不同意見亦得納入學說範圍。聯合國國際法委員會委員，由於其在既存法律規則之確定及規則之法典化方面獨立行使其諮詢權，亦具備最具權威資格。

大　綱

第三章　國際法的主體

第三章　國際法的主體

國際法主體的確定，在理論上可歸納為下列三種❶：

一、國家說

傳統理論認為國際法是規範國與國間有關權利義務的法律規則。國家是國際法唯一的「主體」(Subjects)；而個人乃為「客體」(Objects)。

二、個人說

塞爾 (Scelle)、玻利弟 (Politis) 和狄驥 (Duguit) 等學者認為個人是法律唯一的主體，因為祇有個人才能了解法律並遵守其規則。

三、折衷說

此說認為個人不能直接引用國際法的規則。就一般情形而言，國際法祇能經由國內程序而適用於個人。然而，國家雖為國際法的主體，卻非為唯一主體❷。

以上三說以折衷說最能符合晚近的國際實踐和現階段國際法的發展。

第一節　國　家

壹、概　說

國家是國際社會唯一正常且原始的組成分子，也是國際法最重要的主

---

❶　Ch. Rousseau, Droit International Public, Paris, t. II, 1974, pp. 8–10.

❷　一九四九年國際法院在「聯合國服務期間所受損害賠償」的諮詢意見中表示：「聯合國是國際法的主體；所謂國際法主體乃指其有能力擁有國際權利和義務，以及有能力提起國際索償來維護其權利。」Advisory Opinion on Reparation for Injuries Suffered in the Service of the United Nations, I. C. J., Rep., 1949, p. 179.

體。傳統上為其定義為：「國家是具有主權的法人。」準此，國家應具備如下兩個要件：一是國際法人，二是主權。

一、國家具有國際法人資格

國家在國際法上具有法人資格，它有享受權利和負擔義務的完全能力。國家的國際法人資格的取得須具備「有效」和「承認」兩項條件。

㈠國家構成要素的有效組合

國家取得國際法人資格的首要條件乃是人民、土地和政治組織三項要素的有效組合❸。法國學者查理·盧梭認為這三個要素是國家存在的政治社會現象 (Le Phénomène Politico-Social)❹。

1.人　民

組成國家的人民必須是一群具有理性和自由的人。決定個人與國家間的聯繫因素在性質上極其錯綜複雜。百年以來，民族主義發展的結果，確立了民族國家的理論。換言之，任何具有種族、語言、文化、宗教、情感和歷史等共同特質的民族，均有組成一個獨立國家的自然權利❺。

---

❸ 一九三三年十二月二十二日在蒙特維的亞 (Montevideo) 簽訂有關國家權利義務公約第一條規定：「國家作為國際法人應具備下列要件：⑴固定的居民，⑵一定界限的領土，⑶政府，⑷與他國交往之能力。」參閱 J. G. Starke, op. cit., 1972, p. 101; 丘宏達主編（陳治世、陳長文、俞寬賜、王人傑等合著），現代國際法，三民書局，民國六十二年版，頁 172。一九二九年八月一日德波混合仲裁法庭在 Deutsche Continental Gas-Gesellschaft 案判決揭示：「國家祇有具備下列條件才能存在。即擁有領土，居住於領土之人民及在領土上對人民行使之公權。」

❹ Ch. Rousseau, Droit International Public, t. II, Paris, 1974, pp. 15–54.

❺ 民族 (Nation) 一詞源自拉丁文 "Natio"，意即「出生」，表示出生於一定地域，並居住於該地域之人。換言之，民族含有種族集合和居民團體之特徵。迄十七和十八世紀，這種民族觀念更廣泛適用於政治組織，例如：法國大革命時期「民族」和「國家」、「國家主權」均以 "Nation" 和 "Souveraineté Nationale" 表示，有民族即國家之意。晚近在同文同種的國家仍持此觀念。在實證法上由於受到英美用語之影響，仍不適當使用「民族」(Nation) 一詞來表示「國家」。一九一

(1)民族形成的基礎

民族形成的基礎在理論上未趨一致。德國採民族客觀說，認為民族乃基於領土、語言、宗教、種族或文化等單一或多項因素所形成。法意學者採主觀說，認為精神和理想因素是民族形成的基礎。換言之，一群人集合在一起組成團體，而有別於其他團體的意識存在。這種民族意識的存在是團體中的每一分子經歷長久期間，克服了原有文化、語言、種族等方面的差異所逐漸形成❻。

(2)民族自決權

十九世紀民族國家的運動盛極一時，利用武力或外來力量以建立民族國家的史實不勝枚舉❼。民族自決權在二次世界大戰後始獲得普遍承認，並成為實證國際法原則之一。戰前，民族自決權未被視為國際法的原則。例如國際聯盟於一九二〇和一九二一年指定法律專門委員會審查亞蘭島 (Aland) 人民所提有關該島歸屬申訴案指出：「本案首先必須決定亞蘭島問題是否屬於盟約第八條所謂『一國國內法權事件』，而非行政院職權範圍？……在某些國際公約中採納自決權原則，仍不得視為實證國際法的規則。一般言之，此乃專屬主權國家決定是否給予或拒絕其國內部分人民經由投票或其他方式以確定其政治前途。」此外，丹麥費羅島 (Iles Feroë) 於一九四六年九月十四日投票結果，終於在同年九月二十四日宣告獨立，丹麥卻不承認該島享有自治地位，迄一九五三年六月五日修訂憲法始正式承認該島地位❽。

二次世界大戰後，實證國際法對於人民自決權原則上予以承認。一九

九年國際聯盟 (League of Nations; Société des Nations) 及其後聯合國 (United Nations; Nations-Unies) 等機構設立，並非種族團體之組合，而是國家間之法律組織，卻也採用 "Nations" 一詞。

❻ 民族意識 (La Concience Nationale) 一詞是義大利學者曼西尼 (Mancini) 於一八七二年在羅馬大學授課時所創。

❼ 例如一八三〇年法國協助比利時，一八五九年協助義大利獨立；蘇聯歷次對巴爾幹半島國家的支持。

❽ Ch. Rousseau, op. cit., pp. 30–31.

四一年八月十四日英美兩國政策共同宣言的大西洋憲章第二條和第三條承認人民自決權和自治權 (Self-Government)，一九四五年二月十一日英美蘇三國政府首長在雅爾達簽訂的宣言揭示，任何人民有選擇政府形式的權利。

聯合國憲章第一條第二項宣示:「聯合國宗旨為發展國際間以尊重人民平等權及自決原則為根據之友好關係……」，第五十五條又明定「為造成國際間以尊重人民平等及自決原則為根據之和平友好關係所必要之安定及福利條件起見」的努力目標。聯合國大會於一九七〇年十月二十四日通過有關「依憲章之國家間合作及友好關係之國際法原則」宣言揭示:「人民自決權是一項法律原則。據此，任何人民享有自由地，不受外來干預地決定其政治地位，並追求其經濟、社會和文化發展之權利；各國有依憲章規定尊重此種權利，和協助人民權利平等及自決權原則實現之義務。」 ❾

2.領　土

「無領土即無國家」，領土是國家的構成要素。國際法上有關國家間管轄權的分配、國家承認、國家繼承和國際責任的體制均與領土問題發生密切關係。

近代國家的領土具有下列兩項特性:

⑴固定性: 領土是某一民族團體永居之地，也是人民決心永久生活的處所。游牧民族因缺乏固定生活處所，而無法組成一個國家。

⑵界限性: 原則上，國家領土有一定界限。在界限以內是政府與人民活動的空間。國界是國家管轄權行使的範圍❿。

---

❾　G. A. Res. 2625/XXV, 1970.

❿　國家領土有一定界限的觀念並未能為蘇聯法學家所接受。該國一九二三年七月六日公佈憲法前言揭示蘇聯領土依世界革命情勢發展增減。但蘇聯政府在外交實踐上，仍然與鄰國簽訂有關邊界條約，並於一九三四年以「確定疆域」(Frontières Définies) 之國家資格成為國際聯盟之會員。反之，變動領土觀念在納粹德國盛極一時；依其國家社會主義之理論，德國領域應延伸至日耳曼民族所在處。此外，部分學者指出以色列的疆界到現在還未劃定，但它仍然是一個國家，參閱丘宏達主編，前揭書，頁172。吾人認為此一事實並不影響領土有一定界限的特性，以國疆界乃涉及領土爭議和承認問題，以國奮鬥目標也是在

3.政　府

人民佔有一片土地後，還須組織一個有效的政府，才能形成一個國家。政府是人民的代表，並依據國內法律以行使統治權。

㈡國家存在的承認

人民、領土和政府雖然是國家存在必須具備的條件。但在國際關係上，國家的存在還須其他國家的承認，才能與他國發生正常的法律關係。換言之，在國際法體制下，一個政治團體是否具備國家資格，須由相關國家自由予以認定。有關國家承認問題，牽涉甚廣，本書另章討論。

二、國家具有主權

國家構成要素除了人民、土地和政府外，還須具有主權。主權是決定國家資格的法律要素。查理·盧梭稱它是國家存在的法律現象 (Phénoméne Juridique)❶。凡具有完整主權的國家，通常稱為「主權國或獨立國」，主權不完整的國家，通常稱為「部分主權國或附庸國」❷。

主權的概念由來已久，傳統理論認為獨立國家應享有完全和不受限制的主權。晚近，由於國際法的發展和國際組織的設立，每一國家均已接受「主權是國家保有在國際法所規定範圍下的剩餘權力」的觀念❸。在一九二七年九月七日蓮花號船案判決，常設國際法院也強調：「除非確立的國際法原則有相反的規定，管轄權的行使是國家主權行為的表現，所以不得任加限制。」❹

㈠主權與平等權

主權在對外關係上乃表現於國家相互間的法律平等。聯合國憲章第二

於確定其生存的空間。

❶　Ch. Rousseau, op. cit., p. 55.

❷　杜蘅之，國際法大綱，上冊，臺灣商務印書館，民國六十年版，頁 86。

❸　"The sovereignty of a State means the residuum of power which it possesses within the confines laid down by international law", J. G. Starke, op. cit., 1972, p. 106; 丘宏達主編，前揭書，頁 180。

❹　Lotus Case, P. C. I. J., Ser. A/B, No. 22, p. 18.

條第一項亦承認各會員國主權平等原則。一九七〇年十月二十四日聯合國大會通過「關於各國依聯合國憲章建立友好關係及合作之國際法原則宣言」揭示各國一律享有主權平等❶。

法律平等權主要表現下列兩項原則:

1.一票一值原則

國家共同解決一個問題時,每一個國家有一票而且票值相同❶。此項原則適用的結果,造成在國際會議通過多邊條約時,主張採取全體一致的決議,對於國際法的發展及國際合作的增進妨礙甚大。晚近,由於國際立法技術上改進,無論在國際會議或國際組織議決事項時幾乎都採用多數決的規則❶。

2.國家豁免原則

傳統國際習慣基於拉丁法諺「平等者間無統治權」(Par in Parem non Habet Imperium) 之主權觀念,認為主權者之行為不應受到另一主權者之審判,由此發展出外國管轄與執行之絕對豁免規則。二十世紀以來,由於國際貿易發達,國家從事商務活動之情形日益增加,國家與私人之間能夠平等利用法院之需求亦趨迫切,傳統國際法所承認外國管轄豁免規則 (Rule of Jurisdictional Immunities of Foreign State) 乃逐漸傾向限制豁免理論之接納。一九七二年五月十六日歐洲議會 (Council of Europe) 所通過「歐洲有關國家豁免公約」(European Convention on the State Immunity)❶,一九七六年十月二十一日美國國會通過 「外國主權豁免法」(Foreign Sovereign

---

❶ 引自 P. Reuter, Droit International Public, Paris, 1976, p. 158; 宣言內容參閱丘宏達主編, 前揭書, 頁 187。

❶ 聯合國憲章第二十三條和第二十七條規定並未遵循此項原則。第二十三條規定, 安全理事會的理事國中, 五強是常任, 其他十個理事國都由選舉產生, 任期兩年。第二十七條規定常任理事國在投票程序上有否決權。至於否決權行使的限制, 參閱本書國際組織專章討論。

❶ 聯合國及其他國際組織議決國際公約的程序, 參閱拙著, 論國際法擬定的技術與方法, 中興法學第 11 期, 民國六十五年出版, 頁 38, 42。

❶ 20 Ann. Eur. 298 (1972).

Immunities Act) ⑲ 和一九七八年英國國會通過「國家豁免法」(The State Immunity Act) ⑳ 乃是實踐限制豁免理論之重要具體表現。

⑴國際習慣的發展

十九世紀以前，國家之主要責任在於維持公序與安寧，國家行為與主權者行為密切結合在一起。國家商務上活動亦自限於與主權有密切關連之活動，例如從事郵政事業。在此情況下，即使國家從事若干與一般私人相同之商務活動，亦不願自行改變成為商人之地位㉑。

迄十九世紀末期，所謂「警治國家」(L'Etat Gendarme) 已被福利國家觀念所取代，國家一方面繼續從事主權行為 (Jure Imperii)，另一方面擔負一種新的國家任務，與私人居於同等競爭地位，經營各種事業以造福人民㉒。

在第一次世界大戰前，至少比利時和義大利對外國從事商務活動已拒絕承認國家管轄與執行之豁免，學者朱列克 (Zourek) 認為此種限制國家豁免觀念導因於西方國家法院因應蘇聯政府直接從事商務活動而採取之方法。

此種絕對豁免理論放棄係基於下列理由：國家從事商務之增加導致國

---

⑲　簡稱 "FSIA"; I. L. M., 1976 (15), p. 1388.

⑳　I. L. M., 1978 (17), p. 1123; Delaume, The State Immunity Act of U. K., A. J. I. L., vol. 73, 1979, pp. 185 et s.

㉑　一九〇四年日俄戰爭發生，俄國沙皇為獲得艦隊必需品之供應，與一位德國中介人 M. Hellfeld 簽約由其出面購買一艘船舶負責軍需品之供應。由於此種契約與俄國之主權活動有著密不可分之關係，當時普魯士爭議法院對 Hellfeld 所提控訴俄國海軍部違約案，判決無管轄權。I. Seidl-Hohenveldern, L'Immunité de Juridiction et d'Execution des Etats et des Organisations Internationales, A. Pedone, Paris, 111 (1980).

㉒　在一八七九年 The Parlement Belge 案，英國初審法院拒絕承認比利時國有船舶因碰撞被控案之豁免請求，在上訴後，法院雖承認該船舶之豁免，惟主要理由係基於該船主要被用於郵件運送，其他貨品及人員之載運則屬附帶性質。倘若該船從事純商務活動，上訴法院可能不同意豁免。British Int'l Law Cases, 305, 322 (1880).

家與私人間平等利用法院之需求。同意給予從事商務國家優於其競爭對手
之待遇，甚至得被視為違反聯合國有關政治權與公民權公約第十四條：「在
法院或裁判所之前，人人一律平等」之規定。使被告國免於法庭地國之管
轄，法庭地國更違反「人人有資格由一個依法設立之合格、獨立和無偏倚
之法庭進行公正和公開之審訊」權。外國接受管轄明顯係為債權人之利益，
同時也使得國家重獲「信用」機會之增加。不管如何，國家絕對豁免之維
持形成一種國際貿易之阻礙，假如國家接受以商人資格所簽訂契約之利益，
卻拒絕以主權者資格履行此契約之義務，則此外國從事一種不誠信之行
為❷。

　⑵國家豁免的理論基礎

　　現代各國之判例法和立法雖已接納限制豁免之理論，惟其理論基礎不
一而足，而其理論之真正合理性亦未有一致見解。

　　a.主權者豁免說

　　英國早期判例法同意將豁免給予主權者本人。大多數學者亦將外國主
權豁免與外國（國家）豁免視為同義字，未予明確區分❷。徵諸十七和十
八世紀民族國家發展之歷史，當統治者將國家擬人化，如同法國國王路易
十四所說：「朕即國家」(L'Etat, C'est moi) 時，此種混淆現象不僅可以理解，
亦屬無可避免者。

　　由於初期國家主權者與國家本身之間之混淆，對於適用於國家之絕對
豁免理論之發展有很大影響。

　　b.默示棄權說

　　早期限制絕對豁免規則之理由中，默示棄權 (Implied Waiver) 經常被引
用。一九二〇年奧地利最高法院亦依據廣義默示棄權觀念拒絕豁免請求。
法院指出：「國家主權觀念意含國家有免於外國法院管轄之絕對自由，此種

---

❷　P. Weil, Les Clauses de Stabilisation ou d'Intangibilité Insérées dans les Accords
　　de Developpement Economique, Melanges Ch. Rousseau, Paris, 1974, pp.
　　318–319.

❷　Satow's Guide to Diplomatic Practice, London, 1979, pp. 9–11.

見解並非正確。相反地，當外國從事私法行為在奧國領域內簽訂契約，乃進入奧國法律制度所規範，應受當地法院之管轄。」❷

　　上述案件判決之說明雖不很清楚，卻已明白指出外國之私法行為而接受契約地國法律規範，乃暗含其自願接受 (Voluntary Submission) 管轄。

　　c.相互原則說

　　當被告國家在訴訟中向法院主張絕對豁免規則時，「相互原則」(Priciple of Reciprocity) 偶爾被法院用以證明同意豁免之正當性。

　　波蘭法院在決定豁免請求時特別注意到相互原則之適用，法院指出：「在決定外國管轄豁免問題，吾人必須就國際交往中所接受之一般原則採取立場。在這些原則中，最重要乃是國家間之相互原則，一種源自國家間平等之基本原則……相互原則乃指一國對他國管轄豁免決定取決於他國所承認（或拒絕）豁免之範圍……。準此，在本案，鑑於英國法院在承認外國管轄豁免上之持續立場，波蘭法院依據相互原則不應受理原告之控訴，即使英國政府涉及一種商業活動之訴訟……」❷。

　　上述案例，除波蘭及若干獨立案件外，甚少證據顯示相互原則被認為決定豁免請求之相關因素。

　　d.主權行為與經營行為說

　　「主權行為」(Acta Jure Imperii) 與「經營行為」(Acta Jure Gestionis) 之區分乃依據國家行為之性質 (Nature) 而非目的 (Purpose) 或人格 (Personality)❷來決定國家豁免應予拒絕或同意之標準 (Test)。此種區分成為現代大多數國家判例法和制訂法採納限制豁免規則之理論基礎，雖然其合理性仍有爭議，在若干特殊案件之適用上亦發生困難。

　　(3)英美兩國的實踐

　　a.美國實踐

　　國家豁免 (State Immunity) 之理論在美國有悠久歷史❷。從十九世紀開

---

❷　1 Annual Digest, Case No. 79, at 118 (1919–1922).

❷　S. v. British Treasury, I. L. R., 1957 (24), p. 223.

❷　參閱 Harvard Research, A. J. I. L., 1932, vol. 26, pp. 623–624.

始，吾人已可辨識到國家豁免之現代理論輪廓。在交換帆船案 (The Schooner Exchange v. McFaddon)❷，法官馬謝爾 (Marshall) 首次表示絕對豁免 (Absolute Immunity) 理論之司法見解。他所持見解之理論基礎是「基於主權平等原則，各國在其領域內享有完全和絕對管轄權。因此，一國不應為行使其領域管轄權而將外國主權者或由外國主權者所行使之主權上權利 (Sovereign Rights) 置於其管轄下。」換言之，主權者不應對另一主權者或其行為予以判決。

二次大戰之後，各國政府參與商務活動急速增加，美國有關國家豁免之政策亦發生重大改變。一九五二年國務院宣示接受國家豁免之限制理論，以回應各國在實踐上將政府行為區分為主權 (Jure Imperii) 或公性質行為 (Act for a Public Nature) 與經營 (Jure Gestionis) 或私性質行為 (Act for a Private Nature) 之趨勢。祇有主權或公行為始得主張豁免❸。

一九七六年美國國會制訂「外國主權豁免法」(Foreign Sovereign Immunities Act) 將國家豁免之限制理論法典化，並賦予司法機關豁免同意之決定權❸。依據國務院法律顧問蒙羅烈 (Monroe Leigh) 於一九七六年六月二日在眾議院司法委員會聽證會時表示，該法之主要立法目的如下❸：

(a)將主權豁免之決定權由行政機構移轉至司法機構，藉以取消美國所特有之由行政機構決定法律問題之實踐。

(b)將國際法有關國家豁免之限制理論法典化。換言之，外國政府豁免請求之許可限於無關商務或私行為 (Private Acts) 之公行為 (Public Acts)。

由此可知，「外國主權豁免法」所欲達成之目標乃為確保主權豁免決定之「非政治化」。

---

❷ Note, The American Law of Sovereign Immunity since the Tate Letter, Va. J. Int'l L., 1964 (4), p. 75.

❷ 11 U. S. (7 Cranch) 116, 133 (1812).

❸ Dep't St. Bull. 1952 (26), p. 984.

❸ H. R. Rep. No. 1487, at 7.

❸ H. R. 11315, 2 June 1976 (Serial No. 47).

該法接納國際法有關國家豁免之限制理論，外國豁免之同意限於主權或公行為 (Public Acts)，凡有關商務或私行為 (Private Acts) 均排除管轄豁免之適用。該法實施以來，判例法揭示若干重要原則。

(a)該法所列得拒絕豁免之情形（管轄豁免之例外）包括豁免放棄（自願接受管轄）、商務活動 (Commercial Activities)、違反國際法之財產權取得、在美國之不動產、侵權行為等，其中商務活動之界定及判定標準最為重要而複雜。美國法院在適用本條相關規定時，非常注意「地域連接」(Territorial Connection) 之要件。惟對有關外國商務活動控訴案件，仍有擴張管轄權之趨勢。

(b)外國非商務之不法行為對個人所造成死亡、身體傷害或財產損失之案件，不僅必須損害發生在美國領域，而且造成損害之不法行為或不行為亦須全部或部分在美國實施，美國法院才有管轄權。換言之，域外之非商務侵權行為，不論其性質是否主權行為 (Acta Jure Imperii) 法院不行使管轄。

(c)外國商務性活動在美國領域外造成之損害，必須具備「該行為在美國領域內造成直接影響 (A Direct Effect)」之要件 ❸。倘若在美國之直接影響限於遭受此種損害之美國人民本身，則美國法院認定不適用商務活動管轄豁免例外之規定，因而判決無管轄權 ❸。至於域外之外國商務活動在美國造成經濟利益之損失，美國法院對於「地域連結」條件則採寬鬆解釋，並減低「直接影響」之要求，擴張其管轄權 ❸。

b.英國實踐

英國早期判例顯示，外國主權在公行為享有豁免，在私交易行為是否享有豁免則持保留態度。迄十九世紀末期，絕對豁免規則之接受始逐漸明

---

❸ Section 1605 (a) (2).

❸ Close v. American Airlines, 587 F, Supp. 1062 (S. D. N. Y. 1984); Keller v. Transportes Aereos Militares Ecuadorianos, 610F. Supp. 787 (D. D. C. 1985); Zernick v. Petroleos Mexicanos 614 F. Supp. 407 (S. D. Tex. 1985).

❸ Crimson Semiconductor v. Electrorum, 629 F. Supp. 903 (S. D. N. Y. 1986).

朗和具體化。在二次世界大戰後一段期間，英國法院仍繼續依附絕對豁免之理論。惟一九七八年「國家豁免法」制訂前，若干案件判決已顯示出法院對絕對豁免理論適用之極端不合理現象日益覺醒，雖然法院認為絕對豁免仍是當時國際社會所承認之國際法一般原則。

一九七八年英國制訂「國家豁免法」(U. K. State Immunity Act)❸❻之主要目的之一，乃為使英國政府能夠批准一九七二年歐洲有關國家豁免公約 (The European Convention on State Immunity of 1972)。因此，英國「國家豁免法」大部分依照歐洲公約之用詞，雖然在若干方面超越歐洲公約之基本架構❸❼。惟兩者均明定豁免必須給予，假如訴訟案件不屬於不得豁免 (Non-Immunity) 之範圍。

英國「國家豁免法」最重要特色乃是明確接受限制豁免理論。有關管轄豁免規則例外 (The Exception to the Rule of Jurisdictional Immunity) 之規定包括：1.棄權與反訴；2.商業交易與契約義務；3.僱用契約；4.在英國身體傷害或死亡，或財產損害或損失；5.在英國不動產；6.商標、專利或著作權；7.公司會員資格；8.仲裁；9.國有船舶之訴訟。

英國「國家豁免法」制訂主要係為處理長久以來判例法所揭發出來問題。該法在有關管轄豁免例外之規定大致上與美國法相類似，明列法院應拒絕豁免之情形。惟，在「商業交易」(Commercial Transactions) 方面，英國法直接而明確地列舉出不應豁免之商業交易行為。此種規定方式事實上已事先解決了許多採納限制豁免理論國家法院所遭遇到之問題。

總而言之，英美兩國有關外國管轄豁免之實踐係依據國家活動性質 (Nature) 所界定之主權行為 (Acta Jure Imperii)。至於不應豁免之非主權行為或「經營行為」(Acta Jure Gestionis) 兩國均以法律定其範圍。

㈡主權與不干涉原則

原則上，國際法為維護國家主權或獨立，不容許一國干涉他國事務。

---

❸❻　1978, c. 33.

❸❼　Delaume, The State Immunity Act of the United Kingdom, A. J. I. L., 1979, vol. 73, pp. 185–199.

聯合國憲章第二條第四項明定：「各會員國在其國際關係上不得使用威脅或
武力，或以與聯合國宗旨不符之任何其他方法，侵害任何會員國或國家之
領土完整或政治獨立。」在一九四九年「哥甫海峽」案判決中，國際法院揭
示：「獨立國間，相互尊重領土主權是國際關係上的必要基礎。」❸準此，
國家負有不侵犯他國領土和不使用武力或威脅方式專斷干預他國內政或外
交的義務。

「不干涉」(Non-Intervention) 原則源自拉丁美洲國家間的區域法❸，
晚近已發展成為國際法的一項原則，惟其意義仍不甚確定。一九六五年十
二月二十一日聯合國大會所通過決議，附有「各國內政不容干涉，及其獨
立與主權之保護宣言」，宣示不得以武裝干涉及其他任何方式，干涉他國的
內政、外交❹。一九七○年聯合國通過的「關於各國建立友好關係及合作
之國際法原則宣言」也規定：「每一國皆有義務避免在他國發動、煽動、協
助或參加內爭或恐怖活動，或默許在其本國境內從事旨在犯此等行為為目
的的有組織活動。」❹

在一九八六年尼加拉瓜控告美國案，國際法院承認聯合國一九七○年
宣言為國際習慣有關這些原則提供一種「法律信念」(Opinio Juris) 之表
示❹。國際法院確認不干涉原則 (Principle of Nonintervention) 已發展為一
種習慣規則❹。國際法院又指出，在他國領域內使用武力間接支持顛覆活
動或恐怖武裝活動係違反不干涉原則❹。

---

❸　Corfu Channel Case, I. C. J., Rep., 1949, p. 37; 引自丘宏達主編，前揭書，頁 182。

❸　參閱杜蘅之，前揭書，頁 490–491。

❹　Res. 2131 (XX) G. A., A/6014, p. 11; 引自 P. Reuter, op. cit., p. 158.

❹　參閱丘宏達主編，前揭書，頁 182，187–188。

❹　國際習慣成立要件，除必須證明有國家實踐表示外，更須證明該實踐已經被接
受為法律，亦即在心理上深信此種實踐必要性，國家有適用一種法律規則之信
念 (Opinio Juris)。參閱拙著，平時國際法，民國七十八年版，頁 30–34; Nicaragua
v. U. S., 1986, I. C. J. 14, para. 191.

❹　Ibid., 93, para. 174; 96–97, para. 181.

❹　Ibid., 108, para. 205.

學者認為一國與其行為人可能因默許 (Acquiescence)、容忍 (Tolerance) 或共謀 (Complicity) 而負責任❹。事實上，一般習慣國際法規則亦禁止國家鼓動或容忍個人恐怖行動以對抗他國合法政府❹。一九八六年國際法院在尼加拉瓜控美國案指出:「美國有義務不鼓勵任何人或團體在尼加拉瓜衝突事件中從事違反日內瓦公約 (Geneva Conventions) 行為。」❹

㈢主權與國內管轄事件

國際法對於國家「國內管轄事件」(Domestic Jurisdiction; la Compétence Nationale d'un Etat) 的尊重亦源自國家主權論。凡屬國內管轄的事件，國家得自行決定，不受他國或國際組織的干涉。惟此項原則的適用相當困難，尤其是聯合國憲章和國際聯盟盟約有關國內管轄事件用詞太過含糊。

盟約第十五條第八項規定:「如相爭各造之一造對於予於自行聲明，並為行政院所承認按諸國際公法純屬該造本國法權內事件 (La Competence Exclusive)，則行政院應據情報告而不為解決該爭議之建議。」準此，「國內事件」的存在並非由相關國家自行決定，而是由國際組織依國際法判定。一九二三年二月七日之「在突尼西亞與摩洛哥國籍法」案之諮詢意見，常設國際法院說:「保留事項之範圍受國際法發展之支配」(Le Domaine Réservé Subordonné dans son Étendue au Progrés du Droit International)❹。

聯合國憲章第二條第七項規定:「本憲章不得認為授權聯合國干涉在本質上屬於任何國家國內管轄事件 (La Competence Nationale d'un Etat)，且並不要求會員國將該事件依本憲章提請解決；但此項原則不妨礙第七章內執行辦法之適用。」憲章所採取保護各國國內管轄事件的程式，較之國聯盟約

---

❹ Paust, Federal Jurisdiction over Extraterritorial Acts of Terrorism and Nonimmunity for Foreign Violators of Int'l Law under the FSIA and the State Act Doctrine, VA. J. Int'l L. 1983 (23), p. 227; Paust, My Lai and Vietnam: Norms, Myths and Leader Responsibility, Mil. L. R. 1972 (57), pp. 99, 156–159.

❹ J. Moore, International Law Digest 1906 (6), p. 655.

❹ Nicaragua v. U. S., 1986, I. C. J. 114, para. 220.

❹ Nationality Decrees Issued in Tunis and Morocco, P. C. I. J., Ser. B, No. 4, p. 24; 引自 L. Cavaré, op. cit., t. I, p. 200.

的規定更為廣泛。換言之，事件是否在本質上屬於「國內管轄事件」，各國保留自行決定權。惟事件如涉及憲章第七章執行辦法的適用時 ❹，安全理事會有權決定。因此，縱然某一事項受國際法規範，會員國亦可主張在本質上該事項屬於國內管轄權，而不接受任何國際機構的干涉。一九四六年印度與南非聯邦爭端，南非政府對印度居民採取立法和行政上的差別待遇。印度認為差別待遇違反憲章所承認平等權原則。南非代表則認為南非對印度人的待遇，在本質上屬於「國內管轄事件」。大會雖未明白否認南非的理由，其決議事實上等於宣佈大會有干涉之權。大會似乎認為外僑待遇問題，如涉及國際義務的違反，則在本質上已非單純「國內管轄事件」 ❺。

貳、國家的自衛權

依據聯合國憲章第二條第四項規定：「各會員國在其國際關係上不得使用威脅或武力 (The Threat or Use of Force)，或以與聯合國宗旨不符之任何其他方法，侵害任何會員國或國家之領土完整或政治獨立。」因此，聯合國成立後，凡是「使用威脅或武力」在國際關係上均被禁止，除非國家依據憲章第五十一條規定因自衛上必要而使用武力。憲章第五十一條規定：「聯合國任何會員國受武力攻擊時，在安全理事會採取必要辦法，以維持國際和平及安全以前，本憲章不得認為禁止行使單獨或集體自衛之自然權利……」。

依據憲章第五十一條規定「自衛」一詞未有明確界定。惟，國際習慣已發展出國家適用自衛之一般原則。在卡洛琳案確立自衛之兩項基本原則：1.自衛行為之必要性 (Necessity)；　2.回應之合比例性 (Proportionality) ❺。

聯合國實踐亦確認自衛權行使須符合必要性和合比例之重要性 ❺。所

---

❹　對於和平之威脅，和平之破壞及侵略行為之應付辦法。

❺　參閱 L. Delbez, op. cit., pp. 185–186. 李恩國著，聯合國憲章概論，正中書局，民國五十九年出版，頁 43–44。

❺　Jennings, The Caroline and Mcleod Cases, A. J. I. L., vol. 32, 1938, pp. 82–89.

❺　Higgins, The Development of Int'l Law through the Political Organs of the U. N.,

謂必要性包括兩項要素：⑴面對危險存在之軍事回應必須證明有正當理由。一國對於他國所採取不友好之經濟或政治行為之軍事回應並不適當，自衛限於憲章第五十一條所規定「受到武力攻擊之回應」；⑵必須用盡和平解決方法❸。

因此，行使自衛權國家，倘若訴之武力以回應恐怖攻擊必須基於必要(Necessity)，此種必要之正當性，除必須確立足夠危險存在證據外，更必須讓國際社會信服武力使用是一種最後手段，一切和平方式業已用盡。

自衛權行使另一項條件是「合比例性」。是否合比例是一種事實問題，其判定標準則是「合理性」(Reasonableness)，亦即國家使用武力自衛必須在各種情況下均屬合理❸。換言之，武力使用應局限於保護目的之達成，並須採取積極措施以避免造成平民之傷害❸。因此，「必要性」減少武力使用之機會，「合比例性」減少武力使用之程度；當武力使用為必要時，「合比例性」可阻止國家使用大規模武力來回應一件不太嚴重之爭端❸。

傳統自衛之事例，率由一國軍隊武力侵犯他國而引發。惟，自衛並不限定於對他國直接攻擊之回應。前述卡洛琳案 (Caroline Case) 支持一種預期性自衛行為 (Anticipatory Self-Defense)。換言之，自衛權行使不一定要有實際攻擊之發生，自衛可以是一種對威脅存在之回應，當此種存在之危險是即刻、無可抗拒、方法無可選擇、時間無法協商之情形❸。一九五八年黎巴嫩代表在聯合國安理會宣稱，該國在面對阿拉伯聯合大公國之間接顛

1963, p. 205.

❸ 一九八一年六月七日，以色列航空器摧毀一座設在伊拉克之核子反應爐，安理會一致譴責此種軍事攻擊行為。36 U. N. SCOR, S. C. Res. 487 (1981).

❸ McDougal & Feliciano, Law and Mininum World Public Order, 1961, p. 243.

❸ 例如恐怖分子任意殺害平民行為，非國家所應為。國家以行動回應恐怖行動之邪惡，不應作出其所欲制阻之相同暴行。M. Walzer, Just and Unjust War, 1977, pp. 155, 217.

❸ 一九三九年德國入侵波蘭之理由乃是自衛權濫用。

❸ 在本案，英國拿捕並破壞該船，係回應加拿大叛軍和美國志願軍之間接侵害英國行為。Jennings, op. cit.

覆有行使自衛權利 ❺。在實踐上亦確認間接攻擊回應之自衛權。美國在十九世紀和二十世紀初，對於歷次侵犯墨西哥邊境以追捕犯罪集團亦主張行使自衛權 ❺。因此，國家以武力打擊恐怖分子和共謀恐怖行動之國家之行為亦屬正當。

國際習慣所承認預期性自衛在憲章第五十一條規定下，是否仍被接受？學者見解分歧，一派學者則認為第五十一條祇是宣示既存國際習慣，另一派學者則認為第五十一條創制一種新規則，因而對自衛權予以較大限制。此種嚴格解釋憲章第五十一條導致預期性自衛之不可能，因為自衛權行使以「受到武裝攻擊」為前提 ❻。支持預期性自衛學者認為即使在憲章第五十一條適用下，預期性自衛應被許可，其理由如下：

1. 條款文字亦提及「自衛之自然權利」(Inherent Right)，「受到武力攻擊」之限制僅是一種「假設」(Hypothetical) 意圖，而不是一種行動條件 ❻。

2. 「受到武力攻擊」規定目的存在於闡釋區域協定下之集體自衛原則，並未有限制國家個別自衛權 ❻。

3. 要求國家等待一種致命攻擊發生，才能採取保衛自己之行動不合邏輯。

反對預期性自衛學者則強調自衛權必須有明確界限，在採取自衛行動之前必須有「武力攻擊」存在乃是一種具體之界限。含糊觀念必引發權利濫用。現代化之大規模和致命武器發展更顯現出此種限制之必要，以免發

---

❺ 黎巴嫩代表指出：「憲章第五十一條所述及並非直接武力攻擊，而是包括一切攻擊事件，無論是直接或間接攻擊。在任何事件上，直接或間接攻擊效果並無不同，均導致一國獨立之破壞。穿制服之武裝軍人從事直接正面攻擊與非正規之武裝人員秘密滲透進入一國從事攻擊有何區別？」13 U. N. SCOR 3 (1958).

❺ M. Garcia-Mora, International Responsibility for Hostile Acts of Private Persons against Foreign States, 1962, pp. 120–124.

❻ Brownlie, The Use of Force in Self-Defense, BRIT. Y. B. Int'l L., 1961, p. 183.

❻ Comment, The Legal Implication of Israel's 1982 Invasion into Lebanon, Cal. W. Int'l L. J., 1983 (13), pp. 458, 481.

❻ Travaux Preparatoires, U. N. C. I. O. Doc. 576, 115/4/2, May 25, 1945.

生錯估。

參、國家的類別

國家的分類通常依國家結構和主權為標準。凡只有一個單純的政治機構，權力集中於中央者稱為單一國；主權完整者稱為完全主權國❻。國際社會除了大多數的單一國和完全主權國外，還有其他類型的國家。

一、複合國

某些國家內部結構複雜，由二個或二個以上的政治團體所組成，其分子國間的關係互異，茲分述如下：

㈠君合國

君合國 (Personal Union) 是基於歷史上的原因，兩個國家共同擁戴一個君主而組成的國家聯合。

君合國各分子國仍保有完全自主權，彼此間在法律上分別獨立❻。君合國具有下列特徵： 1.君合國本身並非國家； 2.各分子國享有處理對外關係的獨立權，得擬訂不同外交的政策或分別的條約； 3.各分子國得採行不同政體； 4.理論上，分子國間甚至可以發生戰爭行為。

現階段國際社會已沒有君合國的存在。歷史上的例子有一七一四年至一八三七年英國與漢諾威、一八一五年至一八九〇年間，荷蘭與盧森堡等君合國的組成。至於一八八五年至一九〇八年期間獨立剛果與比利時的聯合則屬殖民式君合國。

㈡政合國

政合國 (Real Union) 的組成是各分子國意願表示，而非偶然的結合，分子國間的關係也較為密切和持久。政合國的特徵可歸納如下： 1.政合國的組成是基於地理上的鄰近關係； 2.政合國分子國間採取共同行動時必須依國際條約； 3.分子國間政體必須相類似； 4.處理某些共同國家事務必須有

---

❻ 　參閱雷崧生，前揭書，上冊，頁38。

❻ 　L. Delbez, op. cit., pp. 93–94.

共同機構設置；　5.政合國是國際法主體。

在實踐上，除一八六七年至一九一八年的奧匈帝國外，還有一八一五年至一九〇五年的瑞典與挪威，一九一八年至一九四四年的丹麥與冰島所組成的政合國。歷史顯示，這些政合國在遭遇到內外嚴重危機時，均無法繼續存在。

㈢邦　聯

邦聯 (Confederation) 具有下列特徵：

1.邦聯是基於條約的一種國家聯合。各分子國得經由協議設立中央機構以實現共同利益。

2.邦聯本身並非國家，邦聯的各分子國仍保有獨立的國際人格。邦聯僅能代表各分子國行使若干權力。

3.權力分配原則依據盟約。邦聯權力僅限於經各分子國明示宣告所賦予邦聯為若干共同利益的處理權。

4.邦聯是主權國家的聯合。共同事務通常委由中央機構的「議會」(Diet) 處理。「議會」是各分子國所派全權代表所組成的外交代表會議。各代表依本國政府的訓令表決之。

㈣聯　邦

聯邦 (Federation) 是多數政治團體依據國際條約所組成。聯邦本身是一個以憲法為基礎的國家。聯邦的各分子國間祇是國內法關係。聯邦有聯邦政府，擁有最高權力，舉凡對外宣戰、媾和、簽約、派遣及接受外交代表，均屬聯邦政府的職權範圍。

㈤不列顛國協

不列顛國協 (British Commonwealth of Nations) 的複合國體制在歷史上迭次變更，其法律地位亦不甚明確。北美十三州的獨立顯示英國政府對殖民問題解決的失敗；同時一八三七年的加拿大危機，迫使英國與殖民地關係採取自由主義政策。自一八六七年不列顛北美法案 (British North America Act) 適用於加拿大以後，澳大利亞於一九〇一年，紐西蘭於一九〇七年，南非於一九一〇年均享有自治領地位 (Dominion)。

第一次世界大戰以後，各自治領因下列事實而顯示其獨立的國際法人資格：

1.參加一九一九年的和平會議； 2.參加國際聯盟，各自治領個別列名於盟約附款為該組織的創始會員國。

一九二六年帝國會議創設「不列顛國協」名詞，作為英國和其自治領總稱。會議報告指明各自治領彼此地位平等，共同效忠於英王。一九三一年十二月十一日西敏寺法 (Statute of Westminster) 的頒佈更確定各自治領的國際法人地位❻。該法取消往昔對於自治領某些限制：⑴在行政上，總督任命必須經自治領內閣同意，並得由各自治領人民中選任；⑵在立法上，廢止帝國法律效力優於自治領法的法律位階關係；⑶在司法上，西敏寺法曾規定設立一個負責解決國協各分子國間爭端的特別法院，卻一直無法實現。同時，加拿大、南非等自治領法院的判決迭次確認各該自治領是一個「獨立」和「主權」的國家。

第二次世界大戰後，國協各分子國之間特殊關係亦逐漸消失。此外，戰前不列顛帝國的殖民地在獲得獨立後，亦陸續加入聯合國，計有緬甸、錫蘭、迦納、馬來西亞、肯亞、史瓦濟蘭等二十八個國家。

二、部分主權國

就國家主權觀點而言，凡一國的對外主權，因條約關係，為他國所限制，但仍能保持部分主權，屬於國際法上不完整的國際法人。

㈠被保護國

殖民主義國家對於海外領土的處理有二種選擇：其一是採直接行政管理方式，將殖民地視為本國領土的一部分；其二是建立被保護國 (Protected States)，海外領土保有某種程度的內部自主權和國際法人資格。國際法上的保護關係必須具備下列要件：

1.保護關係必須依據條約。保護關係內容並不完全相同。一般言之，

---

❻ M. O. Hudson, Notes on the Statute of Westminster, Harvard Law Review, 1932, pp. 261–289.

保護國在國際關係上有代表被保護國之權利。例如：一八八一年和一八八三年法國與突尼西亞保護關係的條約規定法國管理突尼西亞的外交事務❻❻。

　2.原則上保護關係是兩個國家間的法律關係。集體保護關係的建立應屬例外，例如一八一五年至一八四六年歐洲列強如蘇俄、普魯士和奧國共同保護克拉科威 (Cracovie)；一八八九年至一八九九年英美德共同保護沙毛亞群島 (Samoa)。此外，一九一九年至一九三九年間，波蘭對但澤自治城行使保護權，並受國聯控制，稱為「受控制保護關係」(Le Protectorat Controlé)❻❼。

　3.保護國與被保護國的關係如下

　⑴在領土方面，保護國對被保護國領土並無主權，祇能行使有限的領土管轄權。法國最高法院在一九三七年三月二日關於亞路斯對亞斯維案 (Arous c. dame Assvied) 的判決中表示：「突尼西亞的領土並非併入法國領土」，「突尼西亞仍保有其主權，祇是於法國保護下」❻❽。⑵在個人方面，原則上，被保護國人民並非保護國的國民。但，被保護國有請求保護之權。⑶在政治方面，保護國得在被保護國領土上設立法院或駐軍。⑷在外交方面，保護國有支配和控制被保護國外交事務之權。申言之，有關被保護國利益的條約均由保護國與第三國締結。歸責於被保護國的國際違法行為所引起國家責任亦由保護國承擔。

　此外，保護關係條約除非通知第三國，否則不得對抗該第三國。一八八五年柏林議定書規定締約國與非洲國家所訂保護條約必須互相通知。

　一個被保護國雖非完全獨立，仍可享有一部分主權，在國際法上仍保有國家特質，亦有國際法人資格❻❾。

　在國家實踐上，法國保護關係有一八八一年至一九五六年的突尼西亞

---

❻❻　雷崧生，前揭書，上冊，頁 49。

❻❼　L. Delbez, op. cit., p. 107.

❻❽　杜蘅之，前揭書，上冊，頁 87；Ch. Rousseau, op. cit., t. II, p. 284.

❻❾　J. G. Starke, op. cit., p. 123.

和一九一二年至一九五六年的摩洛哥兩者均直接隸屬於外交部。至於一八六三年至一九五四年間在中南半島的安南、寮國、柬埔寨等國則直接隸屬於國家行政部門，嚴格言之，應視為法國的殖民地。往昔，英國的主要保護關係有馬來西亞聯邦、北婆羅洲、東加、馬爾地夫群島、史瓦濟蘭、北羅得西亞等國。英國對其保護關係特徵是倫敦政府享有外交事務和軍事防衛的控制權。

㈡屬　國

屬國 (Vassal State) 是基於國內法關係而接受宗主國的支配，屬國是否具有國際法人資格，必須由事實判斷。

埃及依一八四〇年七月十五日倫敦條約規定成為土耳其的屬國。一八八二年的動亂，英國佔領埃及領土，屬國地位成了有名無實。一九一四年十二月十八日土耳其參戰對抗協約國，英國乃宣告土埃關係斷絕，土耳其喪失對埃及的宗主權。英國更進一步基於單方行為對埃及建立保護關係，並獲得凡爾塞條約的承認。一九二二年英國在某些條件和保證下，宣告終止保護關係，承認埃及是一個主權和獨立國家。一九三六年依國際條約的簽訂，埃及依附英國的關係安全終止，成為一個真正獨立的國家。一九三七年五月二十六日埃及加入國際聯盟，一九四五年更成為聯合國的創始會員國❼⓿。

三、永久中立國

永久中立國乃是放棄交戰權 (Jus Belli) 的國家。永久中立國除為對抗武裝侵略的自衛或為排除違法侵權行為的報仇外，不得參與任何武裝衝突。

永久中立與戰時中立、中立化制、中立主義 (Neutralism) 或不結盟 (Non-Alignment) 在性質上互異。戰時中立是其他國家發生戰爭狀態時，自行採取的一項臨時政策，宣告中立的意願；嗣後如認為必要，隨時可成為交戰國。中立化制是依條約規定，將某些地域置於中立化的制度下，例如

❼⓿　埃及地位演進參閱 Ch. Rousseau, op. cit., t. II, pp. 271–275; L. Delbez, op. cit., pp. 118–119.

蘇彝士運河、阿蘭 (Aland) 島等地的中立化。中立主義或不結盟是指一國採取不捲入任何衝突或參加任何防衛同盟的政策而言❼。

　　永久中立國負有不得參與侵犯性戰爭的自制義務 (Devoir d'Abstention) 和在列強中保持均衡的公平義務 (Devoir d'Impartialité)。準此，永久中立國不得與其他國家締結攻擊性或防衛性的同盟條約，其他國家對永久中立國負有不得損害其中立地位的義務；保證國更負有條約上義務，於必要時以武力維護中立國的中立地位，例如一九一四年德國侵略比利時，英國所採取的武力保障措施。

　　永久中立國的實例有瑞士、比利時、盧森堡、奧地利和寮國。

㈠瑞　士

　　瑞士於一八一五年維也納會議獲得歐洲列強承認其永久中立和保證其領土的完整與不可侵犯的地位。一九一九年凡爾塞條約第四百三十五條繼續維持中立地位。

　　一九二〇年五月十六日瑞士人民投票結果，同意加入國際聯盟。由於盟約第十六條規定的義務與傳統中立地位不相容❼，國際聯盟行政院乃於一九二〇年二月十三日發佈倫敦宣言，免除其「參與軍事行動，允許外國軍隊過境或在境內為軍事進擊之準備的義務；但必須負擔盟約第十六條第一項規定各種商業上或財政上之措施❼。」第二次大戰結束，聯合國憲章第四十三條規定：「會員國應供給為維持國際和平及安全所必需之軍隊、協助及便利，包括過境權。」瑞士認為履行憲章義務與永久中立觀念不相容，乃決定不加入聯合國。但一九六六年以後，瑞士民意又開始贊同加入聯合國。此外，瑞士也參加國際法院和歐洲議會 (Conseil de l'Europe) 等其他國際組織。

---

❼　J. G. Starke, op. cit., p. 133; L. Delbez, op. cit., p. 95; Ch. Rousseau, op. cit., t. II, p. 302.

❼　盟約第十六條規定會員國違反盟約規定而從事戰爭者，行政院應負向關係各政府建議之責，俾聯合各會員各出陸海空之實力組成軍隊以維持盟約之實行。

❼　Ch. Rousseau, op. cit., t. II, p. 312.

(二)**比利時**

比利時的永久中立地位乃於一八三一年十一月十五日為倫敦條約第七條所確定。一八三九年，英法普奧更以集體方式保證其中立。惟比利時的永久中立地位在史實上遭受多次考驗：

 1. 一九〇〇年的拳匪之亂，比利時曾出兵中國。

 2. 一九一四年因拒絕德軍過境，引發英國向德軍宣戰。

 3. 一九二〇年九月十七日與法國簽訂軍事防衛協定。

 4. 一九四〇年五月十日德國再度侵略比國領土。

今日，比利時已不再是一個永久中立國。二次大戰後，比國曾參加若干安全及共同防衛條約，一九四九年四月四日更參加北大西洋公約[74]。

(三)**盧森堡**

一八六七年五月十一日倫敦條約確定盧森堡的永久中立地位，並與荷蘭組成君合國。盧森堡的中立地位是歐洲列強為避免衝突所採用的外交策略；其中立與比、瑞兩國的中立不同，乃是解除武裝的中立。由於盧森堡並非凡爾塞條約當事國，無法成為國聯的創始會員。一九二〇年二月二十三日向國聯提出維持中立地位主張，並申請加入國聯。同年十二月十六日獲大會通過成為國聯的會員，惟其中立地位仍未獲解決。一九四八年四月二十八日的憲法修訂其中立地位。二次大戰後成為聯合國和歐洲社會的會員國。

(四)**奧地利**

一九五五年五月十五日英法美蘇與奧地利在維也納締結「重建獨立民主奧地利國家條約」(State Treaty of Re-Establishing Democratic Austria)[75]，使奧國成為一獨立國家。

一九五五年十月二十六日奧國通過憲法，宣佈「永久中立，並將用盡可能方式維持及保障其中立」，「將不參加任何軍事同盟，亦不允許他國在其領土建立軍事基地。」迄一九五六年七月一日，奧國的永久中立地位已獲

[74]　J. G. Starke, op. cit., 1972, p. 134.

[75]　條文載於 A. J. I. L., Supp., 1955 (49), pp. 162–191; G. von Glahn, op. cit., p. 70.

得五十三個國家的承認。因此，奧國的永久中立地位並非一九五五年條約規定，而是該國單方宣佈並經其他國家承認的結果。

奧國於一九五五年十二月十四日加入聯合國，但對於憲章規定的軍事義務並未提具保留。一九五六年四月十六日又加入歐洲議會。

㈤寮　國

一九六二年七月二十三日，十四國代表在日內瓦召開寮國問題解決的國際會議通過寮國中立宣言的議定書。寮國政府依據此項宣言宣佈適用和平共存原則，不參加任何同盟或與中立不相容的軍事協定；同時要求第三國承認「寮國的主權、獨立、中立、統一和領土的完整」，寮國的中立並無法律上地位，祇不過是一種政治聲明。一九六四年以來的越南戰爭，寮國亦無法置身於事外，其領土曾被美國利用為轟炸北越的空軍基地，一九六八年二月更遭受南越軍隊的侵犯。

四、微　國

某些國家的領域範圍狹小，人口稀少，而法律地位卻與一般國家無異。換言之，它們在國際法上仍然是獨立主權國家，學者稱之為「微國」(Micro-States)。

微國的特徵有下列五點：

1.組成國家要素的領土面積和人口數量均相當微小。例如聖馬利(Saint-Marin)面積祇有六十一平方公里，列支敦斯登 (Liechtenstein) 人口大約一萬六千多人。

2.這些國家大多數是圍入他國領土的國家。

3.由於地理上的特殊，這些國家在政治上與鄰國有著特殊關係。

4.這些國家具有最低程度的國家組織，並且實質上行使其管轄權。

5.這些國家均非國聯與聯合國的會員國。一九一九年的聖馬利和一九二〇年的摩納哥及列支敦斯登曾申請加入國際聯盟而被大會所拒絕。聯合國自一九六六年以來通過許多亞非小國的會員國資格；但，這些微國因未再表示加入的意願，迄今仍非聯合國的會員國。

第二節　非國家的個體

壹、梵諦岡城

一八七〇年以前，教皇不僅是天主教的精神上的領袖，而且擁有世俗上的權力。教皇國有軍隊，可以派遣和接受外交使節，也可以締結同盟條約；它當然是一個具有完整國際法人的國家。

一八七〇年十月二十日義大利普選結果兼併了教皇國，梵諦岡喪失了國家的資格，其法律地位可以從兩方面說明[76]。

1.教廷與義大利關係：一八七一年五月十三日義大利制定「保證法」(La Loi des Garanties) 承認：(a)教皇是神聖不可侵犯，享有國家元首的榮譽；(b)教皇享有民刑豁免權，官員未經教皇許可不得進入宮殿；(c)教皇在行使宗教職務時有完全自由，例如可以自設郵局，電信系統，並得與各國交換使節。

但，「保證法」的某些規定確認梵諦岡不是一個國家，例如教皇並非宮殿的所有權人，教皇所屬臣民應與義大利國民負相同的義務，宮廷內違法行為受義大利法院的管轄等。

2.教廷與其他國家的關係：在國際關係上，教皇是精神領袖，在天主教國家中有政治影響力，經常擔任國家爭議解決的調停人或仲裁人，其所派遣的教廷使節亦享有外交特權，也可以與其他國家訂立教約 (Concordats)。此外，梵諦岡曾參加海牙會議，並成為國際聯盟的會員。

一九二九年二月十一日在羅馬簽訂拉特朗協定 (Accords de Latran) 更確定教皇國的法律地位[77]。

1.教廷與義大利的關係

(1)設立梵諦岡城國：梵諦岡城是教廷絕對和排外主權行使範圍，不受義大利政府干預。

---

[76]　L. Cavaré, Le Droit International Public Positif, t. I, Paris, 1967, pp. 476–477.

[77]　參閱 Ch. Rousseau, op. cit., t. II, pp. 366–375.

(2)免除軍事、稅捐和關稅義務。

(3)教皇人身不可侵犯，凡以文字、語言或行為侵犯教皇者，視同對義大利國家元首的侵犯，應受法律制裁。

(4)在梵諦岡城內違法行為的懲罰，必須經教廷的請求，同時，教廷拋棄其傳統的庇護權，負責將在義大利領域內犯罪而逃入梵諦岡城的罪犯交付義大利政府。

　2.教廷與他國的關係

(1)外交關係：與教廷建立外交關係者，有八十多個國家，教廷也是萬國郵政聯盟的會員。

(2)締結教約 (Concordats)。

(3)不參與國家間的世俗爭端，亦不參與為此目的所召開的國際會議。

查理・盧梭認為梵諦岡城並不是國際法上的國家❼❽，因其領土面積太小，人口過少。此外，拉特朗協定所建立的「職務國籍」(Nationalité Fonctionnell) 制，也相當特殊，並不具有一般國籍的永久性和排他性❼❾。此外，梵諦岡的獨立性不符合傳統的國家主權觀念。

貳、託管領土

第一次大戰後，國際委任統治制度 (Mandate System) 和第二次大戰後，託管制度 (Trusteeship) 的建立，均屬殖民地的國際管制方式。

聯合國憲章第七十五條規定：「聯合國在其權力下，應設立國際託管制度 (Trusteeship)，以管理並監督憑此後個別協定而置於該制度下的領土。」

託管制度的目的，依憲章第七十六條規定可歸納為兩項：1.促進國際和平及安全；2.增進託管領土居民的政治、經濟、社會及教育的進展，並增進其趨向自治或獨立的逐漸發展。

憲章第七十七條列舉得置於託管制的各種領土如下：

---

❼❽　Ibid., pp. 376–377.

❼❾　當個人職務喪失時，國籍因而消滅，故不具永久效忠意義；因固有國籍未予取消，故不具排他性。

1. 國聯時期的委任統治領土。

2. 第二次世界大戰結果或將自敵國割離的領土。

3. 負管理責任的國家自願置於該制度下的領土。

　　此外，依憲章第七十八條規定，凡領土已成為聯合國的會員國者，不適用託管制。關於託管領土管理的國際監督制度表現於下列三方面：

　　1. 各託管領土的管理當局應就管理事項每年向聯大提出報告❽。有關報告內容依託管理事會內部規則，採「問卷方式」，由託管理事會就有關政治、經濟、社會、文化、發展、公序維護等問題擬訂問答題。問卷向聯大秘書長提出，由託管理事會審查。

　　2. 各託管領土居民得行使請願權❽，請願書得向管理當局，聯大秘書長或派至當地的考察團提出，由聯大審查。

　　3. 設立託管理事會為管理的監督機構❽。託管理事會是聯大權力之下的一個機構，由管理託管領土的國家，非管理託管領土的安理會常任理事國以及聯大所選舉必要數額的其他會員國所組成❽。其主要職責是審查「報告」和「請願書」，並排定時間，按期視察各託管領土❽。

　　託管制與委任統治均係暫時性，其目的在使託管領土在不同時間內邁向獨立自主。一九五二年以來，聯大決議要求各託管領土國家就有關託管領土的獨立期限列出清單。今日所有託管領土均已獲得獨立。

第三節　國際組織

壹、概　說

　　晚近許多學者認為國際組織也是國際法主體，具有國際法人資格。一

---

❽　憲章第八十七條第一項，第八十八條。

❽　憲章第八十七條第二項。

❽　憲章第八十六條至九十一條。

❽　憲章第八十六條第一項。

❽　憲章第八十七條。

九四九年國際法院在「為聯合國服務受傷之賠償」的諮詢意見中❽，曾就有關聯合國人員於執行公務受到傷害，而某國對該傷害應負責時，作為國際組織的聯合國，能否對該國的法律或事實政府主張國際請求權的法律問題，進行討論。法院法官一致認為聯合國有權對未遵守義務，致造成該組織受損害的國家，主張國際請求權；聯合國雖非「國家」，亦非「超國家」，究不失享有「國際人格」的組織，應視為「國際法主體」。國際組織的一般性問題，茲說明如下：

一、在法律性質方面

國際組織是國家之間的組織，並不具「超國家」的性質：其一是國際組織並沒有國家的下令權和強制權；其二是國際組織的決定對未參加該組織的國家及其國民並不具拘束力。

在歐洲有所謂「超國家組織」（L'Organisations Supernationales）一詞。最具典型的例子是依一九五一年四月十八日條約所設立的「歐洲煤鋼同盟」和一九五七年三月二十五日條約設立的「歐洲經濟會社」。「超國家」與國家間組織的區別在於前者的決定可以直接拘束個人、法人和政府；後者則相反，必須經由會員國政府執行❽。

二、在會員國資格方面

國際組織並不是一個「超國家」，任何國家不得在違反意願情況下，被迫加入或繼續參加該組織。至於會員國資格的喪失有三種情形：

1. 自願退出：通常退出組織必須預先通知，並受一年至二年期限的限制。

2. 開除：係對不遵守義務國家的懲罰，例如一九三九年十二月十四日

❽ Advisory Opinion on Reparations for Injuries Suffered in the Service of the United Nations, I. C. J., Rep., 1949, pp. 174, 179; 參閱丘宏達主編，前揭書，頁 202；張永恆編著，國際法院，正中書局，民國六十六年版，頁 204。

❽ 丘宏達主編，上揭書，頁 282；J. G. Starke, op. cit., pp. 370–571.

國聯行政院開除蘇聯會籍。

　　3.國家資格的喪失，例如一九三九年的捷克和阿爾巴尼亞。

三、在管轄權方面

　　國際組織並不具有主權，其管轄權的行使與國家不同。國際組織的管轄權由憲章明文予以規定。每一個組織都具有特殊 (Ad Hoc) 的管轄權 ❽。此外，國際組織得因憲章條款規定享有某些「暗含」權力 (Compétence Implicite) ❽。一九六二年七月二十七日國際法院在「聯合國某些費用」諮詢意見中就有關會員國應否依憲章第十七條第二項規定負擔聯合國進駐以、埃緊急軍和用於剛果的軍事經費時，表示：「費用是構成第十七條第二項的『組織經費』，主要須視費用的使用，能否促進實現憲章第一條所載聯合國的『目的』而定。」法院又說明：「聯合國緊急軍是由大會創建，乃為促進實現聯合國的目的而設，且『歷年來』大會已將聯合國緊急軍的費用，當作第十七條第二項的組織經費。」❽ 本案有關憲章第十七條第二項「默認」權的解釋是基於國際組織歷年來「實踐」以及「促成實現目的」的考慮。此外，在一九四九年「為聯合國服務受傷之賠償」諮詢意見所表示聯合國得為服務人員向有關國家提起國際請求權，亦基於此原則的運用。歐洲會社法院在一九七一年三月三十一日的判決也運用「暗含權力」來確認歐洲經濟會社有與第三國談判和締結為實現組織目的所需的國際協定 ❾。

---

❽　Ch. Rousseau, op. cit., p. 470.

❽　美國最高法院經常運用「暗含權力」(Implied Power) 來解釋憲法，擴大聯邦權限。換言之，美國聯邦政府除享有在憲法中所明示列舉的權限外，更得運用任何方法，去擴大權限。只要適合於「目的」，直接有助於聯邦政府執行其憲法授予的權力，都是合於憲法的。參閱一八一八年 Mc Culloch v. Maryland 一案，Marshall 法官之意見。引自荊知仁著，美國憲法含蓄默認權的確立，在「憲法與行政法」一書中，臺灣商務印書館，民國五十八年版，頁32-36。

❽　Certain Expenses of the U. N.; 引自 P. Reuter, Droit International Public, Thémis, Paris, 1976, p. 199; 內容參閱張永恆，前揭書，頁 236-237。

❾　Commission c. Conseil des Communautés; 引自 Ch. Rousseau, op. cit., p. 471.

四、在內部組織方面

國際組織通常有三種不同機構的設立：

1. 執行機構：執行機構的組成名額採限額方式。在會員之間又依政治、經濟或其他因素的重要性有常任會員國和選任會員國的區分。例如國聯盟約第四條的行政院常任和非常任會員，聯合國憲章第二十三條的常任和非常任理事會。

2. 議事機構：由所有會員國組織。各會員國基於平等原則，組織的決議原則上必須全體一致通過。一九四五年以來，各國際組織的實踐大都採多數決原則。某些國際組織並沒有類似大會的議事機構的設立，例如北大西洋公約組織。

3. 常設行政機構：國際組織設立秘書處的行政機構，通常獨立於會員國之外。原則上，由大會或理事會或兩機構共同選任秘書長，再由秘書長任命秘書處人員。

此外，國際組織憲章通常明文規定各機構得設立為行使職務所必需的輔助機關 ❾❶ 。憲章無明文規定時，亦得基於「暗含權力」設立合於目的的機關。例如一九五四年七月十三日國際法院在「聯合國行政裁判所所作賠償判決之效力」的諮詢意見，就大會設立一個職掌判決聯合國秘書處職員所提行政訴訟的行政裁判所的合法性表示：「關於大會無法律根據享有權力，設立一個對聯合國作具拘束力判決的裁判所問題，法院認為聯合國憲章無賦予此種權力的明文規定，但依憲章含意，可推知大會存在此種權力。」 ❾❷

五、在經費方面

國際組織的經費通常由各會員國分配限額擔負之。分配額並非依等額

---

❾❶　例如聯合國憲章第二十二條、第二十九條和第六十八條的規定。

❾❷　Effect of Awards of Compensation Made by the U. N. Administrative Tribunal; 參閱張永恆，前揭書，頁 220。

原則,而是依各國的擔負能力。換言之,依稅收、外貿人口或土地面積等因素所形成的國家所得做尺度。聯合國現制是由會費委員會擬訂各會員國應分擔的百分數,再由大會以出席及投票的三分之二多數通過❸。各國際組織的會員國間經費分配額差距不盡相同,例如聯合國從 0.04% 至 25% 的差距。

此外,國際組織的經費部分源自政府或非政府的樂捐、公債發行、直接徵收等方式。

六、在人事方面

國際組織為實現其任務雇用相當數量的工作人員。現在許多國際組織的人員和一般外交人員一樣享有外交特權和豁免權。國際組織工作人員的條件與國家公務員不同:

1.對組織的忠誠:國際組織的職員對組織的忠誠義務包含國際意識的存在。但該等職員仍須具備一般公務員所應遵守公正無私、職業秘密和服從等義務。

2.特殊的保障:國際職員享有特殊保障的權利,例如國際勞工組織或聯合國工作人員得因與該組織的爭議事件向行政裁判所提起訴訟的法律救濟權❹。

---

❸ 丘宏達主編,前揭書,頁 286。

❹ 國際組織的行政裁判所是審理有關組織職員所提雇用契約、規則或規約違反憲章之控訴案。行政裁判所依法審判,缺乏既存法規時得適用衡平原則,得為賠償之判決。判決有既判力和執行力,參閱上揭「聯合國行政裁判所所作判決之效力」諮詢意見,張永恆,前揭書,頁 218–221;丘宏達主編,上揭書,頁 296。聯合國工作人員對行政裁判所判決不服得依規約,要求行政裁判所判決複審申請委員會,向國際法院就有關此項判決的問題,提出發表意見的請求。依聯合國行政裁判所規約第十一條規定:「如行政裁判所對之作判決的會員國、秘書長或個人,因該所逾越或未行使其管轄權,或對於聯合國憲章規定的法律問題犯有錯誤,或在程序上犯有基本錯誤致造成不公正等理由,不服該所判決時,得要求複審申請委員會,請求國際法院對此問題發表諮詢意見。」參閱一九七

3.獨立執行職務：國際組織工作人員應專為其組織服務，不得接受本國訓示或要求，亦不得未經許可接受勳章、優待或報酬，致職務執行受到影響。各會員國政府亦應遵守此種約束，不得對服務於組織的本國公民作任何要求。美國於一九五〇年至一九六〇年期間曾對在聯合國及專門機構服務的親共美籍職員實施安全調查，一九三九年以前義大利法西斯和德國國社黨政府對服務於國聯的本國籍職員的要求，均說明了國際職員維持獨立性的困難❾❺。

為使國際職員能獨立執行職務，一般外交官應享有的特權和豁免權，國際組織人員也可以享有。聯合國於一九四六年二月十三日通過「聯合國特權及豁免公約」，一九四七年十一月二十一日又通過「各專門機關特權及豁免公約」，對於特權與豁免的內容有更具體的規定。

貳、聯合國

一、聯合國的籌備❾❻

一九四二年一月一日，二十六個參戰民主國家在華盛頓簽訂「聯合國宣言」。宣言中不僅確定「聯合國」(The United Nations) 名稱，而且宣稱支持一九四一年八月十四日由英美兩國所發表大西洋憲章 (The Atlantic Charter) 中所揭櫫的八項基本原則❾❼。尤其第八項原則所確認在未來「建立一個更廣泛與永久的一般安全制度」的需要 (Un Systéme Étendu et Permanent de Sécurité Générale)。

三年七月十二日國際法院「對聯合國行政裁判所第 158 號判決複審之申請」(Application for Review of Judgement No. 158 of the U. N. Administrative Tribunal)，張永恆，前揭書，頁 241–244；J. G. Starke, op. cit., 1972, pp. 587–588.

❾❺　同上，頁 296；Ch. Rousseau, op. cit., t. II, p. 483.

❾❻　參閱李恩國著，聯合國憲章概論，正中書局，民國五十九年版，頁 5–11；Ch. Rousseau, t. II, pp. 551–554; L. Cavaré, op. cit., t. I, pp. 710–711.

❾❼　二十一個國家後來加入此宣言。內容閱李恩國，上揭書，頁 6–7；L. Cavaré, ibid., p. 710.

一九四三年十月三十日中美英蘇四國發表「莫斯科宣言」(The Moscow Declaration)，揭示「四國承認有儘早成立一個基於主權平等原則的一般性國際組織的必要」。一九四四年十月七日中美英蘇共同接受「登巴頓橡林計劃」(The Dumbarton Oaks Proposals) 規定世界新組織的必要因素及主要輪廓。一九四五年二月十一日英美蘇三國簽訂「雅爾達協定」(The Yalta Agreements) 對新國際組織，又作進一步籌備，尤其關於安全理事會的投票辦法有重要決定。

一九四五年四月二十五日，五十個國家參加在舊金山召開的聯合國國際組織會議。六月二十六日各國簽字於「聯合國憲章」，十月二十四日批准生效。

二、聯合國的宗旨與原則

㈠聯合國的宗旨

聯合國憲章第一條明定出四項宗旨，吾人可以歸納為二大類：

1.維護國際的和平及安全：「和平」的維護是聯合國的首要目的，憲章前文第二部分一再強調「和睦相處，集中力量，以維持國際和平及安全」。憲章第一條第一項明訂「採取有效集體辦法，以防止且消除對於和平的威脅……並以和平方法且依正義及國際法的原則，調整或解決足以破壞和平的國際爭端或情勢」，第二項又規定「……採取其他適當辦法，以增強普遍和平」。準此，聯合國所欲維護的「和平」是國際和平而非國內和平，聯合國並不干預一國內戰，除非一國內戰經聯合國的適當機構認為構成和平的威脅[98]。

2.促成國際合作：國家間彼此合作，可減少戰爭內在原因。為配合國際和平維護的基本宗旨，促成國際合作的事項相當廣泛[99]：

⑴解決國際間屬於經濟、社會、文化及人類福利性質的國際問題。因為和平的維護首在消除災難、痛苦及社會不安，並進而促進較高的生活程

---

[98] 參閱聯合國憲章第二條第七項及第七章的規定。

[99] 聯合國憲章第一條第三項。

度，和創造更有利於和平的情勢⑩。

　　⑵增進並激勵對於全體人類的人權及基本自由的尊重。

㈡聯合國的原則

　　憲章第二條規定聯合國本身及各會員國必須遵守的原則：

　　1.主權平等原則：聯合國建立於各會員國主權平等原則之上。就國際法言，主權即為獨立。主權是一種不受其他國家統治的權利。平等乃指在相同的環境下，國家有同等的權利和義務。依據舊金山會議第一專門委員會的解釋，所謂「主權平等」，包括四項因素：(a)國家在法律上平等；(b)各國均享有全部主權所包涵的權利；(c)國家的人格、領土的完整及政治的獨立，一律受其他國家的尊敬；(d)在國際秩序中，國家應忠實履行其國際責任及義務。

　　2.不得干涉在本質上屬於任何國家的國內管轄事件。

　　3.各會員國應履行其依本憲章所規定擔負的義務。

　　4.各會員國應以和平方法解決其國際爭端。此項原則為憲章第六及第十四兩章規定的基礎。憲章第三十三條列舉了和平解決爭端的各種方法。

　　5.各會員國不得使用武力或威脅侵害任何國家的領土完整或政治獨立。此原則為消極性規定。如將上述和平解決爭端原則合併解釋，憲章似乎禁止一切武力的使用。換言之，在法律上不構成戰爭狀態的武力使用，如武裝報仇，亦在被禁止之列。

　　6.各會員國應盡力協助聯合國依本憲章所採取的行動。聯合國對於任何國家正在採取防止或執行行動時，各會員國對該國不得給予協助。此乃集體安全原則的確立。

三、聯合國的會員

　　聯合國憲章第四條規定除創始會員國外，凡其他愛好和平的國家，接受本憲章所載的義務，經本組織認為確能並願意履行該項義務者，得為聯合國會員國。並授權大會經安全理事會的建議，准許新會員國的加入。

---

⑩　參閱聯合國憲章第九章。

㈠創始會員國

　　憲章第三條規定凡曾參加舊金山聯合國國際組織會議或前此曾簽字於一九四三年聯合國宣言的國家，簽訂本憲章，並予以批准者，均為聯合國的創始會員國。實際參加舊金山會議者共五十國，另加波蘭，共有五十一國為創始會員國。

㈡加入會員國

　　一九四八年五月二十八日，國際法院於「國家成為聯合國會員國的條件」的諮詢意見**❿❶**表示：「憲章第四條第一項所列舉⑴需為國家；⑵需愛好和平；⑶需接受憲章所載義務；⑷需能履行義務；⑸需願意履行該義務等五條件。此等條件不宜視作會員國的起碼條件，對滿足此等條件的申請加入國，不應另加政治考慮的條件。」

　　申請加入聯合國必須由大會經安全理事會的推薦決議行之**❿❷**。換言之，必須由至少包括五個常任理事國在內的九個理事國同意作成推薦，再須獲得到會及投票的大會會員三分之二的多數認可。準此，常任理事國有「否決」新會員加入的權利。此種否決的運用與憲章第四條第一項的普遍性原則極難相容。一九五五年十二月，安全理事會乃採取一種所謂「整批交易」(Package Deal) 的權宜方法，以消除對新會員入會申請所加的阻止**❿❸**。

　　此外，「加入」和「代表權」問題不能混為一談。後者乃指兩個政府之中，何者有資格在聯合國代表該國的問題。「中國代表權」問題首先在一九五〇年發生，一直到一九六〇年以前均視同「程序」問題，以二分之一多數決議之。結果均決定緩議。一九六一年開始視為「重要問題」，以三分之二多數表決。一九七一年十月二十六日投票結果，大會以七十六票對三十

---

❿❶　Conditions of Admission of a State to Membership in the United Nations, I. C. J.,
　　　Rep., 1948; 引自張永恆，前揭書，頁 202。

❿❷　憲章第四條第二項。

❿❸　J. G. Starke, op. cit., 1972, p. 599; 當時有十六個國家同時獲准加入聯合國，自由
　　　陣營同意阿爾巴尼亞、保加利亞、羅馬尼亞、匈牙利等蘇聯衛星國加入，蘇聯
　　　則贊成奧地利、西班牙、葡萄牙、寮國等十二個國家加入。

五票和十七票棄權支持中共政權，中華民國宣佈退出聯合國❿。

　　會員國可否自動退出聯合國，憲章無明文規定。理論上，會員國得隨時退會，其原因有二： 1.退會是國家主權的表示； 2.退會是會員國對修正並已生效憲章反對的唯一法律方式⓮。在實踐上，一九六四年十二月三十一日印尼政府通知聯合國秘書長，決定於一九六五年三月一日起退出聯合國，但一九六六年九月又重返聯合國，未經入會程序。此外，依憲章第六條規定，會員國屢次違犯憲章原則時，大會經安理會建議，得將其除名，乃會員國終止會籍的一種方式。終止會籍與憲章第五條停止會籍不同，前者喪失會員國資格，如欲重新入會，必須經過申請加入程序。

四、聯合國大會

㈠大會的組織

　　聯合國大會由所有會員國組成。每一會員國在大會的代表不得超過五人⓰。各會員國祇有一個投票權⓱，此乃各會員國間平等原則的適用。

　　大會的會議有三種：

　　1.常會： 通常於每年九月第三個禮拜二召開，不以一次為限。

　　2.特別會議： 於必要時舉行，由秘書長經安全理事會或會員國過半數的請求召集之⓲。

---

❿ 聯大通過阿爾巴尼亞所提排除我國代表權案（2758 號決議）。我國外交部長隨後發表正式聲明，決定退出聯合國。接著聯合國的專門及有連繫的機構亦將我國代表權排除。至於後來聯合國新成立的國際組織我國亦不能參加。有關中國代表權問題，參閱丘宏達，現代國際法，三民書局，民國九十五年版，頁894–896； L. Cavaré, op. cit., p. 727.

⓮ 聯合國憲章起草人對於退會問題曾發表一項解釋聲明，表示「如因特殊環境」(Par Suite de Circonstance Exceptionnelles)，某會員國認為不得不退出之時，聯合國亦不能勉強； 參閱李恩國，前揭書，頁 70。

⓰ 聯合國憲章第九條。

⓱ 聯合國憲章第十八條第一項。

⓲ 聯合國憲章第二十條。

3.緊急特別會議：在大會休會期間，由安全理事會任何九國的決議，或由會員國過半數的請求，秘書長應於二十四小時內召集之，例如一九六〇年九月十九日因剛果事件所召開者⑩。

大會自行制定議事規則，每次會議應選舉主席⑩。

大會得為行使職務的需要，設立輔助機構⑪。大會設立委員會有下列數種：

1.主要委員會 (Main Committees) 包括討論政治及安全的第一委員會，財政的第二委員會，處理社會、人道、文化的有關事項的第三委員會，負責託管事務的第四委員會，行政、預算的第五委員會，和法律問題的第六委員會。

2.各種程序委員會 (Procedual Committees)。

3.常設委員會 (Standing Committees) 與處理其他重要政治與安全問題的輔助機構，例如行政及預算問題的諮詢委員會，裁軍委員會等⑫。

此外，大會為多邊條約擬訂的籌備工作，在一九四七年設立國際法委員會之外，一九六六年設立國際貿易法委員會，一九六七年設立了深海開採與使用特別委員會等。

(二)大會的職權

聯合國大會由所有會員國組成，實為聯合國最高代表機關。然而，在法律上及實際上，大會均缺乏最高權威。依憲章規定，大會功能在於研究與討論問題，並提出建議，其主要職權如下：

1.在和平維護方面⑬

(1)大會得「考慮」關於維持國際和平及安全的合作的一般原則，包括

---

⑩　根據一九五〇年大會通過之「聯合維持和平」決議案 (Uniting for Peace) 之規定 (la Rés. 377 V)。

⑩　聯合國憲章第二十一條。

⑪　聯合國憲章第二十二條。

⑫　J. G. Starke, op. cit., p. 605.

⑬　聯合國憲章第十一條和第十四條。

裁軍的原則；並得向會員國或安理會提出對於該項原則的「建議」。

⑵大會得「討論」任何涉及國際和平及安全維護的問題。

⑶大會對於足以危及國際和平與安全的情勢，得提請安理會「注意」。據此，大會有權審查並斷定某種情勢是否危及國際和平及安全。惟安理會並不受大會決議的拘束，仍有自由決定權。

⑷大會對於其所認為足以妨害國際間公共福利或友好關係的任何情勢，不論其起源如何，得建議「和平調整辦法」。本條款所謂「建議」實則為「勸告」，對會員國並無拘束力。

2.在國際合作方面

大會應就下列問題發動研究，並做成建議：

⑴政治上促進國際合作，法律上提倡國際法的逐漸發展與編纂❶❹。

⑵促成經濟、社會、文化、教育及衛生等方面的國際合作；大會應不分種族、性別、語言或宗教，助成全體人類的人權及基本自由的實現❶❺。

實際上，大會根據憲章第十三條規定，提出若干公約草案，例如防止及懲罰消滅人類罪公約，修改毒品販賣協定及禁止販賣婦孺公約草案等，均由大會通過，然後聽由各會員國自行批准。

3.在內部功能方面

⑴大會應收受並審查安全理事會所送的常年及特別報告，及聯合國其他機關所送的報告❶❻。

⑵大會應審核聯合國預算和專門機關的行政預算，以及分配各會員國的經費負擔額❶❼。

⑶經安理會的推薦，委派秘書長❶❽。

⑷大會經安理會的推薦，決議新會員國的入會❶❾。

---

❶❹　聯合國憲章第十三條第一項。
❶❺　聯合國憲章第十三條第一項。
❶❻　聯合國憲章第十五條。
❶❼　聯合國憲章第十七條。
❶❽　聯合國憲章第九十七條。

(5)選舉國際法院法官⑲。

(6)選舉安理會非常任理事國㉑。

(7)大會三分之二多數會員國表決，有修正憲章權㉒。

(8)經安理會的建議，大會得停止其會員權利及特權的行使㉓，或開除會員國的會籍㉔。

4.大會權限的擴大

由於安全理事會常任理事國濫用否決權，對於若干問題，無從為有效處理而陷於癱瘓之地。同時依憲章第十二條第一項規定，凡安理會正在處理的案件，大會即無權對於同一案件提出建議。聯合國會員國乃尋求加強大會權力以克服聯合國發揮功能的困難。聯合國已經採取的辦法有二種：

(1)過渡時期委員會 (Interim Committee) 的設立㉕：過渡時期委員會又稱為「小型大會」(Little Assembly) 是由美國代表提議，於一九四七年十一月十三日大會決議㉖，根據憲章第二十二條所設立，為大會的輔助機構。委員會以協助大會達成有關維持世界和平與安全為職責。聯合國大會每屆常會議程繁重，在處理行政、經濟、財政、社會、託管等事項之餘，實無暇兼顧國際和平及安全事項。在大會休會期間，過渡時期委員會可密切注意此類問題，並可進而從事特別研究或調查，向大會提出報告。如此，既不損及安理會權力行使，卻可輔佐大會處理關於國際和平及安全事項，實為聯合國大會職權重要發展之一。

(2)聯合維持和平決議 (Uniting for Peace Resolution)：本決議是聯大於

---

⑲　聯合國憲章第四條第二項。

⑳　與安理會分別選舉。國際法院規約第八條、第四條第一項。

㉑　聯合國憲章第二十三條第一項。

㉒　聯合國憲章第一百零八條，第一百零九條第二項。

㉓　聯合國憲章第五條。

㉔　聯合國憲章第六條。

㉕　J. G. Starke, op. cit., p. 604; Ch. Rousseau, op. cit., p. 586; 李恩國，前揭書，頁 85；沈克勤，前揭書，頁 509。

㉖　Resolution (II).

一九五〇年十一月三日所通過。決議文指出，在發生威脅和平、破壞和平，或侵略行為時，如因常任理事國未能一致同意，而不能行使其維持國際和平及安全之主要責任，則大會應立即考慮此事，俾得向會員國提出集體辦法之妥當建議。倘係破壞和平或侵略行為，並得建議於必要時使用武力，以維持或恢復國際和平與安全。當時如屬閉幕期間，大會得於接獲請求後二十四小時內舉行緊急特別會議。此外，決議文又設立兩個由十四個國家組成的委員會以便利大會行動： a.和平觀察委員會 (Peace Observation Commission)，任何地區倘有國際緊張情勢發生，而其繼續存在又足以危及國際和平與安全之維持，則委員會可觀察該項情勢並提出報告。 b.集體措施委員會 (The Collective Measures Committee)，研究各種可依據憲章之宗旨及原則而用以維持並增強國際和平與安全之方法❿。

　　大會依此項決議案在維持和平及安全工作最顯著表現是大會宣布中共為侵略者❽。一九五六年十一月蘇彝士運河區發生戰爭，大會決議促成敵對雙方停火，並成立聯合國緊急軍，終於恢復該地區的和平。但大會並未能經常依此決議案有效實施維持和平行動，一九五六年匈牙利事件即為證明。此乃決議案的合法性發生問題，蘇聯集團代表尤其反對此項提議，認為是不按憲章規定修改憲章的行為，姑不論其是否侵犯安理會的職權或有其社會上需要,吾人認為最好能將其列入一項特別條約中供各會員國簽字。

㈢大會的投票

　　大會開會的投票，對於「重要問題」須由出席並投票的會員國以三分之二多數來通過。所謂「重要問題」包括： 1.維持國際和平與安全的建議； 2.安理會非常任理事國、經社會理事國及託管理事會的選舉； 3.申請加入案的批准； 4.會員國權利的停止； 5.會員國會籍的開除； 6.託管制度的執行； 7.預算及憲章修正； 8.經出席並投票會員國過多數決定為「重要問題」

---

❿　決議 377A (5)，參閱丘宏達，現代國際法參考文件，民國八十五年版，頁 58–61；
　　M. Virally, L'Organisation Mondiale, Paris, 1972, pp. 475–478; 李恩國，前揭書，
　　頁 88–90。

❽　P. Reuter, Droit International Public, 1976, p. 493.

的事項。至於「其他問題」祇需出席並投票的會員國二分之一多數的同意。

五、聯合國安全理事會

㈠安全理事會的組成

安全理事會原以十一個理事國組成，一九六三年修改憲章後增為十五國，中美英法蘇為常任理事國，另十國為非常任理事國，任期二年，每年選舉半數，由大會以三分之二多數選出，其意在保持席位分配的公勻，不得連任 ❿。大會於選舉非常任理事國時，必須注意兩項標準： 1.會員國對於維持國際和平與安全，及對於聯合國其他宗旨的貢獻； 2.地域上的公勻分配 ❿。任一理事國被除名或自願退會的出缺補選問題，憲章無明文規定，大會議事規則第一四一條規定，任何理事國在任滿前，停止為理事會理事國，則於下屆大會舉行補選，以前任理事國未滿的任期為限 ❿。

憲章規定在下列三種情形者，非理事國亦得參加安全理事會，如此，無形中擴大安理會的組成：

1.在安理會提出的任何問題與非理事國的任何會員國的「利益有特別關係」時，經安理會決定，該會員國得參加討論，但無投票權 ❿。

2.在安全理事會考慮中的「爭端當事國」（包括非會員國），應被邀參加關於該項爭端的討論，但無投票權 ❿。

---

❿ 聯合國憲章第二十三條及一九六三年十二月十七日修改憲章第二十三條決議案。決議案於一九六五年八月三十一日生效。

❿ 聯合國憲章第二十三條第一項。

❿ 李恩國，前揭書，頁99。

❿ 憲章第三十一條。本條適用晚近有擴大解釋趨勢。一九六一年二月剛果情勢討論，有印度、印尼、波蘭等十一個非理事會之會員國被邀參加；一九六四年十二月安理會討論同一問題，有十五個非理事國參加；一九六五年十一月，南非和葡萄牙被邀參與安理會對南羅得西亞討論後，拒絕邀請；參閱 L. Cavare, op. cit., t. I., p. 744.

❿ 憲章第三十二條，例如一九五六年九月二十六日埃及參與蘇彝士運河事件；同年巴勒斯坦 (Palestine) 事件，以色列和約旦在安理會演說；一九六○年比利時

3.會員國被要求「供給軍隊」，得參加安理會關於使用其軍事部隊的「決議」❹。

(二)安全理事會的職權

1.維持國際和平及安全

安全理事會是聯合國的執行機構，在舊金山會議時，列強早已主張安理會應負起維護和平的責任。憲章第二十四條第一項明文授予安理會以維持國際和平及安全的主要責任。同時同意安理會於履行此項責任下的職務時，係代表各會員國。

憲章所授予安理會在維持和平及安全方面的權力並非專斷權。換言之，安理會執行此項職務時應受憲章中所列宗旨及原則的限制，否則構成權力的濫用。大會對安理會執行此項職務時在形式上有監督權，因為安理會應將常年報告，於必要時並將特別報告，提送大會審查。就政治而言，大會得討論安理會報告，並將意見通知安理會。就法律而言，安理會的決議只有符合憲章的規定時，會員國始有接受和履行的義務❺。

憲章授予安理會維持和平及安全的責任如下：

(1)解決會員國間的爭端❻。

和剛果被邀參加安理會的討論。Ibid.

❹ 憲章第四十四條。

❺ 聯合國憲章第二十五條。安理會通過之決議(Decision)自狹義言之，乃專指憲章第二十五條之規定，與建議(Recommendation)不同。當事國有履行決議之義務；反之，建議對當事國無法律拘束力，例如在哥甫海峽事件中，英國與阿爾巴尼亞為爭端當事國，英政府將爭端提交安理會討論。阿國當時非聯合國會員國，安理會遂於一九四七年一月二十日邀請阿國參加該會討論，經阿國接受。一九四七年四月九日，安理會通過一項「建議」，要英阿兩國將爭端交由國際法院審理。英國辯稱此項建議使阿國有接受國際法院審判之義務，然國際法院七位法官表明拒絕此項意見。參閱 L. Cavaré, op. cit., t. I, p. 749；丘宏達主編，前揭書，頁 268；哥甫海峽(Corfu Channel)案處理經過，參閱張永恆，前揭書，頁 59。

❻ 聯合國憲章第三十三條至三十八條。

(2)擬具建立軍備管制制度方案❸。

(3)斷定對和平的威脅、和平的破壞及侵略行為已否發生，以及應採取的應付辦法❸。

(4)必要時，得作成建議或決定應採辦法，以執行國際法院的判決❸。

2.內部組織職權

(1)對於新會員的推薦入會❹。

(2)推薦秘書長人選❹。

(3)向大會建議開除會員國❹或停止會員國的權利和特權，並得恢復其權利及特權❹。

(4)國際法院法官的選舉❹。

(5)請求國際法院發表諮詢意見❹。

(6)請求召開大會特別會議和特別緊急會議❹。

3.監督權

關於戰略防區託管領土的各項監督職權，由安理會行使。此項職權包括戰略防區託管協定的核准、更改或修正❹。

(三)**安全理事會的會議及投票辦法**

聯合國憲章第二十七條規定：「一、安全理事會每一個投票權。二、安全理事會關於程序事項之決議，應以九理事國之可決票表決之。三、安全

---

❸ 聯合國憲章第二十六條。

❸ 聯合國憲章第三十九條至第五十一條。

❸ 聯合國憲章第九十四條第二項。

❹ 聯合國憲章第四條。

❹ 聯合國憲章第九十七條。

❹ 聯合國憲章第六條。

❹ 聯合國憲章第五條。

❹ 國際法院規約第四條和第八條。

❹ 聯合國憲章第九十六條第一項。

❹ 聯合國憲章第二條，參閱大會會議一段。

❹ 聯合國憲章第八十三條。

理事會對於其他一切事項之決議，應以九理事國之可決票包括全體常任理事國之同意票表決之；但對於第六章及第五十二條第三項各事項之決議，爭端當事國不得投票。」依此規定，常任理事國對於非程序事項可以行使否決權。至於何事項是屬於程序事項或非程序事項，憲章未明文規定，依一九四五年四個發起國代表❶❹❽所發表關於安全理事會投票程序的聲明❶❹❾，此聲明對會員國不具拘束力。惟在聯合國長期實踐中，常任理事國得行使否決權事項係安理會在履行維持國際和平與安全的責任時，其決定如果需要採取直接措施，這些事項包括： 1.解決爭端； 2.調整足以引起爭端的情勢； 3.斷定對和平的威脅； 4.消除對和平的威脅； 5.制止對和平的破壞❶❺⓿。

　　常任理事國不得行使否決權的程序事項包括：

　1.議事規則的通過及修改。

　2.主席選舉方法的決定。

　3.為執行理事會職務，關於其內部組織及成立附屬機關問題。

　4.理事會會議的時間及地點。

　5.依憲章邀請非理事國或任何爭端當事國事項。

　6.憲章第二十八條至第三十二條間各條涉及事項的決定❶❺❶。

　7.某一特殊爭端或情勢是否將予討論的決定❶❺❷。

　　至於依憲章第二十九條規定,設立輔助機構進行調查是否為程序事項？各理事國意見並不一致❶❺❸。

---

❶❹❽　由中、美、英、蘇四國名義發表，法國未參與，但對聲明表示贊同。

❶❹❾　此聲明對會員不具拘束力。惟在聯合國長期實踐中，一般是按其精神來執行。參閱王鐵崖等編著，國際法，五南圖書出版公司，民國八十一年初版，頁462–463。

❶❺⓿　引自王鐵崖，上揭書。

❶❺❶　1. 至 6.依一九四五年六月七日四國代表發表之解釋聲明。參閱李恩國，前揭書，頁 110–111；丘宏達主編，前揭書，頁 268。

❶❺❷　蘇聯曾主張任何情勢或爭端之討論或審查，常任理事國有否決權，其他四國反對，乃獲協議。參閱 L. Cavaré, op. cit., t. I, pp. 751–752.

❶❺❸　例如一九四六年安理會理事國曾建議成立一個西班牙問題之國際調查委員會，

　　至於所表決的事項非上述所指定事項時，還必須先決定此一事項是否屬於程序事項。此一先決問題如何決定？依四國聲明：「……關於一個事項是否程序問題的先決問題的決議，必須由包括常任理事國一致同意的七個理事國多數票決之。」❶❺❹ 因此，常任理事國除對程序以外事項有否決權外，對決定某一事項是否為程序事項的先決問題也有否決權。

　　由上述可知，安理會表決關於非程序的實質問題的議案時，任何一個常任理事國的反對票，可以推翻或「否決」其他理事國的贊成票，而使該議案無法通過，亦即所謂「否決權的行使」(Veto Operates; Exercice du Droit de Veto)。此外，安理會主席以某一問題是否為程序問題交付表決，此項問題的表決，乃為實質問題。換言之，縱然安理會主席斷定某項問題為程序事項，可由任何一個常任理事國的反對，而予以推翻，稱之謂「雙重否決」(Double Veto)。

　　常任理事國行使否決權受到下列幾種限制❶❺❺：

　　1.爭端當事國不得投票：凡依照憲章第六章規定的爭端和平解決，以及第五十二條第三項規定的區域辦法解決，爭端當事國不得投票。此乃肯定法律程序方面的基本原則——爭端當事國不得自任裁判❶❺❻。

　　2.棄權 (Abstention; l'Abstention)：在安理會的實踐上，常任理事國的棄權並不構成「暗示否決」(Le Veto Dissimulé) 亦不能視同「反對票」(Le

───────────────

即發生委員會任命為程序問題與否之爭論，各理事國意見並不一致。

❶❺❹ 參閱丘宏達著，聯合國安全理事會裡的雙重否決問題，現代國際法問題，新紀元出版社，頁 75。

❶❺❺ 參閱 J. G. Starke, op. cit., pp. 607–609.

❶❺❻ 本項規定罅隙甚多，例如一九四六年英軍出兵希臘事件，有兩種不同主張，英國認為是維持和平秩序所必須；蘇聯則認為英軍佔領希臘構成和平的威脅。兩者不同意見發生是否屬於憲章第二十七條第三項所謂的「爭端當事國」，英蘇兩國因而不得投票？後經埃及協調，問題並未清楚解決。此外，英法軍撤出敘利亞事件，英法自認為「當事國」，不應投票；哥甫海峽事件，英國自認不應投票，主席卻允許其投票等。Conseil de Sécurité, Procés-Verbaux Officiels, Ser. No. 1, pp. 116, 132, 284; 引自 L. Cavaré, op. cit., t. I, p. 753.

Veto Négatif)，對安理會決議的法律效力並不妨礙❼，此項實踐的合法性經國際法院於一九七一年六月二十一日所發表的「南非違反安理會第二七六號決議繼續停留賴米比亞對他國所生法律影響」諮詢意見所確認❽。本案南非政府主張安理會於一九七○年所通過第二八四號決議❾，為無效的決議，因為英法兩國為常任理事國在該決議表決時棄權，依憲章第二十七條第三項規定，該決議不應視為通過。國際法院駁斥上述理由稱：「常任理事國之自動棄權，不能構成否決票，此項解釋早自安理會實踐中確立。」❿

　　3.缺席 (Absence; l'Absence)：在安理會實踐上，缺席視同棄權⓫。一九五○年一月至八月間蘇聯因中國代表權問題自動不參加安理會開會，卻否認缺席期間決議的合法性。事實上，安理會在一九五○年一月有關軍備縮減，三月有關克什米爾非軍事化，七月有關韓戰等決議案通過都是完全合法⓬。因為缺席不僅是放棄特權的表示，也是放棄維持國際和平及安全所應負責任。

　　雙重否決權雖然擴大了常任理事國否決權範圍，安理會在實踐上將「先決問題」視為「暫行會議規則」第三十條所稱「議事程序問題」。依據該會議規則第三十條規定，安全理事會主席得逕行裁定某一事項為程序問題，如有常任理事國提出異議，主席應立即將其裁定交付安全理事會表決，除非被七個理事國推翻，否則主席的裁定應為有效。換言之，常任理事國行使雙重否決權的成功機會取決於主席的解釋與任何七個理事國的態度⓭。

---

❼　Ch. Rousseau, op. cit., p. 576.

❽　引自 J. G. Starke, op. cit., p. 608.

❾　請求法院就南非應即撤離賴米比亞之二七六號決議發表諮詢意見。

❿　諮詢意見參閱張永恆，前揭書，頁 238。

⓫　Ch. Rousseau, op. cit., p. 576.

⓬　J. G. Starke, op. cit., pp. 616–617.

⓭　由於一九六○年以後，再沒有雙重否決情況的發生，故以七個理事國為準。參閱丘宏達，現代國際法，民國八十九年版，頁 907。

六、經濟暨社會理事會與託管理事會

㈠經濟暨社會理事會

聯合國經濟暨社會理事會 (Economic and Social Council) 由五十四個理事國組成，任期三年，每年改選三分之一，任滿的理事國得連選連任。理事國由大會以得票三分之二多數得票選出❶⁶⁴。

理事會得設立行使職務所必須的委員會，特別應設立以研究經濟、社會及人類問題為目的的各種委員會❶⁶⁵。準此，理事會應設立兩種類型委員會：

　1.分設各種技術委員會 (Functional Commissions; Les Commission Techniques) 處理統計、人口、社會發展、人權、婦女地位、麻醉品等問題。

　2.區域經濟委員會 (Commissions Économiques Régionales) 包括歐洲、亞洲暨遠東、拉丁美洲和非洲四個地區委員會。此外，在貝魯特設立負責中東地區的經濟暨社會事務局。

經濟暨社會理事會是在大會的監督及指揮下，負責聯合國有關經濟及社會性工作。除由其本身發動的工作外，為大會的執行機關，在大會職權內，執行大會的決議❶⁶⁶。其主要職責如次：

　1.作成、發動關於國際經濟、社會、文化、教育、衛生及其他有關事項的研究及報告；並且向大會、會員國及專門機關提出關於此種事項的建議案❶⁶⁷。

　2.召集其職務範圍以內事項的國際會議和擬具有關職權範圍內事項的協約草案，提交大會❶⁶⁸。

　3.維持人權及基本自由的尊重，並得作成建議❶⁶⁹。為此目的，經社理

---

❶⁶⁴　聯大一九七一年通過第二八四七號 (XXVI) 決議。

❶⁶⁵　聯合國憲章第六十八條。

❶⁶⁶　聯合國憲章第六條、第六十六條第一項。

❶⁶⁷　聯合國憲章第六十二條第一項。

❶⁶⁸　聯合國憲章第六十二條第三項及第四項。

事會得與各國政府間協定所成立的各種專門機關訂立協定，訂明關係機關與聯合國發生關係的條件，並得調整各種專門機關的工作⑯。

㈡託管理事會

憲章第七條明定託管理事會是聯合國主要機關之一。事實上，託管理事會的任務是在大會的權力下，監視託管國家對託管領土的管理⑰。嚴格言之，託管理事會隸屬於大會⑱，是聯合國的次級機關。此外，憲章第八十七條規定大會及託管理事會執行關於託管制度的監督權力。準此，理事會對於託管領土的權力限於所謂「監督」，並無直接管理的權力。有關託管理事會的組織、職權及權力行使，可參閱託管領土制度。

七、秘書處

秘書處 (Secretariat) 為聯合國主要機關之一⑲，置秘書長一人及辦事人員若干人。秘書長為聯合國的行政首長，由大會經安理會的推薦委派之⑳。

秘書長不僅擔負聯合國的財務、人事和條約登記等行政工作，而且負有向各主要機關提出建議及參與政治糾紛調解人的政治責任。

依憲章第九十九條規定秘書長將其所認為可能威脅國際和平及安全的任何事件，提請安理會注意。依此條款，秘書長在國際爭端中可以採取主動，尤其於當事國不願依憲章第三十五條規定，將爭端提出於安理會或大會時，秘書長的主動，對於國際和平及安全的維持至為重要。

由下列實例可了解秘書長在政治方面的職權不斷獲得增加：

1.蘇彝士運河事件：聯合國大會賦予秘書長執行一九五六年十月二日的決議，與相關國家安排停火事宜和成立聯合國軍團的權力。

---

⑯　聯合國憲章第六十二條第二項。

⑰　聯合國憲章第五十七條、第六十三條。

⑱　聯合國憲章第八十五條、第八十七條。

⑲　對與戰略託管領土有關事項則隸屬於安理會，參閱憲章第八十三條。

⑳　聯合國憲章第七條。

㉔　聯合國憲章第九十七條；安理會常任理事國對秘書長人選之推薦得行使否決權。

2.匈牙利事件：大會請秘書長調查該情勢，任命觀察員和於短期內提出報告，並且授予秘書長組織匈牙利難民救助事宜。

3.一九五○年安理會討論韓國問題時，秘書長主張採取行動，以制裁北韓。

4.西班牙問題：一九四六年十月，秘書長賴伊依憲章第九十八條規定向大會提送關於組織工作的常年報告中，引起大會注意西班牙問題。

聯合國憲章為使秘書處職員能夠有效執行其職務，明定「本組織之職員享有獨立行使職務所必需之特權及豁免」❼。同時，秘書長及辦事人員於執行職務時，不得請求或接受聯合國以外任何政府或其他當局的訓示，並應避免足以妨礙其國際官員地位的行動。秘書長及辦事人員專對聯合國負責❼。

第四節　個　人

個人是否為國際法主體，在理論上見解互異。實證法學者德利伯 (Triepel)、安齊諾蒂 (Anzilotti) 等人持二元論觀點，主張國家是國際法唯一的主體，個人僅是國內法的主體。因此，國際法除非經由國內法的「接納」，對個人並無法律拘束力。反之，唯實理論 (La Doctrine Réaliste) 學者狄驥 (Duguit)、塞爾 (Scelle) 和波利弟 (Politis) 等人認為國際法的主體為個人而非國家，因為國際社會也是由個人所組成的人類社會，祇有自然人才能享受權利和負擔義務。換言之，個人才是法律主體，法人則否❼。

晚近學者克爾生 (Kelsen) 和勞特派屈 (Lauterpacht) 等人，基於個人在國際法上地位提高的事實，乃主張國家與個人均為國際法的主體。依照克氏的說法，個人是國際法的最後主體。但在大多數情況下，個人祇是國際法的間接主體；在少數情況下，國際法直接說明個人是它的主體。依據勞

---

❼ 聯合國憲章第一百零五條第二項。

❼ 聯合國憲章第一百條第一項。

❼ Ch. Rousseau, op. cit., t. II, pp. 696–697; 謝福助著，個人在國際法上之地位，正中書局，民國六十六年版，頁 8–23。

氏意見，個人是國際法的權利主體時，也就是國際法主體，不論個人在國際法院前是否有提起訴訟的行為能力 ❿。此種學說為多數的現代國際法學者所支持，亦較符合現階段國際法發展的趨勢和國際社會的實際。

當前國際實踐對於個人地位的提高有下列三項事實：1.國際實證法規則直接適用於個人；2.參與國際訴訟程序；3.特別公約的規定。

壹、國際實證法的規定

國際實證法的某些規則得直接適用於個人。尤其是保障個人生存、工作、自由和健康等權利的規則。

一、生存權

一九四六年十一月十一日聯合國大會通過決議，宣告：「滅絕種族 (Genocide) 是國際法下的罪行，違背聯合國的宗旨與精神，應受文明世界的處罰」❾，三年後聯大通過了「防止及懲罰殘害人群公約」(The Convention on the Prevention and Punishment of the Crime of Genocide)❿。

該公約規定任何人不得在平時或戰時從事滅絕種族罪行；犯有此等罪行的個人、公務人員或統治者均應受處罰，滅絕種族罪不得視為引渡法上的政治犯罪❿。

一九九八年六月十五日在羅馬通過「國際刑事法庭規約」，二〇〇二年並設立國際刑事法庭。羅馬規約列舉種族滅絕罪、違背人性罪、戰罪和侵略四項犯罪行為，其中除侵略外，各項罪名均有界定。此外，國際刑事法庭，須經聯合國安全理事會的授權，才能對某一特定犯罪行使管轄權❿。

---

❿　謝福助，上揭書，頁 3–18。

❾　Resolution 96 (1).

❿　該公約於一九五二年一月十二日生效。

❿　該公約第一條、第二條和第四條。

❿　國際刑事法庭規約第二條至第八條；第十三條第二項。參閱 W. G. Vitzthum 主編，當代西方國際法，吳越、毛曉飛譯，韋伯文化，民國九十五年版，頁 660–670。

蘇聯及歐洲社會主義國家亦未接受國際法院就有關公約的解釋及適用享有強制管轄權[183]。

二、自由權

㈠奴隸制的廢除

一八一四年英法巴黎和約中規定，禁止個人從事奴隸交易。一九四八年十二月十日通過的世界人權宣言第四條也禁止任何形式的奴隸制度和奴隸販賣。

㈡強制勞動的廢除

國際勞工會議於一九三〇年六月二十八日通過的第二七號決議文規定強制勞動的禁止。任何人不得在違反個人意志下被迫工作（第二條）。但，公約對於服兵役、感化性勞動、不可抗力事情所為勞動等問題未予規定。一九五七年六月二十五日的一〇五號協議文更規定應立即廢除強迫勞動[184]。一九五〇年十一月四日通過的歐洲人權保護公約第四條也規定：「任何人不得被迫從事義務或強制工作；但因情勢需要而加之於個人的工作不得視為強制工作，例如對於經法院判決而受監禁個人所加的必要正常工作，軍事性服役，一般公民正常義務性工作等。」[185]

三、健康權[186]

二次大戰後毒品的大量傳播，構成危害人類健康空前未有的大災難。一九四八年的世界人權宣言第二十五條默認健康權乃個人享有的基本權利。一九六六年十二月十七日聯合國大會通過的「經濟、社會及文化權利公約」(Convenant on Economic, Social and Cultural Rights) 更具體說明個人

---

[183] 該公約第九條。

[184] La Convention N. 29 du 28 juin 1930; La Convention N. 105 du 25 juin. 引自 Ch. Rousseau, op. cit., t. II, pp. 705–706.

[185] 參閱蘇義雄著，歐洲人權保護之研究，中興法學第 8 期，頁 53–54。

[186] 參閱 Ch. Rousseau, op. cit., t. II, pp. 708–713.

享有健康權的內容❿。長久以來，有關對抗麻醉藥品（鴉片、嗎啡、古柯鹼、海洛因等）的生產、消費和交易的國際規則數量也相當可觀。

一九一二年一月二十三日通過的海牙公約⓭，建議消滅麻醉藥品的濫用，並減低其製造、販賣及科學與醫學上的使用。但因未成立任何國際管制機構，其效果並不顯著。國際聯盟盟約規定會員除應遵照國際公約外，更應將關於販賣鴉片及危害藥品等各種協約的實行，概以監督之權委託國際聯盟⓮。一九二五年二月十一日通過了「鴉片製品的製造、交易及使用公約」；同年二月十九日又通過「危險藥品的國際管制公約」。一九六一年三月三十日通過的「麻醉藥品統一公約」(La Convention Unique sur les Stupéfiants)⓯。並於一九六四年十二月十三日生效後，上述公約乃終止適用。該公約設立國際麻醉藥品管制的唯一機構，並由聯合國經社理事會麻醉品委員會協助之。公約第二條及附款列舉應予管制的藥品。

貳、個人參與國際訴訟的能力

一九一九年的和平條約設立了若干混合仲裁法庭 (The Mixed Arbitral Tribunals) 以處理協約國人民與同盟國人民間債務及戰時損害賠償問題。法庭由三位法官組成。法庭除處理協約國國民對同盟國所提的賠償案件外，也受理同盟國國民對協約國所提出的請求。個人和政府乃成為仲裁程序的當事者⓰。

一九二二年五月十五日德國與波蘭在日內瓦簽訂有關確定上西里西亞 (La Haute-Silésie) 少數德國民族權利⓱的公約。設立仲裁法庭以處理該區人民既得權利因國家的剝奪或削減而蒙受損失所提的控訴案。換言之，該

---

❿　該公約第二條。約文參閱 A. J. I. L., vol. 61, 1967, pp. 861–890.

⓭　約文見 Le Recueil des Traités de la Société des Nations, vol. 8, pp. 187 et s.

⓮　國際聯盟盟約第二十三條第三項。

⓯　約文見 Le Recueil des Traités des Nations Unies, vol. 520, pp. 204 et s.

⓰　以上摘自謝福助，前揭書，頁 120–121；參閱 Ch. Rousseau, op. cit., p. 734.

⓱　該區於一九二一年經國民總投票併入波蘭。

公約承認德裔波蘭籍人民有控訴本國政府（波蘭）的權利 ⑲。

　　一九五二年各國與德國簽訂的「德國外債協定」，成立混合委員會以管轄個人之間的案件。一九五四年十月二十三日，英、美、法與西德簽訂巴黎公約,該公約第五章規定有關在德國佔領期間的個人財產被德國所奪者，得向德國法院請求賠償；第七章又規定設立一個在德財產、權利及利益仲裁委員會 (La Commission Arbitrale sur les Biens, Droits et Intérêts en Allemagne) 以處理對上述德國法院所作判決的控訴，或德國法院在一年內未作判決的控訴案。準此，個人成了仲裁程序的主體。

　　個人是否可以成為國際司法程序的當事者？一九〇七年十月十八日所簽訂海牙第十二公約第四條和第五條規定中立國、中立國人民或敵國人民得因不服交戰國國內捕獲法院的判決而上訴於國際捕獲法庭 (The International Prize Court)。該公約因未獲批准生效而缺乏實際意義。一九〇七年二月二十日五個中美洲共和國所簽訂華盛頓條約設立中美洲法院 ⑭，除處理條約當事國間的爭議外，亦得管轄當事國與其他當事國人民之間的控訴案，但個人的請求必須首先用盡當地救濟，否則法院不予受理。在法院存在的十年期間所審理的五項個人案件均遭受到不予受理及駁回的裁決。

　　國際法院規約第三十四條第一項規定:「在法院得為訴訟當事國者,限於國家。」自然人或私法人衹能由其國籍所屬國家為實行外交保護,在國際法院提起訴訟 ⑮。

　　一九五〇年十一月四日，參加歐洲議會 (Council of Europe) 各國在羅馬簽訂「歐洲人權與基本自由保護公約」(European Convention for Protection of Human Rights and Fundamental Freedoms) ⑯，使人權保護擺脫了柏拉圖

---

⑬　謝福助，前揭書，頁 123–125；Ch. Rousseau, op. cit., p. 735.

⑭　M. O. Hudson, The Central American Court of Justice, A. J. I. L., 1932, pp. 759–786; 謝福助，上揭書，頁 118–120。

⑮　Bercelona Traction, 1970; Nottebohm, 1955; Anglo-Iranian Oil Co. 1952 等案均涉及個人或公司國籍所屬國家為實行外交保護向國際法院起訴的例子。

式宣言的模式，承認個人得向國際機構，指控其本國政府違反人權的行為。該公約更設立了一個保護人權的超國家機構 (Supra-National Mechanism)——歐洲人權委員會。

歐洲人權委員會 (La Commission Européenne des Droits de l'Homme)的委員係由部長聯席會議 (Comité des Ministres) 選舉產生。委員人數與公約批准國的數量相同，各批准國得選出一名代表。委員的任期為六年。人權保護公約對於委員資格沒有特殊規定，惟實際上，大多數委員均具備法律專業人員資格，例如律師、法官及法學院的法律教授等。

在程序上，任何有關違反人權公約之控訴案必須先向人權委員會提出。向人權委員會所提的控訴案包括國家間控訴案和個人控訴案兩種。人權委員會對於國家間的控訴案 (Inter-State Application) 具有強制管轄權 (La Compétence Obligatoire)；對於個人控訴案 (Individual Applications) 則具有任擇管轄權 (La Compétence Facultative)❿。換言之，凡個人、團體或非政府組織向人權委員會提出違反人權公約的控訴案，必須是被控國家已事先明示宣告，接受該委員會對個人控訴案的管轄權，並須至少有六個締約國業已發表上述聲明❿。

控訴案必須有效地「用盡當地救濟辦法」(L'Épuisement des Voies de Recours Internes)❿，並於國內法院判決確定後六個月內提出，人權委員會才能受理該控訴案。依據人權保護公約的規定，個人控訴案必須符合下列要件：1.須具名；2.經人權委員會審查或其他國際機構判決的控訴案不得再提出；3.須與公約規定相符；4.須有充分理由和證據；5.須符合程序。

原則上，人權委員會於決定受理一項控訴案後，即著手調查事實真象。

---

❿ 歐洲人權保護公約於一九五三年九月三日生效，締約國已達二十個國家，包括所有歐洲議會的會員國。
❿ 歐洲人權保護公約第二十五條。
❿ 自人權委員會成立以來，國家所提控訴案數量不多。反之，個人控訴案則不斷增加，此乃各國政府之審慎態度及對案件詳密研討的結果。
❿ 歐洲人權保護公約第二十六條。

在此期間，人權委員會應盡量促成當事雙方達成「友好解決」(Friendly Settlement)⑳。若「友好解決」失敗，人權委員會須進一步向部長聯席會議提出一份「意見報告書」，說明被控國家是否違反人權公約，並將副本送交有關國家㉑。報告書提出後，人權委員會或個人（原控訴人）國籍所屬國家均得就該案件，以原告地位向歐洲人權法院起訴。惟個人不得直接向人權法院提起訴訟。該案件若未於三個月以內提交人權法院處理，則由部長聯席會議逕對該案做最後的決定㉒。

參、特殊公約的規定

一、少數民族的保護

國際判例對於少數民族的構成要素採種族、語言或宗教的客觀事實，而非單純意願表示的主觀要素。一九二八年四月二十六日常設國際法院在「上西里西亞少數民族學校」案稱：「此乃事實問題，而非單純意願」(C'est une Question de Fait et non de Pure Volonté)㉓，一九三五年四月六日有關「在阿爾巴尼亞的希臘少數民族學校」案的諮詢意見揭示：「條約有關少數民族保護的觀念乃是為保障一國之內因種族、語言或宗教不同所形成的社會群體在保有其特徵的情形下，有和平共存和密切合作的可能。」㉔

㈠國聯時期

在國聯時期有關少數民族保護的國際文件有下列四類：

1.一九一九年至一九二〇年期間列強與波蘭、捷克、南斯拉夫、羅馬尼亞和希臘等五國締結少數民族保護特別條約。

---

⑳ 歐洲人權保護公約第二十八條。

㉑ 歐洲人權保護公約第三十一條。

㉒ 歐洲人權保護公約第三十二條。

㉓ L'Affaire des Écoles Minoritaires en Haute-Silésie, Ser. A/B, No. 29, p. 32.

㉔ L'Affaire des Écoles Minoritaires Grecques en Albanic, Avis Consultatif du 6 avril 1935, Ser. A/B, No. 64, p. 17.

2.與奧地利、保加利亞、匈牙利和土耳其等國所締結的和平條約中列入的特別條款。

3.依一九二〇年國聯第一屆大會的意願，芬蘭等六國必須向國聯行政院提出保護少數民族的宣言。此種國家單方所發佈的少數民族宣言與條約具有相同的效力。

4.其他多邊或雙邊條約或條款規定少數民族保護問題。例如一九二四年英、法、義、日與立陶宛 (Littuanie) 有關莫梅爾 (Memel) 領土地位條約；一九二二年有關上西里西亞的德、波條約。

條約所建立的少數民族保護制度均配合兩項國際保障措施：

⑴不得變更的保障：所有少數民族保護條約均包括一項序文條款，規定少數民族保護乃是締約國的基本法，任何法令或官方行為均不得與之相抵觸。最後條款復規定此項義務置於國聯保障下，除行政院的議決外，不得修訂之❷⓿❺。

⑵執行的保障：祇有國聯行政院的會員始能向行政院提起違反少數民族保護條款的控訴案。少數民族本身祇有請願權 (Le Droit de Pétition)，換言之，具有提供資料性質，並不構成向行政院起訴的法律效果。

請願案應否受理由秘書長決定之。秘書長審查請願案只能考慮一些形式問題❷⓿❻。請願案被接受後，由行政院設立的三人特別委員會審理。行政院對請願案所引起問題可作勸告性的決議，甚至採取有效行動❷⓿❼。

少數民族條約都規定有關條約的解釋和適用所引起爭議，常設國際法院具有強制管轄權。國聯行政院亦得就有關少數民族問題請常設國際法院發表諮詢的意見。

㈡聯合國時期

二次大戰後，少數民族保護的觀念由對集體保護轉變為個人的保護。

---

❷⓿❺　例如一九一九年六月二十三日與波蘭簽訂之少數民族條約。

❷⓿❻　例如請願案不能匿名，必須與條約一致，或不得要求與一國脫離政治關係等。

❷⓿❼　由於行政院的決議以全體一致為原則，其權力大受限制，處理請願案的績效不理想。參閱謝福助，前揭書，頁52。

一九四七年二月七日在巴黎與義、保、芬、羅、匈等國所簽訂和平條約中
均列入保障條款，規定「締約國同意保障在其管轄下的任何人，無分種族、
語言或宗教，應享有基本自由與人權，包括思想表達自由，出版及新聞自
由，文化、集會與意見自由」或規定禁止在法律、政治、商業、職業和財
政上的直接或間接差別待遇❷⓪⑧。

　　許多雙邊條約亦涉及少數民族的保護，例如一九四六年九月六日奧義
簽訂有關在南帝羅區 (Tyrol du Sud) 德國人語言及文化利益的保護協定❷⓪⑨。

二、難民與無國籍的個人

㈠難　民

　　二次世界大戰的發生和民主自由與共產專制思想的對立，難民問題日
趨嚴重。國聯曾努力處理某些類型難民的法律地位、居留、旅行、外交或
領事保護等問題，卻未能制定普遍適用的規則。

　　一九四三年成立聯合國救濟與重建管理處 (U. N. Relief and
Rehabilitation Administration) 負責對解放區人民的協助及戰爭期間被遣送
到德國做苦力的民族團體返鄉的事宜。該組織至一九四六年底結束，共有
八十五萬人受到協助。

　　第二次世界大戰造成大量流離失所的難民，聯合國大會在一九四六年
所通過的決議❷⑩，明白宣示難民問題的範圍與性質具有其國際性。一九五
一年聯合國進一步成立一個「聯合國難民事務高級專員公署」(Office of the
U. N. High Commissioner for Refugees) 的難民保護機構❷⑪。

　　在國際條約方面，聯合國在人權委員會 (U. N. Commission on Human
Rights) 發動下，於一九五一年七月二十八日通過「有關難民地位公約」
(Convention Relating to the Status of Refugees)，該公約綜合了有關難民的國

---

❷⓪⑧　例如匈牙利和平條約第二條。

❷⓪⑨　約文在 R. G. D. I. P., 1951, pp. 296–297.

❷⑩　Res. 8 (I) of Feb. 12, 1946.

❷⑪　Res. 428 (V) of Dec. 14, 1950.

際文件，將難民地位予以更詳細的規定，係現階段有關難民保護的最重要國際條約。

由於一九五一年難民地位公約適用對象限於一九五一年以前符合公約定義的難民，一九六七年一月三十一日又通過「有關難民地位議定書」(Protocol Relating to the Status of Refugees) 排除此項限制，明定一九五一年公約適用於符合公約定義的任何人。一九六八年聯合國在德黑蘭召開有關人權的國際會議，在決議中⓬呼籲各國政府積極參與一九五一年難民地位公約及其一九六七年議定書。此外，聯合國於一九六六年十二月所通過的「公民權利和政治權利國際公約」第十三條亦規定一項與一九五一年難民地位公約相類似的驅逐出境限制條款⓭。

㈡無國籍人的國際地位

無國籍 (Apatride; Statelessness) 的個人乃指個人從未有國籍或其國籍遭受剝奪而又未能取得其他國籍者。無國籍狀態的發生通常是戰爭結束締結和平條約所造成的領土主權轉移，或國家基於宗教、政治上理由剝奪某些類型個人的國籍⓮或各國國籍法互相衝突的結果。

無國籍不但使個人安全缺乏保障，而且是國際法在適用上所存在的一大漏洞⓯。國際公約對於無國籍的補救辦法有下列表現：

1.限制無國籍原因：一九三〇年四月十二日簽訂的「國籍法衝突問題公約」第十四條和第十五條，及該公約所附「關於無國籍特別議定書」⓰

⓬　Res. XIII, 1968.

⓭　一九六六年公民權利和政治權利國際公約第十三條規定：「合法處在本公約締約國領土內的外僑，只有按照依法做出的決定才可以被驅逐出境，並且，除非在國家安全的緊迫原因另有要求的情況下，應准予提出反對驅逐出境的理由和使他的案件得到合格當局或由合格當局特別指定的一人或數人的複審，並為此目的而請人作代表。」參閱丘宏達，現代國際法基本文件，民國七十三年版，三民書局，頁 298。

⓮　例如蘇聯在一九二一年和一九二四年公佈法令剝奪某些居留在外國的個人的蘇聯國籍。參閱 Ch. Rousseau, op. cit., p. 773.

⓯　丘宏達主編，前揭書，頁 458；J. G. Starke, op. cit., p. 342.

和一九六一年八月三十日通過的「減少無國籍狀態公約」㉗。

　　2.無國籍人的救濟和保護：一九五四年九月二十八日「關於無國籍人地位公約」(Convention Relating to the Status of Stateless Persons)㉘與一九五一年簽訂的「難民地位公約」相類似。公約規定「無國籍人」乃指無一國家因適用國內法承認其為本國人的個人。締約當事國同意將無國籍人的待遇與難民同等視之，並且盡量便利無國籍人取得該國國籍。

㉖　約文見薛典曾、郭少雄編，中國參加之國際公約彙編，臺灣商務印書館，民國六十年版，頁 948。

㉗　同上。

㉘　公約於一九六〇年六月六日生效，約文見 UNTS., vol. 360, pp. 117 et s.; 引自丘宏達主編，前揭書，頁 459。

大　綱

第四章　承　認

第四章 承 認

在國際社會裏，某種情勢發生變動時，國際法規範即有適用的可能。通常一個新國家的誕生或一個革命政府的成立，必須經過其他國家的承認 (Recognition)。國際法上的承認制度，主要適用於新國家或新政府。此外，交戰團體 (Belligerency) 和叛亂團體 (Insurgency) 的承認，也成為國際法規範的對象。

第一節　國家的承認

壹、國家承認的意義

國家的形成是歷史逐漸演進的結果。原則上，一個有組織的團體，佔有一定的領土，控制相當數量的人民，並有穩定的政府以遵守國際法，即具有國家的資格。然而，這個事實上存在的國家，就對外關係而言，必須經過其他既存國家的承認，始能在國際社會裏，享受國際法上的權利，以及負擔國際法上的義務❶。因此，國際法上的承認，乃是國家對於事實狀態或對於國際關係中已發生的變動情勢，給予確認的意願表示。

貳、國家承認的理論

國際法所謂國家，是否表示一個政治實體具備人民、土地和政府三項構成要素，即得享有主權？抑或還須被承認為國家？此問題涉及傳統國家

---

❶　自國際社會在十八世紀末期對美國獨立的承認以來，一八七八年柏林條約承認羅馬尼亞、保加利亞和塞爾維亞，一九一三年倫敦條約承認阿爾巴尼亞。一次大戰後，由奧匈帝國及原附屬於德國領土所成立的波蘭、捷克和南斯拉夫，以及自蘇俄分離的波羅的海三小國，均獲得其他國家承認。二次大戰後的以色列、印尼及其他亞非新興國家，亦成為他國承認的對象。參閱 L. Cavaré, Le Droit International Public Positif, t. I, Paris, 1967, p. 339.

承認的理論。

一、構成說

就構成說 (Constitutive Theory; la Conception Constitutive)，承認產生強而有力的效果，國家資格因承認而取得。換言之，新國家成為國際法的主體，並具有國際法人資格，乃是經由他國承認的結果❷。因此，沒有承認，新國家的誕生尚未完成。承認乃是第四項國家構成要素。

意志法學派學者認為新國家的存在，需要由國際社會其他國家以承認來表示接受，否則無法進入國際社會。耶林納克 (Jellinelk) 指出：「每一個國家因其存在事實，即得加入自然社會；惟必須經由他國承認，始得成為法律社會 (La Communauté Juridique) 的分子國。因此，國際法上的承認，是一國承認他國法律人格的行為；也是國家欲變更存在的自然事實，因而使其成為法律狀態的自由意願行為。」❸

構成說的缺點可歸納如下：

1. 過分強調國家意志在法律關係形成的地位，亦違反國家平等原則。

2. 國家是歷史的產物，國家存在的事實，並非他國承認的結果。在實例上，國家經由承認的意志表示，所創造的新國家，都不能維持長久的存在，例如一八八五年剛果及一九三二年偽滿洲國的成立。

3. 依構成說，新國家在被承認以前，無法與他國發生法律關係。準此，新國遭受他國損害時，是否必須忍受而無賠償請求權？反之，新國對他國人民的侵權行為，是否應承擔國際責任❹？

4. 此種理論導致將新國家排擠於國際社會之外的藉口❺。

---

❷ L. Oppenheim, International Law: A Treatise, vol. I, London, 1955, p. 125.

❸ 引自 L. Cavaré, op. cit., p. 341. Anzilotti, Cavaglieri, Triepel 等人亦採此說。

❹ G. von Glahn, Law among Nations, 1970, p. 91.

❺ 大陸學者王鐵崖指出：「這種學說在理論是講不通的，而在實用上也將會導致法律上不可容許的後果，使它成為帝國主義歧視或排斥新國家的一種藉口。」王鐵崖，國際法，五南圖書公司，民國八十一年版，頁 118。

二、宣示說

宣示說 (Declarative Theory; la Conception Déclarative) 認為新國家的誕生是一種事實，其存在並不依存於他國的意願，承認僅能產生宣示效果。換言之，承認並不能創設法律人格，承認是對既成事實的存在，給予正式確認的宣示行為❻。此種理論獲得現階段國際社會普遍的支持。

一九三六年國際法學會 (L'Institut de Droit International) 表示：「承認具有宣示效果。依附於新國存在的所有法律效果並不因他國的拒絕承認而受影響。」❼一九三三年第七屆蒙特維得 (Montevideo) 泛美會議所通過國家權利與義務宣言規定：「國家的政治存在是獨立於其他國家承認之外。」❽一九一九年有關波蘭國承認案，混合仲裁法庭判決指出：「依據絕大多數國際法學者意見，國家承認不是構成性質，僅是單純宣示性。國家因本身而存在，承認祇不過是承認國對其存在的宣示。」❾

儘管如此，承認並非不具真正法律效用的一種單純手續，因為一個新國家的法律地位在被承認前後並不相同。

由於國家不因承認而存在，當國家誕生時已是國際法主體及國際社會一分子。準此，國家在被承認之前，已取得國際法所賦予對該國國民的權力，並在其領域內行使行政、立法及司法權。惟，在未表示承認的國家領域內，此種國家行為並不能享有域外效力。在國際關係上，國家行為能力亦受限制，無法與他國建立正常關係，例如互設使館，締結正式條約等。因此，祇有承認才能使新國與承認國間的關係正常化。

---

❻　G. von Glahn, op. cit., pp. 91–92.

❼　La Resolution de l'Institut, Session de Bruxelles, 1936.

❽　L'Article 3 de la Déclaration sur les Droits et les Devoirs des Etats.

❾　Affirmation Concernant la Reconnaissance de l'Etat Polonais en 1919, Recueil des Décisions des T. A. M., IX, p. 336; 參閱 Ch. Rousseau, Droit International Public, t. III, 1977, p. 538.

參、國家承認的方式

一、明示承認

通常承認是宣示行為，得由相關國家以個別或集體的方式表示承認的意願。

㈠個別承認

國家得由行政機關❿發表宣言、拍發電報或在照會中，單方承認一個新國家的存在。在十九世紀，國家經常個別的與新國家締結友好、通商及航海條約，並於條約中列入承認特別條款。二十世紀，國家締結雙邊條約，承認新國的實例亦甚普遍⓫。

㈡集體承認

集體承認實例較為罕見。一八七八年柏林條約，集體承認巴爾幹半島國家；一九五六年阿聯集體對突尼西亞的承認，均為適例。

二、默示承認

一國與新國家建立關係的事實，即構成默示承認，例如締結雙邊條約和建立外交關係、參與國際會議和加入國際組織等。

原則上，新國家參加國際會議或締結多邊條約，得解釋為獲得其他出席會議或締結當事國的承認。但其他國家有相反的意願表示者，不得推定為構成承認。阿拉伯國家於批准或加入一九六一年維也納外交關係公約時，提具保留，表示締約並不構成對以色列「任何方式」的承認。一九七三年三月二日，在巴黎簽訂有關越南的協定第九條明定：「本協定簽署並無承認效力……」。以色列於一九五八年參加日內瓦海洋法會議，沙烏地阿拉伯亦明示提具保留，排除構成默示承認之可能性。

加入國際組織是否構成獲得其他會員國的默示承認？學說和實踐均不

---

❿　通常由國家元首、政府或外交部。

⓫　例如一九五六年，西班牙承認摩洛哥；法國於一九四九年承認寮國、柬埔寨等。

一致。茲歸納如下：

㈠否定說

　　此說主張承認方式並不重要，最主要的是在於有承認意思，除非有明確的承認意思表示，僅共同參加國際組織，不得被推定為構成承認，因此，參加國際組織與承認係兩回事❶❷。

㈡肯定說

　　此說認為「加入等於承認」。國聯會員間如未相互承認，則政府間的法律和事實關係無法發生，法律行為也不能完成。此外，盟約第十條規定，各會員應相互尊重和保證領土完整及政治上獨立；拒絕承認新會員國，卻事先承認保證其領土完整，在邏輯上也有缺點。實例上，一九二〇年國聯行政院，對於哥倫比亞加入盟約時，所提具不承認巴拿馬的保留，未予接受。至於一九四八年以來，阿拉伯國家對以色列的態度，乃政治因素的考慮❶❸。

㈢折衷說

　　此說認為一國的加入一個普遍性的國際組織，只對於投票贊成其加入的國家而言，具有默示承認的意義❶❹。

　　就國際法上國家承認的意義而言，吾人認為折衷說較為合理。國家承認方式雖有不同，國家意願仍是構成承認的主要條件。

肆、國家承認的時機

　　新國家脫離母國而獨立時，第三國應於何時予以承認，極難確定。一

----

❶❷　以上引自丘宏達主編（陳治世、陳長文、俞寬賜、王人傑等合著），現代國際法，三民書局，民國六十二年版，頁 212；參閱 G. von Glahn, op. cit., p. 93.

❶❸　此說代表著作：G. Scelle, L'Admission des Nouveaux Membres de la S. D. N. par l'Assembelée de Genéve, R. G. D. I. P., 1921, pp. 121–138; Ch. Rousseau, op. cit., t. III, pp. 550–551. J. G. Starke 主張奧地利於一九五五年十二月四日加入聯合國，表示其中立地位獲得普遍承認，似可解釋持肯定說，op. cit., p. 135.

❶❹　杜蘅之，國際法大綱，臺灣商務印書館，民國六十年版，頁 147，引 Lauterpacht 見解。

般而言，合法政府與叛軍之間的戰鬥行為繼續進行中，第三國的承認視為過早承認。反之，叛亂團體已取得決定性的勝利，或獲得母國承認其為新國家時，第三國也沒有理由拒絕承認。

第三國過早或過遲承認新國家，均非適當。過早承認，事實上介入衝突，常被視同干涉一國內政，或不友好的行為。英國認為於一七七八年法國承認美國是一種不友好行為；一九〇三年哥倫比亞抗議美國，過早承認巴拿馬共和國。一九七一年十二月六日，巴基斯坦因印度承認孟加拉，宣告與印度斷絕外交關係❶。

延遲而不承認，則是對於一國的蔑視❶，可能會妨礙國家間關係的正常化。但一九三二年，日本以武力方式造成滿洲國的成立，美國國務卿史汀生 (Stimson) 宣佈美國不承認以武力所造成的任何事實情勢。國際聯盟亦通過決議，聲明各會員國不應承認滿洲國。西德在一九五〇年至一九五七年間，所採赫爾斯坦主義 (Hallstein Doctrine) 也是一種不承認的外交政策。西德宣佈不惜與承認東德的國家，斷絕外交關係。西德政府認為只有一個德國，在德國領土上，只有一個合法行使國家權力的政府，東德只不過是蘇聯佔領當局，所建立的傀儡國家❶。

伍、事實承認與法律承認

外交實踐上，國家承認通常區分為「法律承認」(De Jure Recognition) 和「事實承認」(De Facto Recognition)，前者是正式和確定性的承認一個新國家，原則上不能撤銷；後者是暫時性的承認，當情勢發生變化時，或當初所期待的條件未能完成時，得予撤銷。國際法學會稱「法律承認」為完全

❶ 過早承認實例，參閱 L. Delbez, Les Principes Généraux du Droit International Public, 1964, p. 165.

❶ 杜蘅之，前揭書，頁 147。

❶ 西德曾於一九五七年和一九六三年宣佈與南斯拉夫和古巴斷交。同時，自一九六九年以後，多數亞非國家陸續承認東德，西德僅提出抗議，未有具體行動。迄一九七四年，約有一百個以上國家承認東德。以上事實顯示，在國際關係上，不承認主義的維持有其困難。

和確定的承認；稱「事實承認」為暫時和法律效果受限制的承認❽。國家經常在法律承認新國家之前，先給以事實承認，例如美國於一九四八年五月十五日，對以色列的事實承認。

「事實承認」在外交方面有其價值存在❿，不但可使外交保持彈性，而且可避免因過早承認所造成與「事實情勢」不符，或導致國際關係的惡化，例如一七七八年，北美十三州宣佈脫離英國而獨立時，法國過早的承認，引發英法戰爭。一九六五年五月十四日，多數阿拉伯國家因西德承認以色列，而與西德斷交❷。

第二節　政府的承認

壹、政府承認的意義

承認一個新國家，通常包括政府的承認❷。然而，在一個既存國家，政府的變更如果經由革命、叛亂或政變等方式所造成，其他國家就必須對該新政府在對外關係上，能否代表該國的能力和資格予以判斷，因而發生政府承認的問題。準此，承認新政府，一方面表示承認其穩定性及其代表該國行使權利和履行國際義務的資格；另一方面表示承認國願意與新政府發生正常的外交關係❷。

貳、政府承認的原則

政府的承認，通常是政治考慮超過法律考慮。新政府的承認必須符合「有效原則」。新政府若非經由合憲程序產生，須具備何種條件才是「有效」

---

❽　L. Delbez, op. cit., p. 164.

❿　某些國家為僑民或商務利益的維護，往往作初步承認，或先和將被正式承認者接觸，以便進一步發生外交關係。參閱陳治世，國際法，商務印書館，民國七十九年版，頁 134。

❷　參閱 L. Cavaré, op. cit, t. I, p. 352.

❷　Ibid., p. 357.

❷　G. von Glahn, op. cit., pp. 98, 102.

的證明，有兩種不同的理論。

　　1.事實有效說：此說認為「有效」的判斷是事實問題。換言之，新政府必須在本國領土內建立起實際控制權。一九二三年十月十八日，替諾哥仲裁案 (Tinoco Arbitration) 的判決指出：「替諾哥政府是一個實際擁有主權的政府，若干重要國家的不承認，並不足以推翻替諾哥政府的事實性質；一個事實上的政府，無須符合該國原有憲法，只須問其是否確實成立，而為所管轄下的人民所支持，亦無反對勢力所組織的政府與其反抗❷❸。」因此，新政府必須是在該國領域上，行使統治權的「唯一」政府。合法政府與叛亂團體之間的對立狀態繼續存在時，不應涉及政府承認的問題。惟，英國於一九三八年承認西班牙國民政府時表示：「國民政府是目前在西班牙大部分領土上，事實行使有效統治的政府。」一九五〇年一月六日，英國宣佈承認中共政權，也是依據「中共政權有效控制中國領土大部分」的理論❷❹。英國承認外國政府時，特別重視新政府在該國領域上實際行使控制權的情形。

　　2.法律有效說：此說認為，決定是否給予新政府承認時，須考慮該政府是否獲得絕大多數人民的擁戴。換言之，政府權力的行使，若能獲得人民的支持，便是有效的證明。因此，新政府在取得政權以後，若能在全國選舉中獲得多數人民的支持，便是有效的證明。美國在威爾遜總統 (W. Wilson) 時期，採取此種理論，主張凡由革命或政變等武力手段所建立的政府，都不予以承認，除非該政府經由大選而合法獲得人民的支持❷❺。惟，一次世界大戰後，美國已放棄以人民同意為基礎的有效原則，作為新政府承認的標準。因為當時在歐洲及其他地區，大多數政府的建立，均無法讓國民的意見自由表達。一九三二年美國承認智利政府，基於「該政府已控制該國及無其他對抗勢力」的理由。一九三五年承認厄瓜多爾政府的理由為「該政府似已穩定成立」。

---

❷❸　引自杜蘅之，前揭書，頁 161。

❷❹　Ch. Rousseau, op. cit., t. III, p. 571.

❷❺　Ibid., pp. 562–567.

一九六一年至一九六三年，美國總統甘迺迪 (J. F. Kennedy) 短期執政時間，重新採納「威爾遜主義」，例如一九六二年七月十八日，秘魯政變，布拉多 (M. Prado) 合法政府被推翻，成立一個由哥多義 (P. Godoy) 將軍所領導的軍人執政團，美國立即宣佈與該新政權停止外交關係。同年八月十七日，美國於獲得舉行全國選舉的保證後，承認哥多義政府為秘魯的臨時政府。一九六九年至一九七四年，尼克森時代，美國對由政變攫取政權的政府，在維持外交關係的情況下，避免給予正式承認，例如美國對拉努斯 (Lanusse) 將軍在一九七一年三月二十二日所領導的阿根廷政變❷❻。

由以上事實，英美國家在實踐上，有關政府承認的原則，包括新政府成立的合法性、履行國際義務的意願、穩定和人民的支持程度。尤其是人民的支持程度，已成為政府權力行使有效的最好證明。然而，晚近國際關係的發展，對於這種有效原則的實施，發生了困難。尤其是西德在布蘭德 (W. Brandt) 主政時期，推行所謂「東進」(Östpolitik) 政策，主張改善與共產集團關係。同時，共產國家在「和平共處」的策略下，也一直鼓吹廣結「善緣」。這種浪潮開始後，共產集團更利用聯合國大會，在一九七〇年所通過「關於各國依照聯合國憲章建立友好關係及合作之國際法原則之宣言」的決議 (Declaration on Principles of International Law Concerning Friendly Relations and Cooperation among States in Accordance with the Charter of the United Nations)，不斷地宣揚所謂「政治、社會制度的差異，不應妨礙國家間外交關係的建立與維持」❷❼。美國承認中共政權的合法性和促成外交關係的建立，就是這種策略的運用。美國於一九七八年十二月十五日在有關與中華人民共和國關係正常化的公開聲明中宣佈自一九七九年一月一日起與中共建立外交關係，並承認中華人民共和國政府為中國的唯一合法政府❷❽。

---

❷❻ Ibid.

❷❼ Resolution, General Assembly, Official Records: 25th Session, Supplement No. 28, p. 123; 引自朱建民著，外交與外交關係，正中書局，民國六十六年版，頁98。

❷❽ 該法案經卡特總統於四月十日簽署成為法律。

參、政府承認的方式

一、明示承認

明示承認通常以照會、信函、電報等單方行為的方式，表示承認的意願。一九三三年十一月十六日，美國承認蘇聯政府，即是採用函件方式。此外，雙方締結特別條約，或於和平或政治條約中列入承認條款，或發表聯合公報，均可完成承認行為。一九七〇年十一月六日，義大利政府與中共發表聯合公報承認中共政權。

二、默示承認

下列情形構成政府的默示承認：

1.外交關係的建立。由於領事並非政治代表，領事派遣主要是為了保護在外國的本國僑民利益；領事關係存在的事實，並不必然發生默示承認新政府的情形。美國政策是「對於未經承認政府所派遣領事拒絕發給『領事證書』(Exequatur)；同時，領事關係的維持，並不當然表示默示承認。」❷⑨ 歐本海也說：「只有正式任命的領事，並正式收到接受國的領事證書，始能視為間接承認……無正式領事證書的要求與接納……並不涉及承認。」❸⓪ 一九五〇年一月六日，英國承認中共政權後，仍與中華民國政府維持相當長時間的領事關係。反之，部分學者主張「領事證書」的頒發，必然構成默示承認，就此事項所提保留，並不具任何法律效力❸①。

2.與新政府簽訂條約，通常被視為默示承認。

3.由於承認新國包括對該國政府的承認。準此，新國家與新政府的參加國際組織，不應予以區分。反之，已加入國際組織的國家，被允許代表

---

❷⑨　Whiteman, Digest of International Law, vol. II, Washington, 1963–1960, p. 587.

❸⓪　Oppenheim-Lauterpacht, vol. I, pp. 836–837.

❸①　J. Zourek, Le Statut et la Fonction des Consuls, R. C. A. D. I., 1962, II, pp. 488–490.

該國出席組織的各種會議的政府，並不表示其他會員國的默示承認，例如中共政權進入聯合國時，美國並未予以承認。

肆、政府承認的效果

原則上，政府承認僅具有宣示性質。政府承認所表現的最顯著效果，有下列幾點：

1.承認國須承認新政府係代表該國的唯一合法政府。承認國與被承認政府之間的外交關係，因承認而發生或重新建立。此外，外交關係的存在也等於承認的表示。

2.被承認政府可以在承認國法院提起訴訟。一九二九年，美國巡迴上訴法院在「中華民國對紐約火損保險公司案」判決提供了最好的說明❸。

3.被承認政府有權處分留置在承認國領土的國家財產，例如一九二四年蘇聯政府經英國承認後，領取存放在英國的黃金。

4.依國家延續的原則，新政府應履行前政府所承擔的義務，尤其是前政府所舉的國家債務，應予承受。

5.被承認政府應尊重前政府的行政或立法行為。

6.被承認政府的外交代表應享有外交特權。

7.被承認政府的公產享有豁免權。

8.政府承認具有溯及效力，新政府在被承認前所完成的行為應屬有效。

第三節 交戰團體的承認

壹、交戰團體承認的意義及其效果

當一國發生內戰時，交戰雙方及第三國的權益，經常受到影響，為使背叛合法政府的團體的行為，受到國際法的規範，乃有交戰團體 (Belligerency) 承認的制度。因此，交戰團體的承認是對於單純事實的確認，

---

❸ Republic of China v. Merchants, Fire Assurance Corporation of N. Y., 引自 G. von Glahn, op. cit., p. 103.

而產生法律效果的行為❸:

1.就合法政府與交戰團體之間的關係而言,戰爭法規開始適用。叛亂分子在交戰中的地位,應視為正規戰鬥員,於被捕時可享受戰俘待遇。此外,合法政府得免除交戰團體因違法行為,所應負的國際責任。

2.就內戰中雙方與第三國的關係而言,承認交戰團體的第三國,負有維持中立的義務。

貳、交戰團體承認的條件

交戰團體的承認並非對於叛亂者的價值判斷,而是對於既存事實的確認。第三國並無必須承認交戰團體的法律義務❸。背叛合法政府的團體,如果具備下列條件,可能獲得交戰團體的承認❸。

1.背叛團體必須有效控制該國領土的一部分,並成立一個事實政府。

2.合法政府與叛軍之間的戰鬥已達相當程度。換言之,軍事行動已擴大至非單純的地方暴動,叛軍有負責的領袖指揮作戰,並遵循戰爭法規。

3.背叛團體的戰鬥須為政治目的,例如為推翻合法政府取得政權或為脫離母國而建立新國家。

參、國家的實踐

交戰團體的承認,乃十九世紀時英美國家的實踐。當時交戰團體成立的目的,多數在於建立一個獨立國家。這種制度自二十世紀以來,幾乎已不復存在,迄至西班牙內戰期間,才再度發生❸。茲舉實例說明如下❸:

1.美國在一九二二年,承認前西班牙在美洲的殖民地為獨立國家之前,

---

❸ 參閱 L. Delbez, op. cit., p. 263; L. Cavaré, op. cit., t. I, pp. 363–364.

❸ 部分學者認為當第三國利益受影響,彼此關係必須確定時,有承認的義務。H. Lauterpacht, Recognition in International Law, Cambridge, 1947, p. 235.

❸ 參閱 J. G. Starke, op. cit., pp. 165–166.

❸ J. G. Starke, op. cit., p. 165.

❸ 參閱 Ch. Rousseau, op. cit., t. III, pp. 598–604.

即是以交戰團體的名義，承認這些團體的存在。

2.一八六一年至一八六五年，美國南北戰爭期間，英國於一八六一年五月十三日，發表中立宣言，等於承認南方政府為交戰團體；北方政府提出抗議，表示是一種過早的承認與不友好的行為，法國、荷蘭、西班牙等國亦隨後宣告中立。

3.一八四九年的匈牙利，及一八六三年的波蘭背叛蘇聯政府，歐洲國家並未給予交戰團體的承認。

4.一八六六年至一八六七年，克里特島的叛亂，亦不發生交戰團體的承認。

5.一八九五年至一八九八年的古巴叛亂期間，美國採中立態度。一八九六年十二月七日，美國總統發表聲明：「美國政府確認此種叛亂戰爭 (Insurrectionnary Warfare) 的存在；但並不正式承認其為交戰團體。」

6.一九三六年至一九三九年西班牙內戰期間，除了德國、義大利和烏拉圭在一九三七年，承認佛朗哥政府為交戰團體外，其他第三國均拒絕承認該政府享有交戰團體的權利。

7.一九五○年以來，亞非及中東各地區的獨立運動，亦無發生交戰團體的承認，例如一九七一年東巴基斯坦的宣佈獨立以及一九七五年與一九七六年間的安哥拉 (Angola) 內戰。

第四節　叛亂團體的承認

一個有組織的團體，為政治的目的，在負責的領袖指揮下，對合法政府採取敵對的戰鬥行為。戰鬥規模雖然不大，卻不能不承認戰爭的事實存在，乃承認這個團體為叛亂團體 (Insurgency)。因此，叛亂團體的承認乃是承認一種未具「內戰法律性質」(Le Caractère Légal d'une Guerre Civile) 的事實意義的戰爭 ❸⓼。叛軍被合法政府承認為叛亂團體時，叛軍不再被視為叛亂分子或海盜 ❸⓽。被第三國承認為叛亂團體時，叛軍在佔領區內，應負

❸⓼　M. Sibert, op. cit., p. 194; 雷崧生，國際法原理，上冊，正中書局，民國六十五年版，頁64。

起保護承認國人民的生命與財產的責任，但不得行使封鎖及捕獲等戰爭法上的權利 ❹。

叛亂團體的承認，淵源於美洲國家的實踐。尤其是適用於艦上叛軍；因其未能佔有固定土地，並無法形成持久性的團體，有關國家為了實際上的需要，乃承認該團體為叛亂團體。

叛亂團體的承認以十九世紀末期美國實例居多，例如一八九二年的委內瑞拉內戰，一八九五年至一八九七年的古巴叛亂等。反之，一九〇二年的海地內戰，叛軍費爾敏 (Firmin) 將軍已封鎖海地岬 (Cap-Haitien)，並通知第三國，然未發生叛亂團體的承認 ❹。

第五節　民族團體的承認

第一次世界大戰期間，出現一種民族團體的承認制度。當時的波蘭及捷克人民，為從壓迫的國家中求得解放，並表示欲組成國家的願望，乃在第三國領土上成立一個民族委員會，召募軍隊與盟國並肩作戰。盟國為戰爭上的實際需要，乃承認該委員會的存在。委員會並無政府組織以行使國家權，也缺乏所能控制的領土，不符合國家或交戰團體承認的條件，第三國於是承認其為民族團體 (La Reconnaissance Comme Nation) ❹。

民族團體的承認，發生特別的法律效果，例如委員會在外國領土的代表及人員享有某些外交特權及使用旗幟。

二次世界大戰期間，當德國在捷克 Bohème-Moravie 建立保護關係後，民族團體的承認再度出現。一九三九年法國承認設在巴黎的捷克民族委員會為「捷克臨時政府」。一九四〇年巴黎淪陷，委員會遷至英國，並獲得英

---

❸　L. Cavaré, op. cit., t. I, p. 365.

❹　一般認為叛亂團體承認的效果非常有限，可歸納為二點：1. 基於人道理由，叛軍被承認為叛亂團體後，不應被合法政府視為海盜或罪犯，而應給予戰俘待遇。2. 叛亂團體的行為，由本身對第三國負責，合法政府不必擔負國際責任。參閱 Moore, Digest of International Law, t. II, pp. 1100–1105.

❹　Ch. Rousseau, t. III, p. 607.

❹　參閱 L. Cavaré, op. cit., p. 365; Ch. Rousseau, op. cit., pp. 607–611.

國政府的承認。

　　上述民族團體的承認與當前的巴勒斯坦解放組織 (L'Organisation de Libération de la Palestine) 性質不同。該組織在以色列和約旦主權下，企圖表示一個民族團體的存在。事實上，除阿拉伯國家外，只有法、蘇、印、瑞等少數國家與該組織發生關係。同時，這些國家也只允許該組織在其領域內，設立新聞中心或聯絡辦事處，並未賦予任何外交豁免或特權❸。聯合國自一九七四年十一月二十二日，及國際勞工組織自一九七五年六月十二日以來，僅允許其以觀察員身分參加會議，並無投票權❹。

---

❸　法國在一九七五年以後，與該組織的情形。
❹　巴勒斯坦組織問題可參閱 R. G. D. I. P., 1976.

第五章　國家的繼承

當領土由一國移轉至他國時❶即引起主權者的更替 (Substitution)，因而發生國家繼承 (Succession of State) 的問題。關於國家繼承，有三種主要學說❷：

1.私法繼承說：將私法繼承理論適用於國家，主張繼承國在原則上應當享有被繼承國的權利而負擔其義務，如同私人間的繼承。係由自然法學者格羅秀斯 (Grotius)，蒲凡德夫 (Püffendorf) 等人所倡導。此說稱為私法繼承說。

2.公法繼承說：主張繼承國不必承受被繼承國的全部權利和義務，繼承國的繼承範圍應限於與人民或土地有關的權利或義務。

3.否定繼承說：此說認為領土的移轉不過是一種主權的更替。因為主權屬一國所有，不可能移轉於另一國家，故無所謂「繼承」。查理‧盧梭說：「領土移轉 (Les Mutations Territoriales) 祇是國家管轄權在時間上的移轉或分配的一種方式。」❸

國家繼承可分為兩大類：其一為關於條約的繼承；其二為關於條約以外的繼承，此種繼承所涉及範圍廣泛，問題複雜，包括國債、國產、國家檔案、既得權利、國際責任等。聯合國已於一九七八年八月二十三日通過「關於國家在條約方面的繼承的維也納公約」（以下簡稱一九七八年維也納公約；Vienna Convention on Succession of States in Respect of Treaties）以及一九八三年四月八日通過「關於國家對國家財產、檔案和債務的繼承的維也納公約」（以下簡稱一九八三年維也納公約；Vienna Convention on Succession of States in Respect of State Property, Archives and Debts）❹。這

---

❶ 領土之移轉有下列幾種情形： 1.聯合； 2.分離； 3.獨立； 4.合併； 5.割讓。

❷ 參照雷崧生，國際法原理，上冊，正中書局，民國六十五年版，頁 67–68；Ch. Rousseau, Droit International Public, t. III, pp. 338–340.

❸ Ibid., p. 340.

兩個公約都是反殖民主義的產物，對新成立國家有利❺。學者認為這兩個公約乃是將有關國家繼承的習慣國際法予以法典化❻。倘若公約未規定事項，仍以習慣國際法規則為準❼。

第一節　關於條約的國家繼承

關於條約的國家繼承問題極為複雜，瓦德克 (Waldock) 於一九六八年三月十五日在國際法委員會的報告中指出：「由於此一問題的解決迄未劃一，極難從實例上確立若干基本原則……」❽

壹、雙邊條約的國家繼承

自十九世紀初以來，歐洲國家由於領土變動頻繁，在實踐上趨向於條約終止的理論❾；美洲國家則較支持條約義務繼續的原則❿。事實上，各國在實踐上並未維持一貫原則⓫。茲就條約的性質分別探討有關雙邊條約

---

❹　公約約文，見丘宏達，現代國際法參考文件，三民書局，民國八十五年版，頁89–121。

❺　W. G. Vitzthum 主編，當代西方國際法，吳越、毛曉飛譯，韋伯文化，民國九十五年版，頁245。

❻　丘宏達，現代國際法，三民書局，民國八十九年版，頁 348–349。

❼　一九七八年維也納公約前言規定。

❽　條約繼承問題的解決有三項主要困難：1. 國際實踐並不一致甚或相矛盾，吾人僅能從實踐中探討其趨向，無法求得具體解決辦法；2. 由於缺乏國際判例，理論上的研究和擬訂受到阻礙；3. 從殖民地獲得獨立的國家基於政治上的考慮，通常拒絕原統治國所締結條約的拘束。但另一方面，基於法律安全的需要，新國家必須盡可能的承受原統治國所應履行的條約上權利和義務。兩者之間的協調發生事實上的困難。

❾　例如一八二五年希臘獨立，拒絕尊重土耳其所締結條約。

❿　例如厄瓜多爾和巴拿馬繼承一八三〇至一九〇三年間法國與哥倫比亞所締結的商務條約。

⓫　例如美國於一八四五年合併德克薩斯，一八九八年合併夏威夷後，主張這些國家所締結的條約應予終止。反之，美國認為一八六〇年沙丁尼亞合併西西里島

繼承的問題。

一、政治性質條約

具有政治性質的同盟、中立或互助條約因領土變更而受到影響，繼承國對這類條約不須繼承，例如由英法保障瑞挪王國領土完整的一八五五年斯德哥爾摩條約，因聯合王國的分裂而終止。

二、建立事務永久狀態條約

領土變更不影響疆界條約的效力，例如一八六六年普魯士合併漢諾威時仍維持漢諾威與荷蘭之間的疆界。關於建立國際地役的條約通常由合併國或新獨立國繼承，例如一八一五年和·八·六年條約所建立有利於瑞士的格斯 (Gex) 和上薩伏伊 (Upper Savoy) 自由區，不因法國於一八六〇年合併薩伏伊而喪失效力❷。

三、引渡條約

第二次世界大戰以後，由殖民地獨立的新國家繼承原統治國所締結引渡條約的情形，日漸普遍。一九五〇年八月十五日新加坡高等法院在 Westerling 案判決揭示，印度的獨立，並不影響一八九八年英荷引渡條約的效力。但也有例外情形，例如象牙海岸和馬拉加西共和國的獨立，均拒絕接受法國所締結引渡條約的拘束❸。

四、商務條約

當領土變更重大影響新獨立國或合併國的經濟條件時，通常這些國家不接受原統治國或被繼承國所締結商務條約的拘束，例如一八三〇年法國

後，美國與西西里所定的條約並未失效。

❷　Free Zones of Gex and Savoy, P. C. I. J., Ser. A/B No. 46, p. 145.

❸　Ch. Rousseau, op. cit., pp. 496–497; 參閱 K. J. Keith, Succession to Bilateral Treaties by Seceding States, A. J. I. L., 1967, pp. 537–538.

合併阿爾及利亞和一八九八年美國合併菲律賓都發生這種情形。一九一九年以後的奧地利和波蘭也拒絕接受奧匈帝國所締結商務條約的拘束。二次大戰後獨立的印尼和肯亞等國均與他國締結新的商務協定。但實踐並未趨一致，例如奧匈帝國繼承國之一的捷克繼承了一八九一年奧匈帝國與德國所締結的商務條約。

五、條約義務的移轉方式

二次世界大戰後獨立的國家採用了兩種不同方式接受原統治國的條約義務：1.不列顛國協採用「轉讓協定」(Devolution Agreements) 方式將被繼承國所有的條約義務移轉至繼承國；2.法語系國家則採用「延續宣言」(Les Déclarations de Continuité) 方式，由繼承國單方宣告繼續接受被繼承國所締結條約的拘束。

貳、多邊條約的國家繼承

二次大戰後獨立的國家日漸增多，使得多邊條約的繼承問題更趨複雜。這些國家大多數採取一種折衷的態度，不主張自動繼承，也不全部否認原統治國所締結的條約。在實踐可歸納下列解決方式：1.由新國家申請加入相關條約，例如一八九九年和一九〇七年的和平解決國際爭端公約及一九四四年芝加哥國際民航公約；2.由相關國家發表宣言，表示願意接受國際公約的拘束，例如國際勞工公約；3.除有相反意願表示外，視為自動繼承，例如一九二九年十月十二日在華沙簽訂有關航空運輸的若干規則統一公約。

在國際組織方面，當每一新國家誕生時，聯合國秘書長立即將原統治國所參加的多邊條約通知這些國家，要求其表明態度❶。至於建立國際組織的多邊條約，通常新獨立國家並不能當然繼承。換言之，新獨立國家不因原統治國為某一國際組織的會員國而當然成為該組織的會員國，一九四

❶　丘宏達主編（陳治世、陳長文、俞寬賜、王人傑等合著），現代國際法，三民書局，民國六十二年版，頁 231。

七年巴基斯坦加入聯合國確立此項原則❶。

參、一九七八年維也納公約關於條約的國家繼承

一、公約的特徵

一九七八年維也納有關國家在條約方面的繼承公約具有下列三項特徵:

1.認為條約的國家繼承基本上原屬條約法的問題,自應參照維也納條約法公約的原則。

2.將從殖民地獲得獨立或類似情形的國家繼承予以區分,在此種情形下而獨立的新國家保有自由權以決定是否受原統治國所締結條約的拘束。

3.在沒有重大違背條約法或國際法一般規則的情形下,如果關涉最高利益,應盡力維持條約的繼續有效。

二、適用於每一種情形的國家繼承規則

對於繼承國不受被繼承國所締結條約拘束的一般原則,公約提出三點重要規定:

1.國家繼承的規則適用於組成國際組織的條約以及在國際組織內所通過的條約;惟國際組織的有關規則另有規定者不在此限,例如有關國際組織會員國資格取得的規定。此種規定的目的在於保留國際組織的自治權,雖然在實踐上,並不支持新國家得自動取得(繼承)國際組織的會員國資格❶。若兩國合併成為一個新國家,則祇有新國成為該組織的會員國,不必再申請加入。若一國分裂成為多數新國家,則須申請加入❶。

2.無論是被繼承國和繼承國所締結的條約義務或權利移轉協定,或是繼承國的一般性片面聲明,均不足以使其成為某一條約的當事國。實際上,

❶　O'Connell, International Law, vol. I, pp. 184–185.

❶　一九七八年維也納公約第四條。

❶　丘宏達,現代國際法,三民書局,民國八十九年版,頁 354。

這些協定或宣言衹是意願的宣告，惟條約法要求一國成為條約當事國，必須尊重該條約有關的規定❶。

　　3.國家繼承不得損及建立事務永久狀態的處置條約 (Dispositive Treaties) 所確立的權利和義務，例如邊界條約❶。此項規定與國際判例及實踐相符❷。

三、適用於不同情形的國家繼承規則

　　1.部分領土割讓（沒有成立一個新國家的情形）的繼承：此種情形較為簡單，公約規定繼承國的條約應擴大適用於新的領域，除非此種擴大適用與條約的目的與宗旨相違背❷。換言之，被繼承國的條約不再有效，獲得領土的繼承國所簽訂的條約自動適用於新領土❷。

　　2.成立新國家的繼承：由殖民地獲得獨立或類似情形，公約規定，繼承國不必維持條約有效，亦不必成為條約當事國。就多邊條約而言，繼承國須經由繼承通知的簡式程序，才能成為當事國。有些新國家對其將來國際條約關係發表一般聲明寧可從「新」(Clean Slate) 開始❷。換言之，繼承國有自由選擇權利。至於雙邊條約，必須新獨立國（繼承國）和第三國間有明示或默示的協議，始得成為當事國❷。

　　3.國家合併的繼承：在國家合併的情形，凡對被繼承國有效的條約對繼承國具有拘束力❷。

---

❶　一九七八年維也納公約第八條和第九條。

❶　一九七八年維也納公約第十一條和第十二條。

❷　例如自由區案 (Free Zone Case) 和亞蘭島案 (Aland Islands Case)。

❷　一九七八年維也納公約第十五條。

❷　W. G. Vitzthum，吳越、毛曉飛譯，前揭書，頁 246。

❷　沈克勤，國際法，臺灣學生書局，民國八十年版，頁 332。

❷　一九七八年維也納公約第十六條。

❷　一九七八年維也納公約第三十一條。本條文並未將兩國合併成為一個新國，與一國併吞他國情予以區分，不符合若干國際實踐。參閱，丘宏達，現代國際法，三民書局，民國八十九年版，頁 358。

4.從一國分離的繼承：被繼承國為其領土整體所締結的條約，對於從該國分離的繼承國繼續有效。此種解決的辦法對於被繼承國是否繼續存在均適用；惟被繼承國繼續存在時，在未違背條約的目的與宗旨情形下，仍應受條約的拘束❷。

第二節　關於國債的國家繼承

繼承國應否繼承被繼承國的債務，在學說和實踐上都不很確定。茲分別說明如次：

壹、國債繼承的學說❷

一、肯定說

這派學說是十九世紀多數學者的主張，有下列不同的理論根據：

1.既得權尊重說：十七世紀學者蒲凡德夫 (Püffendorf) 重申格羅秀斯 (Grotius) 所倡契約神聖觀念。他認為，基於既得權應予保障的原則，債權者的債權不應受領土主權更替的影響。換言之，被繼承國國債應由繼承國繼承。

2.受惠說：此說認為債務國領土因舉債而受惠。繼承國自應負擔被繼承國部分債務。

3.無因致富說：基於任何人不得因損害他人而致富的原則，領土主權的更替不應造成繼承國無因致富的結果。

4.民法原則的類推：十九世紀末期學者利威爾 (Rivier) 等人認為，依「權利連同負擔移轉」的原則，獲得土地的國家應償付該土地所負的債務。

5.衡平原則：英美學者通常基於公平與正義的考慮，認為被繼承國因土地的減少而失去部分資源，為避免被繼承國財政負擔過重，繼承國應繼承部分債務。

❷　一九七八年維也納公約第三十四條和第三十五條。

❷　依 Ch. Rousseau, op. cit., pp. 427–432.

二、否定說

德、義實證學者左爾 (Zorn)、史特魯 (Strupp)、加瓦各利里 (Cavaglieri) 等人認為國際義務乃建立在國家意願的基礎上，繼承國除非本身的同意，並無繼承債務的法律義務。此派學說的主要理論根據有二：

1.國家主權說：國家具有主權，僅受本身所同意的法律義務所拘束。蘇聯政府曾據此理論在柏林會議中拒絕承擔鄂圖曼的部分國債。

2.債的性質說：領土增加的繼承國並非舉債的國家，就法律而言，債務國所應承擔的義務不因領土變更而受影響。

貳、國債繼承的國際判例與實例

一九二五年四月十八日鄂圖曼國債分擔案 (La Répartition de la Dette Ottomane) 的仲裁判決，法官保利 (Borel) 表示：「依仲裁法官的意見，即使有先例存在，吾人乃不能主張領土受讓國在法律上，應承受該領土原來所屬國（出讓國）的部分國債。」[28]

十八世紀末期由英國殖民地獨立的美洲國家拒絕承擔英國的任何國債。相反的，在十九世紀初期，由西班牙殖民地獨立的拉丁美洲國家均自願接受西班牙的部分國債。這些新興的南美國家在繼承西班牙全部或部分國債時均表示係出於「自願與自動」和「公平與正義」的考慮，未有任何條約的條款承認國債的繼承是一項法律的規則。

另一方面，自十九世紀以來，在條約中規定有關債的分擔和移轉的情形也相當普遍。例如一八八一年八月三日簽訂的普利多里亞 (Prétoria) 條約，規定由英國承擔 Transvaal 的國債。一八八四年四月十二日華盛頓條約第五條規定美國承擔德克薩斯所有的債務[29]。一八九八年美國國會通過決議規定由美國承擔夏威夷的部分國債[30]。

---

[28]　引自 Ch. Rousseau, op. cit., p. 432.

[29]　美國參議院未批准該約。

[30]　美國司法部長對此決議表示：「根據以正義為基礎的國際法一般理論，當領土

　　二十世紀初期，比利時合併剛果（一九○七年），日本併吞高麗（一九一○年）和義大利歸併的里波利達那 (Tripolitana) 和西奈內加 (Cynennaica)（一九一二年）均由條約規定繼承國承擔被繼承國全部或部分國債。

　　一九一九年凡爾塞條約第二百五十四條和聖日耳曼條約第二百零三條至第二百零五條規定德國國債和奧國國債繼承的一般原則。一九二三年洛桑條約第四十六條以下規定各繼承國分擔鄂圖曼債務的比例。

　　一九一九年以後的國際實踐顯示極少遵循國債繼承原則。一九二○年至一九二一年間蘇聯政府與芬蘭、波蘭、立陶宛等前帝俄的繼承國所締結條約明訂免除這些繼承國承擔俄國國債。

　　一九四五年以來，傳統的國債繼承制度面臨考驗。一九四七年二月七日與義大利締結和平條約免除利比亞 (Libya) 和的里雅斯德 (Trieste) 繼承義大利的國債。亞非新興國家的態度亦不利於債務的移轉。一九五四年聯合國大會決議，利比亞無須分擔義大利任何國債❸，一九六三年愛為安 (Evian) 協定亦未規定阿爾及利亞獨立後所應承擔國債問題。

參、一九八三年維也納公約關於國債的國家繼承

　　一九八三年維也納公約有關國債的國家繼承問題，有下列重要規定：

　　1.繼承國不得影響債權人的權利與義務❷。

　　2.一國將部分領土割讓給他國時，應依被繼承國與繼承國之間的協議解決，如無協議，被繼承國的國債應按公平比例原則移轉給繼承國❸。

　　3.繼承國為新獨立國家時，被繼承國的國債，除另有協議外，不應移轉給新國家❸。

　　割讓或合併時，應由新主權國承擔割讓地或被繼承國的權利和義務」。Moore, Digest, vol. I, p. 351.

❸　Resolution 388 (V), art. 4, 1954.

❷　一九八三年維也納公約第三十六條。

❸　一九八三年維也納公約第三十七條。

❸　一九八三年維也納公約第三十八條。

4.國家領土分裂成兩個或兩個以上國家時，被繼承國已不復存在，除有協議外，被繼承國的國債應按公平比例移轉給繼承國，但須顧及轉屬繼承國的與國家債務有關的財產、權利和利益❸。

第三節　關於國產的國家繼承

壹、移轉地區內的國產

原則上，被繼承國的國際人格完全消失時，在該國領域內的國產，及對其國民或居住在該國領域內其他個人的債權均移轉至繼承國。常設國際法院在一九三三年彼德堡茲曼尼大學案 (Peter Pázmány) 判決稱此項原則乃是「國際繼承的一般法律原則」❸。繼承國得隨意處分其所取得財產，但就某些提供債務保證的財產，應由繼承國負償還債務之責。

假如被繼承國國產由多數繼承國繼承時，應由各繼承國分別取得在移轉地區內的國產。此一原則對於國有財產的現金、證券和若干習慣上存放在首都並具價值的國有物品，在處理上可能發生困難。

晚近國際實踐在領土主權更替後，有關國家財產的移轉限於用之於國家一般用益的財產 (Domaine Public)。換言之，以財產的用途或終極目的作為繼承的標準。至於何種財產構成國產，原則上參照繼承國的國內法。惟國產的判定在國際上可能發生爭論，例如一八九六年法國合併馬達加斯加，法國當局接收英國教會於該地所設立的醫院，英國政府認為此舉違反一八八九年的讓與協定❸。通常在割讓條約的條款中明定應予移轉的國產細目，例如一九六一年八月二十六日與中非共和國，十月十八日與馬拉加西共和國及十月二十五日與查德等所訂的協定均採此方式。

---

❸　一九八三年維也納公約第四十條。

❸　P. C. I. J., Ser. A/B, No. 61, p. 237.

❸　參閱 D. Bardonnet, La Succession d'Etats à Madagascar, Paris, 1970, pp. 178–206.

貳、移轉地區外的國產

原則上，被繼承國的國際人格消失或被分割後，其在國外的財產應移轉至繼承國。假如多數繼承國對於這些國產的分配未能達成協議時，則由國產所在地國暫時予以保管。

一九三六年義大利合併衣索比亞後，衣國國王向英國電纜及無線電公司 (Cables and Wireless Ltd. Co.) 要求償還為設立英、衣間電報服務已支付的款項。該公司辯稱英國已於一九三六年十二月二十一日承認義國對衣索比亞的合併，對該公司的債權名義應移轉至義國。一九三八年英國上訴法院在判決中指出繼承國如經相關國家的法律承認，有權取得被繼承國在國外財產❸。

參、一九八三年維也納公約關於國產的國家繼承

一九八三年維也納公約有關國產的國家繼承規定如下：

1.原則上，一國消滅，其國家財產由繼承國所接收，符合國家實踐。國家財產從被繼承國移轉至繼承國時，則不予補償❸。所謂國家財產係指依照被繼承國法律規定為該國所擁有的財產、權利和利益❹。

2.在發生割讓時（一國將部分領土移轉給他國），倘無協議，在移轉地區內國家不動產及動產應移轉給繼承國❹。

3.繼承國為新獨立國家時❹，位於繼承國領土內的被繼承國不動產移轉給繼承國；凡屬於國家繼承所涉領土及位於該領土外的被繼承國不動產，應移轉給繼承國。這些規定，學者認為並不禁止依協議處理❹。

---

❸　A. D., 1938–1939, Case No. 37, pp. 94–101.

❸　一九八三年維也納公約第十一條。

❹　一九八三年維也納公約第八條。

❹　一九八三年維也納公約第十四條。

❹　一九八三年維也納公約第十五條。

❹　丘宏達，現代國際法，三民書局，民國八十九年版，頁 366。

4.國家一部分或若干部分領土與被繼承國分離，而組成一國時，倘無協議，應依第十七條規定處理。

5.被繼承國解體而消滅，在其領土內組成兩個或兩個以上國家時，除另有協議外，應依第十八條規定處理。

第四節　關於既得權的國家繼承

常設國際法院在一九二六年邵作廠案判決表示領土的變更不能損及合法的既得權乃是國際法的一般原則❹。國聯行政法院在一九三二年的一項判決中也認為「既得權的尊重是法律一般原則」❺。原則上，國際法上既得權的尊重不能超越繼承國國內法的範圍，傳統理論有關領土變更的既得權尊重問題區分為三種：1.公權不得對抗繼承國；2.私權不受國家繼承的影響；3.經濟性的混合權趨向於繼續有效原則。

壹、既得公權

在領土主權更換以前依據被繼承國國內法所取得的公權不受國際法的保障，例如憲法上權利、公務員享有退休金以及社會安全制度下所享有的各種社會扶助權等。

貳、既得私權

私人權利不受國家繼承的影響，已成為國際法的一項原則。美國國內法院的判例亦遵循這項原則。在一八三三年的柏卻曼案，美國最高法院大法官馬歇爾指出，如果私人財產被一律沒收是違背了成為法律的現代國際習慣，也違反世界所公認的正義觀念❻。

---

❹ Chorzow Case, P. C. I. J., Ser. A, No. 7, p. 42.

❺ A. D. Case, No. 216, pp. 406–410.

❻ U. S. v. Percheman Case、本案關涉柏卻曼在美國合併佛羅里達以前，向西班牙政府購得在佛羅里達二千英畝土地的效力問題。參閱 Bishop, International Law Cases and Materials, Boston, 1962, pp. 147–149; 杜蘅之，前揭書，上冊，頁

既得權的保障範圍包括歸屬於自然人或法人的有體或無體財產，凡能夠以金錢來估計的動產、不動產、商標、專利、著作及工業所有權等均屬之。

國際判例所保障的既得權必須符合下列三項條件：

1.既得權必須是一項具體的權利，擁有商業主顧或獲利可能性並不能構成既得權。一九三四年十二月十二日常設國際法院在奧斯卡‧京案的判決揭示：「一項有利的經濟情況乃是必然發生變化的暫時現象，不能構成既得權。」❹

2.既得權必須是一項不可撤銷的權利。凡經由被繼承國法院判決確定的權利，繼承國應予以承認。反之，附條件的權利，唯有條件實現時才能視為既得權。

3.既得權必須是主權變更前業已存在的權利。祇有在領土變更前經由有效法律行為所取得的權利才受到國際上的保障❽。

一九二三年常設國際法院在波蘭境內德國移民案發表諮詢意見指出：「由現行法律取得的私權，並不因主權移轉而終止。」❾一九二六年在邵作廠案的判決中，常設國際法院也揭示：「領土變更時，私權應受尊重乃是一般國際法的一部分。」❺

參、混合權

個人與國家所訂立契約而生的法律關係具有公權與私權的性質，例如私人與國家訂立契約，取得鐵路、礦業或電力的經營權或公共設施的建造與維護權。這種經濟讓與權具有公法與私法的混合性質，學者查理‧盧梭

153–154。

❹　Oscar Chinn Case, P. C. I. J., Ser. A/B, No. 63, p. 88.

❽　一九三二年七月二十一日上西里西亞仲裁法庭的判決。A. D., 1931–1932, Case No. 35, pp. 70–71.

❾　Settlers of German in Poland Case, P. C. I. J., Ser. B, No. 6, p. 36.

❺　Chorzow Case, P. C. I. J., Ser. A, No. 7, pp. 31, 42.

稱為「混合權」(Droits Mixtes)❺。

領土主權變更對經濟讓與權有無影響？學者史塔克引述一九六八年國際法委員有關非條約權利與義務的繼承的報告，指出一般實例及見解均認為，讓與契約 (Concessionary Contracts) 內所訂的義務，在被繼承國的消滅而致主權變更時便告終止，除非繼承國重訂此項讓與契約❺。但他認為有效履行讓與契約符合繼承國實際利益，故應予讓受人繼續享受其權利，始為正當而合理。

吾人認為主要學說和國際判例均趨向於支持繼承國負有尊重讓與權的義務，雖然此種經濟讓與權的尊重受到若干的限制，例如不得損及繼承國的公益。一九二八年六月十八日 Sopron-Köszeg 公司案的仲裁判決指出：「原則上，私人公司所取得讓與權，不應因受讓之公共設施所在地的領土主權變更而告終止或受損害……」❺一九〇一年特蘭斯瓦讓與委員會 (Transvaal Concessions Commissions) 於研究特蘭斯瓦被英國合併前所訂各種讓與契約是否繼續有效時指出：「假如讓與權的維持損及繼承國的公益時，繼承國得變更或廢止該項權利，但對讓受人所受的損害應予補償。讓受人喪失其既得權利而未得足夠的補償，顯失公平……」❺，總之，讓受人有權就其所喪失的權利獲得補償，繼承國衹有在負有適當補償義務情形下，始得終止此項既得的讓與權❺。

第五節　關於國際責任的國家繼承

沒有任何國際法原則規定繼承國有義務承擔被繼承國因侵權行為所引起的損害賠償責任❺。這種國際責任的不移轉產生兩項結果：其一是國際

---

❺　就受讓人而言具私法性質，就國家機關而言屬公法性質。Ch. Rousseau, op. cit., p. 405.

❺　J. G. Starke, op. cit., 1977, p. 360.

❺　引自 L. Delbez, op. cit., p. 283.

❺　Ch. Rousseau, op. cit., p. 406.

❺　J. G. Starke, op. cit., 1977, p. 360.

❺　Feilchenfeld 則主張習慣法對此項問題沒有規定，乃默認侵權行為所引起的債

不法行為仍歸責於引起損害的被繼承國；其二是所造成的損害應由被繼承國負賠償責任，而非由合併國或新興國家（繼承國）負責。國際實踐和判例多次確認繼承國得基於衡平觀念、善意 (Ex Gratia) 地承擔被繼承國的賠償責任，但絕非對於先前國際義務的履行。一八九六年法國合併馬達加斯加 (Madagascar) 後，拒絕負擔馬達加斯加官員損及英國人民的不法行為責任，但同意基於善意給予受害人適當賠償❺❼。一九二三年十一月二十三日英美仲裁法庭在布朗案的判決指出國際不法行為 (International Delict) 不能移轉給繼承國❺❽。一九六五年比利時法院在比西達哥案 (Psittacos) 判決中揭示，剛果行政部門在一九五二年獨立以前採取的不法措施所引起的國際責任不應歸責於比利時❺❾。

第六節　關於公民投票和國籍選擇權

領土主權變更對於移轉地居民的地位有著直接影響。因此，領土主權的移轉如果違反當地居民的意願乃是一件重大的事情。國際法為緩和或限制此種情形的發生，提供兩種制度：其一是集體辦法——公民投票；其二是個別辦法——國籍選擇權。

壹、公民投票

國際法上的公民投票 (Plebiscite) 乃指由某一領土上的居民以投票方式來決定同意或拒絕將該領土歸屬某一特定國家，或決定該領土的國際地位的意願表示。

務得移轉至繼承國。Public Debts and State Succession, N. Y., 1931, pp. 687–690.

❺❼ Warrick Case; D. Bardonnet, La Succession d'Etats à Madagascar, Paris, 1970, pp. 311–316.

❺❽ Robert E. Brown Claim, A. D., 1923–1924, Case No. 35, p. 69, 引自 J. G. Starke, 1977, p. 363. 參閱丘宏達主編，現代國際法，三民書局，民國六十二年版，頁 238–239。

❺❾ 剛果當局曾破壞一位希臘公民的咖啡園而引發的國際責任。I. L. R., vol. 45, pp. 24–32.

公民投票觀念源自法國大革命，迄十九世紀後半葉大放異彩。一八六〇年至一八七〇年間義大利的統一都是經由公民投票來完成。一八六〇年法國合併薩伏伊也是由當地年滿二十一歲的男性公民投票的結果❻。以上這些實例的共同特點是欠缺國際管制的制度，僅由當事國一方所任命人員負投票監督之責。

一九一八年二月十一日美國總統威爾森 (Wilson) 發表演說指出：「此一戰爭不應有任何違反相關人民利益的領土安排。」同年七月四日在 Mount Vernon 的演說也強調人民自決的原則。因此，戰後四年期間，經由投票方式來決定領土主權變更的實例不下十二次之多❻。這些公民投票的特點如下：1.已有國際管制的組織，通常派遣國際警察部隊至當地維持秩序和保障投票自由；2.男女公民均有投票權；3.秘密投票；4.在領土移轉前舉行公民投票。

一九四一年大西洋憲章第二條揭示人民自決原則，若干國際公約雖採納此原則，卻未被各國政府所遵循。一九四六年九月十六日費羅 (Feroe) 島舉行公民投票宣告獨立，丹麥政府卻拒絕承認該島的獨立。一九五〇年一月中旬塞普路斯公民投票結果宣佈併入希臘亦未如願。一九七三年一月二十七日簽訂的停戰協定承認南越人民自決權終成具文。一九四八年聯合國安理會所通過有關克什米爾以公民投票來決定歸屬印度或巴基斯坦的原則，也未見諸實施。

相反的，在聯合國託管制下，託管領土的居民凡年滿二十一歲者均有投票權以決定該領土的未來地位，例如一九六〇年五月九日在西三毛亞，一九六一年二月十一日在科麥隆舉行公民投票。二次大戰後的若干殖民地在原統治國的同意下，舉行公民投票而成為獨立國家，例如一九六二年七月一日阿爾及利亞的獨立。

---

❻ 十九世紀英美兩國在合併新領土時則未採行公民投票，例如美國購得路易斯安那、阿拉斯加、佛羅里達以及英國合併特蘭斯瓦 (Transvaal) 均未實施公民投票。

❻ 實例參閱 Ch. Rousseau, op. cit., pp. 351–355.

貳、國籍選擇權

國籍選擇權乃是由移轉地的居民個別地在限定的期間內選擇被繼承國或繼承國國籍的權利。

除非由條約明文規定，繼承國並無義務給予移轉地居民以選擇國籍的權利。一九一九年的和平條約規定凡在移轉地有住所者享有國籍選擇權。一九四七年二月十日與義大利簽訂的和平條約也承認在 Trieste、Tenda 和 Briga 地區的居民有國籍選擇權 [62]。總之，二十世紀以來，多數領土割讓的條約規定，凡選擇國籍者遷離地區以後，仍然保有其不動產所有權，以及十八歲以下的子女隨其父母所選擇國籍 [63]。

---

[62] J. L. Kung, Notionality and Option Clauses in the Italian Peace Treaty of 1947, A. J. I. L., 1947, pp. 622–631.

[63] 例如一九一九年的和平條約的規定。至於妻依隨其夫所選國籍之原則，二次大戰以後的條約，多數未予採納。

第六章　國家的管轄權

第六章　國家的管轄權

第一節　概　說

依據一九三五年哈佛完成之有關刑事之管轄公約草案確立五項國家行使刑事管轄之基礎❶：(1)領域管轄 (Territoriality Principle)，即犯罪之一部或全部發生在該國領域內者；(2)保護管轄 (Protective Principle)，即允許國家對外國人發生在該國領域外之行為威脅到該國重大利益時，得行使管轄權；(3)國籍管轄 (Nationality Principle)，即國家得對其國民之犯罪行為行使管轄權，無論行為發生在領域內或領域外；(4)普遍管轄 (Universality Principle)，即犯罪行為嚴重損及各國或國際社會利益時，無論罪行發生於何地，行為人為何國國籍，各國均有管轄權，傳統上此理論適用於海盜及奴隸販賣行為；(5)被害人國籍管轄 (Passive Personality Principle)，即刑事犯罪發生在一國領域外，被害人為該國國民時，得行使管轄權。

國際法所承認的管轄基礎，在傳統上以領域管轄及國籍管轄最被廣泛接受。現階段國際法發展趨勢是擴大適用普遍管轄原則。相反地，國際社會傳統上甚少支持依據被害人國籍管轄理論而確立域外管轄❷。至於保護管轄，多數國家刑法雖接納此項原則，在案件處理上，卻流於專斷，有失公允。

---

❶　Draft Convention on Jurisdiction with Respect to Crime; A. J. I. L., vol. 29, 1935, Supp., p. 435.

❷　Blakesley, A Conceptual Framework for Extradition and Jurisdiction over Extraterritorial Crime, 1984, Utah. L., Rev., p. 1157.

第二節　領域管轄權

壹、領域管轄權的意義

領域管轄 (Territorial Jurisdiction) 的積極意義乃指國家基於主權，對於在領域內的人、物或所發生的事件可行使管轄權而言。但國家在領域內行使管轄權負有相對的義務。一九二八年帕爾瑪斯島仲裁判決揭示：「一國在領域內有維護他國權利的義務。」❸ 近年來有關國家在海上、空中或河川污染對鄰國造成災害問題已逐漸受到重視，如一九七二年六月五日至十六日在斯德哥爾摩召開的「聯合國人類環境會議」所宣示的原則中，提出各國應設有專門機構負責維護及改善環境的職責；同時，各國開發本身的環境時，不得侵害到他國的環境❹。

領域管轄的消極意義乃指一國得排除其他國家在該國領域內行使管轄權。例如：一九二八年帕爾瑪斯島 (Palmas Island) 仲裁判決文中，法官馬克斯休伯 (Max Huber) 說：「領土主權包括行使國家功能的排他權利。」❺ 而美國最高法院法官馬歇爾 (Marshall) 在一八一二年交換號帆船案判決中也說：「一國在其領域內的管轄權必然是排他的且絕對的。」❻ 準此，一國未經同意，不得在他國的領域內行使管轄權。一九六〇年以色列秘密警察在阿根廷境內綁架戰犯愛希曼 (Eichmann) 乃構成侵犯阿國的領域管轄權❼。

---

❸　引自 Ch. Rousseau, Droit International Public, t. III, Paris, 1977, p. 9.

❹　U. N. Monthly Chr. vol. 9, No. 7; 引自丘宏達主編（陳治世、陳長文、俞寬賜、王人傑等合著），現代國際法，三民書局，民國六十二年版，頁 671–674。

❺　Ch. Rousseau, op. cit., t. III, p. 9.

❻　The Schooner Exchange, U. S. Supreme Court, 1812, Green, Int'l Law Through the Case, 1959, p. 194; G. von Glahn, Law among Nations, 1970, pp. 141–142.

❼　參閱 R. G. D. I. P., 1960, p. 780.

貳、領域管轄權確立的方式

一、法律方式

㈠先　占

1.先占的意義

「先占」(Occupation) 乃是一國對於無主土地 (Territorium Nullius) 或被拋棄土地，欲獲得主權的事實占有行為。在第一次世界大戰以前，歐洲國家所謂的「無主土地」包括未開化民族的居住地。但，在一九七五年十月十六日國際法院對「西撒哈拉」案的諮詢意見表示，依十九世紀末期的國家實踐，凡有政治及社會組織的土著或人民居住之地，不得視為無主地，而以先占方式取得該地的主權❽。所謂「被拋棄土地」(Derelictio) 乃指一國長期間不行使管轄權而喪失主權的土地。例如：西班牙於一六〇六年占有帕爾瑪斯島後，在一六六六年拋棄該島，荷蘭乃於一七九五年取得該島的領土主權❾。

2.先占的條件

「先占」的條件因時代而異。十九世紀以前，國家在無主土地上建立主權的理論受到羅馬法上取得所有權觀念的影響，必須具備兩項要素：

其一是有取得意思的「心理」要素 (L'Animus)；其二是完成此項意思的實際行為，稱為「實質」要素 (Le Corpus)。

自一八八五年二月二十六日柏林總議定書 (L'Acte Général de Berlin) 簽訂後，才開始確立近代實證國際法的先占體制。該議定書第三十四條和第三十五條規定各國對於非洲大陸沿岸先占的有效條件有二：其一是形式

---

❽　Western Sahara Case, I. C. J., Rep., 1975, p. 12; 引自 P. Reuter, Droit International Public, 1976, pp. 171–172; J. G. Starke, op. cit., 1977, p. 185.

❾　一六六七年以後由東印度公司占有該島，並與當地部落酋長簽訂契約。參閱 Ph. Jessup, The Palmas Island Arbitration, A. J. I. L., 1928, pp. 735–752; 杜蘅之，國際法大綱，臺灣商務印書館，民國六十年版，頁 218–219。

上的「通知」行為；其一是實質上的「有效」占領❿。

(1)形式上條件

一國必須在形式上將占有無主地或被拋棄地的意思，經由外交方式正式宣告，並通知相關國家。國際法上國家單方行為的宣告可以發生法律效果而在國際法上已獲得確認者，如封鎖、宣戰等。通知的目的在於引發相關國家對於既定法律情勢的同意，並強化通知國所主張權利的名義。換言之，占領的通知可取得「原始的權利名義」(Inchoate Title)⓫並可在一定期間內排除其他國家占領這塊土地。

(2)實質上條件

「先占」必須符合「有效原則」(Principle of Effectiveness)。換言之，占領國必須在無主土地上行使有效管轄權的事實。例如：一九五三年十一月十七日國際法院在「明奎耶及愛克瑞阿」案 (Minquiers and Ecrehos Case)，確認英國對於英倫海峽兩小島的管轄權行使，是依據英國地方政府行使一般地方行政權的事實⓬。此外，行使領土管轄權事實的有效，應依相關領土的地理、人口、經濟等情勢予以判定，例如一個相當落後地區並不需要與一個較為開化和開發地區有著相同程度的控制和管理⓭。一九三三年常設國際法院在「東格陵蘭島」案表示，有效占領必須有行使主權的「意願」(The Intention and the Will) 和「表示」(The Manifestation)。在行使主權表示方面，占領措施程度是否有效，通常取決於所占有土地的客觀環境而定(...Varies with the Physical Environment)。法院認為在該地自然條件下，丹麥不可能也無必要有實際占領的種種措施⓮。一九三一年「克林普頓島」(The

---

❿ 全文載於 A. J. I. L., 1910, p. 24. 引自 Amos, S. Hershey, The Essentials of International Public Law, N. Y., The Macmillian Co., 1912, p. 186, Note 20.

⓫ 一九二八年常設仲裁法院在帕爾瑪斯島案的判決理由，參閱杜蘅之，前揭書，頁 218–219。

⓬ I. C. J., 1953, Rep. 47. 引自 Richard N. Swift, International Law: Current and Classic, New York, 1969, p. 124.

⓭ J. G. Starke, op. cit., 1972, p. 176.

⓮ The Eastern Greenland Case, P. C. I. J., Series A/B, No. 53, 1933, pp. 46, 62–63.

Clipperton Island Arbitration) 仲裁判決承認「占領的有效包括簡單的探勘、登陸和以後的管理行為」**⑮**。

總之，凡人煙罕至或無人居住地，象徵式的兼併即可；但凡人群聚居之地，則須實際行使主權。實際有效乃指在占領範圍內某些地點設置必要和足夠的實力，以維護境內最低程度的法律秩序和排除第三國的任何干預**⑯**。

㈡割　讓

一般言之，一國將其部分領土的主權名義移轉給他國的行為稱為「割讓」(Cession)。學者巴斯德蒙 (Basdevant) 認為「割讓」是兩種行為的組合：出讓國拋棄領土管轄權和承讓國建立管轄權的事實**⑰**。

近代領土割讓常見的方式如下：

1.締結和平條約的方式：例如依凡爾賽條約規定，德國將摩烈斯內 (Moresnet) 割讓給比利時；阿爾薩斯和洛林割給法國；西里西亞割給捷克；上西里西亞和東普魯士割給波蘭等。

2.買賣：例如美國於一八〇三年自法國購得路易斯安那，一八一九年自西班牙購得佛羅里達，於一八六七年自蘇俄購得阿拉斯加等。

3.交換：領土割讓得經由相互交換方式完成，例如一八七八年的條約，蘇俄以道布魯加 (Dobroudja) 交換羅馬尼亞的比薩拉比亞 (Bessarabia)；一九三〇年一月三十一日條約，德捷互換邊界普魯士區的領土；一九五一年五月二十一日條約，蘇波互換杜魯河比茲 (Drohobycz) 區的領土等。

引自 R. N. Swift, op. cit., p. 123; G. J. Mangone, The Elements of International Law: A Casebook, Illinois, 1963, p. 119.

⑮ Revue Générale de Droit International Public, Paris, 1932, p. 131.

⑯ 國際法學會 (L'Institut de Droit International) 於一八八八年九月七日在洛桑 (Lausanne) 召開第十一次會期，通過決議揭示：「由地方權力機構的設立所為的占領，祇須以足夠方式來維持秩序和保證占領區內的公權的正常行使。」參閱 Resolution de l'Institut, Tableau Général, p. 68.

⑰ J. Basdevant, R. C. A. D. I., 1936, p. 627; 引自 Ch. Rousseau, op. cit., t. III, p. 173.

㈢時　效

「時效」(Prescription) 係一國在原屬他國主權的固定領土上，長久時間和平地行使管轄權，因而取得該領土的主權名義。準此，一國取得無主地的主權稱為「先占」，而非「時效」。申言之，因「時效」而取得領土主權，必須是一國曾有效地、公開地、繼續地與和平地在該領土上行使管轄權。

「時效」的必需期間，國際法未有明白規定。一般學者認為應該視事實而定❶，國際判例亦未趨一致，一九二八年帕爾瑪斯島 (Palmas) 仲裁案，荷蘭繼續占有該島達七十三年。另有若干仲裁案，仲裁法官主張「非記憶所及」的占有時間 (Une Possession Immémorial)❶。

在國際判例上，「時效」原則的適用有下列兩種情形：⑴某領土是否被拋棄 (Derelictio)，得由第三國視為無主物 (Res Nullius) 予以先占，發生爭議時；⑵國家建立領土主權，欠缺「通知」程序時。在上述二種情形下，假如一國在占有領土上有效地、繼續地及和平地行使管轄權，即可依「時效」原則取得該領土主權。

二、歷史政治方式──「征服」

㈠「征服」的意義

「征服」(Conquest; Debellatio) 係征服國使用武力，將被征服國全部領土併入版圖❷。例如：一九四〇年蘇俄歸併波羅的海三小國；一九三九年九月二十八日蘇德條約瓜分波蘭；一九三九年義大利合併阿爾巴尼亞；一九三八年德國的歸併奧國；一九一〇年日本歸併高麗以及波蘭在十八世紀

---

❶ 部分學者如 Rivier 主張時間應在三十年至五十年間。Grotius 則主張百年左右。引自 L. Cavaré, op. cit., t. II, p. 692. Oppenheim 認為時效的適用在每一事件上都有不同情形，其必需期間應各有不同，vol. I, p. 578, 引自杜蘅之，前揭書，頁 227。

❶ L'Arbitrage de L, Oeil de la Mer, 13 Sept. 1902, 引自 L. Cavaré, ibid. 在一九五三年明奎耶及愛克瑞阿案，法國代表亦提到「非記憶所及」，引自 Ch. Rousseau, t. III, p. 185.

❷ P. Reuter, op. cit., p. 174.

與十九世紀三次被列強所征服。準此,「征服」一詞乃指被征服國完全置於征服國主權下,其獨立國家資格因而消滅。英美學者稱「征服」為「鎮服」(Subjugation),即表示使其附屬於一國的意思。一九三三年常設國際法院在「東格陵蘭」案判決揭示,「征服」係兩國間發生戰爭,領土主權由戰敗國移轉至戰勝國。因此「征服」導致主權的喪失❷。

㈡「征服」的條件

「征服」是一國以武力方式歸併他國全部領土而使其歸於消滅。有效征服必須具備兩項條件:

1.必須戰鬥行為業已終止。在戰爭或武裝衝突過程中,一國歸併他國領土的事實並無「征服」的效力。例如:土義戰爭發生後數週,義國即公佈法令(一九一一年十一月五日)歸併的里波里 (Tripoli) 和西里內加 (Cyrenaica),土國政府乃提出抗議,否認歸併的效力❷。此外,被征服國政府或人民在國外繼續與征服國進行戰鬥時,征服國不得主張被占領國業已消滅,而將其併入版圖。軍事占領與「征服」性質互異❷。

2.必須有使被征服國消滅的意願。征服國如有歸併意願時,通常是取消被征服國的政府組織,而使其歸於消滅;否則征服國應在占領地上維持或重組政府,使被征服國的公權能正常行使,例如一九四五年盟國對於戰敗的德國並無征服的意願存在。

㈢征服的禁止

晚近實證國際法不再承認「征服」是取得領土的合法方式。一九二五年泛美會議所擬訂國際法法典化草案第三十項宣示:「任何經由戰爭、戰爭威脅或武力使用的領土兼併或取得均屬無效。」一九二八年「廢戰公約」亦禁止國家以戰爭作為實現國策的工具。又一九四八年四月三十日簽訂的「波哥大」(Bogota) 公約規定:「勝利不能創設權利」(該約第五條),「由武力或任何強制方式所取得的特殊利益和領土征服將不被承認」(該約第十七

---

❷　Eastern Greenland Case, P. C. I. J., Ser. A/B, No. 53, 1933, p. 47.

❷　引自 Ch. Rousseau, op. cit., t. III, p. 191.

❷　參閱 P. Reuter, op. cit., p. 174.

條)。

國際聯盟大會於一九三二年三月十一日通過有關滿洲里的決議，宣示任何違反盟約或廢戰公約的條約或協定應視為無效。同年，美國國務卿史汀生 (Stimson) 宣佈不承認日本以武力方式在滿洲里所建立的情勢。一九四一年八月十四日大西洋憲章宣示：「英美兩國不欲見到不符當地人民自由意願的領土變更。」

而聯合國憲章第二條第四項規定：「各會員國在其國際關係上不得使用威脅或武力，或以與聯合國宗旨不符之任何其他方法，侵害任何會員國或國家之領土完整或政治獨立。」因此，凡是違反聯合國憲章規定所征服的領土將無法獲得其他國家的正式承認。

三、地理方式——「鄰近」原則

晚近若干國家基於經濟、軍事、戰略或科學研究的需要，不斷地對於南極與北極提出主權的主張。然而，兩極地帶氣候嚴寒，生物缺乏，不適人居，國家不能依據「先占」原則，在兩極地帶建立領土主權。因此，各國對於兩極地帶的主權主張，實有探討的必要。

㈠北　極

由於北極地帶蘊藏豐富的石油及其他礦物資源[24]，同時也是重要航線必經之地，各國對北極地帶的主權爭奪愈見激烈。有些靠近北極國家採納「鄰近學說」(Theory of Contiguity)，主張一國主權可以達到在地理上屬於其所占地區的鄰近無主地帶[25]。這些國家更依據所謂「扇形原則」(Sector Principle)，自北極周圍的每一國家領土東西兩端與緯度平行各畫一直線抵於北極，其所劃入的扇形地區即屬於此一國家的主權範圍[26]。

---

[24] 例如在蘇聯扇形區的 Petchora 有石油礦，北美扇形區有金、銀、銅、鉛及煤礦，阿拉斯加也有豐富石油礦。參閱 L. Cavaré, op. cit., t. II, p. 683.

[25] 俞伯爾仲裁法官在一九二八年帕爾瑪斯島案中指出：「依據鄰近說取得領土主權，沒有任何國際法上的基礎。」R. S. A., vol. II, pp. 854–855.

[26] 扇形原則係於一九〇七年由加拿大議員 Poinier 所倡。

　　「扇形原則」乃因北極地帶不能適用國際法「先占」的要件——有效控制原則，以及欠缺歷史因素的情況下被有關國家所相互默許❷。換言之，現代國際法尚未確認此項原則是取得北極領土主權的一種合法方式❷。有些學者更指出，北極是一片凍結的「海洋」，「扇形原則」的適用係將公海的一部分劃入一國排他的主權範圍，顯然違反公海自由的原則❷。

㈡南　極

　　一九五九年十二月一日在華盛頓簽訂的「南極條約」(Antarctic Treaty)❸確立兩項原則：

　　1.維持現狀 (Statu quo) 的原則，亦即凍結各國對南極的領土主張。

　　2.供和平目的使用的原則。禁止各國在南極試爆核子武器❸或設立軍事基地❸，但各國享有在南極通行❸或從事科學研究的自由❸。

　　為了進一步達成南極條約所確立的原則與目標，締約國迄一九七七年共召開八次諮詢會議。在一九六四年的布魯塞爾會議通過南極動植物保護措施。一九七〇年的東京會議通過有關南極環境維護及在南極區有關交換科學研究火箭發射資料的建議。一九七五年的奧斯陸會議討論有關未來南極礦物資源開發的問題，並且協議在過渡期間應自行節制在該區的開發。

---

❷　J. G. Starke, op. cit., 1977, p. 189.

❷　依據扇形原則提出主權要求乃是蘇聯與加拿大等少數國家的主張。一九二四年五月十三日美國國務卿 Hughes 在一項照會中指出：「扇形理論是國際法上令人置疑的原則。」引自 Ch. Rousseau, op. cit., t. III, p. 209.

❷　J. G. Starke, op. cit., 1977, p. 189.

❸　目前有十六個國家是該條約的締約國包括：南非、阿根廷、澳大利亞、比利時、智利、美國、法國、英國、日本、挪威、紐西蘭、蘇聯等十二個原始締約國及丹麥、荷蘭、波蘭、捷克等四個加入國。約文見 A. J. I. L., vol. 54, 1960, pp. 476–483; R. G. D. I. P., 1960, pp. 160–166.

❸　南極條約第五條。

❸　南極條約第一條。

❸　南極條約第七條。

❸　南極條約第二條。

此次會議也通過有關繼續保護南極環境，禁止在南極處置核子廢物以及締約國之間科技合作的建議 **㉟**。

四、國際地役

國際地役 (International Servitudes) 是私法觀念被引入國際法，而在理論上最引起爭論者。一般言之，國際地役係指國家依據條約，其部分領土管轄權的行使，受到永久性而有利於他國的特別限制。例如一國依條約允許他國在其領域內築路或使用港口；或依條約對他國承諾不在邊境設防 **㊱**。晚近學者有關國際地役的定義均趨向廣義解釋。克魯森 (Crusen) 說：「國際地役係國家領土主權單方和永久性而有利於他國之限制；是一種永久性的物權。」 **㊲** 瓦利 (Vali) 說：「國際地役是特別國際條約所確立的永久法律關係。依此條約，一國或數國有權在他國領土內為特殊目的而行使某些權利；或一國對他國或某些國家，負有在其領土內為特殊目的，不行使某些權利的義務。」 **㊳** 準此，國際地役具有下列兩項基本特質：

1.國際地役是依特殊條約而設定；一國在其領域內的管轄權行使忍受國際法的限制，並非國際地役。

2.國際地役具有永久性質。地役權繫屬於領域，不受雙方主權改變的影響。換言之，設定國際地役的條約不因領土主權更替而終止其效力。例如：一八一五年巴黎條約規定，法國在阿爾薩斯的富寧根 (Huningue) 不得設防，在一八七一年阿爾薩斯歸屬德國和一九一九年重歸法國，並不影響該地役的存在。

事實上，國際地役與一般條約義務有時甚難區分。學者布萊利 (Brierly) 說：「從法律上加以區分，其（地役）與其他因條約而產生之權利並無區

㉟　參閱 A. J. I. L., vol. 68, 1974, pp. 217–226; 引自 J. G. Starke, op. cit., 1977, pp. 190–191.

㊱　參閱 L. Delbez, op. cit., p. 243.

㊲　R. C. A. D. I., 1928, II, pp. 5–9.

㊳　F. A. Vali, Servitudes of International Law, London, 1958, p. 309.

別。」❸ 常設國際法院在一九二三年「溫伯敦號」案也對於嚴格區分地役與條約的可能性表示懷疑❹。常設仲裁法院在一九一〇年北大西洋漁權的判決中，認為一八一八年英美兩國所訂條約，規定美國人民可在北大西洋沿岸捕魚不過是一種國家間的條約義務，並不構成一項地役❹。

晚近許多學者認為將地役權觀念引入國際法中，其詞義相當混淆，難以適用❹。例如：國際地役與漁權、過境權、礦業權、不設防條款、巴拿馬運河區、在外國領土的軍事基地等如何予以區分？準此，國際地役觀念因其毫無區別的適用於不同性質的事實，已失其法律特質。從法律觀念而言，在現實的國際關係中引入或維持一種技術上不適用，法律上又屢起爭論的方法並無益處。

第三節　對人管轄權

國家的對人管轄權乃指國家對於在領域以內或領域以外的本國人以及居留在其領域內的外國人行使管轄的權力。前者是依據國籍而定的管轄權，後者則以屬地管轄權為其基礎。

壹、國籍的概念

國家對於具有其國籍的國民可行使管轄權，即使該國民身居領域以外。因此，國籍是國家與個人之間的紐帶。英墨混合賠償委員會在一九二九年的報告書中指出：「國籍是主權國家與其國民之間的持續法律關係。這個法律關係牽涉到國家與其國民之間相互的權利與義務。」❸

---

❸　Brierly, Law of Nations, 1955, pp. 167–171; 引自杜蘅之，前揭書，頁 215。

❹　The Winbledon Case, P. C. I. J., 1923, Ser. A, No. 1.

❹　美國政府則認為英國賦予美國的捕魚權，構成在英國領土上的一項國際地役。參閱 Borchard, The North Atlantic Coast Fisheries Arbitration, Col. Law. Rev., 1911, pp. 1–23; Lansing, A. J. I. L., 1911, pp. 1–31.

❹　Lauterpacht, Private Law Sources and Analogies of International Law, London, 1927, p. 119; Ch. Rousseau, op. cit., t. III, pp. 45–46.

❸　R. J. Lynch Claims, 1929, A. J. I. L., 1931, vol. 25, p. 755; 引自丘宏達主編，前揭

國籍的決定乃屬主權國家的國內法權事項。換言之，國家有權依其國內法決定那些人能具有其國籍。一九三〇年的海牙國籍法公約第一條規定：「每一國家，依照其法律，決定何人為其國民……」一八九八年美國最高法院在王阿金案判決指出：「根據本國憲法和法律，而自行決定那幾類人應具有公民資格，是每一獨立國家的固有權利。」❹

由於各國國籍法的不一致，乃發生一個人有雙重國籍或無國籍的情形❹。但一國規定國籍的權力並非無限制。換言之，一國的國籍法必須與國際協定，國際習慣及公認有關國籍的法律原則相符合。

當兩個或兩個以上國家分別對同一個人授與國籍而發生國籍積極衝突時，有效原則可以作為解決衝突的依據。

依據國家實踐，司法或仲裁判決和學者意見，有效的國籍必須以存在的真實聯繫 (A Genuine Connection of Existence) 為其基礎。國家授籍特定個人作為「國民」必須該個人在生活上、情感上，或經濟利益上，依屬該國社會 (Social Attachment)。一九五五年國際法院在「勞特邦」案的判決採用「真實及有效國籍」原則 (Real and Effective Nationality)，主張經由歸化取得一國國籍的外國人，其與歸化國間如果缺乏真正的聯繫，第三國沒有義務承認此種歸化之效力❹。

雙重國籍問題造成兩國之間的爭議時，有效國籍不僅意指真正聯繫的存在，而且具有依憑既存事實，某國籍優於另一國籍的涵義。一九五五年梅傑案 (Merge Case) 美義調解委員會判決主張梅傑女士不得被視為具備有效的美國國籍。因為她本人未有在美國經常居住事實，其夫的永久性職業和利益亦非設置於美國。事實上，梅傑女士持有義大利護照，與其夫（義

書，頁 452。

❹ 參閱杜蘅之，前揭書，頁 327–328。

❹ 有關國籍衝突問題的重要國際立法有一九三〇年的「國籍法衝突問題公約」，一九七五年的「已婚婦女國籍公約」和一九六一年的「減少無國籍狀態公約」等。

❹ Nottebohm Case, Liechtenstein v. Guatemala, I. C. J., Rep., 1955; A. J. I. L., vol. 49, pp. 396–403.

國外交官）長久居留於日本。故美國政府無權為梅傑女士向義國政府行使外交保護權❹。

貳、國家對國民的管轄權

一、對於領域內國民的管轄

國家對於領域內的本國國民具有絕對的與排他的管轄權。國家如何行使這種管轄權乃屬國內法問題，但須遵守國際條約所規範的義務，例如保護少數民族條約❹，國際勞工公約和聯合國人權宣言的規定。

二、對於領域外國民的管轄

由於國家與國民之間的密切關係，國家對於在領域外的國民可以行使刑事管轄，召回和課稅等權力。例如美國法律規定居住在國外的美國公民與居民經美國法院傳喚時均應回美國作證❹。我國刑法第五條至第七條也規定中國刑法適用於中國人或公務員在中國領域外所犯罪行。

此外，國家對於領域外的國民負有保護責任：在政治上，國家得採外交保護方式來維護國民的利益；在法律上，國民的權利在國外受到侵害時，國家得代表其國民向侵權國請求損害賠償。

---

❹ Merge Case, Italian-U. S. Conciliation Commission, 1955, XIV, U. N. Rep. International Arb. Awards 236; 引自 Leech, The International Legal System, pp. 542–547. 本案事實部分：一九四八年十月二十六日，美國駐羅馬大使館為美國公民梅傑女士，向義大利財政部提出賠償請求。依美義和平條約第七十八條規定，義國應賠償梅傑女士在義大利之個人財產因戰爭所造成的損失。義國財政部駁斥請求理由是依義大利法律，梅傑女士因結婚而取得義國國籍。一九五○年八月二十八日爭議乃交由調解委員會解決。

❹ 第一次世界大戰以後，歐洲許多國家都曾訂立保護少數民族條約，締約國如違約虐待少數民族，其他締約國有權干涉。參閱何適著，國際公法，臺灣商務印書館，民國六十二年版，頁 155–156。

❹ 引自丘宏達主編，前揭書，頁 411。

參、國家對外國人的管轄權

國家對於居留本國領域內的外國人亦具有管轄權。凡外國人入境後，必須遵守本國的法令，也可以享有本國法令所賦予的權利。茲就國家對於外國人的權利義務說明之。

一、外國人的入境

准許或拒絕外國人的入境乃基於國家的政策。一國得依據經濟、社會、公安和人口等問題的考慮而拒絕外國人的入境。在國際法上，國家並沒有義務必須准許外國人入境。入境同意權乃屬國家的「國內管轄事件」。通常國家並不完全拒絕外國人入境，而是要求外僑必須具有一定的條件❺⓿。國家間經常在雙邊的通商航海條約中規定外國人入境的互惠待遇。此外，一九五七年三月二十五日訂立的羅馬條約規定，締約國國民在歐洲共同市場內享有行動上的自由。

外國人的入境除非條約另有規定❺❶必須持有其本國政府所發給的護照 (Passport)，護照須經入境國駐外領事的簽證 (Visa)❺❷。對於無國籍的難民或政治難民，有些國家允許其以特別證件入境者❺❸。

二、外國人的法律地位

原則上，外國人入境後應與本國人享有同等待遇。然而，大多數國家都使外國人受到某種不同程度的待遇或限制，例如禁止外國人從事律師、藥劑師等行業，購置不動產權或享有選舉權等。相反地，外國人的地位也

---

❺⓿ 參閱 J. G. Starke, op. cit., 1977, p. 377.

❺❶ 例如二次大戰以後，法國曾與鄰近國家協議，彼此國民的往來，於入境時可憑身分證代替護照。

❺❷ 無外交關係的國家，通常由領事簽發「通行證」(Laissez-Passer) 代替在護照上的簽證。

❺❸ 例如第二次世界大戰以前，歐洲若干國家准許這類難民憑「南生證明書」入境。參閱何適，前揭書，頁 186。

應獲得最低限度的保障。換言之，一國應對外國人保持一個「國際待遇標準」(International Standard of Treatment) 或合乎「一般文明標準」(Ordinary Standard of Civilization)，例如外國人應享有當地法律對其本國國民所提供的人身與財產的保護、宗教信仰自由和訴訟權等基本人權。一九二六年常設國際法院在「德國在上西利西亞利益」案中指出，國際對於外國人的待遇規定有一定的限度❺❹。

三、國家對外國人的庇護權

庇護 (Asylum) 乃指國家對於逃入本國權力範圍內的外國人，同意授予保護的意思。庇護通常區分為領域內的庇護 (Territorial Asylum) 和外交庇護 (Diplomatic Asylum) 兩種❺❺。前者係國家基於主權，對於在其領域內的外國人加以保護；後者係一國的使館或軍艦對於所在地國家的罪犯給予保護❺❻。

㈠領域內的庇護

原則上，國家享有權力在其領域內行使其庇護權。但實證國際法並不承認個人享有強制性要求國家給予庇護的權利。世界人權宣言第十四條第一項規定：「每一個人為逃避迫害，有權在他國尋求庇身之所。」(Toute Personne a le Droit de Chercher Asile) 本條款僅具有道德價值，並沒有法律拘束力❺❼。同條第二項又規定戰爭罪犯或違反人道罪犯不應予以庇護❺❽。某些國家的憲法也明文規定政治犯或尋求自由者享有庇護權❺❾。

---

❺❹　German Interests in Polish Upper Silesia Case, P. C. I. J., Ser. A, No. 7, p. 22.

❺❺　史塔克稱為「治外法權內的庇護」(Extra-Territorial Asylum)，J. G. Starke, 1977, p. 389.

❺❻　法國學者將軍艦的庇護稱為「海上庇護」(L'Asile Maritime)，Ch. Rousseau, op. cit., t. III, p. 14.

❺❼　L. Delbez, op. cit., p. 204.

❺❽　此項原則並未被各國所遵守。例如一九四五年以後，德國戰犯 Eichmann 藏身在阿根廷，Klaus Barlice 在玻利維亞，所在地國政府經常拒絕將其交付請求國審判。

　　自第二次世界大戰以來，國際難民危機日益嚴重，全球約有一千二百萬難民離開原籍國在他國尋求安全庇身之所。在這些難民中絕大多數係為逃避本國國內的武裝衝突、內戰、外國軍事占領、天然災害、重大人權違反以及不良的經濟條件。依據一九五一年難民地位公約及一九六七年議定書的規定，公約所保護的難民限於政治難民，必須因種族、宗教、國籍、特別社團成員或政治意見而遭受迫害者始能受到國際公約的保護。至於上述人道性質的難民 (Humanitarian Refugees) 則非公約保護的對象。各國對於這些人道難民大批湧入情形，所採取的政策不盡相同，惟大多數均能基於人道精神予以「暫行庇護」(Temporary Refuge)。此種人道難民的「暫行庇護」在現階段國際習慣的發展上提供一個顯著的案例研究，雖然「暫行庇護」規則相當單純，其強制性質的基礎卻顯現出相當複雜而困難的法律問題。

1.政治難民的庇護

　　在國際條約方面，聯合國在人權委員會 (U. N. Commission on Human Rights) 發動下，於一九五一年七月二十八日通過「有關難民地位公約」(Convention Relating to the Status of Refugees)，該公約綜合了有關難民的國際文件，將難民地位予以更詳細的規定，係現階段有關難民保護的最重要國際條約。該公約的主要規定如下：

　　其一，難民定義❻：任何人因種族、宗教、國籍、特殊社會團體成員或政治意見，而有恐懼被迫害的充分理由，置身在原籍國領域外不願或不能返回原籍國或受該國的保護者。惟該公約僅適用於一九五一年一月一日以前的難民。

　　其二，難民的庇護有三項重要規定：

　　⑴關於不法入境的難民，締約國不應課以刑責，倘若此等難民未遲延親自向主管機關提出其非法入境的正當理由。締約國不應為此等難民的遷

---

❺　法國一九四六年憲法前言規定，因爭取自由而受迫害者享有尋求庇護權。西德基本法第十六條第二項也有類似規定。

❻　一九五一年難民地位公約第一條。

徒設定必要限制以外的限制。締約國應給予此等難民合理期間和必要方便以便獲准進入他國 ❻ 。

(2)關於難民的驅逐，締約國驅逐在其領域內的難民應限於國家安全或公共秩序的必要。對此等難民的驅逐應依據符合正當法律手續所作成的判決，除國家安全或其他必要的考慮外，難民應被允許提出辯解的證據和訴訟 ❻ 。

(3)關於不遣返的原則 (Principle of Non-Refoulement)，締約國不應以任何方式驅逐或遣返難民至其生命或自由因種族、宗教、國籍、特定社會團體成員或政治意見而受威脅的領土，惟難民倘若危及締約國國家安全或因犯重罪經判決確定危害該國社會者，不得主張不遣返的權利 ❻ 。「不遣返原則」為該公約的基本條款，依據該公約的規定不得提具保留 ❻ 。此原則並為大多數聯大有關難民的建議所確認。

由於上述一九五一年難民地位公約適用對象限於一九五一年以前符合公約定義的難民，一九六七年一月三十一日又通過「有關難民地位議定書」(Protocol Relating to the Status of Refugees) 排除此項限制，明定一九五一年公約適用於符合公約定義的任何人。一九六八年聯合國在德黑蘭召開有關人權的國際會議，在決議中 ❻ 呼籲各國政府積極參與一九五一年難民地位公約及其一九六七年議定書，並揭示「不遣返原則」遵守的重要性。此外，聯合國於一九六六年十二月所通過的「公民權利和政治權利國際公約」第十三條亦規定一項與一九五一年難民地位公約相類似的驅逐出境限制條款 ❻ 。

---

❻　一九五一年難民地位公約第三十一條。

❻　一九五一年難民地位公約第三十二條。

❻　一九五一年難民地位公約第三十三條。

❻　一九五一年難民地位公約第四十二條。

❻　Res. XIII, 1968.

❻　一九六六年公民權利和政治權利國際公約第十三條規定:「合法處在本公約締約國領土內的外僑，只有按照依法做出的決定才可以被驅逐出境，並且，除非在國家安全的緊迫原因另有要求的情況下,應准予提出反對驅逐出境的理由和

　　聯合國大會於一九六七年十二月十四日通過「關於領域庇護宣言」(U. N. Declaration on Territorial Asylum)❻，鑒於世界人權宣言第十四條所宣告：「⑴人人為逃避迫害有權在他國請求並享受庇護；⑵控訴的確源於非政治性的犯罪和源於違反聯合國宗旨與原則的行為者，不得享受此種權利。」第十三條第二項宣稱：「人人有權離去任何國家，連其本國在內，並有權歸返其本國。」確認一國對有權援用世界人權宣言第十四條的人給予庇護，為和平人道行為，任何其他國家因而不得視之為不友好行為。

　　領域庇護宣言第三條第一項規定：「凡第一條第一項所述的人，不得使之遭受在邊界拒斥，或於其已進入請求庇護的領土後使之遭受驅逐或強迫遣返其可能受迫害的任何國家等類的措置。」

　　本項規定接納一九五一年難民地位公約第三十三條所揭示「不遣返原則」，惟適用範圍不同。依據難民地位公約規定，「不遣返原則」適用於已進入締約國領域的個人，無論其入境是否合法；領域庇護宣言的規定不僅適用於已在領域內的個人，亦適用於在邊界尋求入境的個人。基本上，「不遣返原則」具有消極意義。換言之，個人不應被迫返回或停留在可能遭受迫害或被引渡到可能有被迫害危險的國家。此原則已廣泛為許多國際條約和國內法所接受，似已形成國際習慣的一部分❻。

　　　　使他的案件得到合格當局或由合格當局特別指定的一人或數人的複審，並為此目的而請人作代表。」參閱丘宏達，現代國際法基本文件，三民書局，民國七十三年版，頁 298。

❻　一九七七年八十五個國家參加聯大在日內瓦舉行的領域庇護會議，未能通過「領域庇護公約」，參閱沈克勤，國際法，臺灣學生書局，民國八十年版，頁 358；丘宏達，現代國際法，三民書局，民國八十九年版，頁 436。

❻　一九六五年在義大利 Bellagio 所舉行的法律專家研討會揭示，有逐漸增加趨勢承認此原則為國際法的一部分。U. N., Doc. A/AC. 96/INF. 40, p. 14；一九六〇年以前若干學者認為此原則僅得視為一種習尚 (Usage)。參閱 P. Weis, Legal Aspects of the Convention of July 28, 1951 Relating to the Status of Refugees, British Year Book of Int'l Law, vol. 30, 1953, pp. 478–483; Weis, The Int'l Protection of Refugees, A. J. I. L., vol. 48, 1954, pp. 193–199.

　　第一條第三項規定：「庇護的給予有無理由，應由給予庇護的國家酌定之。」

　　本項規定乃確認領域庇護的「單方酌定原則」(Principle of Unilateral Qualification)。蓋因領域庇護與外交庇護的情況不同，前者庇護請求人身處原籍國或犯罪行為地國領域外，給予庇護的決定並不減損該國（原籍國）的主權；後者則可能構成對純屬該國國內管轄事件的干預。換言之，領域庇護係庇護國主權的行使，外交庇護則是對原籍國或行為地國主權的限制。因此，給予領域庇護的國家得單方酌定庇護給予的理由[69]。

　　民主國家對於政治難民或政治犯的庇護，在實踐上並不一致。在英國並不承認政治難民享有庇護的絕對權利。英國經常將政治難民交還給其本國政府，例如一九七二年八月十七日直布羅陀當局將兩位叛變失敗的摩洛哥軍官交給 Hassan 國王。英國政府也經常注意政治難民在英國領域內從事的政治活動，一九二八年羅馬尼亞的加羅 (Carol) 王子因從事政治活動而被迫離開英國。在美國對於享有庇護權的「政治犯」一詞的解釋並不甚嚴格。現階段美國的庇護政策是依據一九七二年一月四日的命令，該命令建議行政部門不要「武斷地或草率地」拒絕庇護的請求。公務員對於庇護的請求應即通知國務院，在國務院決定之前，應給予請求人暫時的收容和保護。瑞士是尋求庇護的理想處所[70]。瑞士政府在一九七三年指出，庇護權不僅是瑞士的傳統，而且是一項政治原則及瑞士的自由與獨立觀念的表現。外國人均能在瑞士獲得庇護，假如他們能證明，因政治理由其安全在本國或最後居留地國無法獲得保障，以及其抵達瑞士乃是排除所遭受危險的唯一辦法[71]。

---

[69]　Report of the Sixth Committee, U. N. Gen. Ass. Off. Rec. 21st Sess. Annexes, Agenda item 85, Doc. A/6570, para. 14.

[70]　在瑞士獲得庇護的政治難民不勝枚舉。一七九三年的 L. Philippe 國王，一八一五年後的拿破崙家屬，一九〇二年至一九〇四年的 Mussolini，一九〇三年至一九〇五年和一九一四年至一九一七年的 Lénine，一九七四年二月十五日以後的蘇聯作家 Soljénitsyne 等都是著名的例子。

[71]　依一九三一年瑞士聯邦法院規定難民須放棄政治活動始能獲得庇護，參閱 R.

2.人道難民的庇護

人道難民 (Humanitarian Refugees) 為逃避內戰、內亂、外國侵入或天然災害而在他國尋求庇身之所，現行法典化國際法並未課締約國暫行庇護 (Temporary Refuge) 人道難民的義務。聯合國難民高級專員公署 (U. N. H. C. R.) 乃試圖將「不遣返原則」轉換成為一種人道習慣法原則，並於一九八五年確認一般所承認的「不遣返原則」應包括暫行庇護規則 ❷。至於國家在暫行庇護的實踐已達相當一致性的程度，聯合國難民高級專員公署地表示：「在難民大批湧入情形，個人尋求庇護經常為國家所接受，至少給予暫行庇護。」❸ 國家對於人道難民的暫行庇護主要係基於人道或外交政策的考慮而非國內法的規定。此外，國家在處理人道難民暫行庇護時可能採取規避的策略。最常見的規避策略是主張庇護申請人係經濟移民而非戰爭或武裝衝突的受害人。惟，此種現象的發生不僅不能減損暫行庇護規則，反而暗示對此項規則的存在及其義務性的承認。

3.難民與原籍國的關係

政治難民與原籍國關係上，關鍵問題在於難民的國籍及其所持有護照。護照在確定難民地位上相當重要。護照的持有可能對難民在國際法地位有負面影響。難民領取或更新原籍國的護照即足以認定其原籍國保護的意願。依據一九五一年難民地位公約的規定，難民乃指不能或不願利用其原籍國保護的人。若干庇護國對於難民持有護照問題採取兩種處理原則：1.申請難民身分必須放棄其原籍國護照；2.取得新照或更換舊照即喪失難民身分。

在國籍問題方面，依據國際法，國家對具有本國國籍的國民得行使外交保護權，並在他國決定驅逐本國國民時有義務允許其再入境。由於難民尋求庇護的結果必然斷絕與原籍國的關係，原籍國不應再有保護難民的權利。換言之，一國國民被承認為難民後，庇護國必然具有排他性保護該難民，並否認原籍國對該難民採取任何行動的權利。另一方面，難民若放棄

G. D. I. P., 1974, pp. 856–857.

❷ 1985 Report to U. N. H. C. R., para. 22.

❸ U. N. Doc. A/AC 96/572, 1979.

其難民身分又未能取得其他國家的國籍，原籍國應尊重其意願，允許其返回本國。

㈡外交庇護

　　由於在使館內行使外交庇護權與所在地國領土主權的正當行使相衝突，現代國際法並不承認使館館長有在其館舍內給予庇護的一般性權利。一九五〇年國際法院在「外交庇護案」指出外交庇護權並非國際法所承認的權利 ❼。法院稱：「哥倫比亞必須證明其所主張規則是適用於爭議國間的一致習尚；同時此一習尚已成為畀予庇護國的一項權利，並對領域國構成一項義務。」聯合國通過的「世界人權宣言」和一九六一年的「維也納外交關係公約」均沒有外交庇護的規定。依據外交關係公約第二十二條第一項規定使館館舍不得侵犯，使館內的庇護在理論上是可行的；但該公約第四十一條第一項又規定，享有外交特權人員負有尊重當地法律和不干涉接受國內政的義務。因此，祇有在某些例外的情形下，使館才能給予外交庇護，例如基於人道理由給予暫時性的保護，或因當地習慣所認許，或依據特殊協定的規定 ❼。一九五六年匈牙利事件發生後，紅衣主教 Mindszenty 獲得在布達佩斯美國使館的庇護 ❼ 就是一著名的例子。一九七四年聯合國大會召開第二十九會期時通過決議，要求各會員國就有關外交庇護問題向聯合國秘書長提出意見，並由秘書長做成分析報告。該項報告已為外交庇護法的發展做好鋪路工作 ❼。

　　軍艦在外國港口不能庇護刑事犯，至多可基於人道的理由收容政治犯，但在軍艦庇護政治犯亦無國際法上的依據 ❼。

---

❼　Asylum Case, I. C. J., Rep., 1950, p. 276. 引自 P. Reuter, op. cit., 1976, p. 96.

❼　J. G. Starke, op. cit., 1977, p. 390.

❼　Mindszenty 在美國使館內困居達十四年之久。參閱丘宏達主編，前揭書，頁501。

❼　J. G. Starke, op. cit., 1977, pp. 390–391.

❼　參閱 G. von Glahn, op. cit., p. 266.

四、驅逐與引渡

(一)驅　逐

驅逐 (Explusion) 乃是國家機關強制外僑立即或限期離境，並禁止其再入境的行為。驅逐是附隨國家領土主權的權力。驅逐不同於強制出境 (Reconduction)、放逐 (Deport) 和引渡 (Extradition)：1.強制出境是由警方強行護送至邊界；2.放逐是某些國家對於本國政治犯的一種刑事懲罰；3.引渡是依條約的規定，將刑事犯交付於欲對此罪犯起訴或判決的請求國的一種國際程序。

驅逐通常是一國行政機關所為的一種單方行為及公安措施。但驅逐外僑的方式必須合於人道與合理的條件，例如不得侮辱或傷害外僑，或將外僑遣送至使其安全和自由遭受威脅的國家。

國際法雖然並不禁止國家在戰時或領土主權變更時集體驅逐外僑 (Expulsion en masse) 但國家不得在平時於顯然不人道的條件下實施集體驅逐，例如烏干達依一九七二年八月九日公佈的法令，集體驅逐五萬名具有英國國籍的亞洲人 [79]。這種行為可被視為不友好的行為及違犯人權的表現。

(二)引　渡

國家為維護其主權對於在其領域內犯罪而逃亡在他國之罪犯主張有追訴與處罰權。引渡之目的在於經由國際司法合作使逃匿他國之罪犯不致逍遙法外，並進而促進國際友好關係。引渡並非國際法的義務 [80]，如果沒有條約或法令的依據，逃亡的罪犯不能被交還或被要求引渡。歐本海也說：「關於引渡的責任，現在並無普遍國際習慣的規定。」[81]

1.引渡的意義與依據

引渡乃係一國將在其領域內之人犯交與他國，由他國加以追訴或處罰

---

[79]　R. G. D. I. P., 1973, pp. 884–895.

[80]　史塔克指出若干學者稱引渡是一種「不完全義務」(imperfect obligation), op. cit., p. 382.

[81]　Oppenheim-Lauterpacht, op. cit., vol. I, p. 699.

之國際司法協助行為 (An Act of International Judicial Assistance)。美國聯邦最高法院對引渡作成如下定義:「一國將在其領域外,而在他國領域管轄內犯罪被追訴或定罪之個人,經該有審問和處罰權之他國請求而交付。」❷

　　各國關於人犯引渡問題,多數以引渡條約規定之。被請求國對於無條約根據之引渡請求,經常予以拒絕。英美法系國家認為無條約即無引渡之義務。美國各級法院經常宣稱,若無條約之根據,行政機關無權將人犯逮捕並交付給請求國,但國家之間在友好關係基礎上,經由互惠保證,雖無條約根據亦允許引渡人犯。此外,國家亦可能在無條約又無互惠保證情況下,基於國際睦誼 (Comity) 而准許引渡。往昔,美國曾基於國際睦誼向未締結引渡條約之國家,請求引渡人犯,惟同時聲明美國不能援例允許互惠之引渡請求。換言之,被請求國即使允許將人犯引渡給美國,並不保證將來援例向美國請求引渡時,必能獲得美國之允許。我國引渡法第一條明定「引渡依條約,無條約或條約無規定者,依本法之規定。」又第十條第三款規定外國政府請求引渡時,應提出引渡請求書記載「請求引渡之意旨及互惠之保證。」準此,外國政府向我國提出引渡請求時,若無條約根據,得依互惠原則。

2.引渡的要件

(1)積極要件

　　a.請求國須具有管轄權:引渡的前提乃是請求引渡國家對於所要求引渡人之犯行,依國際法具有管轄權。

　　b.可引渡之犯罪須符合雙重犯罪原則:引渡係一項繁重程序,微罪或少年犯罪不適用引渡程序。引渡之請求必須涉及一項重罪。惟重罪認定標準,各國不盡相同。

　　現代大多數條約放棄列舉規定方式,而採概括規定,以刑罰輕重決定犯罪可否引渡。換言之,一種犯罪行為必須依請求國與被請求國法律之規定,均為可以處罰之犯罪行為,且其處罰須合於條約所規定之刑度。

　　上述雙重犯罪原則 (Double Criminality) 作為可引渡犯罪行為之標準,

---

❷　The U. S. Supreme Court in Terlinden V. Ames, 184 U. S. 270, 289 (1902).

為美國最高法院所接納 ❽。我國引渡法第二條規定：「凡於請求國領域內犯罪，依中華民國法律及請求國法律規定，法定最重本刑為一年以下有期徒刑之刑者不在此限。」哈佛大學引渡草案第二條規定請求引渡之犯罪行為須依請求國及被請求國法律規定應受死刑或二年以上有期徒刑之處罰者。一九五七年歐洲引渡公約第二條規定法定最重本刑一年以上之有期徒刑之犯罪。

c.犯罪證據的提供：請求國所提引渡請求書通常應包括人犯資料及犯罪證據，以作為被請求國決定是否拘禁並允許引渡之依據。

(2)消極要件——可拒絕引渡的情形

a.本國國民不引渡原則：本國國民在他國犯罪後逃返本國，雖經犯罪地國提出引渡的請求，許多國家均拒絕予以引渡 ❽。在實踐上，大多數引渡條約亦採此原則。有些條約明文規定被請求國無引渡本國國民之義務 ❽。有些條約規定締約國無引渡本國國民義務，但有決定是否引渡之自由裁量權 ❽。

b.一事不再理原則：「一事不再理」(Non Bis In Idem) 乃指個人就同一犯罪不應受到兩次處罰。換言之，任何人已依一國法律及刑事程序經終局判決確定有罪者或宣告無罪者，不得就同一罪名再行審判或處罰 ❽。因此，被請求國對請求引渡人犯，就請求之犯罪已由請求國最後判決確定者，應拒絕引渡。同理，對同一犯罪經決定不起訴或終止程序者，亦得拒絕引渡 ❽。

---

❽　Wright v. Henkel (190 U. S. 40, 58); Collins v. Loisel (259 U. S. 309, 317).

❽　我國引渡法第四條，法國引渡法第三條。

❽　例如：一九〇九年美國與法國引渡條約，一九三四年美國與伊拉克引渡條約。參閱 Bassiouni-Nanda, A Treatise on Criminal Law, Speringfield, Illinois, 1973, Charles Thomas, vol. 2, p. 365.

❽　例如一八九九年美國與墨西哥引渡條約第四條，參閱洪應灶，引渡法概論，民國四十六年版，臺北，頁 20–21；陳榮傑，引渡之理論與實踐，三民書局，民國七十四年版，頁 10–11。

❽　聯合國公民權利和政治權利國際公約，第十四條第七項規定；約文見丘宏達，現代國際法基本文件，三民書局，民國七十三年版，頁 299。

❽　參照歐洲引渡公約第九條。359 U. N. T. S. 274. 我國引渡法第五條第一項。

惟因請求國對人犯之刑罰未執行完畢而請求引渡者，則不受上述限制⑧。由於一事不再理原則現階段已成為國際法之原則，即使條約中無明示規定或未強制性規定，此原則應被遵循。

　　c.財稅犯、軍事犯、及政治犯不引渡原則：由於一國不願意為他國執行財稅法令，認為協助他國徵收稅捐並非被請求國之事務。往昔多數引渡條約及國內法所列舉可以引渡之犯罪行為，多未將財稅犯列入。一九七三年美國與瑞士互助條約第二條第五項規定特別將財稅犯罪排除⑨。至於軍事犯 (Military Offense) 之不引渡原則上適用於「純軍事犯」，即違反軍令或軍紀之犯罪。瑞士法律所稱「軍事犯」乃指拒絕服兵役或類似服役或直接反對請求國之防衛行為。

　　各國所承認之引渡例外 (得拒絕引渡之情形)，最重要者乃是禁止政治犯罪之引渡⑨，大多數國家之引渡法及引渡條約對於政治犯意義並未加以規定。學者對政治犯所下定義亦未有具體標準。依據國際習慣及條約，政治犯之決定通常由被請求國為之。惟各國對於政治犯之認定標準，以及現階段國際法有關政治犯不引渡原則之發展則有進一步探討之必要，例如違反人道罪、恐怖活動等犯罪行為已不適用此原則。

　　一九七七年「有關制止恐怖行動之歐洲公約」⑨，試圖直接處理打擊恐怖行動之主要問題，其中之一就是有關政治犯不引渡原則之適用問題。該公約第一條規定：「在締約國之間引渡，下列犯罪不得視為政治犯罪 (Political Offense) 或與政治犯罪牽連之犯罪或其政治動機之犯罪：(a)一九七〇年海牙公約所規定之非法劫持航空器之犯罪；(b)一九七一年海牙公約

⑧　一九三〇年美國與法國引渡條約第六條及第七條；一九三一年美國與英國引渡條約第四條和第五條。

⑨　惟，歐洲引渡公約第五條規定，締約國自行決定可否引渡財稅犯。

⑨　例如聯合國人權宣言第十四條，一九〇〇年美國與瑞士引渡條約第七條，歐洲引渡公約第三條一項，德國引渡法第三條，我國引渡法第三條，法國引渡法第五條二項。

⑨　European Convention on the Suppression of Terrorism, Jan. 27, 1977; I. L. M. 1976 (15), p. 1272.

蒙特利爾公約所規定危害民航安全之犯罪；(c)嚴重侵害國際上應受保護人員，包括外交代表之生命、身體或自由之犯罪；(d)涉及綁票、劫持人質或嚴重非法拘禁之犯罪；(e)涉及炸彈、手榴彈、火箭、自動武器、郵件或郵包炸彈之使用，倘此種使用危及人員；(f)意圖犯上述罪行或實施或意圖實施此種行為之共犯。」

歐洲公約第二條要求各締約國將侵害個人或財產之其他暴力行為排除於「政治犯不引渡」(The Political Offense Exception) 原則之適用。第十三條又允許締約國得提具保留以拒絕引渡請求，倘犯罪具有政治性質 (A Political Character)。公約第五條更進一步規定，被請求國在下列規定下，得拒絕引渡被告：「本公約不應被解釋為設定一種引渡義務，倘若被請求國有實際理由相信依第一條或第二條所列舉犯罪之引渡請求係基於種族、宗教、國籍或政見理由所為之追訴或處罰。」

歐洲公約亦受「引渡或追訴」原則之支配，依第七條規定，締約國倘不引渡公約所列罪犯，則須毫無例外和無不當遲延地向有權機關起訴。這些機關必須照在其國內法下任何嚴重性之一般犯罪之相同方式裁決之。

由上述公約規定可知，公約為達到打擊國際恐怖行動之目的，雖未界定國際恐怖行動，卻規定凡是從事劫機、危害民航安全及其他侵害個人或財產暴力行為排除「政治犯不引渡原則」之適用。換言之，公約縮小政治犯認定範圍，凡符合公約所列舉之犯罪均屬得引渡之犯罪，不受政治犯不引渡原則之保護。

由於公約所列必須引渡或追訴犯罪範圍太廣泛,若干國家已提出保留,拒絕引渡其所認定之政治犯罪 ❸。

最近幾年，若干美國所締結雙邊引渡條約已明文禁止「政治犯不引渡原則」適用於從事國際恐怖行動之罪犯 ❹。一九八六年美國與英國簽訂一

---

❸ 塞普路斯、丹麥、冰島、挪威、瑞典於批准公約時提具保留。法國和義大利在簽署時提具保留。International Law Association: Report of the Sixtieth Conference, 1983, pp. 358, 362–363.

❹ 例如 Extradition Treaty, 4 May 1978, U. S.-Mexico, Art. 5, para. 2 (a); 31 U. S. T.

項增補引渡條約❾❺。依據原提交參議院之增補引渡條約第一條規定，下列兩種之犯罪不適用傳統政治犯不引渡原則：

　　(a)違反劫機、危害飛航安全、侵害應受國際保護人員和劫持人質等國際公約所規定之國際犯罪 (International Crimes)❾❻。引渡條約較這些國際公約限制更大，依據一九七〇年海牙公約第七條規定，被請求國如不將人犯引渡，則應交主管機關予以起訴。增補條約則規定被請求國有引渡義務。

　　(b)包括謀殺、過失殺人、攻擊人身之傷害，綁架或非法拘禁、爆破、持有或使用槍械或彈藥、意圖危及生命之單純財產損失❾❼。

　　依據上述規定，一般性暴力犯罪，即使具有政治動機或政治性質亦不適用政治犯不引渡原則，其目的在於打擊恐怖行動 (Terrorism)。惟此種規定將許多相對政治犯 (Relative Political Offense)❾❽排除於政治犯不引渡之適用範圍，如此必然放棄美國二百年來拒絕遣返不成功革命者之傳統。因此，增補條約經修訂後，將上述第二類所列不得視為政治犯之暴力犯罪減少，僅保留故意殺人、造成身體嚴重傷害之攻擊行為，綁架誘拐和包括劫持人質之嚴重不法拘禁。

　　由上述可知，美英增補引渡條約顯示兩國打擊恐怖行動所作之努力，對於政治犯不引渡之限制規定具有重大意義。增補條約將政治犯適用範圍縮小至純政治犯及非暴力犯罪。

5059, 5064.

❾❺ The Supplementary Extradition Treaty, S. Exec, Rep. No. 17, 99th Cong, 2d Sess. (1986); I. L. M. (24), p. 1104.

❾❻ 包括一九七〇年海牙公約，一九七一年蒙特利爾公約，一九七三年防止和懲處侵害應受國際保護人員罪行公約和一九七九年反對劫持人質公約。

❾❼ 美英增補引渡條約第一條 (e) 至 (k) 項。

❾❽ 相對政治犯係一種具有相同目的之純政治犯罪與普通犯罪相結合之行為。有關概念，參閱拙著，論政治犯不引渡原則，中興法學 28 期，民國七十八年，頁 16–18。

第四節　普遍管轄原則

普遍管轄原則 (Principle of Universal Jurisdiction) 係在維護人類共同利益之基礎上，對於犯罪結果影響所有國家權益而構成違反國際法之犯罪行使管轄權。因此，在普遍管轄原則下，一國得對某案件行使管轄權，不受犯罪行為地、加害人或受害人國籍之限制。換言之，各國得以國際社會名義對於違反國際法之國際性犯罪行為，例如海盜 (Piracy)、戰犯 (War Criminal)、劫機 (Hijacking) 和違反人道之恐怖行為 (Acts of Terrorism) 依本國法律和相關國際條約予以起訴❾❾。一九八七年九月十三日美國聯邦調查局特勤人員在地中海之國際海域逮捕涉嫌於一九八五年在貝魯特國際機場炸毀一架約旦民航客機的恐怖分子憂尼 (Frawaz Younis)⓿⓿以及一九八四年美國聯邦法院審理以色列請求引渡戰犯詹將朱 (Demjanjuk) 案⓿❶，均依據普遍管轄原則，對於恐怖活動罪行及違反人道罪而行使域外管轄權。

美國國會最近立法以加強旅居國外之美國外交代表和人民之安全。一九八六年八月二十七日雷根總統簽署「一九八六年綜合外交安全與反恐怖行動法」⓿❷。該法確立美國對海外國民遭受恐怖攻擊之刑事管轄權⓿❸。惟，此項法律承認僅得依據被害人國籍管轄原則而行使域外管轄權 (Extraterritorial Jurisdiction)，一種未被普遍接受之域外管轄理論。儘管此種

---

❾❾ 以色列之納粹法 (Nazi Statute) 第一項 A 項列舉下列主要罪行，以色列有權審判在其領域外之罪犯：戰罪 (War Crime)、違反人道罪 (Crime Against Humanity) 或在納粹時期對付猶太人之罪行。一九五八年日內瓦公海公約第十九條規定各國得逮捕和處罰海盜行為人。一九七〇年海牙公約第四條對於劫機犯適用普遍管轄原則。

⓿⓿ 參閱 N. Y. Times, Feb. 24, 1988, A3, col 2; U. S. v. Younis, Crim, No. 87–0377 (D. D. C.).

⓿❶ In re Extradition of Dem. 612F, Supp. 544, 555 (N. D. Ohio, 1985).

⓿❷ The Omnibus Diplomatic Security and Antiterrorism Act of 1986, Pub. L. No. 99–399, 1986 U. S. CODE & ADMIN, NEWS (100 Stat).

⓿❸ 該法第十二章第二節增列「關於侵害美國國民之海外恐怖行為之域外管轄」。

理論在現階段國際社會有逐漸被接受之趨勢，反恐怖行動法依此理論而制訂，將來引渡和追訴恐怖分子可能會發生困難，除非能重新修訂，納入普遍管轄原則。

第七章 海 洋

第一節 概 說

　　海洋約佔全球面積百分之七十三。傳統對海洋的利用限於航運和漁獵海中生物資源。晚近各國逐漸注意從海洋中獲得所需的能源，尤其是利用裝置開發深海海底的石油或其他礦物資源，有些國家甚至將海洋作為海軍演習或武器試爆的場所。

　　海洋雖具綿延特性，各沿海國對海洋的控制仍有不同層次。海洋法將海洋依據距離海岸的遠近區分下列不同區域，由沿海國行使不同程度的控制權： 1.內國水域（包括海灣和港口），沿海國享有完全主權； 2.領海，沿海國享有相對主權，其主權的行使以保障國家的安全及領海內利益為限，不能禁止他國船舶無害通過其領海； 3.鄰接區，沿海國得在鄰接領海的公海海面對特定事項行使特別的管轄權； 4.專屬經濟區，沿海國得行使捕魚或開發資源等經濟上特殊權利； 5.公海，凡不屬上述水域的海洋所有各部分皆為公海，任何國家不得有效主張公海任何部分屬其主權範圍。

　　海洋法的法典化自從聯合國成立以來有著重大的進展❶，第一屆海洋法會議於一九五八年在日內瓦召開，通過四項公約： 1.領海及鄰接區公約 (Convention on the Territorial Sea and the Contiguous Zone)； 2.公海公約 (Convention on the High Sea)； 3.捕魚及養護公海生物資源公約 (Convention on Fishing and Conservation of the Living Resources of the High Sea)； 4.大陸礁層公約 (Convention on the Continental Shelf)。這次會議還通過一項「關於強制解決爭端之任擇簽字議定書」(Optional Protocol of Signature Concerning the Compulsory Settlement of Disputes)，規定上述海洋法公約中的任何條款，因解釋或適用上的爭端，而發生涉及各當事國的一切問題的強制解決辦法❷。惟此次會議對於領海寬度仍未達成協議。一九六〇年聯

---

❶　一九三〇年海牙國際法編纂會議，曾討論領海寬度問題，未能達成協議。

合國在日內瓦召開第二屆海洋法會議，重新討論領海寬度問題。美國與加拿大聯合提案，主張領海最大寬度為六浬，外加六浬漁區，此項提案祗因一票之差未能獲得三分之二多數通過❸。

日內瓦海洋法公約祗解決了一部分海洋法的問題，仍有若干問題尚待解決和補充： 1.領海的寬度； 2.專屬漁區； 3.軍艦的無害通過權； 4.船舶通過一國領海時，從事何種活動始構成「妨害沿海國的和平、善良秩序或安全」； 5.通過海峽的船舶種類有無限制； 6.在群島水域的航行權； 7.海洋科學研究； 8.海洋環境保護； 9.各國管轄以外海洋底床資源的開發。

第三屆聯合國海洋法會議於一九七三年十二月三日在紐約揭幕，選任大會職員和商討議事規則❹。一九七四年六月二十日在委內瑞拉首都加拉卡斯召開第二會期，會中所討論議題包括海床國際制度、領海寬度、海峽、專屬經濟區、海洋環境保護和海洋科學研究等重要問題❺。一九七五年三月十七日在日內瓦召開第三會期，大會同意海床委員會三個小組委員會 (Subcommittees) 所擬訂的「非正式單一協商案文」(Informal Single Negotiating Text)❻。第四和第五會期分別於一九七六年三月十五日和八月二日在紐約舉行，修訂上次會議的草案，公佈「修訂單一協商案文」(Revised

---

❷ 參加此次會議計有八十六個國家的代表和十六個政府間組織的觀察員。上述公約分別於一九六四年，一九六二年，一九六六年，一九六四年生效。許多國家於批准大陸礁層公約時提具若干保留。

❸ 五十四票贊同，二十八票反對。參閱 Dean A. Second Geneva Conference on the Law of the Sea, A. J. I. L., 1960 (54), pp. 751–789.

❹ 會議係由一九六八年經聯大組成的海床委員會 (Seabed Committee) 負籌備之責；該委員會對於各國所提交的議案，分三個小組加以處理： 1.關於國家管轄權外海床的國際制度及組織；2.關於傳統性海洋問題；3.關於污染及科學研究。

❺ Stevenson and Oxman, The Third U. N. Conference on the Law of Sea: The 1974 Caracas Session, A. J. I. L., 1975 (67), pp. 1–30.

❻ 第二和第三小組委員會所擬訂的「案文」大部分能為各國所接受；但第一小組（海床小組）所提的「案文」卻被開發國家所反對。參閱 Stevenson and Oxman, The 1975 Geneva Session, A. J. I. L., 1975 (69), pp. 763–797.

Single Negotiating Text) ❼。

　　第六會期於一九七七年五月二十三日在紐約召開，提出「非正式綜合協商案文」(Informal Composite Negotiating Text)。該案文本文共分十六章(Parts) 三百零三條 ❽。第七會期於一九七八年三月二十八日在日內瓦召開。此次會議改變以往方式，選擇重點分組討論。大會設立七個「協商組」(Negotiating Groups) 分別討論下列核心問題： 1.國家管轄外海床的開發與探測制度； 2.國際海床機構的財務處理； 3.海床機構的組織與職權； 4.內陸國捕魚權及其他； 5.沿海國在專屬經濟區行使主權上權利的爭議解決； 6.大陸礁層外界及其他； 7.海界劃定及爭端解決 ❾。

　　一九八二年十二月十日一百一十九個國家在牙買加的孟蒂哥灣(Montego Bay) 簽署聯合國第三屆海洋法會議所通過的「海洋法公約」(Convention on the Law of the Sea) ❿。該公約包容所有海洋法問題，其主要內容如下：

　　1.領海寬度定為十二浬，並詳訂「無害通過權」的意義。

　　2.沿海國得設立距海岸二百浬的「專屬經濟區」，在該區內的自然資源沿海國享有主權上的權利。

　　3.保留「鄰接區」制，其寬度則延伸至二十四浬。

　　4.船舶及航空器在「供國際航行之海峽」(Straits Used for International Navigation) 享有「過境通行權」(Transit Passage)。

　　5.群島國得將「群島間水域」(Archipelagic Waters) 置於該國主權下。

　　6.海洋環境應予保護，各國應防止海洋污染。

　　7.各國應合作養護和管理公海生物資源。

---

❼　參閱 The 1976 N. Y. Session, A. J. I. L., 1977 (77), pp. 247–269.

❽　案文包括前言、用語、領海及鄰接區、供國際航行用之海峽、群島國、專屬經濟區、大陸礁層、公海、島嶼圍入或半圍入海域（海灣等）、內陸國進出海洋和通行自由、國家管轄外之海床、海洋環境保護、海洋科學研究、海洋科技發展與合作、爭端解決、最後條款。U. N. Doc., A/Conf., 62/WP. 10, 15 July 1977.

❾　參閱 U. N., Press Release. Sea/85, 19 May 1978, pp. 5–6.

❿　聯合國海洋法公約於一九九四年十一月十六日生效。

8.設立一個「國際海床管理局」(International Seabed Authority) 以監督和管理深海海床資源的開發及探測。

9.建立因適用或解釋新海洋法法典所引起爭端的解決方式。

第二節　領水及鄰接區

壹、內國水域

內國水域 (Internal Waters) 係指領海基線 (The Base Line of the Territorial Sea) 向陸一方的水域 ⓫，凡港口、湖泊、河川均屬之。所謂領海基線通常指海岸的低潮線，但在特殊情況下，沿海國「得採用以直線連接各定點的方法劃定測算領海寬度之基線」 ⓬。換言之，採用「直線基線」(Straight Base Line) 測算，以擴大內國水域的界線 ⓭。

一國在內國水域內享有完全主權。內國水域猶如內陸陸地，完全屬內國主權支配 ⓮。惟少數學者、判例和條約指出，外國船舶有權駛進內國海港；裝卸貨物及接送客人。國際法學者 Guggenheim 認為，依國際法的原則，各國港口應對外國商船開放，祇有涉及國家重大利益時，始得關閉之 ⓯。一九五八年沙烏地阿拉伯對阿美石油公司案的仲裁判決揭示，依國際習慣，外國船舶有駛入海港的權利 ⓰。一九二三年十二月九日在日內瓦簽訂的海

⓫　一九五八年領海及鄰接區公約第五條第一項；一九八二年海洋法公約第八條第一項。

⓬　一九五八年公約第四條第一項。

⓭　一九五八年公約所採納「直線基線制」係以一九五一年英挪漁業權案判決為基礎。The Anglo-Norwegian Fisheries Case, 1951, I. C. J., Rep. 116. 晚近群島國家不斷主張連接各列嶼之直線為基線，企圖將原屬公海或領海的廣大水域劃入內國水域。

⓮　M. S. McDougal and W. T. Burke, The Public Order of the Oceans, 1962, pp. 117–120.

⓯　Guggenheim, Traité de Droit International Public, 1953, vol. I, p. 419.

⓰　Saudi Arabia v. Arabian American Oil Company Case, Arbitration Tribunal, 23

港國際制度規章第十六條規定，外國船舶進入一國港口的自由，包括裝卸貨物權❶。

原則上，外國船舶並不當然享有無害通過沿海國內水的權利，沿海國得以法律禁止此種通過。但一九八二年海洋法公約採用直線基線制，致使原先認為領海或公海一部分的水面劃屬內國水域時，在此種水域內應享有無害通過權❶。

貳、領 海

一、領海的寬度

傳統國際法承認沿海國權力及於沿海一帶水域。一七二○年賓克雪克 (Bynkershoek) 出版「領海論」，主張沿海國統治其沿海水域的寬度，僅以海岸砲射程所及範圍為限❶。至十九世紀「三浬規則」(The 3 Mile Rule) 逐漸形成，並為大多數國家所接受❷。二十世紀初，英美兩國極力主張三浬寬度的領海，例如一九二四年美國與若干歐洲國家簽訂有關酒類貿易條約即採行三浬領海規則❷。惟，西班牙、葡萄牙及北歐國家卻主張更寬的領海。因此，三浬規則仍未能成為一般所接受的規則❷。

Aug. 1958, 27. International Law Reports 117 (1963).

❶ 其他有關外國船舶進入港口權利的問題，參閱 G. Whiteman, Digest of International Law, 1968, pp. 110–113.

❶ 海洋法公約第八條第二項。

❶ 參閱沈克勤編著，國際法，臺灣學生書局，民國八十年版，頁 181。

❷ 例如一八八二年的「北海漁業管理公約」及一九二一年的英美賠償仲裁法庭，都以三浬為領海寬度。參閱俞寬賜，從一九八二年聯合國海洋法公約論生物資源的開發養護和管理，民國七十四年六月，頁 4。

❷ L. Delbez, Les Principes Généraux du D. I. P. 1964, p. 237.

❷ 學者認為二十世紀初，領海最低寬度應為三浬，已為各國所接受，成為國際法的習慣規則，但，各國尚未能一致承認領海最大寬度為三浬。參閱沈克勤，前揭書，頁 182–183。

一九五八年第一屆海洋法會議對於領海寬度亦未能達成協議，但顯示出各國對三浬領海寬度信心動搖，並要求擴大領海寬度。一九六〇年第二屆海洋法會議，試圖建立六浬領海及領海外六浬專屬漁區的制度，亦因一票之差而告失敗。

事實上，各國為保障其經濟利益及國家安全，早在第三屆海洋法會議召開之前，已採取擴展國家管轄權的措施。例如一九六〇年約有十三個國家宣告領海寬度為十二浬，到了一九七四年第三屆海洋法會議加拉卡斯 (Caracas) 會期召開前已增至五十二個國家，另有十一個國家擴大領海寬度從十八浬至二百浬不等 ❷。總之，沿海國擴張十二浬的領海在加拉卡斯會期中已被確認 ❷。一九八二年海洋法公約明定領海最大寬度為十二浬，第三條規定：「每一國家有權確定其領海的寬度，直至從按照本公約確定的基線量起不超過十二海浬的界限為止。」領海的內界 (The Interior Limit; La Limite Intérieure) 也就是內水的外界，係由一條「基線」(The Base Line; La Ligne de Base) 所形成。

海洋法公約所承認的基線劃定方法計有低潮線法、直線基線法和群島基線法三種，分別適用於性質不同的海岸。

㈠低潮線法

低潮線就是海洋法公約所稱「正常基線」(Normal Base Line)。公約第五條規定：「測算領海寬度的正常基線是沿海國官方承認之大比例尺海圖所標明之沿岸低潮線 (Low-Water Line)。」

在國際實踐上首次採用低潮線 (Low-Water Line) 是一八三九年英法漁業協定，復經一八九四年國際法學會 (Institut de Droit International) 所確認 ❷。一九五八年日內瓦領海及鄰接區公約第三條正式承認低潮線為測算

---

❷ R. P. Anand, Winds of Change in the Law of the Sea, 1980, p. 47.

❷ 許多宣言及提議均支持此制度，包括 Addis Ababa 宣言的四十一個非洲國家，U. N. Doc. A/AC. 138/79, 21 July 1972, p. 52; 二十二個拉丁美洲國家，U. N. Doc. A/AC, 138/80, 26 July, 1972, p. 3, 以及若干亞洲國家、蘇聯和其他共產國家。

領海寬度的正常基線。

　　至於作成低潮線的方法，各國不盡相同，大致係以若干次大潮過後，潮水退淨至最低之處，求其平均所得的結果，故不易為其他國家所詳知，海洋法公約乃規定：「沿海國官方承認之大比例尺海圖所標明之沿岸低潮線。」❷換言之，採用沿海國政府所核定海圖，以其所繪製者定其海岸基線。

㈡直線基線法

　　直線基線法 (Straight Base Line) 係一九五一年英挪漁業權案，國際法院判決後所形成的一種領海基線❷。一九五八年領海及鄰接區公約第四條乃接納此種制度。海洋法公約第七條規定，在海岸線極為曲折的地方，或者如果緊接海岸有一系列島嶼，測算領海寬度的基線的劃定可採用連接各適當點的直線基線法❷。惟適用「直線基線法」，公約規定下列限制：

　　1.不應在任何明顯的程度上偏離海岸的一般方向 (The General Direction of the Coast Principle)❷。惟此項規定，欠缺客觀標準，是一種主觀判斷問題，沿海國在判斷上有相當大的彈性，況且每一直線的長短亦未予以限制。

　　2.基線內的海域必須充分接近陸地領陸，使其受內水制度的支配❸。

---

❷　D. P. O'Connell, International Law of the Sea, Oxford, 1982, vol. I, p. 172.

❷　海洋法公約第五條。

❷　Anglo-Norwegian Fisheries Case, I. C. J., Rep., vol. I. 本案係因挪威於一九三五年七月十二日頒佈命令，自行規定其北部海域的領海基線是採用選定的各基點所連結的直線。各基點或在海岸線上，或在沿岸島嶼及岩石上。英國認為如此則將公海一部分劃入領海範圍，乃於一九四九年向國際法院起訴，本案判決英國敗訴。法院認為挪威北部海岸極為曲折，近海的岩石滿佈，與海岸成為一個整體，其地理上條件特殊；而且在經濟上，居民亦仰賴該區的漁捕為生。法院乃判定：如一國的海岸線極其曲折，或其靠近海岸之處，有一串之岩石小島羅列，自得採用「直線基線」。

❷　海洋法公約第七條第一項。

❷　同條第三項。

❸　同條第三項。

3.不得使其他國家領海與公海或專屬經濟區隔斷**❸**。

4.確定特定基線時，對於有關地區所特有並經長期慣例證明其為實在而重要的經濟利益，得予以考慮**❸**。

依據英挪漁業權案判決及日內瓦領海及鄰接區公約第四條的規定明白表示祇有「經濟利益」(Economic Interests) 不足以作為直線基線採用的理由。直線基線採用的主要依據是海岸線的形狀。唯有海岸的地理和天然因素業已存在，沿海國始得以主觀的「經濟利益」來影響或修正已劃出的基線中的若干直線。「經濟利益」因素列入公約條款所具有的證明作用多於運作的價值 (A Probative Rather Than an Operative Value)。日內瓦公約第四條文字指出「經濟利益」是附屬於其他標準之下。換言之，祇有在直線基線方法可予以適用的情形下，「經濟利益」始得予以考慮。此外，英挪漁業權案判決，法院確認三項事實：(a)居民悉仰該區的漁捕為生；(b)經由長期慣例證明經濟利益的重要；(c)具有傳統上的漁權**❸**。由此可知，在適用直線基線的經濟因素證明並不限於該區居民長久以來利用有關水域的自然資源。

5.低潮高地原則上不得作為直線基線劃定的起訖點**❸**。此乃因恐造成領海或專屬經濟區範圍過寬。惟採用低潮線基線法時，則不受限制。

㈢群島基線法

群島 (Archipelagos) 乃是一群島嶼 (A Group of Islands)。就地理而言，群島又分沿岸或大陸群島 (Coastal or Continental Archipelagos) 及遠洋群島 (Mid-Ocean Archipelagos) 兩種，前者係大陸的延伸，相當於大陸的一部分，沒入海中，四周環水而已，例如挪威、加拿大、阿拉斯加的沿岸島嶼。後者則自成一體，非沿岸羅列者可比，如菲律賓、印尼等。

---

❸ 同條第六項。

❸ 同條第五項。

❸ I. C. J., Rep., 1951, pp. 128, 132, 142.

❸ 除在低潮高地上築有永久高於海平面的燈塔或類似設備，或以這種高地作為劃定基線的起訖點已獲得國際一般承認者。同條第四項。

沿岸群島的領海基線的傳統方法是祇要島嶼不太偏離海岸者，得以各島嶼作為焦點而採用直線基線法；倘若島嶼遠離海岸時，島嶼祇能有本身的領海，不得作為劃界的基點 ❸。

第三屆海洋法會議接納群島基線原則，海洋法公約第四部分第四十六條規定群島及群島國的定義，第四十七條規定有關群島基線的測定，第四十八條規定群島國的領海、專屬經濟區和大陸礁層寬度應從群島基線量起。茲就上述條款規定的重點分析之：

1. 須為群島國的群島始得適用群島基線。換言之，群島必須同時是主權國。因此，法羅群島 (Faeros)、加那利群島 (Canaries) 均不得適用此法。印度在第三屆海洋法會議中反對此種區分未獲成功 ❸。海洋法公約所稱「群島」是指一群島嶼，包括若干島嶼的若干部分，相連的水域和其他自然地形，彼此密切相關，以致這種島嶼、水域和其他自然地形在本質上構成一個地理、經濟和政治的實體，或在歷史上已被視為這種實體。所謂「群島國」乃指全部由一個或數個群島構成的國家，並可包括其他島嶼。

2. 群島基線應包括主要島嶼和一個區域，在該區內水域面積和陸地面積（包括環礁在內）的比例應在一比一到九比一之間 ❸。

3. 這種基線的長度不應超過一百浬，但圍繞任何島嶼的基線總數中，百分之三基線長度可達一百二十五浬 ❸。此項規定亦欠缺客觀標準，因祇須增加基點 (Basepoints)，即可達到所需百分比。

4. 這種基線的劃定，不應在任何明顯的程度上偏離群島的一般輪廓 (The General Configuration of the Archipelagos) ❸。在基線內的水域乃屬群島水域 (Archipelagic Waters)，置於群島國主權下所有國家的船舶均享有通

❸ 法學家卡爾曾研究各國在實踐上有關島嶼的位置對海域界限劃定影響做此論點。參閱 D. E. Karl, Island and the Delimitation of the Continental Shelf: A Framework for Analysis, A. J. I. L., 1977, vol. 72, No. 4, pp. 642–670.

❸ UNCLOS III, Official Records, vol. II, p. 283.

❸ 海洋法公約第四十七條第一項。

❸ 同條第二項。

❸ 同條第三項。

過群島水域的無害通過權 (Innocent Passage)。惟此項無害通過權應受「群島海道通過制度」(Right of Archipelagic Sea Lanes Passage) 的限制 ❹。

5.低潮高地 (Low-Tide Elevations) 不得作為基線劃定的起訖點，除非該高地上築有永久高於海平面的燈塔或類似設施，或其全部或一部與最近島嶼的距離不超過領海寬度 ❹。

6.群島國不得採用此種基線制度以致使其他國家的領海與公海或專屬經濟區隔斷 ❹。

7.群島水域的一部分如果位於一個直接相鄰國家的兩部分領土之間，則該鄰國傳統上在水域內行使的現有權利和一切其他合法利益以及兩國間協定所規定的一切權利，均應繼續，並予以尊重 ❹。

二、領海界限之劃定

一九五八年領海及鄰接區公約第十二條第一項有關海岸相向或相鄰國家間領海界限之劃定重現於海洋法公約第十五條之規定:「如果兩國海岸彼此相向或相鄰，兩國中任何一國在彼此沒有相反協議之情形下，均無權將其領海延伸至一條其每一點都同測算兩國中每一國領海寬度之基線上最近各點距離相等之中間線以外。但如因歷史性所有權或其他特殊情況而有必要按照與上述規定不同之方法劃定兩國領海之界限，則不適用上述規定。」學者認為一九五八年公約之簽署國有六十六國之多，而且未批准該公約國家亦沒有對第十二條規定明示表示反對，故可認定該條已獲得國際社會之默認 (Prior Acquiscence)，並在第三屆海洋法會議獲得進一步之確認 ❹。

---

❹ 海洋法公約第五十二條第一項；第五十三條。

❹ 海洋法公約第四十七條第四項。

❹ 同條第五項。

❹ 同條第六項。

❹ Hungdah Chiu, Some Problems Concerning the Application of the Maritime Boundary Delimitation Provision of the 1982 U. N. Convention on the Law of the Sea between Adjacent or Opposite States, MD. Jr. of Int'l Law & Trade, vol. 9, 1985, p. 7.

依上述規定，領海界限劃定規則如下：　1.劃界得以協議定之；　2.若無劃界協議，則依據「等距」(Equidistance) 方法來劃界。換言之，以「等距」方法來劃出海岸相鄰或相向沿海國間之領海之「中央線」為界限**⑮**；　3.若有特殊情勢或歷史性所有權存在，則可以採用「等距」以外之其他方法劃定領海界限。

由上述規定，公約所規定之劃界規則係由「協議─等距─特殊情勢」(Accord-Équidistance-Circonstances　Spéciales；　Agreement-Equidistance-Special Circumstances) 三部分組成。茲就此三項構成部分剖析之：

其一，彼此協議劃界：原則上，國家得自由締結條約，並自由決定條約之內容，惟不得與一般國際法之強制規律 (Les Règles Péremptoires du Droit des Gens) 相抵觸**⑯**。此外兩國所協議之界限，雖不必獲得國際承認，但如係採「直線基線」劃界，可能將大部分公海劃入其領海，甚至封鎖他國之出海口，因此公約明定不得使他國領海與公海或專屬經濟區隔絕，否則對第三國不發生效力**⑰**。此外，直線基線之劃定，不應在任何明顯之程度上偏離海岸之一般方向**⑱**。但，直線基線之最大長度並未受限制在適用時可能發生問題，值得吾人注意**⑲**。

其二，「等距」方法與「特殊情勢」之關係：原則上，「等距」方法適用於「正常」而「非特殊」之情勢，「等距」在位階應高於「特殊情勢」。換言之，在實際運作上存在著有利於「等距」之假設，而此種假設祇有在

⑮　有關「等距」之技術問題，參閱 R. D. Hodgson et E. J. Cooper, The Technical Delimitation of a Modern Equidistant Boundary, Ocean Development and International Law Journal, vol. 3, 1976, pp. 361–388.

⑯　一九六九年維也納條約法公約第五十三條。

⑰　一九五八年領海及鄰接區公約第四條第五項；海洋法公約第七條第六項。

⑱　海洋法公約第七條第三項。

⑲　學者 Knight 指出厄瓜多爾之直線基線長達一百三十六浬，吾人認為該直線若已明顯偏離海岸一般方向，則為海洋法公約所禁止者。G. H. Knight, The Law of the Sea: Cases, Documents and Readings, 1980, pp. 5–54, 引自 Hungdah Chiu, op. cit., p. 8.

主張「特殊情勢」存在之國家證明「特殊情勢」存在之情形下才被推翻。此外，公約條款並未就「特殊情勢」予以界定，僅抽象提及「歷史性所有權」。惟，國際法委員會所擬訂之一九五八年公約草案說明時提及有關海岸之特殊地形、島嶼和可航道之存在❺⓪。委員會亦強調一九五八年領海公約第六條❺①之「特殊情勢」規定乃為修正劃界之不合理結果，蓋因不公平可能來自「等距」方法機械性之適用。換言之，乃為確保在任何情況下之公平劃界所必要者。

第三屆海洋法會議大多數國家代表有關領海界限劃定仍主張維持一九五八年領海公約第十二條第一項之文字僅提及「等距」和「特殊情勢」而未明示提及「衡平原則」❺②，乃因若干海岸輪廓對於在領海範圍內之「等距線」影響不大。

三、沿海國的領海主權

沿海國在其領海享有主權。此一領海海域，係指沿海國陸地及其內水以外鄰接的一帶海域，在群島國的情形下，則及於群島水域以外鄰接的一帶海域。沿海國在領海主權及於領海上空及其海床和底土❺③。因此，沿海國得制定財政、衛生、安全、航行及經濟性等相關法規適用於領海海域。沿海國在領海內生物資源及海底資源的探測、開發和管理享有專屬權利。同時，沿海國在其領海內亦享有民事及刑事管轄權。茲就漁業權及民刑管轄權說明之。

㈠沿海國的專屬漁權

法學家海德 (C. C. Hyde) 說：「在包括邊緣海域在內的領域範圍內，一國享有專屬的漁業管轄權。」❺④一八一七年十二月十七日英國法務總長就美

---

❺⓪ Annuaire de la Commission du Droit International, vol. II, 1956, p. 300.

❺① 以及大陸礁層公約第六條。參閱 Tribunal Arbitral Franco-Britannique, De'limitation du Plateau Continental, Décision du 30 Juin 1977, para. 70.

❺② 事實上在特殊情勢之規定已包容衡平原則之適用。

❺③ 海洋法公約第二條。

國漁船被捕事件表示:「禁止外國人在不列顛國協自治領之領海內捕魚之權利乃根據公平原則。」❺此觀念為一八一八年英美漁權條約所接納,該條約確立自沿海岸起算三浬的絕對界限,在界限內是沿海國的專屬漁區,界限外則是自由捕魚區❺。迄十九世紀末,由各國實踐確立三浬領海界限與專屬漁區的連繫性。

　　二十世紀初,沿海國擴大專屬漁區逐漸成為一種無法抗拒的趨勢。自一九七〇年以來,由於沿海國擴大領海寬度至十二浬已形成普遍情形,沿海國在十二浬內的捕魚權乃成為「專屬或絕對漁權」(Exclusive or Absolute Fishery Rights) 而在十二浬外的鄰接水域行使「優先漁權」(Preferential Rights)。國際法院於一九七四年有關英、德與冰島漁業權案的判決,明白指出此兩種實踐已形成習慣法❺。此外,沿海國在領海的漁業權受到他國在該區傳統捕魚權的限制,美國人民於美國獨立後,認為不應喪失享有在英國水域內的歷史性漁權❺。一七八三年條約更確認此種權利,規定:「美國人應繼續享有不受干擾權利,在紐芬蘭沿海、聖勞倫斯灣,以及英國人民經常捕魚的海域、不列顛國協自治領沿岸、海灣等地捕魚……」❺海洋法公約第五十一條第一項規定:「群島國應尊重與其他國家間的現有協定,並應承認直接相鄰國家在群島水域範圍內的某些區域內的傳統捕魚權(Traditional Fishing Rights) ……」,因此,群島國在群島水域外的領海漁權自應受到更大限制。

㈡沿海國的民刑管轄權

　　外國船舶無害通過一國領海時,原則上仍受船旗國的管轄。因此,沿海國對於通過其領海的外國船舶行使民事和刑事管轄權應受到嚴格的限

❺　引自俞寬賜,前揭文,頁3。
❺　D. P. O'Connell, The International Law of the Sea, Oxford, 1982, vol. I, p. 514.
❺　Ibid.
❺　U. K. v. Iceland; Germany v. Iceland, I. C. J., Rep., 1974 (1), pp. 27–31, 45–51.
❺　H. O. Reid, International Servitudes in Law and Practice, 1932, p. 90.
❺　Malloy, Treaties, Conventions, International Acts, Protocols and Agreements between the U. S. A. and Other Powers, vol. I, p. 588.

制。

在刑事管轄方面，一九五八年領海及鄰接區公約第十九條規定❻，沿海國不得因外國船舶通過領海時，船上發生犯罪行為，而在通過領海的船舶上行使刑事管轄權、逮捕任何人或從事調查，但有下列情形之一者，不在此限：

1. 犯罪的後果及於沿海國者。

2. 犯罪行為擾亂當地安寧或領海的良好秩序者。

3. 經船長或船旗國領事請求地方當局予以協助者。

4. 為取締非法販運麻醉藥品確有必要者。

但沿海國仍得依本國法律，對駛離內國水域通過領海的外國船舶採取步驟，在船上實行逮捕或調查之權。換言之，在此種情形，沿海國享有較大的刑事管轄權；相反地，倘外國船舶自外國海港啟航，僅通過領海而進入內國水域，沿海國不得因該船進入領海前所發生的犯罪行為，而在其通過領海時，於船上採取任何步驟，逮捕任何人或從事調查。

在各國實踐上，外國船舶進入一國港口後，英美國家認為倘船上的犯罪行為擾亂了「港口的安寧」，港口國得行使刑事管轄權，歐陸國家則承認外國船舶上所發生任何事件均屬船旗國管轄❻。傑塞普 (Jessup) 就觀察實際情形指出：「各國法院對於與其利益無關的事項，通常不加管轄。」❻

在民事管轄方面，沿海國對於通過領海的外國船舶，不得為向船上的人民行使民事管轄權而令船舶停駛或變更航向。惟沿海國得在下列情況下，因民事訴訟而對外國船舶從事執行或實行逮捕：(1)船舶本身在沿海國水域或航行過程中，或為此種航行目的所承擔或所生債務或義務的訴訟；(2)外國船舶在領海內停泊；(3)外國船舶駛離內國水域通過領海❻。

---

❻ 海洋法公約第二十七條。

❻ 參閱 Wildenhus' Case; 參閱 G. von Glahn, Law Among Nations, 1970, pp. 352–353; 杜蘅之，國際法大綱，上冊，民國六十年版，頁 359–360。

❻ 杜蘅之，上揭書，頁 359。

❻ 海洋法公約第二十八條。

四、領海的無害通過

　　十八世紀，賓克雪克 (Bynkershoek) 開始主張海洋之合法佔有者，得禁止他人在其海域航行。就過境而言，船舶即使未裝載武器或對沿海國造成任何損害，亦得禁止其過境❻。換言之，賓氏認為沿海國在大砲射程 (The Cannon-Shot) 內之海域，沿海國有權禁止外國船舶之通過。事實上，在十九世紀以前，沒有一位法學家撰文否認沿海國享有禁止外國通過其海域之權利。各國亦不承認未經沿海國同意之通過權❻。

　　十九世紀以後，由於國際貿易逐漸發達，各國對於航行自由問題開始注意，尤其是有關船舶在主權海域之通過權方面更為重視。法學家馬賽 (Massé) 於一八四四年發表之著作，首先反映出此種客觀情勢之變動，主張沿海國在其海域行使權利不應妨礙商業上之航行，蓋因沿岸國在其沿海所享有之權利係「管轄權」(Jurisdiction) 而非「所有權」(Property)❻。顯然地，現代無害通過 (Innocent Passage) 觀念，係由「管轄權」與「所有權」區分之新理論衍生而來。惟，此種觀念迄十九世紀末期始為國際法理論所接納。

　　無害通過權觀念之法典化始於二十世紀初期。一九三〇年海牙法典化會議 (The Hague Codification Conference) 所通過之海牙公約第十六條首次述及無害通過之定義，規定：「通過並非無害，倘若船舶使用領海之目的在於損及沿岸國之安全、公序或財政上之利益。」❻依據海牙公約之規定，祇有發生實際損害之通過，始構成非無害之通過。

　　一九五六年國際法委員會 (The International Law Commission) 所準備

---

❻　O'Connell, op. cit., pp. 260–261.

❻　當時歐洲各國雖然承認在歐洲水域之通過自由，法學家視其為歐洲公法 (European Public Law) 或歐洲海洋法，並不適用於殖民地水域。在十八世紀，西班牙王國禁止外船接近其殖民地港口。

❻　De Visscher and Ganshof, Revue de Droit International et de Législation Comparée, 1920, vol. I, p. 322.

❻　該定義係英國代表在會議所提，經多數代表支持而獲會議之採納。參閱 M. S. McDougal and W. T. Burke, op. cit., p. 236.

日內瓦會議之文件與海牙公約之規定相類似，規定之「通過係屬無害，倘若船舶未使用領海從事任何損及沿海國安全行為。」❻換言之，通過是否無害乃視對沿海國利益損害行為之實際違犯而定。

　　一九五八年日內瓦海洋法會議時，各國所提草案修訂案均涉及「無害」(Innocence) 之定義以及沿岸國之權力範圍。會議所通過之領海及鄰接區公約 (Convention on the Territorial Sea and the Contiguous Zone)，其中第十四條第四項有關無害通過之定義；第十六條有關沿海國權力之範圍及其限制。

　　一九八二年所通過之海洋法公約第十八條明定「通過」之意義，規定通過領海之航行包括穿過領海之通過與駛往或駛出內水或停靠港口設施之通過❻。同時，通過必須繼續不停和迅速進行。此項規定之目的在於授予沿海國有權驅逐非通過之船舶，例如非航行意外之停泊或徘徊不前之船舶。公約第十九條另規定「無害」之意義，原則上維持日內瓦公約所規定「不損害沿海國之和平、善良秩序或安全，即屬無害」之觀念，惟明文列舉十二項構成「非無害」(Non-Innocence) 通過之活動。

㈠無害通過權的意義

　　一九五八年領海及鄰接區公約第十四條第二項及第三項規定「通過」之意義，稱「通過」者謂在領海中航行。「通過」包括停船及下錨在內，但以通常航行附帶有此需要，或因不可抗力或遇災難確有必要者為限。同條第四項則規定「無害」之意義，凡通過如不妨害沿海之和平、善良秩序或安全，即係「無害」通過。

　　「無害」之認定較「通過」為難。在哥甫海峽案 (Corfu Channel Case) 國際法院認為「無害」之決定因素並非船舶之性質，而係通過本身之行為。法院指出：「所考慮問題是通過所完成之行為是否符合無害通過之原則。」❼法院認為一九四六年十月二十二日四艘通過阿爾巴尼亞水域為「無害」通過，蓋因證據顯示，船舶並未擺開戰鬥隊形，而且在首次開火之前，並未

---

❻　　U. N. Gen. Ass. Off. Rec., 11th Sess., Supp., No. 9 (A/3159), 1956.

❻　　駛往或駛出內水等規定係新海洋法公約所增列。

❼　　1949, I. C. J., Rep. 30.

展開軍事行動❼。

　　由此可知，日內瓦公約有關無害通過規定乃接納了哥甫海峽案所確立之原則。換言之，每次通過均須判定是否損及沿岸國之權利，而哥甫海峽案之判決可視為做成此項判定時之參考。就積極意義而言，日內瓦公約第十四條第四項之規定乃指「通過」應假設其為「無害」，除非有相反（非無害）之證明。學者哥羅斯 (L. Gross) 亦認為該條款文字意含沿海國應就通過本身是否損及其權利負舉證責任❼。在此種重大負擔下，沿海國對於非無害通過行為，必須保全所需證據。另一方面沿海國得為維護其安全，制訂規章管理外國船舶通過其領海。惟，管理並非禁止，國際法院在哥甫海峽案指出：「阿爾巴尼亞禁止此種通過或要求特別許可，不能認為有理由。」❼日內瓦公約乃更進一步承認「沿海國得在其領海內採取必要步驟 (To Take Necessary Steps)，以防止非為無害之通過❼。」

　　至於沿海國是否得為排除威脅及維護安全之目的，而於外船完成公然違犯行為之前，對於船舶之通過予以干擾❼？日內瓦公約第十四條第四項規定未有明確表示。一九八二年海洋法公約第十九條第一項重申日內瓦公約第十四條第四項規定，第二項更進一步列舉通過應視為損害沿海國之和平、良好秩序或安全之行為（活動）如下：

　　1.對沿海國之主權、領土完整或政治獨立進行任何武力威脅或使用武力，或以任何其他違反聯合國憲章所包含（體現）之國際法原則之方式，

---

❼　Ibid.

❼　Leo Gross, The Geneva Conference on the Law of the Sea and the Right of Innocent Passage through the Gulf of Aquaba, A. J. I. L., 1959, vol. 53, pp. 564, 582. McDougal 教授則認為應由船舶分擔證明其通過為無害。The Law of the Sea, 1967, pp. 3, 17.

❼　1949, I. C. J., Rep. 29.

❼　日內瓦公約第十六條第一項。

❼　現代國際法學者對此問題見解互異。有認為須有危及沿海國之行為或損及沿海國之利益者 Politis, R. G. D. I. P., 1901, t. 8, p. 341; 有認為不必有公然違犯行為之實施者 Scerni, Hague Recueil, 1967, pp. 33 et s.

進行武力威脅或使用武力。

2. 以任何種類之武器進行任何操練或演習。

3. 任何目的在於搜集情報使沿岸國之防務或安全受損害之行為。

4. 任何目的在於影響沿海國防務或安全之宣傳行為。

5. 在船上起落或接載任何飛機。

6. 在船上發射、降落或接載任何軍事裝置。

7. 違反沿海國海關、財政、移民或衛生之法律和規章,上下任何商品、貨幣或人員。

8. 違反本公約規定之任何故意和嚴重之污染行為。

9. 任何捕魚活動。

10. 進行研究或測量活動。

11. 任何目的在於干擾沿海國任何通訊系統或任何其他設施或設備之行為。

12. 與通過沒有直接關係之任何其他活動。

上述日內瓦公約賦予沿海國認定有害與否之權利,衹要沿海國認為有害其和平、秩序或安全,即可視為非無害 (Non-Innocent) 之通過,雖然沿海國仍須提出該通過為有害之確實證據。由於此種規定太過含糊,海洋法公約乃對沿海國之裁量權加以限制,並就沿海國斷定通過是否無害之依據詳加規定。

事實上,海洋法公約第十九條所授予沿海國裁量權可能較之文字表面規定更為廣泛。該條第二項第一款所規定:「對沿海國主權、領土完整或政治獨立進行任何武力或使用武力……」,又依據聯合國憲章第五十一條規定,任何會員國受武力攻擊時,得行使單獨或集體自衛之自然權利,多數學者認為依憲章規定,任何會員國在有危險發生之虞時,得採「預防性自衛」(Anticipatory Self-Defense) 行為。準此,沿海國似可在外國船舶未實際使用武力前,主觀認定通過可能危及其安全,而視通過非無害。關於此項問題,吾人認為就整個國際社會利益而言,應僅由通過領海時所發生之特定行為來決定通過之無害,以限制沿海國之裁量權。國際法學者布爾克

(Burke) 也認為「以特定船舶通過時之活動作為判斷是否無害之基礎，是一回事；以廣泛事件之情況 (State of Affairs)，例如船舶所裝載貨物之性質或航行目的地等，所推演之結論作為判斷基礎，又是另一回事。倘若允許沿海國官員考慮後者之各項因素，勢將擴大沿海國之裁量權。」❼

此外，公約第十九條第二項第一款後段所規定：「以任何其他違反聯合國憲章所體現 (Embodied) 之國際法原則之方式，進行武力威脅或使用武力。」本條款之適用亦可能授權沿海國將違反聯合國憲章所體現之國際法原則之活動，視為非無害之通過。該條款法文本規定：「任何其他違反國際法原則之行為」(De Toute Autre Action en Violation des Principes du Droit International) 更可能導致公約擬訂者所欲限制沿海國裁量權之意圖無法實現。惟，吾人所必須注意者乃是必須船舶在通過時 (In Passage) 所發生違反國際法之威脅行為，沿海國始得認定為「非無害通過」(Non-Innocent Passage)。換言之，船舶並非在通過領海時（例如在進入領海前）所為違反國際法之武力威脅，沿海國似可停止該船通過其領海之權利。

(二)軍艦的無害通過權

軍艦是否與商船一樣享有無害通過領海之權利，乃是現代海洋法爭論問題之一。換言之，軍艦通過領海是否必須將其通過之意願事先通知 (Previous Notification) 沿海國或獲得沿海國之事先許可 (Previous Authorization)。一九五八年日內瓦公約及一九八二年海洋法公約有關軍艦無害通過問題仍不明確。

1.學者見解

十九世紀以前，在領海視為所有權之理論下，認為外國船舶，無論商船或軍艦之通過均係沿海國容忍之結果，故在通過權方面，未將軍艦與商船予以區分。迄十九世紀中期，由於船舶建造技術之進步與改革，裝甲軍艦進入領海對於沿海國之安全威脅性增加，軍艦之無害通過權問題乃開始受到重視。

---

❼ W. T. Burke, Contemporary Law of the Sea: Transportation, Communication and Flight; 1975, p. 12.

現代學者對於軍艦之無害通過見解互異，此乃因習慣法之狀況難以確定使然，蓋因國家在正常情況下，均同意外國軍艦之通過，惟保留制訂法規或禁止通過之權利。布魯葉 (Brüel) 研究一次世界大戰後之國家實踐後，亦在結論中指出：「無害通過權通常適用於商船和軍艦，惟後者之權利並未完全確立 **[77]**。」

2.國家實踐 **[78]**

各國有關軍艦通過領海之實踐亦未趨一致。大體言之，在和平時期，各國承認外國軍艦享有無害通過領海之權利，惟限制寬嚴不一，有規定須事先通知者，有不得通過規定特定區者，有規定船舶數量及停留時間應受限制者，甚至有規定須獲事先許可者。在一九四九年哥甫海峽案，英國亦曾提出各國實踐資料以證明在和平時期，軍艦享有通過領海之完全權利 **[79]**。

3.國際公約

一九五八年日內瓦會議對於軍艦之無害通過權問題討論極為熱烈。最後因未能獲得三分之二多數通過，軍艦通過問題仍未能在公約中明文規定。日內瓦公約將無害通過權規定於「適用於一切船舶之規則」之 (A) 節中 (Sub-section A, Rules Applicable to All Ships)，第二十三條明定：「任何軍艦不遵守沿海國有關通過領海之規章，經請其遵守而仍不依從者，沿海國得要求其離開領海。」

一九八二年海洋法公約有關軍艦通過領海問題之規定與一九五八年日內瓦公約所造成情勢實際上並無差別 **[80]**。惟，就海洋法公約第十九條詳細列舉外國船舶在領海所禁止之活動而言，公約所重視者乃是軍艦通過領海之方式而非抽象之通過權。該條若干項目規定均為減少外國軍艦行使無害

---

[77]　Eric Brüel, International Straits, 1947, vol. I, p. 108.

[78]　本節資料主要參考 O'Connell, op. cit., pp. 277–280.

[79]　英國指出在三十七個頒訂外國軍艦進入領海規章之國家中，有二十一個國家規定進入港口無任何限制；有十三個國家僅頒訂進入港口或內水或在領海下錨之規章。Corfu Channel Case, I. C. J., Rep., 1949, Pleadings, vol. I, pp. 224, 226.

[80]　海洋法公約第三節 A 分節第十七條規定所有國家之船舶均享有無害通過領海之權利。

通過權時可能造成沿海國之恐懼，例如禁止在領海以任何種類的武器進行任何操練或演習❸、在船上起落或接載任何飛機❷、在船上發射、降落或接載任何軍事裝置❸等。此外，公約第二十九條明定軍艦定義：「軍艦是指屬於一國武裝部隊、具備辨別軍艦國籍的外部標誌，由該國政府正式委任並名列相應的現役名冊或類似名冊的軍官指揮和配備有服從正規武裝部隊紀律的船員的船舶。」❹ 第三十條規定：「如果任何軍艦不遵守沿海國關於通過領海之法律和規章，而且不顧沿海國向其提出遵守法律和規章之任何要求，沿海國可要求軍艦立即離開領海。」本條規定與上述日內瓦公約第二十三條規定之精神相同，在用詞上則增列「立即」一詞。

關於潛艇之無害通過權，一九五八年日內瓦公約第十四條第六項規定：「潛水艇須在海面上航行並揭示其國旗。」本條款文義非常清楚，惟仍有兩個問題必須澄清：其一是假如潛艇違反規定而潛航通過領海是否視為非無害通過；其二是沿海國對於潛航在領海之外國潛艇可否施以武裝攻擊。吾人認為潛艇潛航通過領海時是否無害通過並不能完全取決於違反在海面上航行義務，而應視其潛航通過之目的及其使用領海之妥適性而定。換言之，潛艇潛航通過領海或未出示國旗可能是非無害通過，惟此非因其潛航或未出示國旗。同時，沿海國對於非無害通過之潛艇，在實施武力攻擊之前，似應考慮是否有其他「有效步驟」可採。

一九八二年海洋法公約第二十條規定：「在領海內，潛水艇和其他潛水器，須在海面上航行並展示其旗幟。」除了增列「其他潛水器」外，其餘規定與一九五八年日內瓦公約第十四條第六項規定完全相同。

㈢沿海國暫停外國船舶無害通過權的條件

一九五八年領海及鄰接區公約第十六條第三項規定沿海國停止外國船舶無害通過領海的條件如下：　1.無害通過的停止只得在領海特定區實施，

---

❸　海洋法公約第十九條第二項 (b) 款。

❷　同條 (e) 款。

❸　同條 (f) 款。

❹　一九五八年日內瓦公約對軍艦定義未有規定。

不得在海峽內；2.應對一切船舶適用，不得有差別待遇；3.係暫時性停止；4.須於妥為公告後，始生效力；5.須為保障沿海國的安全有必要時。一九八二年海洋法公約大體上重申一九五八年的規定。該公約第二十五條第三項規定：「如為保護國家安全，包括武器演習在內而有必要，沿海國可在對外國船舶之間在形式上或事實上不加歧視的條件下，在其領海的特定區域內暫時停止外國船舶的無害通過。這種停止僅應在正式公佈後發生效力。」

參、鄰接區（毗連區）

「鄰接區」（或「毗連區」，Contiguous Zone）是指鄰接一國領海的公海區內，沿海國得在該區內對特定事項行使管轄權。

一九五八年日內瓦公約規定：「鄰接區自測定領海寬度的基線起算，不得超出十二浬。」⑧ 依此規定，十二浬寬的「鄰接區」包括領海在內，如果一國所定領海寬度為十二浬，則不能再設「鄰接區」。第三屆海洋法會議原則上仍維持「鄰接區」的制度，惟其寬度擴大至二十四浬⑧，換言之，沿海國得在十二浬領海之外再加十二浬的「鄰接區」。

日內瓦公約規定沿海國在「鄰接區」行使管轄權的範圍如下⑧：

1.防止在其領土或領海內有違犯其海關、財政、移民或衛生規章的行為。以上權利係列舉規定，凡列舉以外的事項，沿海國應無管轄權，例如沿海國在「鄰接區」內並不能享有特別的安全權利或排他性捕魚權⑧。

2.懲治在其領土或領海內違犯前述規章的行為。換言之，沿海國對於在「鄰接區」內發生的違犯該國海關、財政、移民或衛生規章的行為，並無懲治權。

---

⑧　一九五八年領海及鄰接區公約第二十四條第二項。

⑧　海洋法公約第三十三條第二項規定，中文名稱並改為毗連區，即自測定領海寬度的基線起算，不得超出二十四浬。

⑧　領海及鄰接區公約第二十四條第一項；海洋法公約第三十三條第一項。

⑧　各國雖然在日內瓦公約簽訂後相繼將漁區延伸至領海以外，吾人認為並不能解釋為第二十四條適用的結果。有關專有漁區將於「專屬經濟區」中討論。

第三節　國際海峽

　　一九五八年日內瓦領海及鄰接區公約第十六條第四項規定:「在公海之一部分與公海另一部分或外國領海之間供國際航行之用之海峽中,不得停止外國船舶之無害通過。」依此規定,日內瓦公約將適用於一般領海的無害通過制度,比照適用於海峽 (Straits) 的過境 (Transit),導致在國際航行和飛越的困難,例如飛機沒有飛越權、潛艇必須在海面上航行並展示國旗、沿海國制訂有關通過的法律規章權不明確、若干國家甚至要求軍艦通過須事先通知或許可❽,以及所謂「供國際航行之用」海峽含義不明等。

　　聯合國第三屆海洋法會議於一九八二年所通過的海洋法公約,一方面將領海的「無害通過」(Innocent Passage) 與供國際航行用的海峽之「過境通行」(Transit Passage) 予以區分❾;另一方面將國際海峽的定義類別及其所應適用的制度予以規定。

壹、國際海峽的定義

　　一九八二年海洋法公約所規定的「用於國際航行之海峽」(Straits Used for International Navigation)❾,乃適用於特定海峽以外的所有國際海峽。依該公約第三十五條 (c) 項規定,排除某些國際海峽之適用,倘若「此種海峽之通過全部或部分地規定在長期存在、現行有效的專門關於這種海峽之國際公約中。」換言之,海洋法公約欲將麥哲倫海峽 (Strait of Magellan)、丹麥海峽 (Danish Straits) 及博斯普魯斯、達達尼爾海峽 (Bosphorus and Dardanelles) 等特定海峽排除於公約所規定一般國際海峽適用範圍。因此,凡具有國際海峽的性質而非公約第三十五條 (c) 項所規定者,均適用海洋法公約所規定的國際海峽制度。

　　海洋法公約所稱「用於國際航行之海峽」(以下簡稱國際海峽) 必須具

---

❽　尤其是未加入日內瓦公約的若干海峽國。

❾　公約第二部分規定無害通過權;第三部分規定過境通行權。

❾　海洋法公約第三部分。

備下列要件：

其一，地理要件 (Geographical Element)

海峽通過問題的存在乃因其寬度為兩岸的領海所包括或重疊（即海峽寬度小於或等於領海寬度之兩倍），而造成「領海海峽」(Territorial Strait) 的情況。一般所稱「法定海峽」(Legal Strait) 乃因其由特定法律制度所規範。在現階段國際法制下，海洋法公約已明定，領海寬度不超過十二浬為界限❷。因此，法定海峽（公約所稱國際海峽）寬度須在二十四浬以內者❸。

海洋法公約所稱「用於國際航行」，因地理位置的關係，所應適用法律制度亦不同，可分為兩大類：

1.在公海或專屬經濟區 (Exclusive Economic Zone) 的一部分和公海或專屬經濟區的另一部分之間的海峽❹，所有船舶和飛機均享有過境通行權 (Right of Transit Passage)，過境通行不應受阻礙❺。依一九五八年日內瓦公約第十六條第四項規定，連接公海與公海間的國際海峽，僅享有無害通過權❻，此項權利不僅為國際習慣所承認，亦經一九四九年哥甫海峽案 (Corfu Channel Case) 判決所確認。至於過境通行權僅係一九八二年公約所創設新規則。

2.下列兩種用於國際航行的海峽適用無害通過制度❼：(1)介於沿岸國的島嶼和該國大陸間的海峽，而且該島嶼向海一面有在航行和水文特徵方面同樣方便 (Similar Convenience with Respect to Navigational and Hydrographical Characteristics) 的一條穿過公海，或穿過專屬經濟區的航道；(2)在公海或專屬經濟區的一個部分和外國領海之間的海峽。一九五八

---

❷　海洋法公約第三條。

❸　一九六〇年美國參加日內瓦會議代表迪安 (M. A. H. Dean) 在國會外交關係委員會指出：「假如領海擴展至十二浬，全球約有一百一十六個重要國際海峽，劃入沿海國領海範圍。」Dep't of State Bulletin, 1960 (42), pp. 251, 260.

❹　海洋法公約第三十七條。

❺　海洋法公約第三十八條第一項。

❻　一九五八年日內瓦公約未有專屬經濟區制度之設定。

❼　海洋法公約第四十五條、第三十八條第一項。

年日內瓦公約第十六條第四項亦承認在此種海峽，所有船舶享有無害通過權。就地理學觀點而言，連接公海與第三國領海的海峽，乃係連接公海與由若干沿岸國家所圍繞的海灣 (Gulf) 的海峽。大多數學者均認為，此種海峽應開放予各國船舶通過❾❽。

其二，功能要件 (Functional Element)

並非所有符合上述地理條件的海峽即屬國際海峽，依海洋法公約規定❾❾，還須具備「用於國際航行」(Used for International Navigation)。換言之，凡不用於航行或僅供一國沿岸航行之用者，均不適用公約的國際海峽制度。若干學者認為所謂「國際航行」(International Navigation) 並不限於沿岸國以外的兩國間之航行，更應包括沿岸國和某一外國之間航行在內❿❿❿。

至於「用於」國際航行的解釋則相當複雜而困難。究指「實際上用之於」，抑或尚包括「可用之於」國際航行？丹麥國際法學者布魯葉 (Eric Brûel) 在其一九四七年所出版的「國際海峽」(International Straits) 專著中，指出此問題之決定必須考慮到通過海峽之船舶數量、總噸位、所載貨物總值等因素❿❿❿。他進一步指出，必須在國際海上貿易上具有重要性的海峽，才能享有國際海峽的特殊法律地位。

布魯葉所主張國際海峽含義的重點在於「實際上用之於國際航行」的標準。一九四九年國際法院在審理哥甫海峽 (Corfu Channel) 是否為國際海峽時，英國主張，海峽視為國際航道之特質在於其為連接公海兩端的地理

---

❾❽ 若干學者將海洋法公約所規定的海峽分為四類，除上述兩大類外，還有第三十五條 (c) 項所規定若干海峽之通過受長期間存在，現行有效之國際公約規範者，以及海峽由特別國際協定所訂而與一九八二年公約制度不相抵觸者。參閱 Ruth Lapidoth, The Strait of Tiran, the Gulf of Aquaba and the 1979 Treaty of Peace between Egypt and Esreal, A. J. I. L., 1983, vol. 77, pp. 94 et s. 惟，後兩類係屬歷史性海峽或當事國參加公約後所締約的國際特別協定，海洋法雖承認其地位，究非公約所欲規範的國際海峽制度。

❾❾ 海洋法公約第三十七條、第四十五條。

❿❿❿ Ruth Lapidoth, A. J. I. L., op. cit., p. 92.

❿❿❿ E. Brüel, op. cit., pp. 42–43.

情勢及其用於航行之事實，而非經過海峽的交通量⑩。阿爾巴尼亞則主張
哥甫海峽對於國際航行重要性不大，亦非「重要航道」(Grande Route)，僅
係一個「次要之側道」(Une Voie Latérale et Secondaire)。此種次要航道實際
上僅供地方交通及沿海航行 (Cabotage) 之用⑩。

國際法院駁斥阿爾巴尼亞所提主張，認為決定國際海峽標準不在於交
通量或用於國際航行重要性，而在於海峽連接公海兩端的地理情勢及其用
於國際航行之事實⑩。惟，國際法院又指出，哥甫海峽並非公海兩端間必
要航道，然其重要性在於海峽曾是國際海上交通有用的通道 (Une Route
Utile au Traffic International)。由此可知，國際法院在本案判決所稱「用於
國際航行」除了地理情勢外，係指具有可作為國際航行的「能力」，而非其
實際交通量為標準。準此，具有通航能力的國際海峽是否「正常地」用之
於國際航行並非重要條件。

一九五六年國際法委員會 (International Law Commission) 有關海峽草
案規定：「在公海兩端間正常地 (Normally) 用之於國際航行」⑩，一九五八
年日內瓦海洋法公約將草案中「正常地」一詞予以刪除。國際法學者拉必
德斯 (R. Lapidoth) 也表示，重要條件是海峽「可用之於」國際航行者。他
說：「目前並無明確標準來衡量所稱『用於國際航行』，少數交通量似即可
滿此標準，只要海峽能用之於航行 (Le Détroit Soit Capable de Servir à la
Navigation)。」⑩

總之，國際海峽雖不必構成國際航行的必要航道，惟須是對國際交通
「有用之通道」(A Useful Route)。所稱「有用」故可能解釋為「可用之於」，
亦即考慮其是否具有作為國際航行的能力，惟吾人認為海峽對於國際交通
重要性亦不應忽視，例如通過海峽的船舶數量、總噸位、所載貨價值，以

⑩ I. C. J., Pleadings, 1949, vol. II, p. 242.

⑩ Ibid., p. 354.

⑩ 1949, I. C. J., Rep. 28.

⑩ Art. 17, I. L. C., Yearbook, 1956, vol. II, p. 258.

⑩ R. Lapidoth, Les Détroits en Droit International, 1971, p. 31.

及船舶國籍分佈情形等❿。換言之，須有相當程度之使用❿。

貳、過境通行權

一、過境通行之意義

過境通行權適用於國際海峽乃是一九八二年海洋法公約所新創的制度。惟此種新制度僅適用於「在公海或專屬經濟區的一個部分和公海或專屬經濟區的另一部分之間」的國際海峽❿。其他種類的國際海峽則適用無害通過制度❿，或適用有關海峽的國際協定❿，或適用公海有關航行和飛越自由原則❿，前節已詳細探討，不再贅述。

至於過境通行權 (Right of Transit Passage) 意義若何？其與無害通過權以及公海自由原則有何區別？乃有進一步探討必要。

海洋法公約第三十八條第二項規定：「過境通行是指按本部分規定，專為在公海或專屬經濟區的一個部分和公海或專屬經濟區的另一部分之間的海峽繼續不停和迅速過境的目的 (For the Purpose of Continuous and Expeditious Transit) 而行使航行和飛越自由。但是，對繼續不停和迅速過境的要求，並不排除在一個海峽沿岸國入境條件的限制，為駛入、駛離該國或自該國返回的目的而通過海峽。」第三十九條第一項又規定：「船舶和飛機在行使過境通行時應：(a)毫不遲延地通過或飛越海峽；(b)不對海峽沿岸

---

❿　Charles de Visscher 提及決定海峽對海上交通的重要性時，通常所考慮的因素。參閱所著 Problèmes de Confins en Droit International Public, 1969, p. 142.

❿　W. M. Reisman 認為一九五八年日內瓦公約及海洋法公約草案有關海峽定義究為「可用性」抑或須具有「相當程度內之使用」的標準交代不清，此種含義不明之立法將來會造成很大問題。The Regime of Straits and National Security: An Appraisal of International Lawmaking, A. J. I. L., 1980, vol. 74, No. 1, p. 66.

❿　海洋法公約第三十七條。

❿　海洋法公約第四十五條。

❿　海洋法公約第三十五條 (c) 項。

❿　海洋法公約第三十六條。

國的主權、領土完整或政治獨立進行任何武力威脅或使用武力，或以任何其他違反聯合國憲章所體現的國際法原則的方式進行武力威脅或使用武力；(c)除因不可抗力或遇難而有必要外，不從事其繼續不停和迅速過境的通常方式 (Normal Modes) 所附帶發生的活動以外的任何活動。」總之，公約將國際海峽之通過區分為兩種制度，一種是不應受阻礙之過境通行權；另一種是受較多限制之不應予以停止之無害通過權。後者沿岸國享有較廣泛權力，前者沿岸國的自由裁量權較受限制。

　　海洋法公約另訂適用於國際海峽的制度旨在維護國際社會團體利益。第三屆海洋法會議的主要目的在於協商一種能減少國家間衝突的制度。就用於國際航行海峽制度而言，若能任由沿岸國主觀解釋而訂定標準，勢將擴大衝突之種因。因此，若將通過海峽問題視同單純通過領海而適用無害通過制度是極不合理的處理。在一九七四年的加拉卡斯會期 (Caracas Session) 召開時，美國代表一再聲明達成一種不應受阻礙通過國際海峽之條約制度的重要性。傳統適用於領海的無害通過理論不能適用於國際海峽已為大眾所知悉❶❸。由此可知，過境通行制度既不同於公海航行自由制度，亦非領海無害通過制度的擴大適用。此種制度係公約為配合領海擴展至二十浬後，承認船舶和飛機在用於國際航行之海峽行使航行和飛越自由，所創設一種新名詞。

二、軍艦與潛艇的過境通行權

　　一九五六年國際法委員會曾建議沿岸國得要求軍艦通過海峽須事先通知。一九五八年日內瓦領海及鄰接區公約第十六條第四項規定：「在公海之一部分與公海另一部分或外國領海之間供國際航行之用海峽中，不得停止外國船舶之無害通過。」一般認為軍艦與商船一樣在領海享有無害通過權，上節已詳述。惟軍艦在海峽的無害通過與在一般領海不盡相同。沿岸國在領海有暫時停止軍艦無害通過之權，在海峽則無此權。國際法院在一九四九年哥甫海峽案判決揭示：「此乃一般所承認及符合國際習慣者，國家在和

---

❶❸　71 Dep't State Bulletin, 1974, pp. 409–410.

平時期有權使其軍艦通過連接公海兩端而用於國際航行之海峽，無須獲得沿岸國事先同意，倘此種通過係屬無害 (Innocent)。除非某一國際公約另有規定，沿岸國無權在和平時禁止此種通過。」❶❶❹

　　一九八二年海洋法公約仍維持日內瓦公約的規定，在用於國際航行的海峽中❶❶❺所有船舶和飛機 (All Ships and Aircraft) 均享有過境通行權利❶❶❻，公約並未將軍艦與商船予以區分。此外，公約亦未規定軍艦通過國際海峽須事先通知或獲得許可❶❶❼。

　　潛艇可否潛航通過海峽問題，學者就海洋法公約規定分析，見解互異❶❶❽。過境通行制度係海洋法公約所新創制度，探討此問題又欠缺國家實踐和國際判例之依據。惟，吾人以為探討此問題須從公約整體規定、立法精神與背景、海洋法有關其他制度的規定和特定條款的解釋等方面予以探討。

　　潛艇潛航過境在公約第三部分既無明文規定，又欠缺習慣法的依據情況下，吾人似不應依「無禁止規定即為許可」原則，據以認定潛航通過海峽為海洋法所允許者。惟，傳統海洋法承認海峽通過自由，潛艇通過海峽惟一問題在於其通過之方式 (The Mode of Passage Through Straits)。海洋法公約第三十九條第一項 (c) 款所要求者乃是「通常方式」的通過 (The

---

❶❹　1949, I. C. J., Rep., p. 28.

❶❺　指公約第三十七條所稱之海峽。

❶❻　海洋法公約第三十八條第一項。

❶❼　公約對於軍艦的一般無害通過或海峽的過境通行均維持自由通過原則。一九七六年葉門在「修訂單一協商案文」(RSNT) 的海峽部分提出修訂案:「沿岸國對於外國軍艦或核能船舶或載運危險物品船舶通過其領海海峽時,得要求事先通知或許可,未被會議所採納。」J. Norton Moore, The Regime of Straits and the Third U. N. Conference on the Law of the Sea, A. J. I. L., 1980, vol. 74, p. 110.

❶❽　學者 Reisman 對於潛艇在行使過境通行權時可否潛航通過 (Submerged Passage) 國際海峽,持懷疑態度。W. M. Reisman, op. cit., pp. 71–75. Norton Moore 則採肯定說, op. cit., pp. 95–102. 參閱拙著, 論新海洋法之航行和飛越自由, 中興法學第 20 期, 民國七十三年出版, 頁 27–30.

Normal Modes of Passage)，而其所謂「通常方式」乃指「繼續不停和迅速過境」(Continuous and Expeditious Transit)，以及不從事通過以外的其他損及沿岸國利益或違反海洋法公約有關規定者。至於過境時是否浮在海面上，是否採曲折路線 (Random Zigzag Courses) 前進均非公約所規範者。因此，通常在海面下航行的潛艇在潛航通過海峽時，若能遵循上述原則，公約似未予以禁止。

第四節 海 灣

海灣 (Bays) 係指海岸被水面凹入者，惟其凹入程度應以兩種情況為標準：其一為二十四浬規則 (The 24 Mile Rule) 的寬度標準；其二為以水曲面積為依據的深度標準或半圓標準 (The Semi-Circle Test)❶❶⑨。茲剖析如下：

1.寬度標準：海洋法公約第十條第四項和第五項規定：「如果海灣天然入口兩端之低潮標之間的距離不超過二十四浬，則可在這兩個低潮標之間劃出一條封口線，該線所包圍的水域應視為內水。」「如果海灣天然入口兩端的低潮標之間之距離超過二十四浬，二十四浬的直線基線應劃在海灣內，以劃入該長度的線所可能劃入的最大水域。」

依上述規定，凡凹入海岸的水面，如所圍繞的海岸，完全屬於某一國家的領陸❷⑳，而其水面的天然入口兩端距離，未超過二十四浬者，此水面為該國的內水，可禁止他國船舶進入或通過。如果兩端距離超過二十四浬，則在此水面上劃出一條長度二十四浬的直線基線。此基線向海岸的部分為內水，向海洋的水域則為領海，應准許他國船舶無害通過 (Innocence Passage)。

2.深度或半圓標準：符合上述寬度標準後，還須依據其凹入程度和曲口寬度的比例以決定是否為海灣。海洋法公約第十條第二項規定：「為本公約之目的，海灣是明顯之水曲 (Indentation)，其凹入程度和曲口寬度之比例，使其有被陸地環抱之水域，而不僅為海岸之彎曲。但水曲除其面積等於或

---

❶⑲ 與一九五八年領海及鄰接區公約第七條規定相同。

❷⑳ 海洋法公約第七條第一項規定：「本條僅涉及海岸屬於一國之海灣。」

大於橫越曲口所劃之直線作爲直徑之半圓形之面積外，不應視爲海灣。」依此規定，公約所稱海灣乃以天然入口寬度爲直徑，亦即以其二分之一爲半徑，自直徑的中點向海灣劃去，劃成半圓形，倘水曲至少等於半圓形或大於半圓形，此種水曲始可視爲海灣，否則（即水曲面積小於半圓）祇能視爲一般彎曲之海岸，以其低潮線測算領海基線。此外，水曲內島嶼應視爲水曲水面的一部分，計入水曲面積。

上述規定不適用於所謂「歷史性」海灣，以及採用直線基線法的任何情形，此種水域均應視爲沿海國的內水。

一九七三年利比亞聲明幾世紀以來對雪特拉水域享有「主權上權利」(The Sovereign Rights)❶。所謂「歷史性」海灣，一九五八年領海及鄰接區公約第七條第六項，雖未提供客觀標準，若干國際標準 (International Standards) 則早已確立，包括：⑴對海灣權力行使之有效性 (The Effectiveness)；⑵此項權力行使連續經歷一段長久期間；⑶欠缺他國之反對❷。美國最高法院在若干判決中亦支持上述標準❸。事實上，利比亞無法證明其在雪特拉灣長久期間之主權行使，無論在義大利或土耳其帝國統治期間亦復如此。

---

❶　一九七三年十月十日利比亞單方宣告雪特拉灣 (The Gulf of Sirte) 爲該國領域之一部分，外國船舶在海灣航行必須獲得行政許可。此項宣言亦通知相關國家。一九七四年二月十一日美國政府宣稱利比亞之聲明違反國際法，美國政府不能接受。美國國務院表示：「在國際法下，依一九五八年領海及鄰接區公約之規定，雪特拉灣入口之封口線內之水域不得視爲利國之內水或領海。雪特拉灣亦不符合國際法之歷史性海灣之條件。美國政府認爲利國行爲乃係單方據有廣大公海海域之行爲，損及長久所確立之海洋自由……」。Rouseau, Chronique des Faits Internationaux, R. G. D. I. P., 1974, t. 78, p. 1177 ff.

❷　參閱 Jessup, The Law of Territorial Waters and Maritime Jurisdication, N. Y., 1927, p. 383; Gidel, Le Droit International Public de la Mer, Paris, 1932–34, III, p. 635; Bourquin, Les Baies Historiques, Paris, 1952, p. 43; Bouchez, The Règime of Bays in International Law, Leyden, 1964, p. 273 ff.

❸　U. S. v. Alaska of 1975, 422 U. S. 184, 1975; U. S. v. Louisiana of 1969, 394 U. S. 11, 1969.

近年來在沿海國擴張海域之趨勢下，許多新興國家提出「重要海灣」(Vital Bays) 理論來替代公約所稱「歷史性」海灣，因為這些國家無法根據歷史或長久期間經過之事實來主張其對海灣之排他性管轄權❿。換言之，以重大安全或經濟上利益為理由，將海灣劃入該國領域。類似主張在國家實踐上不乏其例，蘇聯對 Peter the Great，阿根廷和烏拉圭對 The Rio de la Plaza 河口之廣大水域，巴拿馬對巴拿馬灣，澳大利亞、加澎和幾內亞等國對其沿岸海灣以及義大利對 Tananto 灣之主張❿。惟，吾人必須注意者乃是過去三十年來國際海洋法之發展顯示，沿海國基於特殊利益或地理、經濟和環境之特殊情勢所為權利主張之維護，在初步階段受到強烈之爭論，最後卻戰勝海洋自由之原則。例如英挪漁業權案，挪威所採行之直線基線制，一九七〇年加拿大宣佈之「北極水域污染防止法案」設立一百浬之專屬管轄區，起初都遭受重要海權國之抗議，後來卻被相關國家所默認，並為第三屆海洋法會議所接受❿。海洋法公約有關群島基線制之規定亦復如此❿。因此，國際法有關海灣之規則也有類似發展之趨向，傳統之「歷史性海灣」觀念亦邁向一種較具彈性制度。此種新觀念能否為國際社會所接受則有賴於沿海國對海灣利益之善意 (Bona Fide) 維護以及其他國家對此種利益維護之承認或默認。

第五節　專屬經濟區

壹、專屬經濟區形成的背景

在「海洋自由」原則適用下，沿海國除了在鄰近海岸之狹長海域行使其管轄權及專屬漁權外，大部分海洋仍處於一種絕對自由使用，以及海洋

---

❿　Blum, Historic Titles in International Law, The Hague, 1965, p. 179.

❿　Nordquist, Lay and Simmons, New Directions in the Law of the Sea, London, 1980, VII, VIII.

❿　海洋法公約第二百九十四條有關冰封區之規定。

❿　海洋法公約第四部分第四十六條至第五十四條。

資源遭到濫行開採之情況。二次大戰以來，若干漁業先進國家，利用設備精良之船舶（利用聲納、直昇機和衛星資訊等尖端科技）捕撈海洋中之各種漁業資源，甚至利用遠洋漁船赴開發中國家附近海域捕魚，而這些技術落後、貧窮之沿海國卻無法在漁業資源開發方面與之競爭，以及在漁業資源養護方面採取有效之措施。

一九六〇年以後，許多亞非國家紛紛獨立，成為國際社會新分子國，並積極參與國際活動。這些新的國際法主體認為海洋自由為其海洋經濟發展之阻礙，乃在形式上或實質上對公海自由原則予以譴責。

一九五八年日內瓦公約確認公海捕魚之自由，其基本理論乃將捕魚自由依附於海洋自由之一般原則 ❿。事實上，捕魚自由與海洋自由兩者之間沒有必然之依附關係。就海洋法發展史而言，公海上捕魚自由權僅是一種「既存事實」(Fait Acquis) 之確認，亦即建立在格羅秀斯 (Grotius) 所認為「海洋資源用之不盡，取之不竭」之信念上。當此種信念發生動搖之際，捕魚自由之法律原則亦隨之面臨考驗和挑戰。

捕魚自由之另一理論基礎乃建立在國家平等利用海洋資源之觀念上 ❿。惟，此種純理論之觀念，並不能符合國際社會之實際。蓋因捕魚自由權之受惠者屬於具有捕魚能力者 ❿。

事實上，各國為保障其經濟利益及國家安全，早在第三屆海洋法會議召開以前，已採取擴展國家管轄權之措施。例如由一九六〇年約有十三個國家宣告領海寬度為十二浬，到了一九七四年加拉卡斯 (Caracas) 會期召開前已增至五十二個國家，另有十一個國家擴展領海寬度從十八浬至二百浬

❿ C. J. Colombos, The International Law of the Sea, 1967, pp. 401–402.

❿ R. Bierzanek, La Nature Juridique de la Haute Mer, Revue Générale de Droit International Public, 1961, pp. 233–259.

❿ 一九五八年四月八日，秘魯代表在日內瓦會議中曾指出：「尊重沿海國平等利用海洋資源係重要事情，惟此種平等事實上並不存在。蓋因各國經濟力不盡相同，若干國家有能力開發廣大海洋資源，另一些國家卻無法在其領域內實施。」厄瓜多爾代表也表示：「各國在不同經濟條件下，不受限制之利用海洋資源之自由權，將不切實際。」Official Record, vol. V, pp. 22, 69.

不等 ⑬。海域管轄權擴大運動之另一高潮是一九七○年以來之承襲海 (Patrimonial Sea) 及專屬經濟區 (Exclusive Economic Zone) 觀念之出現。一九七二年十三個拉丁美洲國家在聖多明哥 (Santo Domingo) 集會，宣示二百浬寬之承襲海（包括十二浬領海寬度在內）。該宣言揭示：「所有國家在承襲海之水域、海床及底土之再生 (Renewable) 與非再生 (Non-Renewable) 自然資源，享有主權上之權利 (Sovereign Right)。惟沿海國及非沿海國在該區內享有航行、飛越與放置電纜及管線之自由。」宣言又強調「承襲海係經濟管轄區，而非主權區」 ⑬。至於專屬經濟區觀念亦早於一九七○年在可倫坡 (Colombo) 與一九七一年在拉哥斯 (Lagos) 所召開之亞非法律諮議會 (Asian-African Legal Consultative Committee) 中提出。一九七二年非洲專家在雅溫德 (Yaounde) 舉行研討會，主張沿海國在十二浬領海外，得設立專屬經濟區；沿海國在該區內對於生物資源之探測、開發、管理及控制享有專屬管轄權。肯亞代表並將雅溫德會議之結論歸納成為十項條款草案向聯合國第三屆海洋法會議之預備會提出二百浬專屬經濟區之草案 ⑬。

　　以上承襲海及專屬經濟區觀念之形式主要目的在於保護沿海國距海岸二百浬內之自然資源免遭科技進步國家過分開發與掠奪；亦即沿海國為經濟之目的而擴大海域管轄權之表徵。墨西哥總統曾在第三屆海洋法會議中明白指出：「開發中國家目前希望能夠開發其沿海自然資源，卻經常遭受到傳統海洋自由原則所帶來之困難與阻擾。」⑬ 總之，沿海國擴張十二浬之領海及二百浬之專屬經濟區在一九七四年聯合國第三屆海洋法會議加拉卡斯 (Caracas) 會期中已被確認 ⑬。若干國家受到鼓舞乃於一九七五年至一九七六年間相繼擴展其漁業管轄權或專屬經濟區至二百浬 ⑬。一九八二年所通

⑬　R. P. Anand, Winds of Change in the Law of the Sea, 1980, p. 47.

⑬　J. Castaneda, The Concept of Patrimonial Sea in International Law, 1972, p. 539.

⑬　Surga P. Sharma, Law of the Sea: Caracas and Beyond, 1980, p. 207.

⑬　Official Records, vol. I, p. 196.

⑬　許多宣言及提議均支持此一制度，包括 Addis Ababa 宣言之四十一個非洲國家，U. N. Doc. A/AC. 138/79, 21 July 1972, p. 52; 二十二個拉丁美洲國家，U. N. Doc. A/AC, 138/80, 26 July, p. 3; 以及若干亞洲國家，蘇聯和其他共產國家。

過之海洋法公約第三條正式承認十二浬之領海寬度，第五十七條確認二百浬專屬經濟區,第五十六條更明文規定:「沿海國在專屬經濟區內有以勘探、開發、養護和管理海床和底土及其上覆水域之自然資源為目的之主權上權利……」沿海國在專屬經濟區內享有漁業管轄權之制度乃告確立。第二屆海洋法會議以來，各國擴大漁區之主張終於獲得實證國際法之承認。

貳、專屬經濟區的性質

傳統海洋法將海域區分為兩部分: 領海是國家行使主權範圍；公海則是自由的，任何國家不得在公海設定主權。此種海域二分法原則之適用造成沿海國為經濟目的擴充管轄權至領海以外之海域，因欠缺理論依據而發生困難。前述若干拉丁美洲國家將其領海擴充為二百浬即屬在此種情況下所為較為極端之抉擇。

此種以主權作為沿海國在海域行使管轄權基礎之傳統理論已在社會、科學及經濟壓力下，無法適應當前國際社會環境之需要。由多數國家實踐顯示，將漁業管轄權從主權或領海觀念中分離出來，已成必然趨勢。一九六四年美國律師協會 (American Bar Association) 之決議指出，領海與漁業保護兩者之間並無必要連繫，而應予分離[136]。專屬經濟區制度乃是此種環境下之產物。

一九八二年之海洋法公約第五部分所規定之「專屬經濟區」(EEZ) 性質若何? 究為公海抑或領海? 一般所稱公海乃是航行、捕魚、飛越、科學研究、及放置電纜管線等項自由之總稱。二百浬經濟區若就航行目的而言，應屬公海；若就捕魚目的而言，則非公海，蓋因在該區之捕魚自由項目已不復存在。

---

[136] 此段期間計有美國、蘇聯、墨西哥、挪威、加拿大及歐洲經濟會社國家 (EEC) 制訂相關之國內法。印度、巴基斯坦等開發中國家亦隨之跟進。例如印度於一九七六年制定「領海、大陸礁層、專屬經濟區及其他海域法案」，並於一九七七年一月十五日生效實施。

[137] A. J. I. L., 1964 (58), p. 985.

海洋法公約第五十五條規定：「專屬經濟區是領海以外，並鄰接領海之一個區域……」可知公約對專屬經濟區定義之用詞相當審慎，避免使用「公海」名稱，而採「鄰接區」(Contiguous Zone) 觀念。其效果是使海洋自由項目分別適用於專屬經濟區及公海❸，法學家圭勒德克 (Quenedec) 形容專屬經濟區是一種「混合體」(Hybrid)❸。換言之，專屬經濟區是一種「特定法律制度」(Specific Legal Regime)，沿海國在經濟區之管轄權和權利應受公約有關規定之支配和限制❹。

海洋法公約第五十八條第一項規定：「在專屬經濟區內，所有國家，不論為沿海國或內陸國，在本公約有關規定下，享有第八十七條（公海自由規定）所指之航行和飛越自由，鋪設海底電纜和管線之自由……」同條第二項又規定：「第八十八條至第一百一十五條（有關公海法制）以及其他國際法有關規則，只要與本部分（專屬經濟區）不相抵觸，均適用於經濟區。」又第八十六條有關公海一般規定：「本條規定並不使各國按照第五十八條規定在專屬經濟區內所享有之自由受到任何減損。」

由上述規定可知，海洋法公約指明公海制度，除了有關漁業規定外❹，適用於專屬經濟區。換言之，公約將一切與經濟區設置目的（捕魚）不相抵觸之海洋自由項目納入專屬經濟區制度內。

儘管如此，專屬經濟區並非剩餘之公海 (Residual High Sea)，而是一種獨特制度 (Regime Sui Generis)。依據公約第七部分有關公海規定，公海制度適用於不包括在國家之專屬經濟區、領海或內水或群島國之群島水域內之全部海域❹。此外，吾人亦得從公約有關大陸礁層規定，推演得知經濟區並非公海之一部分。依據一九五八年日內瓦大陸礁層公約第三條規定：「沿海國對於大陸礁層之權利不影響其上海水為『公海』之法律地位。」而

---

❸　Oxman, A. J. I. L., 1978 (72), p. 74.

❸　R. G. D. I. P., 1975 (79), p. 347.

❹　海洋法公約第五十五條後半段規定。

❹　海洋法公約第一百一十六條至第一百二十條。

❹　海洋法公約第八十六條。

海洋法公約第七十八條規定：「沿海國對於大陸礁層之權利不影響上覆水域之法律地位。」一九五八年公約所稱其上海水為「公海」一詞之文字已省略，大陸礁層上覆水域，亦即二百浬之專屬經濟不再是公海之水域。

　　因此，海洋法公約所規定之專屬經濟區不是公海之一部分，而是由公約規範之一種新的特定法律制度。

參、沿海國在專屬經濟區的權利與義務

　　依據海洋法公約之規定，沿海國在專屬經濟區 (EEZ) 所享有之權利並非「主權」(Sovereignty) 而是「主權上之權利」(Sovereign Right)，包括勘探 (Exploring)、開發 (Exploiting)、養護 (Conserving) 和管理 (Managing) 自然資源之主要權利，以及利用海水、海流和風力生產能源從事經濟性開發和勘探之次要權利，此外，沿海國對於人工島嶼、設施和結構之建造和使用，海洋科學研究及海洋環境之保護與保全等事項具有管轄權。惟上述權利之行使，應適當顧及其他國家之權利，並應符合公約之規定[143]。所謂自然資源包括專屬經濟區內之海域、海床及底土之生物及非生物資源 (Both Living and Non-Living Resources)[144]，但有關非生物資源問題，公約另設大陸礁層（公約第六部分）予以規定[145]。

　　由上可知，公約規定沿海國在專屬經濟區之主要權利是海域之生物資源之勘探、開發、養護和管理。換言之，專屬經濟區設置之目的在開發和養護漁業資源。至於沿海國在經濟區內開發漁業資源之權利究為專屬權 (Exclusive) 抑或「優先權」(Preferential) 則有進一步探討必要。

　　海洋法公約第六十二條第二項規定：「沿海國應決定其捕撈專屬區內生物資源之能力，沿海國在沒有能力捕撈全部可捕量之情形下，應通過協定或其他安排，並根據第四款所指之條款、條件和規章，准許其他國家捕撈

---

[143]　海洋法公約第五十六條。

[144]　同條第一項。

[145]　海洋法公約第五十六條第三項規定：「本條所載關於海床和底土之權利，應按照第六部分之規定行使。」

可捕量之剩餘部分，特別顧及第六十九條和第七十條之規定（即有關內陸國權利和具有特殊地理特徵之國家之權利），尤其是關於其中所提到之發展中國家之部分。」依此規定，沿海國在專屬經濟區內開發漁業資源是否享有專屬權 (Exclusive Rights) 決定於兩項因素：其一是可捕量 (Allowable Catch)，亦即最適當持久之產量 (The Optimum Sustainable Yield)；其二是沿海國之捕撈能力 (Harvesting Capacity)。蓋因上述二項因素決定後，才能確定是否准許其他國在經濟區內捕撈可捕量之「剩餘部分」(Surplus)。

一、可捕量

在專屬經濟區制度下，沿海國開發漁業資源之專屬權決定於其經濟區內生物資源「可捕量」之確立。因此，公約第六十一條第一項明定：「沿海國應決定其專屬經濟區內生物資源之可捕量。」惟可捕量之確定並非一項主觀問題，因為沿海國應促進專屬經濟區內生物資源最適度利用 (Optimum Utilization) 之目的❹。換言之，可捕量必須依據科學估定之最高持久生產量 (The Maximum Sustainable Yield)。估定最高持久生產量之方法有兩種：1.在整體基礎上，集中於事實上已確立之生產量；2.計算漁業賴以維生之浮游生物量。由於方法上之不同，勢必造成結果之差別。依公約規定，沿海國參照其可得到之最可靠之科學證據，應通過正當之養護和管理措施，確保專屬經濟區內生物資源之維持不受過度開發之危害❹。因此，最高持久生產量之決定有其合理之科學依據。惟，公約又規定應依據有關環境及經濟因素（包括沿海漁民社區之經濟需要及開發中國家之特殊要求）來確定漁業資源之最高持久產量❹。此規定事實上已減弱了確定最高持久產量之科學性質。換言之，公約條款之綜合性規定，可能造成沿海國在確定其經濟區內漁業資源之最高持久產量或可捕量時，經濟性之主觀判斷影響以漁類生態事實為根據之科學評量。

---

⑭⑥　海洋法公約第六十二條第一項。

⑭⑦　海洋法公約第六十一條第二項。

⑭⑧　同條第三項。

二、捕撈能力

　　沿海國在專屬經濟區內開發漁業資源行使專屬權利僅限於有能力捕撈全部可捕量之情形⑭。換言之，當沿海國明顯沒有能力捕撈全部可捕量之情形下，必須允許其他國家利用可捕量之剩餘部分。惟，沿海國捕撈能力之確定亦非完全主觀判斷，蓋因公約規定，沿海國在允許其他國家在其專屬經濟區捕魚時，必須顧及所有相關因素，包括：1.該區之生物資源對有關沿海國之經濟和其他國家利益之重要性；2.內陸國之權利；3.該區內開發中國家之要求；4.盡量減輕其國民慣常在專屬經濟區捕魚或曾對研究和測定種群做過大量工作之國家，經濟失調現象之需要⑮。

　　由此可知，除非沿海國有能力捕撈該區內全部可捕量，沿海國在專屬經濟區內享有漁業資源開發為優先權而非獨佔權 (Monopoly)。惟，事實上，沿海國有此能力者，並不多見。因此，在大多數情形下，其他國家仍享有捕撈可捕量剩餘部分之權利。

　　分配沿海國剩餘漁業資源之有利國家包括：與沿海國專屬經濟區在同一分區或區域 (In the Subregion or Region) 之開發中國家、內陸國、具有傳統漁權國、以及曾對研究和測定種群 (Identification of Stocks) 做過大量工作之國家。至於這些國家在沿海國專屬經濟區內捕魚權是否有優先順序，公約未明定，有待從將來適用本公約之實際情形中求得解答。

　　他國在沿海國之經濟區捕魚必須通過「協定」或「其他安排」(Agreements or Other Arrangements)⑮。但協定之談判可能因涉及雙方政治或經濟關係而影響剩餘部分之分配。有些國家依據「相互原則」或「配合

---

⑭　海洋法公約第六十二條第二項。

⑮　海洋法公約第六十二條第三項。

⑯　一九七六年美國漁業養護及管理法規定，分享美國二百浬漁區漁業剩餘部分之外國，限於與美國有條約關係之國家。通常外國應與美國締結所謂「有效國際漁業協定」(Governing International Fishery Agreement)，然後向國務院轉向商務部申請每一漁船之一年有效許可證。參閱杜蘅之，寫在美國實施二百浬漁區制之前，聯合報，民國六十六年二月十五日。

國家經濟發展之需要」作為准許其他國家進入其專屬經濟區之條件。

此外，公約規定在專屬經濟區內捕魚之其他國家國民應遵守沿海國所訂規章。此種規章可涉及有關聯合企業或其他合作安排之條款和條件❶。這種所謂「聯合企業」或「合作安排」之條款亦將成為沿海國與其他國家有關專屬經濟區內剩餘部分分配談判之依據，剩餘部分分配問題因而更加複雜化。

設若上述有關剩餘部分分配之談判不得涉及與漁業無關之事項❸，亦無法制止沿海國在執照規費之金額方面之提高，而影響他國在經濟區內捕魚之經濟效益❹。在第三屆海洋法會議中若干歐洲國家提議，倘國家認為在剩餘部分分配問題上受到不平待遇時，應依解決爭議之程序處理，惜未被採納❺。由此可知，沿海國乃依其本身之利益估量剩餘額之分配。

肆、專屬經濟區的界限

海洋法公約第五十七條規定：「專屬經濟區以測算領海寬度之基線量起，不應超過二百浬。」換言之，沿海國專屬經濟區外界係從領海基線起算至二百浬之處。因此，領海基線 (Base Line) 是確定專屬經濟區外界 (Outer Limit) 之基礎。

海洋法公約第七十四條規定海岸相向或相鄰國家間專屬經濟區重疊時，依下列原則劃定：

1.應在國際法院規約第三十八條所指國際法之基礎上，以協議劃定，以便得到公平解決。

2.有關國家如在合理期間內未能達成任何協議，應依本公約第十五部

---

❶ 海洋法公約第六十二條第四項第一款。

❸ 一九七六年美國漁業養護及管理辦法規定，美國將不承認他國漁業養護區之情形之一，即是對美國漁船加以與漁業養護管理無關之條件或限制者。參閱杜蘅之，前揭文。

❹ 海洋法公約第六十二條第四項第一款僅談及執照規費，對金額未予限制。

❺ UNCLOS III, Official Records, vol. III, p. 217.

分所規定有關爭端解決之程序。

3.在達成協議前，有關國家應基於諒解和合作之精神，盡一切努力作實際性之臨時安排，並在過渡期間內，不危害或阻礙最後協議之達成，這種安排應不妨害最後界限之劃定。

4.如果有關國家間存在現行有效之協定，關於劃定專屬經濟區界限之問題，應按照該協定之規定加以決定。

一九八○年八月二十七日之公約草案❿第七十四條第一項原規定：「相鄰或相向國家間專屬經濟區之界限，應依國際法協議之，此項協議應按照公平原則 (Equitable Priciples)，在適當情況下使用中間線或等距線 (Median or Equidistance Line)，並考慮到一切有關情況。」非正式綜合協商案文 (ICNT) 在同條文又規定：「為本公約之目的，『中間線或等距線』是指一條其每一點都同(與)測算每一國領海寬度之基線上最近各點距離相等之線。」

由上規定可知，現行海洋法公約對於海域重疊之劃界著重於有關國家間之協議，避免採行硬性劃界方法，例如中間線或等距線之方法。蓋因此種劃界方法，除非條約明文規定採用外，究非國際習慣所已確認之方法。國際法院於一九六九年北海大陸礁層案之判決已明白指出：「一九五八年大陸礁層公約第六條有關中間或等距線之劃界方法規定，尚未成為習慣法。」❿此外，海洋法公約亦強調在協議達成前，應基於合作和諒解精神作臨時安排，不得武斷或自作主張在損及他國權益下，自行劃界。

第六節　公　海

壹、公海自由原則

一九五八年日內瓦公海公約第一條規定：「稱公海者謂不屬領海或一國內水域之海洋所有各部分。」依此規定，領海以外的所有海洋皆稱為公海。

---

❿　Draft Convention of the Law of the Sea, Informal Text, Ninth Session, Geneva; A/CONF. 62/WP. 10/Rev. 3, 27 Aug. 1980.

❿　North Sea Continental Shelf Cases, I. C. J., 1969, Rep. 42.

公海為「公有物」(Res Communis) 應開放給所有國家而不能被某一國家所獨佔或私有。公海公約第二條規定:「公海對各國一律開放,任何國家不得有效主張公海任何部分屬其主權範圍。」沿海國及非沿海國所享有的公海自由 (Freedom of the High Seas) 包括下列事項:

　　1.航行自由: 各國船舶,不論商船或軍艦,均有權在公海上航行❺⑧。

　　2.捕魚自由: 捕魚自由乃公海自由的附隨的原則,這種傳統觀念在法學家中已根深蒂固。但一九五八年日內瓦海洋法會議,對捕魚自由,附以若干保留❺⑨。換言之,各國人民在公海捕魚自由權應在維護人類共同利益原則下受到必要限制,尤其是遵守養護公海生物資源的規定。

　　3.鋪設海底電纜與管線的自由: 各國有權在公海鋪設及維持海底電纜與管線,並負有共同保護的責任❻⓪。

　　4.公海上空飛行的自由: 公海上空飛行的自由係直接由於海上自由而來。

　　5.國際法一般原則所承認的其他自由。

　　由此可知,一九五八年日內瓦海洋法會議所規定海洋自由內容並不限於公海公約第二條所舉出的四種基本自由。同時,這些自由並非絕對的自由,各國在行使公海各項自由時,應顧及其他國家行使公海自由的利益❻①。

　　第三屆海洋法會議對於上述規定有兩項重要的修訂:

　　第一,公海範圍相對縮小: 海洋法公約規定,公海不包括專屬經濟區 (Exclusive Economic Zone)、領海 (Territorial Sea) 或內水 (Internal Waters),或群島國家的群島水域 (Archipelagic Waters)❻②。換言之,從領海基線起算的二百海浬水域均不屬於公海。一九五八年的「領海及鄰接區」公約雖然確立了「鄰接區」(Contiguous Zone) 制度,但鄰接領海的水域仍然屬於公

---

❺⑧　公海公約第四條。

❺⑨　參考捕魚及養護公海生物資源公約第一條。

❻⓪　參考公海公約第二十六條和第二十八條。

❻①　公海公約第二條末項。

❻②　海洋法公約第八十六條。

海的一部分❻。

第二，公海自由項目的增加：除航行、捕魚、飛行和鋪設海底電纜與管線四項自由外，增列科學研究自由和建造人工島嶼及其他國際法所允許的裝置物兩項自由。但國家行使這些項目自由仍應顧及其他國行使公海自由的利益和公約相關條款的規定❻。

貳、公海自由的限制

公海自由並不是一種絕對或不干涉的自由。在維護全人類共同利益的最高原則下，各國乃承認有共同規律公海的使用方法的必要。茲就現代國際法對於公海自由原則的限制或例外分述如下：

一、海盜行為的取締

海盜 (Piracy) 是一種最古老的犯罪。國際習慣認為海盜是一種國際罪行，是人類公敵 (Hostis Humani)，侵犯各國法律，各國得依「普遍管轄原則」(Principle of Universal Jurisdiction) 逮捕和懲處海盜。惟依國際習慣，是否必須有為私人目的之搶劫意圖 (Animus Furandi)，叛亂團體意圖推翻合法政府行為是否得排除海盜罪之適用，行為是否必須由一艘船對另一艘船實施或得在同一艘船上實施？

布萊利 (Brierly) 指出：「海盜沒有權威性界定，惟一種海盜行為 (Piratical Act) 在本質上應是一種在海洋上之暴力行為，並由個人在沒有適當機關監督下所為行為❻。」英美法院和若干著名公法學家認為任何未經許可之公海上暴力行為即屬海盜。勞特派屈所編寫歐本海國際法一書中指出：「海盜一致性之定義並不存在。倘若一種定義希望能包含實踐上視同海盜行為者，則海盜定義應採廣義解釋：『任何人未經許可對個人或財物之暴力行為，在公海上由一艘私船對他船或由叛變船員或乘客在船（所乘坐）上

---

❻ 領海及鄰接區公約第二十四條第一項。
❻ 海洋法公約第八十七條。
❻ J. Brierly, The Law of Nations, 1928, p. 154.

所實施者』。」❿

　　一九五八年日內瓦公海公約第十五條和一九八二年海洋法公約第一百零一條規定，海盜指下列任何行為：「⑴私有船舶或私有航空器之船員，機組成員或乘客為私人目的 (For Private Ends)，對下列之人或物實施任何不法之強暴行為、扣留行為或任何掠奪行為：⒜公海上另一船舶或航空器，或其上之人或財物；⒝不屬任何國家管轄之處所內之船舶、航空器、人或財物；⑵明知使船舶或航空器成為海盜船舶或航空器之事實而自願參加其活動；⑶教唆或故意便利本條第一款或第二款所稱之行為。」

㈠海盜係為「私人目的」之行為

　　「私人目的」(For Private Ends) 在日內瓦公約條款中未予界定，其含義亦不易在此文件上明確決定。顯然地，「私人目的」在公約中規定並無意將海盜限於意圖搶劫行為 (Animus Furandi)，雖然一般認為此種意圖是構成海盜必要條件。賓漢 (Bingham) 教授在評論中指出：「行為之實施有搶劫以外之其他目的亦應置於共同管轄下 (Common Jurisdiction)，雖然典型海盜通常被界定為公海上之搶劫。因為任何人從事殺人、傷害、妨害自由、竊取或故意毀損財之行為，沒有理由不應受到所有國家逮捕或懲處之可能。」❿惟此種「私人目的」之解釋仍不夠明確，是否將所有政治目的行為或叛亂團體行為排除於海盜之適用範圍？

　　哈佛國際法有關「海盜」研究草案❿試圖將所有政治目的之不法攻擊個人或財產之行為排除於海盜定義外，無論行為係以國家或經承認之交戰團體，或未經承認之叛亂團體之名義所實施者❿。因為叛亂團體行為係直接對抗其所欲推翻之國家政府，而非毫無區別地任意攻擊任何國家之船舶。

---

❿　L. Oppenheim, International Law, 1955 (1), pp. 608–609.

❿　M. S. McDougal and W. T. Burke, op. cit., p. 810.

❿　Harvard Research in International Law: Draft Convention on Piracy, art. 3. art. 16, p. 786.

❿　若干學者認為，未經承認叛亂團體非法攻擊外國商船在國際法意義下應視為海盜，惟不屬於普遍管轄適用範圍。C. Hyde, Int'l Law Chiefly as Interpreted and Applied by the U. S. 1922, §233; W. Hall, Int'l Law, 1924, pp. 314–315.

因此，受侵害國家雖有拿捕和處罰侵害者之權利，惟在國際法有關海盜規定下，並未將懲處管轄權讓與未受侵犯或受威脅國家。國際法委員會報告亦指出：「海盜為私人目的之暴力或掠奪行為。因此，為政治目的之所有不法行為均不適用海盜定義。未經承認之叛亂團體之行為亦不適用海盜法。」⓵⓱⓪

由上述可知，海盜係為私人目的在海上之不法行為；倘若行為非為私人目的，或為政治目的而對特定目標所實施者，在性質上不是人類敵人而是特定國家之敵人，自不適用國際法有關海盜規則，亦不屬於「普遍管轄」(Universal Jurisdiction) 原則適用範圍。惟，受害國得採取必要自衛行動予以對抗。因此，打擊恐怖行動以海盜作為法律基礎並不適當。一九八二年聯合國海洋法會議討論海盜規定時，論者曾主張修訂一九五八年日內瓦公海公約之海盜定義，將恐怖分子在公海上之不法暴行視為海盜，亦未被接納⓱⓵。

㈡海盜係對他船之攻擊行為

就前述海盜係一艘船對他艘船在公海上所實施不法行為。依此定義，船上乘客或船員殺害同一船上之其他乘客或船員，或船員據有船舶之行為是否構成海盜？國際習慣未予規定。一般見解認為在特定事件上，決定於該船是否仍受船旗國控制或管轄。假如該船仍置於船旗國之控制下，不得視為海盜船，祇有船旗國有管轄權，假如該船不受任何國家控制，在沒有國家能為船上行為負責時，則該船應成為所有國家管轄對象，適用普遍管轄原則⓱⓶。

在聖瑪利亞號船案，⓱⓷學者懷特曼 (Whiteman) 認為船舶被船上叛亂者

⓱⓪　Yearbook of International Law Commission, 1955 (1), pp. 40–41.

⓱⓵　B. Dubner, The Law of International Sea Piracy, 1980, pp. 80 et s.

⓱⓶　François 在國際法委員會之報告中亦引述 Oppenheim 見解，指出：「單純船上乘客或船員暴力行為並不構成海盜罪。」Yearbook of I. L. C., 1956 (2), p. 282.

⓱⓷　The Santa Maria Incident, B. Y. I. L., 1961 (37), p. 496; N. Joyner, Aerial Hijacking as an International Crime, 1974, pp. 109–111. Santa Maria 係一艘葡國巡邏船，被葡國反對者 Galvao 船長所奪取，一位船員被殺。Galvao 船長宣稱

所奪取，不能視為海盜船，因為不符合日內瓦公海公約第十五條規定⑰。
哥林 (Green) 亦認為叛徒在船上奪船行為不構成習慣國際法下之海盜罪，
因為不是針對葡國以外其他國家船舶所實施，亦非為私人目的⑮。Franck
亦認為叛徒所欲達成目的係非私人目的，故非海盜。但他認為海盜定義須
具備「兩艘船舶」之要件並不合理⑯。

聖瑪利亞號船案與一般海上恐怖事件不同，奪船者保證不損及他國國
民或他國利益，目的係為推翻所抗爭之政府，具有政治性。

總之，國際法允許所有國家對海盜行使普遍管轄權，其理由有二： 1.
海盜無區別地攻擊任何國家船舶，因而威脅到各國； 2.海盜不受任何國家
權力支配，因而沒有國家對其行為負責。因此，普遍管轄在理論上視為正
當乃係基於海盜為人類公敵 (Hostis Humani Generis)，當行為者不可能對所
有國家構成威脅或行為係在國家權力下實施，則普遍管轄不應適用。

因此，將國際法之海盜規則，適用於公海上的暴力劫船行為，仍備受
爭議。一九八五年巴勒斯坦恐怖分子在公海上劫持義大利郵輪阿奇羅樂號，
並殺害船上美國人質時，美國國務院主張以海盜規則，作為逮捕恐怖分子
的依據，學者對此主張見解互異⑰。若干學者認為，恐怖分子劫持義大利

奪船為推翻葡國獨裁者 Salazar 之手段。葡國要求美、英、荷各國政府依國際
法有關海盜規定拿捕該船。後經美國海軍發現後予以捕獲，美國國務院宣稱係
依據國際法海盜罪而採取行動。

⑰ M. Whiteman, Digest of International Law, 1965 (4), p. 666.
⑮ Green, The Santa Maria: Rebels or Pirates, B. Y. I. L., 1961 (37), p. 496.
⑯ A Comment, N. Y. U. Law Rev. 1961 (36), pp. 839–840.
⑰ 一九八五年十月七日，懸掛義大利旗幟船舶阿奇羅樂號 (Achille Lauro) 從
Alexander 駛往 Port Said，途中被四名武裝巴勒斯坦解放陣線 (PLF) 成員所劫
持。這些暴徒係在義大利 Genoa 偽裝乘客上船。船上約四百名乘客及船員被挾
持為人質。暴徒以殺害人質威脅，要求以色列當局釋放五十名巴勒斯坦人犯。
由於要求未獲答覆，暴徒乃於當天下午射殺船上一名美籍猶太人 Leon
Klinghoffer，屍體並被拋入海中。十月九日，暴徒在獲得埃及當局同意安全離
開之保證後向埃及投降。十月十日一架埃航客機載著這四名劫船暴徒，二名巴
勒斯坦官員及若干埃及官員離開開羅飛往突尼西亞。由於突尼西亞拒絕同意降

船，任意殺害美國國民，挾持人質並威脅不同國籍之乘客，無特定對象為目標，已構成對所有國家威脅，說是「人類公敵」(Hostis Humani Generis) 應可適用普遍管轄原則 ❽。吾人認為恐怖分子在公海上劫船殺人之罪行為應予懲處，惟本事件就美國而言，可依據被害人國籍原則 (Principle of Passive Personality) 及自衛權而主張管轄，或就挾持人質罪行依「反對劫持人質公約」向嫌犯出現（或被發現）地國當局提出引渡請求。美國指控暴徒為海盜似與現行國際公約有關海盜界定不符。因此，此事件發生已引起國際社會對打擊海上恐怖行動之重視，一項制止危害海上航行安全行為公約草案已於一九八六年海事諮詢組織會議提出 ❾，以補充有關劫機和危害飛航安全罪行之國際公約不能適用海上恐怖罪行之缺點。

落，埃航客機乃轉往雅典，於地中海上空被四架美國 F14 軍機攔截，在北約組織基地西西里島之 Sigonella 降落後被北約軍隊所包圍。美國原計劃立即將暴徒送到美國。惟，義大利堅持對暴徒有審判權並得予以拘禁。機上埃及官員同意將四名暴徒交由義大利處理，惟拒絕交出另二名巴勒斯坦官員，其中一名係巴游領袖 Abbas。埃及認為這兩名乘客係埃及客人不應被逮捕或偵訊。這兩位巴游分子乃乘坐埃航至羅馬埃及文化中心暫時停留。最後，義大利在埃及的壓力下讓 Abbas 及另一官員乘埃航班機前往南斯拉夫，四名暴徒則在義大利受審。雖然在離開前美國已發出逮捕令並向義大利引渡請求。

美國法院指控 Abbas 及劫船暴徒共謀犯海盜及劫持人質罪。四名暴徒最後在義大利被控謀殺、綁架、劫船和持有武器爆炸物等罪行，並分別判十五年至三十年之徒刑，Abbas 則在缺席判決下，被判無期徒刑。參閱 Gooding, Fighting Terrorism in the 1980's: The Interception of the Achille Lauro Hijackers, Yale J. I. L., 1987 (12), pp. 158–159; Note, Towards a New Definition of Piracy: The Achille Lauro Incident, Va. J. I. L., 1986 (26), pp. 723, 748.

❽ M. Halberstam, Terrorism on the High Seas: The Achille Lauro, Piracy and IMO Convention on Maritime Safety, A. J. I. L., 1988 (82), pp. 286–287.

❾ IMO, Doc. C 57/WR/para. 25 (a) (2), 12 Nov. 1986.

二、緊追權

緊追權 (Right of Hot Pursuit) 乃指沿海國如有正當理由認為外國船舶違犯該國法律規章，得令其本國軍艦或軍用航空器在內水、群島水域、領海、鄰接區、專屬經濟區、或大陸架上水域內開始追逐，如未中斷，得繼續追至公海❶⓼。緊追權設定的目的在於保障沿海國的利益，使其能有效地行使管轄權。

沿海國行使緊追權必須具備下列要件：

1.必須外國船舶違犯沿海國的法律規章。在專屬經濟區內或大陸礁層上，違反沿海國適用於該海域之法令規章行為，應比照適用緊追權❶⓼①。至於外國船舶在公海上的行為或企圖使沿海國安全遭受急迫危險時，沿海國可否基於自衛 (Self-Defence) 理由而行使緊追權？一八七三年的維珍尼亞號船案 (Virginius) 揭示，一國在平時為自衛起見，可不受不干涉原則的拘束，而在公海上對他國船舶採取干涉行動❶⓼②，公海公約及海洋法公約均未予規定。

2.追逐必須於外國船舶或其所屬小艇之一在追逐國之相關水域內開始。倘外國船舶係在鄰接區內，惟有於該區設以保障的權利遭受侵害時，方得追逐之❶⓼③，例如一國為海關及財政管制的目的而設立鄰接區，倘外國船舶在領海內不法捕魚，然已離開領海進入鄰接區，則沿海國不得在鄰接區內開始追逐，因該外國船舶在領海內並未有違犯沿海國海關、財政的行為。

3.唯有在外國船舶視聽所及的距離內發出視覺或聽覺的停船信號後，方得開始追逐❶⓼④。所謂視覺或聽覺的信號不包括由無線電所發出者。

⓼⓪ 海洋法公約第一百一十一條。

⓼① 海洋法公約第一百一十一條第二項。

⓼② 本案參閱朱子芬，海洋法，正中書局，民國六十二年版，頁 83；法國學者 Gidel 對此問題有詳細的分析，Droit de la Mer, t. I, p. 348.

⓼③ 海洋法公約第一百一十一條第一項。

4.追逐開始以後，須未曾中斷，方得在公海繼續進行⑱。但緊追權在被追逐的船舶進入其本國或第三國的領海時即告終止⑱。

5.緊追權僅得由軍艦或軍用航空器，或經特殊授予此權的他種政府事務船舶或航空器行使之⑱，例如海關及警察等船舶。

三、禁止奴隸販運與登臨權

十九世紀以來，各國為防止和懲治商船在公海上的販運奴隸的罪行，乃締結若干關於取締此類罪行的公約。例如一八九〇年七月二日簽訂的布魯塞爾總議定書⑱和一九五六年九月七日聯合國所通過有關禁止販奴公約。

一九五八年公海公約規定:「各國應採取有效措施以防止並懲治准懸其國旗的船舶販運奴隸，並防止非法使用其國旗從事此種販運，凡逃避至任何船舶的奴隸，不論船舶懸何國旗，應當然獲得自由。」⑱為達到有效防止及懲治販奴罪行的目的，公約又規定，各國軍艦對公海上相遇的外國商船，如有適當理由認為該船有從事販賣奴隸嫌疑時，得實施「登臨權」(Right of Visit)⑱，此項權利包括派由軍官指揮的小艇前往嫌疑船舶，索閱各種文件，或在船上進一步施行檢查，但須儘量審慎為之。倘被臨檢的船舶並無任何嫌疑，其因登臨所受的損失或損害有權要求賠償⑱。

四、其他不法行為的取締

除了海盜和販奴外，新海洋法對於在公海上的毒品走私和未經許可的

---

⑱　海洋法公約第一百一十一條第四項。

⑱　海洋法公約第一百一十一條第一項。

⑱　海洋法公約第一百一十一條第三項。

⑱　海洋法公約第一百一十一條第五項。

⑱　該公約的適用範圍限於非洲東岸的土著販運。P. Reuter, op. cit., p. 279.

⑱　公海公約第十三條; 海洋法公約第九十九條。

⑱　公海公約第二十二條第一項第二款; 海洋法公約第一百一十條第一項。

⑱　公海公約第二項和第三項。

廣播等不法行為的取締亦建立普遍管轄原則。一九五八年公海公約明定各國軍艦在公海上對於有從事海盜行為或販賣奴隸的商船得實施「登臨權」已如前述 ⑩。海洋法公約又增列兩項規定:

1. 麻醉藥品的不法交易: 各國應合作制止船舶在公海上違反國際公約從事麻醉藥品的不法交易。任何國家如有適當理由認為懸掛本國旗幟的船舶從事麻醉藥品的不法交易,得請求他國合作制止此種交易行為 ⑲。

2. 在公海從事未經許可的廣播: 各國應合作制止在公海從事未經許可的廣播,船旗國、電臺登記國、國籍所屬國或其他無線電受干擾或影響國,均得對從事此種行為之任何個人起訴,並得拿捕船舶和沒收器材 ⑭。

五、保護海底電纜及管線

自十九世紀中葉以來,各國紛紛在公海海底鋪設電報線與電話線。設在海底的電纜,如海底不甚深,則有被毀損的可能,因而引起保護電纜的問題。一八八四年各國在巴黎簽訂「國際保護海底電纜公約」(International Convention for the Protection of Submarine Telegraph Cables) 規定: 各締約國共同保證裝置及維持海底電纜的權利;負責制訂國內法律對於因故意或過失損毀電纜者予以懲罰;締約國的軍艦對於有違反公約嫌疑的商船,得命其停航並查驗國籍,並由船籍國的法院審判以決定有否違反公約規定。

一九五八年公海公約規定: (1)各國均有權在公海海床鋪設海底電纜及管線 ⑮;(2)各國應採必要立法措施,規定本國船舶或人民如故意或因過失破壞或損害公海海底電纜或管線,應予處罰的罪行 ⑯;(3)各國應採必要立法措施,規定凡受該國管轄的公海海底電纜或管線所有人因鋪設或修理此項電纜或管線致有破壞或損害另一電纜或管線之情事者,應償付其修理費

---

⑩ 公海公約第二十二條規定。

⑲ 海洋法公約第一百零八條。

⑭ 海洋法公約第一百零九條。

⑮ 公海公約第二十六條;海洋法公約第一百一十二條。

⑯ 公海公約第二十七條;海洋法公約第一百一十三條。

用❿；⑷規定船舶所有人為避免損害電纜或管線所受損失，得向電纜所有人求償❾。

六、捕魚及養護公海生物資源

捕魚自由是公海基本自由之一。各國均有任其人民在公海捕魚的權利。但為養護公海上生物資源起見，乃有限制捕魚自由的必要。

自十九世紀末葉以來，各國簽訂雙邊或多邊捕魚協定，設立公海漁業警察權，其數目激增。然此等協定適用範圍通常限於公海的某一小區域，其內容僅限於某一種或數種漁源的養護，例如一八八二年五月六日簽訂的北海捕魚公約規定，每一締約國的軍艦對其他締約國的漁船有登臨權，並可證明犯規行為，及將犯規漁船解至漁船本國的海港，交該國當局處分❾。一九六七年六月一日簽訂的北大西洋捕魚公約第九條也有類似規定❿。此外，若干國際公約規定公海某一特殊種類生物資源的養護，例如一九五七年二月九日簽訂的海豹皮貨公約和一九七二年六月一日簽訂的南極海豹公約。這些公約除規定若干技術和捕獲配額問題外，還設立由國際監視員負責管制的辦法❿。

一九八二年聯合國海洋法公約規定，所有國家均有權由其國民在公海捕魚❿。同時，所有國家均有義務為各該國國民採取、或與其他國家合作，採取養護公海生物資源的必要措施❿。各國亦應相互合作以養護和管理公海區域內的生物資源❿。至於公海生物資源應如何養護，該公約也有詳細規定❿。

---

❾ 公海公約第二十八條；海洋法公約第一百一十四條。

❾ 公海公約第二十九條；海洋法公約第一百一十五條。

❾ 朱子芬，前揭書，頁 111。

❿ P. Reuter, op. cit., p. 282.

❿ 依一九六三年十月二十八日協定設立；ibid.

❿ 海洋法公約第一百一十六條規定。

❿ 海洋法公約第一百一十七條規定。

❿ 海洋法公約第一百一十八條規定。

參、公海上對船舶的管轄

在公海上，船舶由船旗國專屬管轄乃公認的原則。一九五八年公海公約第六條規定：「船舶應僅懸掛一國國旗航行，除有國際條約或本條款規定的例外情形外，在公海上專屬該國管轄。」[206]

一、船舶的國籍與「權宜旗幟」

依國際法的公海航行規則，懸掛任何國家旗幟的船舶，均有權在公海上航行。同時，船舶應依一國的國內法規，向該國辦妥登記手續，以便取得該國國籍，並享有懸掛該國國旗的權利[207]。事實上，各國對於船舶登記的規定有極大的差異[208]。美國規定必須船主均屬美國國籍；比利時規定，船主之中有比國國籍者即可向該國登記；巴拿馬、賴比瑞亞、宏都拉斯、哥斯達黎加等國卻接受外國公司所有船舶的登記。

上述各國國內法有關船舶登記規定的差別，致發生船舶懸掛「權宜旗幟」(Flags of Convenience; Les Pavillons de Complaissance) 的情形。換言之，船主可能為財務理由，或為逃避昂貴的勞工保險費，或為避免安全管制，將其所有的船舶向外國登記，使船舶取得登記國的國籍，並懸掛該國的國旗。

但，國家接受船舶登記，並賦予船舶國籍的自由權利，受到日內瓦公海公約第五條第一項規定之「有效原則」的限制。該條款規定：「國家與船舶之間須有『真正連繫』；國家尤須對懸其國旗的船舶在行政、技術及社會事宜上確實行使管轄及管制。」[209] 準此，凡船舶與登記國缺乏真正連繫時，

---

[205] 海洋法公約第一百一十九條規定。

[206] 海洋法公約第九十二條採相同原則。

[207] 公海公約第四條和第五條第一項；海洋法公約第九十條和第九十一條規定。

[208] 參閱杜蘅之，前揭書，上冊，頁357。

[209] "There must exist a genuine link between the State and the ship; in particular, the State must effectively exercise its jurisdiction and control in administrative, technical and social matters over ships flying its flag." 條文摘自 Leech, The

其他國家得自由拒絕承認懸掛「權宜旗幟」船舶的國籍。換言之，拒絕承認國得視懸掛「權宜旗幟」船舶為「無國籍船舶」(Stateless Vessel; Un Navire Apatride)，並阻止其靠岸 ❷⁰。

國際法上有所謂無國籍的個人；但無國籍之人，其身體仍處於一國的領域，並受該國的管轄。船舶因與登記國缺乏有效連繫而成為無國籍船舶，其在公海上航行應由何國管轄？吾人認為基於法律上安全和穩定的理由，旗幟即足構成船舶與國家之間的連繫。

海洋法公約重申國家與該國國籍船舶之間須有「真正連繫」原則 ❷¹，並且詳訂國家如何對懸掛其國旗的船舶切實行使管轄及管制的辦法 ❷² 。

二、船舶在公海的地位

一九五八年公海公約除規定船舶在公海上由船旗國專屬管轄外 ❷³ ，又規定軍艦和一國所有或經營的船舶專供政府非商務用途者，在公海上完全免受船旗國以外任何國家的管轄 ❷⁴ 。

船舶在公海船上發生犯罪行為後駛入船旗國的海港，則由該國管轄。一八六〇年英國法院在李斯里案 (Regina v. Leslie) 判決指出：「船長（英國船）在智利領海內，同時受英國及智利所管轄，但離開智利領海後，在公海及英國領海，英國船舶即完全受船旗國（英國）的管轄，而船長的拘禁他人行為，依英國法律乃犯罪行為。」 ❷⁵

International Legal System, Documentary Supplement, 1973, p. 159.

❷⁰ G. von Glahn, op. cit., p. 347.

❷¹ 海洋法公約第九十一條。

❷² 海洋法公約第九十四條。

❷³ 公海公約第六條；海洋法公約第九十二條第一項規定。

❷⁴ 公海公約第八條和第九條；海洋法公約第九十五條和第九十六條規定。

❷⁵ 本案係智利政府與英國商船訂立託運契約，由該船在智利領海內，裝載智利政治犯前往英國，途中這批被放逐的人要求在南美國家港口停靠上岸，被船長 Leslie 所拒。船抵英國利物浦港後，被放逐的人乃控船長私擅拘禁罪。Great Britain, Court of Criminal Appeal, 1860, 8 Cox's Criminal Case 269; 引自 G. von

　　軍艦或一國政府所有的船舶與國家的關係，比商船更為密切，尤其是軍艦為一國執行公務的工具，與國家的人格不可分。因此，軍艦無論在公海，或在外國領海或港口均享有管轄權的豁免❷。一九六八年一月二十三日美國海軍勤務船普布羅號 (Pueblo) 在北韓外海被北韓海軍截往北韓，七年後一艘受美國政府雇用的船舶馬雅古茲號 (Mayaguez) 於五月十二日在高棉外海為棉共海軍砲艇劫持。以上兩事件美國曾依公海公約有關公船在公海地位的規定向北韓及棉共當局抗議，未有結果❷。

三、公海碰撞事件的管轄

　　國際法承認船舶在公海上發生碰撞時，船旗國享有專屬的管轄權。一九二七年常設國際法院在蓮花號船案判決否定了此項傳統的國際習慣，認定「本案有責行為雖然發生在蓮花號上，但其結果及於包斯庫特號，國際法並不禁止土耳其視為在其領域犯罪，而控訴犯罪者。」❷但，晚近國際公約又重申船旗國管轄原則。一九五二年二十八國在布魯塞爾開會簽訂的「統一有關碰撞及其他航行事件刑事管轄公約」(The Convention for the Unification of Certain Rules Relating to Penal Jurisdiction in Matters of

---

　　　　Glahn, op. cit., pp. 348–349.

❷　海洋法公約第九十五條亦規定，軍艦在公海上完全免除他國的管轄。

❷　普布羅號事件經十一個月交涉後，在美國承認非法侵入北韓領海，並對此事表示道歉的條件下，換得船上八十二名官兵的釋回。參閱 8 International Legal Materials, 1969, pp. 198–199. 馬雅古茲號事件則由美國總統福特下令海軍攻擊棉共，奪回船舶，並迫使棉共釋放船員。兩個事件的拿捕國均堅持船舶被捕地點係在十二浬的領海範圍內，同時船舶的性能、活動及所載物品構成妨害沿海國的安全。

❷　一九二六年八月二日法國裝卸船蓮花號 (Lotus) 在公海上與土耳其運煤船包斯庫特號 (Boz-Kourt) 相撞，土耳其船舶沉沒，八位船員喪命。事後蓮花號駛抵君士坦丁堡，土耳其當局認為蓮花號值班船員應負刑責，乃依土耳其法律對蓮花號兩位船員起訴和判刑。法國政府提出抗議，認為出事地點在公海，依國際法原則，土耳其應無管轄權。The Lotus Case, P. C. I. J., Ser. A, No. 10; Briggs, op. cit., 1952, pp. 3–14; 案情參閱杜蘅之，前揭書，頁 304–305。

Collision and Other Incidents of Navigation)，規定在公海發生的碰撞事件，唯有船旗國具有刑事及懲戒的管轄權。比京會議又簽訂另一「有關碰撞事件民事管轄公約」(The Convention for the Unification of Certain Rules Relating to Civil Jurisdiction in Matters of Collision) 規定碰撞事件，原告得選擇下列法院之一起訴：1.被告住所地或事務所在地法院；2.船舶扣押地法院；3.發生在海港或內河者，碰撞發生地法院[219]。

一九五八年公海公約第十一條規定：「⑴船舶在公海上發生碰撞或其他航行事故，致船長或船上任何其他服務人員須負刑事責任或受懲戒時，對此等人員的刑事訴訟或懲戒程序，除向船旗國或此等人員隸籍國的司法或行政機關不得提起之。⑵除船旗國的機關外，任何機關不得命令逮捕或扣留船舶，縱使藉此進行調查亦所不許。」海洋法公約仍維持公海公約的規定[220]。

第七節　大陸礁層（大陸架）

壹、大陸礁層（大陸架）法律制度的形成

海洋約佔地球面積三分之二以上，海洋底下蘊藏豐富礦產資源，等待人類有效之利用。二次世界大戰以來，由於陸地礦產資源日漸缺乏，各國人民生活水準提高造成對工業原料需求量之增加，以及海底礦採技術之進步，使得海底資源成為各國爭奪之目標。因此，海底礦產資源開發乃成為海洋法之新領域，以及各國政府所關切之問題。

一九四五年九月二十八日美國總統杜魯門發表關於美國對大陸礁層海床和底土自然資源的政策宣言指出：「在公海下，鄰接美國海岸之大陸礁層海床和底土之自然資源，隸屬美國的管轄與控制之下。」同時「大陸礁層上覆水域之公海性質以及公海自由航行之權利不受任何影響。」此宣言的發表提出了一個新的法律觀念，即領海以外，陸地向海「自然延伸」(Natural

[219]　約文見 A. J. I. L., 1959, vol. 53, 532.

[220]　海洋法公約第九十七條。

Prolongation) 之海床和底土受沿海國之管轄與控制。

　　美國單方宣示對大陸礁層的權利，因符合各國對於近海石油開發之迫切需要，其他國紛紛跟進。墨西哥於同年十月二十九日發表總統聲明作出回應。該聲明宣示：「對鄰接其海岸線的整個大陸臺或大陸礁層及其一切不論已知或未知的自然資源，享有權利……」接著拉丁美洲各國紛紛公佈法律，宣稱大陸礁層及陸地邊緣海域受其國家主權之支配，雖然此區域之水域航行自由不受影響。隨後，北歐國家、英國、波斯灣沿岸國、伊拉克和埃及等國亦發表聲明㉑。

　　由於大陸礁層自然資源開發之重要性，以及各國單方立法對大陸礁層權利主張之紛歧現象，聯合國乃於一九五八年第一屆海洋法會議，通過大陸礁層公約。

貳、大陸礁層（大陸架）的界限

　　一九五八年大陸礁層公約第一條規定：「本條款稱大陸礁層 (Continental Shelf; Le Plateau Continental) 者謂鄰接海岸但在領海以外之海底區域之海床及底土，其上海水深度不逾二百公尺，或雖逾此限度而其上海水深度仍使該區天然資源有開發之可能性者。」由此可知，領海的外界就是大陸礁層的內界，大陸礁層內界並不發生任何問題，惟其外界確定卻是一項困難而複雜的問題。一九五八年大陸礁層公約採行二百公尺水深標準 (Le Critère Bothymétrique) 以及開發可能性標準 (Le Critère de l'Exploitabilité)。後者係指「客觀開發之可能性」(L'Exploitabilité Objective)，換言之，大陸礁層外界並非必然由沿海國的開發能力 (La Capacité d'Exploitation) 來決定，而是由該國所具有的「最進步之開發技術 (Les Techniques d'Exploitation)」㉒。近幾年來開發技術之重大發展已導致各國

㉑　有關各國對大陸礁層主張，參閱魏敏主編，海洋法，高等學校法學試用教材，民國七十六年第一版，頁 149–152。

㉒　Ch. Vallée, Le Plateau Continental dans le Droit Positif Actuel, Pédone, Paris, pp. 135–136.

過分擴張其大陸礁層。因此，一種能替代開發可能性之標準乃成為第三屆
聯合國海洋法會議的重要任務。

　　海洋法公約第七十六條所規定大陸礁層（大陸架）外界「包括其領海
以外依其陸地領土之全部自然延伸 (The Natural Prolongation; Le
Prolongement Naturel)，擴展到大陸邊外緣 (The Outer Edge of the
Continental Margin; Le Rebord Externe de la Marge Continentals) 之海底區域
之海床和底土，如果從測算領海寬度之基線量起到大陸邊之外緣之距離不
到二百浬，則擴展到二百浬之距離。」由上述規定，承認沿海國的大陸礁層
可延伸到領海以外直至領海基線起算二百浬界限內之海底區域，可能發生
與專屬經濟區制度衝突以及嚴重的實務上困難❷❷❸。

　　在第三屆海洋法會議期間，多數國家主張新設立之專屬經濟區必須「吸
收」大陸礁層❷❷❹。因而確定沿海國的經濟管轄權為二百浬的單一界限。換
言之，沿海國對於水域中生物資源和海底礦產資源開發的專屬權均以二百
浬為界限。少數國家則主張將大陸礁層延伸到大陸邊外緣的海床和底土，
亦即應包括地質學上之大陸礁層，包括大陸斜坡和大陸基 (The Slope and
the Rise; Le Talus et la Glacis Précontinental)，蘇聯則採折衷立場，主張依據
二百浬距離或五百公尺水深標準來確定大陸礁層外界❷❷❺。最後會議決定之
方案採取兩項標準來確定大陸礁層外界：

　　其一，二百浬距離之標準：沿海國無論其地質上之大陸邊外緣之情形，
均得將大陸礁層擴展至二百浬之距離。

　　其二，大陸邊外緣超過二百浬時，則依據兩種方法來確定大陸礁層的
外界：1.海洋法公約第七十六條第五項所規定之大陸礁層最大範圍；2.同

---

❷❷❸　海洋法公約第五十七條規定，專屬經濟區從測算領海寬度的基線量起，不應超
　　　過二百浬。第五十六條規定，在專屬經濟區內，關於海床和底土之權利，應按
　　　照大陸礁層之規定行為。參閱 W. C. Extravour, The Exclusive Economic Zone,
　　　Leyde, 1978, pp. 226–228.

❷❷❹　D. P. O'Connell, The International Law of the Sea, vol. I, 1982, p. 579.

❷❷❺　參閱 J. Polvéche in C–A Colliard, R. J. Dupuy, J. Polvéche et R. Vaissiére, Le
　　　Fond des Mers, Armand Collin, Paris, 1971, pp. 103–112.

條第四項所規定方法來劃定大陸礁層之外界，茲剖析如下：

(1)依據海洋法公約第七十六條第五項規定，沿海國有兩種選擇：

a.原則上，大陸礁層外界不應超過從測算領海寬度之基線量起三百五十浬。

b.不應超過連接二千五百公尺深度各點之二千五百公尺等深線一百浬。

(2)依據海洋法公約第七十六條第四項規定，提供沿海國確定大陸礁層外界的兩種方法：

a.以沉積岩厚度 (The Thickness of Sedimentary Rocks; La Couche de Roches Sédimentaires) 為基礎。此種標準乃為保障沿海國石油資源的開採，蓋因沉積岩厚度乃是石油礦脈存在與否之可能指標。該條第四項 (a) 款 (1) 規定：「以最外各定點為準劃定界線，每一定點上沉積岩厚度至少為從定點至大陸坡腳最短距離之百分之一。」

b.該條第四項 (a) 款 (2) 規定：「以離大陸坡腳之距離不超過六十浬之各定點為準劃定界線。」

由上述可知，新海洋法關於大陸礁層（大陸架）的觀念，仍是基於陸地向海自然延伸原則，此原則符合大陸礁層的地理和地質的科學概念。公約規定大陸礁層外部邊緣，從測算領海寬度的基線量起，不超過三百五十浬或不超過二千五百公尺等深線以外一百浬。

一九八二年海洋法公約有關大陸礁層外界的規定較之一九五八年大陸礁層公約所確立制度有重大進展。換言之，確立一種穩定界線制度以取代一九五八年公約之「開發可能性」(L'Exploitabibité) 的彈性標準。惟新規則的缺點乃是外界之確定過分複雜。此外，對大陸邊外緣未超過二百浬界限沿海國而言，新規則仍然保留專屬經濟區所欲消除之不平等制度，沿海國因海底地質的因素而有不相等寬度之大陸礁層，損及海底及其資源為「人類共同繼承財產」(The Common Heritage of Mankind; Le Patrimoine Commun de I'Humanité) 原則。而此種缺點僅能由公約所確立之二百浬以外大陸礁層之開發利潤分配制度予以補償❷❷。

參、沿海國在大陸礁層（大陸架）的權利

一、權利的性質

　　海洋法公約第七十七條第一項規定:「沿海國為探測大陸礁層（大陸架）及開發其天然資源之目的，對大陸礁層（大陸架）行使主權上之權利。」準此，沿海國在大陸礁層的權利是一種有限度的主權 (Qualified Sovereignty)[227]，同時這種權利係專屬的 (Exclusive) 及當然的 (Ipso Jure)。茲分析如下:

　　1.有限度的主權:沿海國在大陸礁層行使「主權上之權利」(Sovereign Rights) 並非概括的主權，而係被限制在探測大陸礁層及開發其天然資源為目的之權利。海洋法公約明定，沿海國對大陸礁層（大陸架）的權利不影響上覆水域或水域上空的法律地位。[228]

　　2.專屬的權利:海洋法公約第七十七條第二項規定:「沿海國如不探測大陸礁層（大陸架）或開發其天然資源，非經其明示同意，任何人不得從事此項工作。」依此規定，沿海國享有探測或開發大陸礁層的專屬權利。

　　3.當然的權利:海洋法公約第七十七條第三項規定:「沿海國對大陸礁層（大陸架）之權利，並不取決於有效或象徵的占領或任何明文公告。」準此，沿海國對大陸礁層的權利乃係當然而不附條件的，此實為國際法上的創舉。蓋依傳統觀念，在領海下的海床及底土當然隸屬於沿海國主權之下。至於鄰接領海而自然向公海延伸的大陸坡 (Continental Slope)，沿海國得基於無主物 (Res Nullius) 而實施占領。公約規定，沿海國在大陸礁層享有當然權利可能基於兩項理由: (1)避免各國對大陸礁層資源的爭奪; (2)大陸礁層的資源，由沿海國開發最為適當[229]。

---

[226]　海洋法公約第八十二條第一項規定:「沿海國對從測算領海寬度之基線量起二百浬以外之大陸礁層上之非生物資源之開發，應繳付費用或實物。」

[227]　朱子芬，前揭書，頁 140。

[228]　海洋法公約第七十八條第一項。

二、權利的範圍及其限制

海洋法公約給予沿海國權利，以大陸礁層的天然資源為限。所謂天然資源包括在海床及底土的礦物、其他非生物資源及定居種的生物 ㉚。惟在海底自由移動的魚蝦不包括在內。

沿海國應尊重下列各項理由，不得為「不當的妨害」㉛：　1.水面航行的自由；　2.捕魚的自由㉜；　3.公海生物資源的養護；　4.大陸礁層上空飛行的自由；　5.海洋科學及其他科學研究的自由；　6.鋪設海底電纜及管線的自由㉝。

肆、大陸礁層（大陸架）界限的劃定㉞

一九八二年聯合國海洋法公約第八十三條第一項規定：「海岸相向或相鄰國家間大陸礁層（大陸架）之界限，應在國際法院規約第三十八條所指國際法之基礎上以協議劃定，以便得到公平解決。」本條款並未明確指出劃界之規則，僅含糊說明在大陸礁層界限劃定時所應適用之國際法規則應依據國際法院規約第三十八條之規定。

國際法院規約第三十八條所列的國際法法源有五：　1.條約；　2.國際習慣；　3.一般法律原則為文明各國所承認者；　4.司法判例；　5.學說。由於大陸礁層係一種新的觀念，各國國內法律制度尚未發展成為令人滿意而可適用的國際法規則，一般法律原則不能成為大陸礁層界限劃定的法源㉟。因

㉙　參閱沈克勤，前揭書，頁 174。

㉚　海洋法公約第七十七條第四項。

㉛　海洋法公約第七十八條。

㉜　海洋法公約第七十八條第二項和第八十七條第一項(e)款。

㉝　海洋法公約第七十九條第一項。

㉞　參閱拙著，海界劃定及其爭端的解決，中興法學第 23 期，民國七十五年出版，頁 22–39。

㉟　Hungdah Chiu, Some Problems Concerning the Application of the Maritime Boundary Delimitation Provisions of the 1982 U. N. Convention on the Law of the

此，吾人祇能從條約，以及確認習慣法規則存在的司法判決、仲裁裁判或學說來探討可適用於大陸礁層界限劃定的國際法規則。

在條約方面，許多有關大陸礁層劃界之雙邊條約所確立規則在實際上有所助益外❸，一九五八年大陸礁層公約所規定的「等距一特殊情勢」原則最為重要❸。該公約第六條第一項和第二項規定：「同一大陸礁層鄰接兩個以上海岸相向國家之領土時（或兩個毗鄰國家之領土），其界線由有關各國（或兩國）以協議定之。倘無協議，除因情形特殊應另定界線外，……以中央線（或等距線）為界線。」本條確立了大陸礁層劃界的一般規則：

1.大陸礁層劃界必須以協議為之； 2.若無協議，等距方法應予適用； 3.若有特殊情勢的存在，可另定界線。惟本條規定在適用時仍有若干待決問題： 1.「等距一特殊情勢」原則適用的強制性？ 2.等距與特殊情勢兩者間的關係？ 3.特殊情勢的界定？吾人試就國際重要判例和國家的實踐探討之。

㈠北海大陸礁層案❸

國際法院在本案判決中確立了劃界必須遵循之三項基本原則❸： 1.劃界必須由有關國家以「協議」為之； 2.當事國應在考慮所有相關情勢下，

Sea between Adjacent or Opposite States, MD. Journal of Int'l Law and Trade, 1985, vol. 9, p. 8.

❸ 參閱 T. L. MC Dorman K. P. Beauchamp & D. M. Johnson, Maritime Boundary Delimitation, 1983, pp. 158–159; 引自 Hungdah Chiu, ibid. 關於劃界之雙邊條約所確立之規則趨勢，參閱本文國家實踐部分。

❸ 依據海洋法公約第三百一十一條規定：「(1)在各締約國間，本公約應優於一九五八年日內瓦海洋法公約;(2)本公約應不改變各締約國根據與本公約相符的其他條約而產生的權利和義務。」換言之，一九五八年大陸礁層公約規定與海洋法公約不相牴觸時，仍有拘束當事國之效力。

❸ 有關北海大陸礁層案判決詳述的著作甚多，可參閱 E. D. Brown, The North Sea Continental Shelf Cases, 1970, (23) Current Legal Problems; Etienne Crisel, The Lateral Boundaries of the Contiental Shelf and The Judgment of I. C. J. in the North Sea Continental Shelf Cases, 1970, (64) A. J. I. L.

❸ North Sea Continental Shelf Case, I. C. J., Rep., 1969, pp. 47–54.

依據衡平原則達成協議。當事國對於各種不同劃界方法應有選擇權。法院更進一步澄清「衡平絕非意含等分」(L'équité n'implique pas nécessairement l'égalité) 的觀念，以便當事國所選擇之劃界方法是一種能顧及特殊情勢的方法； 3.法院更列舉若干達到衡平目的所應考慮之特殊因素。這些因素包括：⑴當事國海岸的一般輪廓以及任何不尋常或特殊特徵的存在；⑵相關大陸礁層區的天然資源、地質和自然的結構；⑶分屬各當事國的大陸礁層應與其海岸線之長度成合理之比例。

國際法院在本案判決揭示兩項重要而清楚之觀念：其一，劃界應依衡平原則之必須性；其二，劃界之結果應使各國分配到之大陸礁層係該國大陸在海底之「自然延伸」(Un Prolongement Naturel)。惟上述兩項重要觀念僅確立劃界所應達成之目的，至於達成目的之方法卻付之闕如。

㈡英法海峽大陸礁層劃界仲裁案

仲裁法庭在一九七七年英法有關大陸礁層劃界的仲裁案❷闡述習慣法、一九五八年大陸礁層公約和一九六九年北海大陸礁層案判決所確立的劃界原則和規則。

一九七七年英法海峽大陸礁層劃界案的仲裁判決闡述大陸礁層劃界可適用的國際法規則，確認一九五八年大陸礁層公約第六條所規定「等距—特殊情勢」規則的可適用性，並指出該條與北海大陸礁層案所揭示的「衡平原則」均為達到公平劃界的目的，兩者之適用不致發生重大差異❷。

㈢突尼西亞與利比亞大陸礁層劃界案

國際法院在本案之判決更進一步澄清有關大陸礁層劃界的若干原則❷，指出「衡平原則」乃是實證國際法的一部分，與「公平善良」(Exaeguo

---

❷ Anglo-French Arbitral Award on the Delimitation of the Continental Shelf; 18 R. Int'l Arb. Awards 3, 54 I. L. R. 11.

❷ Ibid., para. 70.

❷ Case Concerning the Delimitation of the Continental Shelf between Tunisia and Libya, 1982, I. C. J.; 參閱 M. B. Feldman, The Tunisia-Libya Continental Shelf Case: Geographic Justice or Judicial Compromise? (77) A. J. I. L., 1983, pp. 219–238; J. P. Quéneudec, (27) Annuaire Français de Droit International, 1981, pp.

et Bono) 原則並無關連。「衡平原則」應在「顧及有關地區之相關情勢」下予以適用，並應有公平的結果 ❷。本案判決並支持一九六九年北海大陸礁層案所揭示所謂「相關情勢」乃指「當事國海岸之一般地形，以及任何不平常或特別特徵之存在」的觀點 ❷。一九八五年利比亞與馬爾他大陸礁層劃界案 ❷，國際法院再強調為達到公平劃界的結果，衡平原則適用應顧及相關情勢，並指出衡平的「目的」(Ends) 應重於「方法」(Means) 的考量 ❷。事實上，本案判決亦承接上述國際判例所揭示關於大陸礁層劃界應依衡平原則並參酌相關情勢以達到公平劃界的目的。換言之，「等距」方法僅為劃界過程中的「暫時性第一步驟」，必須在斟酌其他相關情勢下測試其公平性，以確定如何對於「初步之中央或等距線」作適度的修正 ❷。

㈣美加緬因灣區海界劃定案 ❷

　　一九八四年十月十二日國際法院分庭 (Chamber) 發表有關美加緬因灣區海界劃定案的判決，本案涉及大陸礁層和漁區兩者的單一邊界 (A Single Boundary) 的劃定。在本案美加為海岸相鄰國家，要求國際法院分庭就大陸礁層和專屬經濟區劃定單一海界，分庭主張以一種單純地理標準來適用於多目的 (Multi-Purpose) 的劃界案。

205–212.

❷ Ibid., para. 71–72.

❷ Ibid., para. 78; 122–124.

❷ Case Concerning the Continental Shelf, Libya Arab Jamabiriya v. Malta, 1985, I. C. J., 13.

❷ Ibid., pp. 39–40.

❷ Ibid., p. 47.

❷ Case Concerning Delimitation of the Maritime Boundary in the Gulf of Maine Area, 1984, I. C. J., Judgment of Oct. 12. 參閱 Nora T. Terres, The U. S./Canada Gulf of Maine Maritime Boundary Delimitation, MD, Journal of Int'l Law, vol. 9, 1985, pp. 135–180; Hungdah Chiu, op. cit., pp. 12–17; Levi E. Clain, Gulf of Maine-A Disappointing First in the Delimitation of a Single Maritime Boundary, Virginia Journal of Int'l Law, vol. 25–23, 1985, pp. 521–619.

　　本案判決在適用法方面，依然確認衡平原則 (Equitable Principles) 在海界劃定的地位。惟有關適用原則時的標準 (Criteria) 及劃界所使用的實際方法 (Practical Methods)，本案趨向於由法官自由裁量，而不欲揭示若干規則來補充衡平原則的適用，蓋因衡平原則乃是國際習慣的一部分。國際法院分庭揭示：「因具體案件差異而有不同標準和方法。相同標準適用於不同案件，可能導致完全不同甚或相反之結果。標準本身並非法律規則，而對特定情勢具有強制適用效力。」❷❹❾惟，法官在判決衡平標準和劃界方法選擇時應受二項重要限制：其一，須兼顧到該區的地理特徵及其他相關情勢，達到公平劃界的目的❷❺⓪；其二，為大陸礁層和專屬經濟區的雙重目的而劃定單一界限時 (A Single Boundary)，一種標準或方法的實施不應造成有利前者而損及後者，或者相反的結果❷❺❶。

　　一九八四年美加緬因灣區海界劃定案所確立的單一界限的劃定原則不僅是先前重要國際判例的延續，而且是一九五八年大陸礁層公約第六條「等距—特殊情勢」規則 (The Equidistance-Special Circumstance Rule) 的間接適用。而每一具體案件的差別在於其所決定的標準和選擇的方法，以及對於所存在的各種特殊情勢給予不同比重的斟酌，尤其在海岸線長度之比例和島嶼方面。值得吾人注意者乃是本案判決特別提升「比例性」(Proportionality) 原則的地位，對於未來海界劃定案可能會有指導性之影響。

　　由上述可知，國際法院在一九六九年北海大陸礁層案、一九八二年突尼西亞與利比亞大陸礁層劃界案、一九八四年美加緬因灣區海界劃定案和一九八五年利比亞與馬爾他大陸礁層劃界案之判決，均一貫性揭示劃界應依據衡平原則，並按諸相關情勢以達到公平劃界的目的。國際法院在後兩案的判決更強調大陸礁層的劃界因案件而異，並無明確和可資引用的公式。由此可知，國際法院乃欲維持一種能顧及每一案件「相關情勢」的彈性處理方式。

---

❷❹❾　Gulf of Maine, 1984, p. 313, para. 158.

❷❺⓪　Ibid., p. 299, para. 112.

❷❺❶　Ibid., p. 327, para. 194.

第八節　深海床（「區域」）

　　一九五八年在日內瓦召開的第一屆海洋法會議所通過的「大陸礁層」公約，雖然確認沿海國享有大陸礁層天然資源的專屬開發權，惟大陸礁層以外的深海海底（即深海床 Seabed）的資源開發問題未予規定。聯合國第三屆海洋法會議自一九七三年召開以來，有關深海床礦產資源的開發成了歷次會期熱烈討論的課題，也是海洋法會議中爭論最多的問題。

　　在第三屆海洋法會議中，第三世界和蘇聯希望由一個新的國際機構對於深海床礦採施以嚴格的管制。美國則希望由各國自由開採，尤其是雷根政府對於海洋法公約草案所規定的深海床礦產開發的國際管理制度表示違背美國利益，而主張修訂草約時，激怒了許多參加會議的代表，蘇聯代表指控美國行動不僅是試圖破壞此一協定，更可能導致「本屬人類共同遺產的海底資源遭到海盜式的掠奪」。

壹、深海床（「區域」）的法律地位

　　深海床 (Deep Seabed) 或「區域」(Area) 乃指國家管轄權外的海床與底土 (The Seabed and Subsoil Beyond the Limits of National Jurisdiction) 而言。蓋因一九五八年領海公約第二條已確定沿海國對領海內的海床與底土享有主權。一九五八年大陸礁層公約第二條又明文規定：「沿海國為探測大陸礁層及開發其天然資源之目的，對於大陸礁層行使主權上之權利。」由此可知，大陸礁層界限以外廣闊無比的一大片海底，是為深海床，乃屬沿海國管轄權外的海底區域。深海床與大陸礁層不同，乃屬於另一法律秩序的領域，其法律地位實有探討的必要。

　　在傳統國際法下，有關深海床地位有兩種見解極端對立的理論。依據無主物理論 (Res Nullius)，認為國家管轄權外的海床及其資源並不屬於任何人的財產。因此，深海床的資源不僅可被合法據有，深海床本身亦得由國家占有，並由該國對其行使主權或主權上權利。換言之，國家得依據「先占」(Occupation)、「時效」(Prescription) 原則或歷史背景而獲得深海床及其

資源的權利。依據公有物的理論 (Res Communis)，深海床視同公海，不得由國家分別予以據有。

至於在法律上，何種理論始為正確，迄今仍屬爭議問題。惟海洋法發展顯示，「人類共同遺產」(The Common Heritage of Mankind) 觀念在法律上制度化的結果，將使此一爭論消之於無形。

一九六七年八月十七日馬爾他 (Malta) 代表巴爾多 (Arvid Pardo) 要求將有關海床發展問題列入第二十二屆聯大會議議程。他指出，由於技術之快速進步，大陸礁層以外的海底區域可能為國家所據有。該區可能因軍事裝置而軍事化，並使科技發達國家獲得廣大深海床資源。因此，宣告深海床是「人類共同遺產」(The Common Heritage of Mankind) 的時刻業已來臨。他提議立即擬訂一項包括下列原則的條約 ❷。

1.國家管轄權外的海床與底土不得為國家所據有。

2.在該區的探測應以符合聯合國原則與宗旨的方式進行。

3.該區的使用及其經濟的開發，應在維護人類福祉的目標下實施，所獲利益應優先用之於促進窮困國家的發展。

4.該區應專為和平目的而使用。

一九六七年十二月十八日聯大一致通過第 2340 (XXII) 號有關「探討國家管轄權外的海床與底土專為和平目的及其資源為人類福祉而使用」的決議 ❸。一九六九年十二月十五日聯大通過有關海床開發延擱的決議 ❹，宣示人類共同遺產原則，揭示在深海床國際制度建立的待決期間，國家與自然人或法人應避免深海床資源的開發。凡對該區任何部分及其資源的權利主張將不予以承認。此決議並未揭示「人類共同遺產」是一項法律原則，其效力僅限於延期實現深海床資源的開發。

---

❷ Shigeru Oda, The Law of the Sea in Our Time, vol. I, U. N. Seabed Committee, Leyden, 1977, pp. 13–16.

❸ U. N. Doc. A/Res. 2340 (XXII), 1967; Oda. ibid., vol. I, p. 20.

❹ Resolution Concerning a Moratorium on Exploitation of the Ocean Floor; Res. 2574D (XXIV).

一九七〇年十二月十七日聯大通過四項決議，其中「原則宣言」
(Declaration of Principles) 決議對於深海床地位及深海床的國際管理制度有
原則性宣告❷。此項「原則宣言」的決議在投票時獲得近乎全體一致的通
過，使「深海床是人類共同遺產」的觀念具體化，雖然「原則宣言」本身
仍未形成一種法律制度。惟此決議具有兩項重大意義：⑴各國一致同意深
海床及其資源是人類共同遺產。深海床不得據有，行使主權或主權上權利，
深海床的礦產須為國際社會利益而開發。⑵確立現階段及未來深海床制度
的指導原則。

貳、深海床（「區域」）礦採的國際管理制度

設立國際海床管理局以管理國家管轄權外（深海床）資源的開發，乃
是新海洋法在建立新的國際經濟秩序方面最具革新之處。

有關深海床的探測與開發的國際管理方法及條件，原有兩個被考慮的
方案：其一是工業化國家所支持的「許可制」(Licensing System)；其二是
開發中國家所支持的國際機構直接開發制。一九七〇年十二月十七日聯大
所通過的第 2749 號決議，揭示國家管轄權外的海床的資源探測與開發，應
由國際制度管理。此一國際制度應提供該區的安全發展及合理的管理。其
所得利潤應由各國分享❷。在一九七四年第三屆海洋法會議加拉卡斯
(Caracas) 會期中，國際機構方案獲得廣泛支持。

開發中國家對於深海床資源的控制與管理主張多元化制度。這些國家
認為即將設立的管理局，一方面是深海床礦產資源開發的經營者；另一方
面得與自然人或法人簽訂契約從事該區資源的開發。換言之，這些國家否
認國家享有自由開發深海床資源的權利，主張深海床及其資源應完全受新
設立管理局的管轄。管理局有權禁止未經許可的自然人或法人使用深海床

---

❷ A/Res. 2749 (XXV); 該決議經聯大表決一百零八票贊同，零票反對，十四票棄
權。

❷ U. N. Doc. A/8028, G. A. Res. 2749 (XXV), 10 Int'l Legal Materials, Jan. 1971, p.
220.

及其資源。工業化國家則認為深海床應開放給具有開發能力的國家自由使用。因此,任何授予管理局廣大權限將違反公海自由原則 ㉗。

一、管理局的組織㉘與職權

㈠大　會

大會 (Assembly) 由管理局的全體成員組成,每年召開一次常會。特別會議須有大會二分之一以上會員國或理事會的請求,由秘書長召集之。會議原則上在管理局所在地舉行。大會得自行制訂議事規則,並選舉主席。每一會員國有一投票權。所有實質問題是否為實質問題引起爭議時,問題本身即視為實質問題。程序問題則由出席會員國二分之一決議㉙。

大會是管理局的最高機關 (Supreme Organ),有制訂一般政策之權力。此外,大會具有下列職權㉚:

1. 選舉理事會的理事國。
2. 依據理事會所提議的候選人中選舉秘書長。
3. 依據理事會的建議,選舉企業部董事會的董事及總幹事。
4. 設立輔助機關。
5. 評估各會員國對海床機構應負擔的款額。
6. 議決理事會所建議有關深海床活動利潤公平分配的規則。
7. 議決理事會所提管理局的預算。
8. 審查理事會及企業部的定期報告或理事會及其他機關的特別報告。
9. 就有關促進深海床活動的國際合作進行研究並做成建議;鼓勵有關此項活動之國際法的漸進發展及法典化。
10. 議決深海床活動利潤的公平分配。

㉗　J. Sztucki, Symposium on the Int'l Regime of the Seabed, 1970, p. 710.

㉘　海洋法公約第一百五十八條。又第一百五十六條規定:「所有締約國都是管理局的當然成員。」

㉙　海洋法公約第一百五十九條。

㉚　海洋法公約第一百六十條。

11.考慮有關開發中國家、內陸國及地理上不利國家在深海床活動的一般性質問題。

12.停止會員國權利。

13.討論管理局權限內的任何問題及事項。

㈡理事會

理事會 (Council) 由大會所選出的三十六個管理局的會員國所組成❷。選舉應在大會的常會中舉行。理事會的理事國任期四年,連選得連任。每一理事國有一投票權,有關程序問題須由出席理事國二分之一的決議,實質問題則依本條約相關條款的規定,須由出席理事國三分之二、四分之三或全體一致的決議。所謂全體一致乃指欠缺任何正式的反對意見而言。換言之,理事會每一理事國享有否決權。此種表決方式,保障工業化國家所屬公司在使用深海床時,不致遭受差別待遇。

依據海洋法公約的規定,深海床礦產資源的開發須向理事會所屬的法律與技術委員會 (The Legal and Technical Commission) 提出申請。該委員會的主要職責是審查申請人的資格是否符合條約第三附款 (Annex III) 所規定的技術與財政條件❷。委員會審查通過的申請案,除經理事會全體一致的反對外,得視為獲得理事會的核准❷。因此,西方工業國家可利用否決權,以保障該國所屬公司使用深海床。

理事會設立法律與技術委員會及經濟計劃委員會❷。理事會是管理局的執行機關,有擬訂海床機構權限內的特別政策之權。

㈢企業部

企業部 (Enterprise) 是管理局所屬機關之一,直接從事深海床區資源的開發、提煉及運輸。企業部具有法人資格,並應獲得執行職務所需的資金❷。

---

❷ 海洋法公約第一百六十一條。

❷ 海洋法公約第一百六十五條第一項。

❷ 海洋法公約第一百六十二條第二項 (j) 款。

❷ 海洋法公約第一百六十三條。

❷ 海洋法公約第一百七十條。

企業部應依據大會所訂一般政策經營，並受理事會的指揮⑯。

企業部設立董事會、總幹事及職員。

㈣秘書處

秘書處設秘書長一人，職員若干人，秘書長是依據理事會的推薦，由大會選舉產生，任期四年，連選得連任。秘書長是國際海床機構的行政主管。秘書長應參加大會、理事會及輔助機關所召開的會議，並應向大會提出年度報告⑰。職員由秘書長任免。有關職員的任免、薪俸，須依據國際海床機構法規辦理⑱。秘書長及職員均具國際官員地位，在執行職務時不得接受任何政府或海床機構以外的訓令⑲。

二、深海床礦採制度

海洋法公約關於深海床的活動採「平行制」(Parallel System)。公約第一百五十三條第二項規定：「深海床（「區域」）內活動由(A)企業部 (The Enterprise) 和(B)由締約國或國營企業、或在締約國擔保下之具有締約國國籍或由這類國家或其國民有效控制之自然人或法人，或符合本部分（第十一部分）和附件三規定的條件之上述各方的任何組合，與管理局以協作方式進行 (In Association with the Authority)。」本條所稱「與管理局以協作方式進行」並非意指合同者之必須以任何合作形式與管理局或企業部進行深海床活動。反之，本條乃指由締約國或其國民在深海床的礦採應受管理局的管理以及其規章的控制；同時，礦採必須在法律體制下進行。

海洋法公約規定國家管轄權外的礦物資源開採應與國際海床管理局 (International Seabed Authority) 訂立「合同」(Contract)。「合同」不僅是生產許可的文件，而且表示承包者 (Contractor) 的礦採活動應受管理局之控制，應遵守規章、履行公約有關財政貢獻、技術轉讓和爭論強制解決程序

---

⑯ 海洋法公約附件四第二條。

⑰ 海洋法公約第一百六十六條。

⑱ 海洋法公約第一百六十七條。

⑲ 海洋法公約第一百六十八條。

的義務。

「合同」申請的核准所需條件，大體上相當客觀。申請者若遵守申請程序和符合公約有關條款的規定❷，應可獲得管理局理事會的核准。依據公約的規定❷，理事會所屬法律和技術委員會建議核准一項工作計劃，若無任何理事會成員的反對，該項申請應視為已獲理事會核准。如有反對者，除經協商一致 (By Consensus) 否決外，該申請案應被視為已獲理事會核准。

就海洋法公約之深海床礦採制度而言，影響承包者投資意願有三項主要因素：

其一，承包者的財政義務相當沉重。承包者應在開發合同區域之收益淨額中，撥付一部分給管理局。管理局所應得的份額係按照承包者收益淨額多寡累進計算，最低為百分之三十，最高可達百分之七十。

其二，技術轉讓義務目前已成為投資的最大障礙。依規定，經管理局提出要求，承包者應以「公平合理之商業條款和條件」(On Fair and Reasonable Commercial Terms and Conditions) 向企業部 (The Enterprise) 提供其在開發合同區域所使用的技術，惟此項義務以企業部認定無法在公開市場上以公平合理的商業條款和條件取得相同或同樣有用的技術為原則。在此種條款適用下，不僅所謂「公平合理商業條款和條件」含義不明，而且未能保障承包者與企業部在平等地位上從事協商，以期獲得雙方滿意的條件。此外，若屬於承包者所有的技術（在法律上有轉讓權的技術），轉讓義務較易履行；若屬第三人所有的技術（承包者在法律上無轉讓權的技術），則轉讓條款的適用勢必發生困難，並可能引發爭端。準此，此項轉讓義務在實際運作上，企業部應努力協商彼此可接受的條件，並首先經由聯合企業 (Joint Venture) 方式取得技術。

其三，深海床生產最高限額規定❷可能改變資源分享的本質，甚至妨礙可獲利的生產計劃。由於最高生產許可採用定額制度，在生產許可申請

---

❷　海洋法公約附件三第六條。

❷　海洋法公約第一百六十二條第二項 (j) 款。

❷　海洋法公約第一百五十一條，附件三第七條。

競爭情況下，生產開始可能延後若干年。此種情勢可能阻礙若干礦採公司從事深海床礦採活動，亦可能促成「卡特爾」(Cartel) 集團的形成。惟生產限制對於深海床使用之基本權利並無影響。

第九節　爭端的解決

一九五八年聯合國第一屆海洋法會議所通過有關四項公約，除了有關公海捕魚及養護生物資源公約外，並未建立強制解決爭端之程序❷。雖然會議另行簽訂一項「關於強制解決爭端之任擇議定書」，規定凡涉及海洋法公約之解釋或適用所引起之爭端，任何一造如係該議定書之當事國，得以請求書將爭端提交國際法院❷。換言之，簽署議定書之國家願意接受國際法院之強制管轄。惟，此種強制解決爭端制度之實施係取決於國家是否簽署該議定書。該議定書第五條規定：「本議定書聽由所有成為聯合國海洋法會議通過之任何海洋法公約當事國簽署……」。事實上，簽署國並未超過四十個國家，其中亦不包括美國和蘇聯兩強。因此，該議定書所規定強制程序仍屬任擇性質。

聯合國第三屆海洋法會議所通過之海洋法公約對於該公約之解釋和適用所引發之爭端，建立一種較具彈性而複雜之制度。此種制度所規定之爭端和平解決包括強制和任擇兩種方法。換言之，有關海洋法公約之解釋或適用之任何爭端原則上應提交導致有拘束力裁判之強制程序，亦即提交國際海洋法法庭、國際法院、一般仲裁法庭或特別仲裁法庭之方法以解決爭端❷。惟公約所規定之若干種類之爭端可以不受上述強制程序之拘束，這些爭端包括關於領海❷、專屬經濟區❷和大陸礁層❷界限劃定在解釋或適

---

❷ 依據該公約第九條至第十二條之規定，凡涉及該公約第四條至第八條規定範圍內之爭端，除各造同意以聯合國憲章第三十三條所規定之其他和平方法求得解決外，經一造之請求，應提交五人特設委員會解決之。

❷ 該議定書第一條之規定。

❷ 海洋法公約第二百八十七條。

❷ 海洋法公約第十五條。

❷ 海洋法公約第七十四條。

用上之爭端，或涉及歷史性海灣或所有權之爭端以及關於軍事活動之爭端等 ㉙。

因此，在探討海洋法公約有關海界以及海界劃定爭端解決之制度以前，吾人認為必須就公約所確立有關公約之解釋和適用之爭端解決予以綜合性剖析。

壹、爭端解決的一般原則

一、國家應以和平方法解決爭端

海洋法公約第二百七十九條規定：「各締約國應按照聯合國憲章第二條第三項以和平方法解決它們之間有關本公約的解釋或適用的任何爭端，並應為此目的以憲章第三十三條第一項所指的方法求得解決。」由此可知國家應放棄武力，而以和平方法解決爭端，惟本條並未明定爭端應予強制解決之辦法。依據聯合國憲章第三十三條第一項規定，任何爭端之當事國應「儘先」以談判、調查、調停、和解、公斷、司法解決或各該國「自行選擇」之其他和平方法，求得解決。換言之，爭端當事國應盡其所能採用和平方法以解決海洋法公約的解釋或適用所引起之爭端。

二、國家應優先考慮以外交談判解決爭端

此項原則雖未明定，惟就公約第二百八十三條以及第十五條部分（爭端之解決）相關條款規定而言，此項原則之確立應無疑義。

海洋法公約第二百八十三條第一項規定：「如果締約國之間對本公約的解釋或適用發生爭端，爭端各方應迅速就以談判或其他和平方法解決爭端一事交換意見。」本條之規定有兩點必須予以闡述：其一，在爭端解決之方法上，強制各方交換意見 (An Exchange of Views; Un Echange de Vues) 符合國際法發展之趨勢。蓋因交換意見乃係外交談判之開端，爭端當事國在談

㉘ 海洋法公約第八十三條。

㉙ 海洋法公約第二百九十八條第一項。

判方法解決爭端之前，必須首先就其所爭議事項交換意見。其二，本條顯然優先考慮到以外交談判作為爭端解決之方法。就用詞而言，條文將「談判」與「其他和平方法」予以區分。就事實而言，經驗顯示在大多數情況下，誠意 (De Bonne Foi) 之談判經常可導致一種適當和令人滿意之解決，而不必要進一步求助於其他方法。

此外，依同條第二項之規定，爭端當事國交換意見之義務不僅在爭端發生時應遵循，即使解決這種爭端之程序已確定（終止），而爭端仍未得到解決，或已達成解決辦法，而該辦法之實施方式仍有困難時，各方仍應著手交換意見。由此可知，公約要求爭端各方就爭端之解決事項貫徹到底，以協調合作方式確保爭端之和平解決能夠順利達成。

三、國家應享有自行選擇爭端解決方法之權利

此種自行選擇和平方法之解決爭端之權利亦明白揭櫫於海洋法公約第二百八十條之規定：「本公約之任何規定均不損害任何締約國於任何時候，協議用自行選擇的任何和平方法解決它們之間有關本公約的解釋或適用的爭端的權利。」第二百八十二條更規定：「爭端各方如已通過一般性、區域性或雙邊協定或以其他方式協議，經爭端任何一方請求，應將這種爭端提交導致有拘束力裁判的程序，該程序應代替本部分規定的程序而適用，除非爭端各方另有協議。」

由上述可知，海洋法公約不僅原則性確認國家有自行選擇方法之權利，而且承認國家得以協定或協議方式規定爭端解決之特別方法，而排除海洋法公約第十五部分所規定程序之適用。惟此種以協定或協議替代公約之適用必須符合兩個條件：1.須該協定或協議所規定之解決方法導致有拘束力之裁判；2.須經爭端任何一方之請求。此外，海洋法公約第二百八十一條更進一步指出，祇有在當事國所自行選擇方法未能解決爭端，以及當事國間之協議並不排除任何其他程序之情形下，才適用公約第十五部分所規定之程序。換言之，國家祇有在無法以其認為最好之方法解決爭端之情形，才有義務適用公約所規定之程序。

貳、導致有拘束力裁判的強制程序

海洋法公約第二百八十六條規定:「在第三節限制下❷⓿,有關本公約的解釋或適用的任何爭端,如已訴諸第一節❷⓫,而仍未得到解決,經爭端任何一方請求,應提交根據本節具有管轄權的法院或法庭。」換言之,假如爭端當事國未能成功依其所自行選擇之和平方法解決爭端,就必須將爭端提交第二節所規定導致有拘束力裁判之強制程序。惟吾人必須注意者,公約第二節所規定之強制程序並不能自動適用,必須經由當事國一方之發動(即使他方之反對),而後才能將爭端提交具有管轄權之法院或法庭。

一、強制程序之選擇

海洋法公約第二百八十七條第一項規定,「一國在簽署、批准或加入本公約時, 或在其後任何時間, 應有自由用書面聲明的方式選擇下列一個或一個以上方法, 以解決有關本公約的解釋或適用的爭端」:

1.按照附件六設立之國際海洋法法庭,法庭由獨立法官二十一人組成、任期九年, 連選得連任❷❷。開發中國家最熱中海洋法法庭之設立, 希冀新法庭能對海洋法上之新問題形成新判例。

2.國際法院, 由於國家聲明接受國際法院強制管轄權之數量不多, 國際法院無法成為海洋法律爭端解決之唯一程序, 惟其在海洋法方面所作成之判例貢獻良多。

3.按照附件七組成之仲裁法庭。法庭由仲裁員五人組成, 當事國各指派一名仲裁員, 其餘三名應由當事國以協議指派第三國國民擔任❷❸。

4.按照附件八組成之處理其中所列一類或一類以上爭端之特別仲裁法

---

❷⓿　強制程序適用之限制。

❷⓫　即海洋法公約第十五部分有關爭端解決之一般規定,揭示爭端各方可用自行選擇之任何和平方法解決爭端。

❷❷　附件六國際海洋法法庭規約第二條和第五條規定。

❷❸　附件七第三條。

庭。特別仲裁法庭所處理之爭端包括有關漁業、海洋環境之保護和保全、海洋科學研究、航行以及來自船舶和傾倒造成污染之條文在解釋或適用上之爭端❷❷。特別仲裁法庭由仲裁員五人組成，當事國各指派仲裁員二人，其中一人可為其本國國民。其餘一人為庭長，由當事國以協議指派第三國國民擔任❷❷。

至於程序選擇之方式乃是以書面聲明為之❷❷，並應交存於聯合國秘書長❷❷。聲明得於任何時間提出。國家亦得自行決定修訂或撤銷其聲明，惟撤銷聲明通知交存秘書長後滿三個月以前，撤銷不生效力❷❷。此外，新聲明或撤銷聲明之通知或聲明之滿期，對於具有管轄權之法院或法庭進行中之程序並無任何影響，除非爭端各方另有協議❷❷。

二、法院或法庭管轄權之爭端

由於海洋法公約一方面採納具有管轄權法院或法庭之多元化制度，另一方面允許當事國在爭端解決之方法上有多種選擇，可能發生不同法院或法庭對於某一特定類別之爭端是否具有管轄權之問題。公約明定：「對於法院或法庭是否具有管轄權如果發生爭端，此一問題應由該法院或法庭以裁定解決。」❷❷此項規定與一般國際法庭所具有之「管轄權之管轄」(La Compétence de la Compétence) 相符❷❷。

當事國對於某爭端之分類未能一致時，亦可能發生法院或法庭是否具有管轄權之爭端，例如甲乙兩國選擇特別仲裁程序以解決漁業爭端，選擇國際法院處理其他種類爭端。假如兩國間所發生之爭端涉及航行和漁業問

---

❷❷　附件八第一條。

❷❷　附件八第三條。

❷❷　海洋法公約第二百八十七條第一項。

❷❷　同條第八項。

❷❷　同條第六項。

❷❷　同條第七項。

❷❷　海洋法公約第二百八十八條第四項。

❷❷　Paul Reuter, Droit International Public, Paris, 1976, p. 528.

題時，甲國認為漁業問題較為重要而主張適用特別仲裁程序；乙國則認為
航行問題應優先處理而主張提交國際法院，在此情形下，究應由何種法院
或法庭來決定管轄權？

三、適用之法律

有管轄權之法院或法庭在行使一般權力 ❷ 或特別權力 ❷ 時應「適用本
公約和其他與本公約不相牴觸之國際法規則」 ❷，惟若經當事各方同意，
法院或法庭得按照公允和善良原則 (Ex Aequo et Bono) 對一項案件作出裁
判 ❷。換言之，法院或法庭得超出純國際法規則之適用，而在公平和時宜
之基礎上作成裁判 ❷。

參、適用強制程序的限制

導致有拘束力裁判之強制程序，在適用上受到海洋法公約第二百九十
七條所列之若干專屬經濟區問題及其他問題之限制。有關專屬經濟區
(EEZ) 爭端之解決在第三屆海洋法會議曾成為爭論主題。沿海國希望將有
關解決專屬經濟區之爭端排除於強制程序之外，以免在該區之主權和專屬
權之行使受到減損或影響。這些國家尤其顧慮到在經濟區之資源開發和管
理專屬權，因其他國家之濫用法律程序 (L'Abus des Voies de Droit) 而受到
國際法庭之干擾 ❷。其他國家則反對此種有利於沿海國所主張之強制程序

---

❷　海洋法公約第二百八十八條。

❷　海洋法公約第二百九十條、第二百九十二條。

❷　海洋法公約第二百九十三條第一項。

❷　同條第二項。

❷　「公允和善良原則」不同於衡平原則。適用衡平原則乃係國際法院之正常功能，
　　事實上，國際法院成立以來從未經同意而按照「公允和善良原則」作成裁判。
　　參閱 Charles de Visscher, De l'Équité dans le Règlement Arbitral ou Judiciaire des
　　Litiges de Droit International Public, Paris, 1972, p. 118. 惟常設國際法院曾在法
　　國與瑞士有關 Zones Frenches de la Haute-Savoie et du Pays de Gex 案經當事各
　　方同意按照 Ex Aequo et Bono 裁判。C. P. J. I., Ser. A., No. 22, 1929.

之例外 ❷⃝，希望海洋法公約能建立一種解決爭端之有效制度 ❷⃝，以保障傳統海洋自由以及利用海洋及其資源之權利。這些國家認為假如沿海國有單方解釋海洋法公約之絕對權利，必將構成權利之濫用 (L'Abus de Droit) 而導致公約上所承認之自由和權利無法獲得具體保障。

因此，確立一種能為雙方所接受之折衷制度，以避免權利濫用和法律程序之濫用乃是海洋法公約有關爭端解決制度之重要問題。

海洋法公約第二百九十七條共分為三項規定強制程序適用之限制，茲分別闡述之：

一、應適用強制程序之情形 ❸⃝

第二百九十七條第一項並未指明強制程序之例外，相反地明確列舉適用強制程序之三種情形：

第一，沿海國以外其他國家在專屬經濟區內關於航行、飛越或鋪設海底電纜和管道之自由和權利，或關於海洋之其他國際合法用途方面 ❸⃝，沿海國有違反海洋法公約規定之行為。此項規定顯示公約希冀以強制程序來保障沿海國以外之其他國家在專屬經濟區所享有之公約所承認之自由和權利。

第二，為了避免沿海國以外之其他國家濫用上述之自由和權利，公約進一步作出有利於沿海國之規定以為補償。任何國家在行使上述自由和權利時，若有違反海洋法公約或沿海國按照公約和國際法所制定之法律和規章之行為，沿海國亦得適用強制程序。

---

❷⃝ Louis B. Sohn, The U. N. Conference on the Law of the Sea: Panel Discussion at the Annual Meeting of the American Bar Association, Section of Int'l Law, 8 Aug. 1977, 12 International Law, 1978, p. 54.

❷⃝ 這些國家包括海洋強國、內陸國、地理上不利國和遠洋漁業國。

❷⃝ B. Johson et N. W. Zacher, Canadian Foreign Policy and the Law of the Sea, 1977, p. 302.

❸⃝ 海洋法公約第二百九十七條第一項。

❸⃝ 海洋法公約第五十八條。

　　第三，沿海國有違反公約所制定或其他按照公約所制定之關於保護和保全海洋環境之特定國際規則和標準之行為 ❸。

二、關於海洋科學研究之爭端

　　海洋法公約第二百九十七條第二項規定關於海洋科學研究之規定在解釋上或適用上之爭端 ❸ 必須適用強制程序，惟對於下列情形所引起之任何爭端，沿海國並無義務同意將其提交這種強制解決程序：⑴沿海國在專屬經濟區內和大陸礁層上所行使之有關海洋科學研究之權利 ❹；⑵沿海國關於海洋科學研究活動之暫停或停止命令之決定 ❺，此外，假如進行研究國家認為沿海國對上述權利行使不符合公約之規定而引起爭端，經任何一方之請求，則應將爭端提交調解程序 ❻。此乃沿海國在海洋科學研究方面所作讓步，惟因調解程序僅限「報告」之提出，其結論或建議，對爭端各方並無拘束力 ❼，故非一種具有拘束力裁判之程序。

三、關於漁業之爭端

　　海洋法公約第二百九十七條第三項規定，關於漁業規定在解釋或適用上之爭端，應按照強制程序解決，但有關其對專屬經濟區內生物資源之主權上權利或此項權利行使之爭端得排除於強制程序之外。

---

❸　關於海洋環境之保護及其爭端解決，參閱 J. Peter A. Bernhardt, Compulsory Dispute Settlement in the Law of the Sea Negotiation: A Reassessment, 19 Va. J. Int'l L., 1979, pp. 80–84.

❸　參閱 Russ Winner, Science, Sovereignty, and the Third Law of the Sea Conference, 1977, 4, Ocean Devel. and Int'l Law 1977, pp. 297–342; Abdulgawi A. Yusuf, Toward a New Legal Frame-work for Marine Research: Coastal State Consent and Int'l Co-ordination, 19. Va. J. Int'l L. 1979, pp. 411–429.

❹　海洋法公約第二百四十六條。

❺　海洋法公約第二百五十三條。

❻　按照海洋法公約附件五第二節。

❼　海洋法公約附件五第七條。

肆、適用強制程序的任擇性例外——關於海界劃定的爭端

在第三屆海洋法會議中,海界劃定成為一項爭論問題,尤其是領海擴張為十二浬、二百浬專屬經濟區之設立以及大陸礁層界限之重新規定後,新的海洋邊界之劃定乃不可避免之現象。若干國家反對將海界劃定之爭端提交一種具有導致拘束力之強制程序解決;其他國家則認為無法接受一種未能包含強制解決海界爭端之海洋法公約。海洋法公約所接納之折衷辦法乃是:一國無義務同意將海界劃定之爭端按照公約所規定制度解決,惟應將此類爭端提交一種能為當事各方所採用,並可導致具有拘束力裁判之任何方法。

海洋法公約第二百九十八條規定,國家得依其選擇,以書面聲明方式,將若干類別之爭端排除於強制程序適用之外。這些爭端包括領海、專屬經濟區和大陸礁層之劃界在解釋或適用上之爭端[308]、或涉及歷史性海灣或所有權之爭端以及關於軍事活動之爭端。但,如果上述爭端發生於海洋法公約生效之後,經爭端各方談判仍未能在合理期間內達成協議,則作此聲明的國家,經爭端一方請求,應同意將該事項提交調解。在調解委員會提出報告後,爭議各方應根據該報告以談判達成協議,如果未能達成協議,經彼此同意,爭端各方應將問題提交強制程序[309],除非爭端各方另有協議。

國家對於若干類別爭端所作成之不接受強制程序之書面聲明可隨時撤回,或同意將該聲明所排除之爭端提交海洋法公約規定之任何程序[310]。此外,公約對於強制程序之接受採相互原則,第三項規定:「作出聲明之締約國,應無權對另一締約國,將屬於被除外之一類爭端之任何爭端,未經該另一締約國同意,提交本公約之任何程序。」[311]

---

[308] 海洋法公約第十五條、第七十四條和第八十三條在解釋或適用上之爭端。

[309] 海洋法公約第十五部分第二節所規定之程序。

[310] 海洋法公約第二百九十八條第二項。

[311] 此與國際法院規約第三十六條規定相似。

　　總之，海洋法公約第十五部分㉜確立一種具有彈性而複雜之爭端解決制度㉝。原則上，凡有關海洋法公約之解釋或適用之任何爭端，如經協議用自行選擇之任何和平方法㉞而仍未得到解決，經爭端任何一方請求，應提交導致有拘束力或裁判之強制程序（海洋法公約第二百八十六條）。這種強制程序包括將爭端提交國際海洋法法庭、國際法院、一般仲裁法庭或特別仲裁法庭解決㉟。

　　惟此種強制程序並不能適用於所有公約之解釋或適用所引起之爭端。公約第二百九十七條將有關海洋科學研究和漁業問題之若干類別爭端㊱排除而不受強制程序之拘束。此外，公約第二百九十八條更允許一國得在任何時間以書面聲明方式，就關於劃定海洋邊界㊲在解釋或適用上之爭端或涉及歷史性海灣或所有權之爭端，宣示不接受強制程序之適用㊳。惟吾人必須注意者，有關海界劃定爭端若經爭端各方協議，亦可提交包括司法解決之導致有拘束力裁判之強制程序㊴。

　　此外，依海洋法公約第七十四條和第八十三條第二項有關海岸相向或相鄰國家間專屬經濟區和大陸礁層界限劃定之規定指出：「有關國家如在合理期間內未能達成任何協議，應訴諸第十五部分所規定之程序（爭端解決之程序）。」此項規定與上述第二十九條第一項允許國家得單方將海界劃定

㉜　海洋法公約第二百七十九條至第二百九十九條。
㉝　參閱 M. P. Gaettner, The Dispute Settlement Provisions on the Law of the Sea, San Diego Law Review, vol. 19, 1982, pp. 577–597.
㉞　即如已訴諸第一節之任擇方法。
㉟　海洋法公約第二百八十七條。
㊱　海洋法公約第二百九十七條第二項 (a) 款所列和第三項 (a) 款所列事項之爭端。
㊲　包括海洋法公約第十五條之領海，第七十四條之專屬經濟區和第八十三條之大陸礁層之劃界。
㊳　不包括一般海洋邊界 (Les Limites Maritimes)，除非爭端涉及歷史性海灣之邊界。
㊴　海洋法公約第二百九十九條第一項。

爭端排除於強制程序規定是否相違？吾人認為，前者係一般性規定 (De Caractére Général)，後者具有「特別法」(Lex Specialis) 之效，應優先前者而適用之。況且就第十五部分所確立爭端解決制度而言，亦未規定所有關於海洋法公約之解釋或適用之爭端，在未經爭端各方同意下，提交導致有拘束力裁判之強制程序解決。

在國家實踐上顯示，海界劃定在海洋法問題之爭論中最為頻繁，吾人可以預見在專屬經濟區設立和大陸礁層外界所規定實施後，此類爭端必將日益增加。若干學者認為海界劃定爭端可不接受強制程序適用之理由，乃是海界劃定之爭端需要「衡平原則」之適用，一個調解委員會較之一個司法性質機構更適合適用此項原則 ㉟。此種論點並非妥當，蓋因衡平原則乃是實證國際法之一部，與「公允善良原則」(Ex Aequo et Bono) 有別。事實上，許多海界劃定爭端係由司法性機構解決。此外，吾人必須注意者，由於海界劃定爭端特別棘手而頻繁，調解程序 ㉛ 並不能解決所有問題。海洋法公約基於政治考慮，允許當事國將海界劃定之爭端排除於強制程序之外，令人感到惋惜。

㉟ S. Rosenne, Equitable Principles and the Compulsory Jurisdiction of International Tribunals, Berne, 1980, pp. 407–425.

㉛ 海洋法公約第二百九十八條第一項 (a) 款 (1)。

---— 大　綱 ——---

第八章　領空與太空

第八章　領空與太空

第一節　領空與航空法

壹、概　說

　　空中自由 (Freedom of the Air) 和領空主權 (Sovereignty over the Air Space) 是人類進入航空時代以來，有關國際航空法的兩種主要學說。前者主張「空中」(Air Space; L'Espace Aérien) 不屬任何國家所有，各國航空器得在「空中」自由飛行；後者則依據私法上土地所有權的觀念，認為一國主權應包括其領土的上空。國際法的發展是趨向於領空主權的確立。實證法則表現在二項國際公約，即一九一九年的巴黎國際航空公約及一九四四年的芝加哥國際民用航空公約。

一、一九一九年巴黎「國際航空公約」

　　一九一九年十月十三日在巴黎簽訂的「國際航空公約」(Convention on the Regulation of Aerial Navigation)❶以來，領空絕對主權的觀念，已為各國所普遍接受。巴黎公約的重要規定如下：

　　1.承認各締約國對其領土及領海上空享有完全及排他性主權❷。惟，締約國在其領空所享有的主權因航運的需要而作成下列讓步：(1)無害通過自由❸。惟，此種通過自由，地面國得因「軍事上或公共安全利益」的維

---

❶　約文見 A. J. I. L., 1923, vol. 17, Supply, p. 195; 一九一九年十月十三日有二十七個國家在巴黎簽訂「國際民航公約」，該公約於一九二二年七月十一日生效，迄一九三九年共有三十三個國家批准，其中有十九個歐洲國家，大部分美洲國家均未簽訂該公約，另於一九二八年二月二十日簽署哈瓦那公約。

❷　巴黎公約第一條。

❸　巴黎公約第二條。締約國有義務在和平時期同意其他締約國不定期航空器無害通過其領域上空。此外，該公約第十五條規定，定期民航飛機，未經地面國同

護，予以限制。因此，締約國有權為此目的，禁止外國航空器飛越其領域之特定區域❹。⑵締約國不得基於政治理由對外國航空器的通過自由採取差別待遇❺。

2.公約設立一個常設機構「國際航空委員會」(La Commission Internationale de Navigation Aérienne) 以確保公約的適用與發展。其權限包括：⑴行政權，關於資訊的交流與匯集；⑵立法權，關於公約附款中技術性條款的修訂；⑶司法權，關於締約國間技術性歧見的解決。

3.建立航空器國籍制。任何航空器應有確定的國籍。公約規定，任何航空器必須有一個國籍。航空器應在其所有人的本國註冊，並取得該國的國籍❻。依此規定，船舶的「權宜旗幟」(Flag of Convenience) 不能適用於航空器。此種制度的理論乃建立在國家主權原則。

上述國際民航公約所規定領空主權原則雖由若干國家的國內法所確認❼。惟，吾人甚難認定領空主權已形成一項國際航空法的原則，而該公約亦未能獲得國家普遍的參加。

二、一九四四年芝加哥「國際民用航空公約」

一九一九年巴黎公約所承認的航空器自由通過制度係建立在締約國間協商讓步基礎上，而非一種客觀制度的確立。此外，該公約拒絕從事商業性運輸的航空器享有公約所規定的通過自由權。第二次世界大戰期間，更由於航空事業的進步，一九四四年十一月一日五十多個國家在芝加哥舉行國際民用航空會議❽。並於十二月七日簽訂「國際民用航空公約」

意，不得享有飛越該國領空之自由。

❹ 巴黎公約第三條。例如法國發佈一九二六年四月二十日及一九三八年二月九日之命令來規定禁止飛越之區域。

❺ 巴黎公約第二條第二項。

❻ 巴黎公約第五條至第十條。

❼ 例如一九二四年五月三十一日法國法律、一九三六年英國航空法及一九四七年運輸法、一九五九年一月十日的西德法律。

❽ 蘇聯表示不願與無外交關係國家參加會議。會議中有三種不同主張：1.紐澳的

(Convention on International Civil Aviation)、「國際航空過境協定」
(International Air Services Transit Agreement) 和「國際航空運輸協定」❾
(International Air Transport Agreement)。

　　芝加哥公約共有九十六條，對於民用航空各種事項的規定，奠定了國
際航空法的基礎。該公約的重要規定如下：

　　1.重申領空主權原則❿。不從事定期國際航運民用航空器，有權飛入
或飛越締約國的領空。惟，從事定期國際航運之民用航空器或國有航空器
（包括軍用航空器）未經地面國特許，無權飛越或降落該國⓫。為補救此
一缺點，芝加哥會議乃採納美國主張，另訂「國際航空運輸協定」。

　　「國際航空運輸協定」規定各締約國將有關定期國際航空業務的下列
五項自由讓與其他締約國：⑴不著陸飛越一國領空；⑵為非營業目的而降
落；⑶在航空器的本國裝載客貨，運往外國卸下；⑷在外國裝載客貨，運
回本國卸下；⑸在本國以外的兩國間裝卸客貨。前兩項自由為基本自由，
後三項自由為商業自由。由於各國利益的不一致，參加此協定的國家很
少⓬。至於「國際航空過境協定」僅規定締約國應讓與其他締約國的定期
航運享有上述兩項基本自由。事實上，各國有關定期航空業務，均依其特
殊情況簽訂雙邊協定，相互讓與各項自由並加以各種限制。

　　2.國內空運 (Air Cabotage) 完全保留給本國飛機經營⓭。

　　　　國際化主張，要求民航的完全國際化；2.美國的自由競爭或自由企業化主張，
　　　　要求所有國家及航空公司得自由確立航線，自行訂定時間表及價格；3.英國折
　　　　衷性的控制與規範主張，認為重要航線應由國際控制，包括航空器、時刻、價
　　　　格、航線分配以及國際組織的設立以監督公約的適用。

❾　　會議並通過十二項決議及有關行政、法律及技術的建議，芝加哥公約於一九四
　　　　七年四月七日生效，迄一九七九年已有包括蘇聯在內的一百四十個國家批准。

❿　　芝加哥公約第一條和第二條。

⓫　　芝加哥公約第六條及第三條。

⓬　　參閱 J. G. Starke, Introduction to International Law, 1977, p. 195;
　　　　Oppenheim-Lauterpacht, International Law, vol. I, 1955, p. 527.

⓭　　芝加哥公約第二條和第七條。

貳、領空主權與空中事件

一九一九年及一九四四年的航空公約都確認領空主權及地面國有權禁止他國航空器飛越該國領空。

依據芝加哥「國際民用航空公約」的規定，締約各國為軍事必要或公共安全的非常情勢下，得一律限制或禁止他國航空器飛越其全部或一部分領土之權⑭。一九六五年七月間，一架美國軍機飛越法國一家同位素分離廠的禁區上空，曾引起法國政府強烈的抗議⑮。自從一架攜帶核子武器的美國軍機在西班牙的巴羅馬烈斯 (Palomares) 上空失事後，西班牙政府已明令禁止載有此類武器的飛機飛越該國領域⑯。

晚近，許多民用和軍用飛機在故意或過失的情形下，侵犯他國的領空，遭受地面國的迫降、攔截或攻擊。此種空中事件 (Aerial Incidents) 發生的原因，吾人可歸納下列四點：

  1. 一國領空邊界劃定的困難。就技術觀點而言，領空的劃界雖屬可能，卻不易達到絕對的精確。

  2. 若干國家過分擴張其鄰接區的控制範圍。

  3. 劃定空中走廊 (Air Corridors) 供他國飛機使用；凡在走廊以外的上空，置於地面國的控制下。

  4. 航空器在地面國領土上空從事偵察行為。

上述性質的空中事件的處理，在實踐上通常由外交途徑解決。受害國大都向地面國提出抗議或求償，惟能夠順利獲得賠償的情形並不多見；大多數的情形是由地面國就事件的發生向受害國表示遺憾。

一九六〇年五月一日，一架美國偵察機 U–2 在蘇聯境內被擊落，美國於承認侵犯蘇聯領空主權後，以一名間諜交換被捕的飛機駕駛員⑰。一九

---

⑭　芝加哥公約第九條。

⑮　法國於一九六六年頒佈外國軍用飛機飛越法國領域的新辦法，參閱 R. D. I. P., 1966, p. 1031.

⑯　Ibid., p. 749.

五五年七月二十七日一架以色列民航機，因氣候惡劣誤入保加利亞境內，被保國軍機擊毀，七名機員及五十一名乘客不幸罹難，以色列政府經由外交途徑，要求保國賠償未果，乃於一九五七年十月十六日向國際法院起訴，要求判決保國給予以色列賠償❽。一九五四年九月四日美國海軍一架 P2V 型飛機在日本海執行日間巡邏，在拿克達克港東方，距蘇聯海岸十二浬內的領海上空被擊墜海，美國認為係在公海上空被攻擊，乃於一九五六年向蘇聯提出賠償請求被拒後，又要求將爭端提交國際法院處理，亦被蘇聯拒絕❾。其他類似事件有一九五三年三月十日兩架美國戰鬥機在德境美佔領區與捷克之邊界上空和兩架捷克米格機發生衝突❷⓪；一九五二年十月七日美國一架軍機在日本北海道上空遭蘇聯飛機襲擊墜海，蘇聯認為該機入侵其領空，經令迫降未果而發生射擊事件❷⒈。

參、國際航空組織

一、國際民航組織

　　國際民航組織 (International Civil Aviation Organization; ICAO) 是聯合國專門機構之一，於一九四七年四月十四日在加拿大的蒙特利爾設立。該組織的宗旨與目的在於發展國際航空的原則與技術，並助成空中運輸的發展，以便達成： 1.保證全球國際民用航空，能夠有秩序及安穩的成長； 2.鼓勵國際民用航空之航空路線、航空站及航空設施的發展； 3.辦理安穩、

---

❶⑦　參閱 A. J. I. L., vol. 54, 1960, pp. 836–854.

❶⑧　本案因保國主張國際法院無管轄權，法院判決表示無管轄權拒絕以國政府的請求。Aerial Incident of 27 July 1955, Israel v. Bulgaria. 參閱張永恆，國際法院，頁 122–125。

❶⑨　美國於一九五八年向國際法院逕行提交請求書，法院最後決定將本案註銷。Aerial Incident of 4 Sep. 1954, U. S. v. USSR, 同上，頁 134–137。

❷⓪　Aerial Incident of 10 March 1953, U. S. v. Czechoslovakia, 同上，頁 100–103。

❷⒈　事件發生後美國提出賠償請求亦遭蘇聯的拒絕。Aerial Incident of 7 Oct. 1952, U. S. v. USSR. 同上，頁 104–107。

準期、效率及經濟化的空運； 4.保證各締約國均有經營國際航空的均等機會； 5.促進國際航空的飛行安全。

國際民航組織設立大會 (Assembly) 和理事會 (Council) 兩個主要機構及其他必要機構❷。

㈠大　會

由各會員國代表組成，每年至少集會一次。大會的決議採過半數通過原則，每一會員國祇有一個投票權❸。大會是民航組織的最高權力機構，得決定組織的財政預算、審議理事會所提交的任何事項，並處理組織職權範圍內，未經交於理事會的任何事項❹。此外，大會得為和平的維持與其他組織締結協定。

㈡理事會

理事會是常設機構，對大會負責，由大會選出的二十七個會員國代表組成❺，任期三年。理事會不僅是執行大會決議的機構，而且行使行政、財政和技術等方面權力 ❻。理事會設立航空運輸委員會 (Air Transport Committee)、航空航行委員會 (Air Navigation Commission) 和法律委員會 (Legal Committee) 三個主要附屬機構。法律委員會負責航空法的草擬工作，對國際航空法的制訂有重大的貢獻。

此外，會員國對於公約的解釋或適用發生爭議時，如果談判失敗，應聲請理事會投票表決之。當事國對理事會的決定不服時，得提交仲裁或國際法院解決❼。

---

❷ 芝加哥公約第四十三條。

❸ 芝加哥公約第四十八條。新會員國的加入須五分之四多數，公約的修訂須三分之二多數。

❹ 芝加哥公約第四十九條。

❺ 芝加哥公約第五十條。

❻ 芝加哥公約第五十四條、第五十五條和第五十七條。

❼ 芝加哥公約第八十四條至第八十六條。

二、國際航空運輸協會

國際航空運輸協會 (International Air Transport Association) 並非國際民航組織的一個機構，而是由七十個航空公司組成的非政府間的國際組織。

協會的主要功能是聯合全球的航空運輸業者，就統一飛機票和空運單的形式、各航空公司之間帳務的結算、多元貨幣的換算及收取，以及票價的決定等重要的問題，進行密切合作，以便利國際空運的發展和防止惡性競爭❷。

由於各航空公司及國內法上的地位特殊❷，通常受到國家嚴密的管制❸。因此，協會所召開討論票價問題的運輸會議 (Traffic Conferences) 的決議尚須獲得航空公司所屬國政府的同意❸。

三、歐洲航空控制體系

一九六〇年十二月十三日英、法、西德、比、荷、盧等六國在布魯塞爾設立「歐洲航空控制體系」(Eurocontrol)❸。組織設立目的在於使締約國領域的大氣上層裏行使聯合控制，以保障航空航行的安全。但基於實際的作業需要，於締約國請求時，得控制該國大氣低層的全部或一部分。

該體系設有航空安全委員會與空運服務署。該署的任務是預防航空器的碰撞、保證迅速的和有秩序的空運通過，提供促進航行安全與效率的建議與情報，通知有關機構以搜尋與拯救航空器，並接受上述機構的請求而予以協助等❸。

---

❷ 引自丘宏達主編（陳治世、陳長文、俞寬賜、王人傑等合著），現代國際法，三民書局，民國六十二年版，頁 617。

❷ 航空運輸一般視為公用事業或特許事業等名稱不盡相同。

❸ 通常國家是主要或唯一的股東。

❸ 航空公司參加會議前通常已與本國政府取得協議。丘宏達主編，前揭書，頁 617。

❸ 該組織於一九六四年三月一日開始作業。參閱 V. A. Goros, L'Organisation Internationale de la Sécurité de la Navigation Aérienne: Eurocontrol.

肆、航空器上所犯罪行的管轄

晚近國際航空運輸事業的迅速發展，在飛航中的航空器上所犯罪行的管轄已成為航空法上的重要問題。尤其國際劫機事件日益增多，更引起各國政府普遍的關切。

一九六三年九月十四日在東京簽訂的「航空器上所犯罪行及若干其他行為公約」(Convention on Offences and Certain Other Acts Committed on Board Aircraft)❹規定凡違犯刑法的罪行或危害航空器及航空器上人員或財產安全的行為，或危害航空器上的善良秩序與紀律的行為❺，均得由下列有關國家行使管轄權❻：

1.航空器的登記國：航空器的登記國是犯罪行為的直接受害者，其所受損失最大，應具有優先的管轄權。

2.犯罪行為係實行於該締約國領域以內者。

3.犯罪行為係由於或對於該締約國的國民或其永久居民所為者。

4.犯罪行為係危害該締約國的安全者。

5.犯罪行為係違反該締約國有關航空器飛航或操作的任何有效規章者。

6.係確保該締約國履行某項多邊國際協定的任何義務所必需者❼。

---

❸ 參閱 C. W. Jenks 著，雷崧生譯，太空法，臺灣商務印書館，民國五十七年版，頁 76–77。

❹ 約文見 U. N. Doc. A/C Annex I 6/418; 沈克勤，前揭書，頁 213。

❺ 東京公約第一條。

❻ 東京公約第三條。

❼ 東京公約就上述享有管轄權的各國間引起管轄權競合問題並無明文規定。國際法學者克勞斯 (Knauth) 於一九五二年在國際法協會曾提出管轄優先順序為：1.航空器的登記國；2.犯罪行為後，犯罪者首先被捕國；3.航空器首先降落國；4.航空器航程中第一目的地國；5.犯罪行為前，航空器最後起飛地國。(Report of Forty-fifth Conference of the International Law Association, Lucerne, 1952, pp. 135–136; 參閱孫超凡，劫機事件之法律觀，法學叢刊第 68 期，頁 89)

關於航空器的非法劫持，該公約要求各締約國合作，採取必要措施並歸還被劫持的航空器。其主要規定：⑴若航空器在飛行中被人以武力或武力的威脅而非法干擾、奪取或其他不當控制，締約國應採取一切適當措施，使此航空器的控制歸還於合法的機長，或使其保持對航空器的控制；⑵發生上項情形時，航空器降落的締約國應允許其乘客及機員儘可能繼續其航程，並將航空器及其所載貨物歸還其合法執有者❸。

由於東京公約對在航空器上犯罪者的懲罰和引渡未予規定。一九七〇年十二月十六日在海牙又簽署「制止非法劫持航空器公約」(Convention for the Suppression of Unlawful of Seizure of Aircraft)❹。

海牙公約規定締約國同意對下列各項犯罪者的行為給予嚴厲的懲罰❹：

1.藉武力或威脅，或以任何其他方式的威嚇對該航空器（在飛行中的航空器上）非法劫持或行使控制，或意圖行使此項行為；

2.為行使或意圖行使任何此項行為者的同謀❹。

締約國應採取必要措施，對犯罪及與該犯罪有關的疑犯，對乘客或機員所犯任何其他暴行，在下列情形下，建立其管轄權❹：

1.犯罪在該國登記的航空器上發生。

2.在該國領域內降落而該疑犯仍在航空器上。

3.航空器承租人的主要營業地，或其永久居住所在該國者。

當疑犯在締約國的領域內出現，而未依規定❹，將其引渡至上述有管轄權的國家時，每一締約國亦應採取必要的措施，對該項犯罪建立其管轄權❹。在情況許可之下，任何締約國，當犯罪者或疑犯在其領域內出現時，

❸　東京公約第十一條。

❹　約文見 U. N. Doc. A/C, 6/418, English, Annex III; A. J. I. L., vol. 65, 1971, p. 440; 參閱 J. G. Starke, op. cit., pp. 314–315.

❹　海牙公約第二條。

❹　海牙公約第一條。

❹　海牙公約第四條第一項。

❹　海牙公約第八條。

應將其拘禁，或採取其他措施❹。在其領域內發現疑犯的締約國，如不將該疑犯引渡，則無論該項犯罪是否在其領域內發生，應無任何例外，將該案件送交其主管機關俾予以起訴。該等機關應照在其國內法下任何嚴重性的一般犯罪的相同方式裁決之❹。

依據海牙公約的規定，劫機罪行已成為締約國之間可引渡的一種罪行。為使劫機疑犯的引渡易於達成，該項犯罪應被視為不僅係在發生之地的犯罪，且係在航空登記國、航空器與疑犯的降落國、航空器承租人主營業地或永久居住所地國領域內的犯罪❹，亦即確立一項「強制普通管轄權」。

國際民航組織於一九七一年九月二十三日在蒙特利爾另簽訂一項「制止危害民航安全之非法行為公約」(Convention for the Suppression of Unlawful Acts Against the Safety of Civil Aviation)❹以補充海牙公約規定的不足。該公約適用於劫機以外的其他危害民航安全的罪行，包括下列五種非法行為❹：

1.在「飛行中」(In Flight) 的航空器上對任何人所施的暴行，假若此種行為可能危及該航空器的安全者。

2.破壞或損害「使用中」(In Service) 的航空器，以期該航空器不能飛行，或可能危及其飛行中的安全者。

3.在「使用中」(In Service) 航空器上放置任何器械或物質，使其有遭受此種損害的可能者。

4.破壞或損害飛行設備，或干擾其運用，假若此種行為可能危及「飛行中」(In Flight) 航空器的安全者。

5.不實消息的傳達，藉以危及「飛行中」(In Flight) 航空器的安全者。

---

❹ 海牙公約第四條第二項。

❹ 海牙公約第六條第一項。

❹ 海牙公約第七條。

❹ 海牙公約第八條。

❹ 約文見 U. N. Doc. A/C. 6/418, English, Annex III; A. J. I. L., vol. 66, 1972, p. 455.

❹ 蒙特利爾公約第一條。

　　由此可知蒙特利爾公約並不限於在「飛行中」(In Flight) 航空器上的罪行，凡在「使用中」(In Service) 的航空器上的罪行亦包括在內。航空器在「飛行中」係指航空器自搭載後關閉其所有外門之時刻起，至為卸載而開啟任何上述之門止。遇強迫降落時，在主管機關接收該航空器及其上人員與財產的責任以前，該項飛行應視為繼續❺⓪。「使用中」係指自地面工作人員或飛行員為特定飛行的飛行前準備起，至該航空器降落後二十四小時止。

　　有關強制普遍管轄的原則，在海牙公約及蒙特利爾公約均有規定，凡罪犯或疑犯在締約國領域內出現時，如不將其引渡，則應將其監禁，且不論該項犯罪是否在其領域內發生，均應予以起訴，使該犯人受到嚴厲的制裁。

　　制止劫機及其他危害民航安全的非法行為除有賴各國的坦誠合作遵守上述三項公約規定外，各國更須制訂適當的國內法規予以配合，始能竟其功。美國於一九六二年公布有關航空器海盜罪（空盜罪）的法律❺❶係為履行一九七〇年制止非法劫持航空器公約（海牙公約）之義務。依該項法律規定，有海牙公約第一條所稱之行為者為一種犯罪 (Crime)。換言之，任何人在飛行中之航空器上：(a)藉武力或威脅，或以任何其他方式之威嚇，對該航空器非法劫持或行政控制，或企圖行使此項行為；或(b)為行使或企圖行使任何此項行為者之同謀。該法適用於航空器任何海盜行為(劫機行為)，倘該行為發生在美國航空器上（在美國登記之航空器）或犯罪發生後，嫌犯在美國被發現者❺❷。犯該法所規定罪行者應處以二十年以上有期徒刑，或因而致人於死者，處無期徒刑或死刑❺❸。

　　美國航空器破壞法❺❹之制訂係為履行一九七一年蒙特利爾公約之義務。該法亦補充先前法規未能涵蓋有關航空器破壞 (Aircraft Sabotage) 罪行

---

❺⓪　與海牙公約第三條第一項規定相同。

❺❶　或稱空中海盜罪 "The Aircraft Piracy Charge"，49 U. S. C. app. §1472 (n).

❺❷　49 U. S. C. app. §1472 (n)(1); 海牙公約第四條第一項。

❺❸　Ibid.

❺❹　The Aircraft Sabotage Act, 18 U. S. C. §§31–32 (1982 & Supp. 111, 1985).

之缺點❺。

　　美國航空器破壞法填補了美國法律與國際公約之間漏洞。依據一九七一年蒙特利爾公約第五條第一項規定，各締約國應採取措施對第一條所規定罪行建立其管轄權，這些罪行包括在「飛行中」(In Flight) 之航空器上之暴力行為，倘如該行為可能危及該航空器安全，破壞航空器或在航空器放置炸彈者。這些規定已納入該法中，僅文字上略予變更。依規定，該法適用於發生在美國管轄領域內或在該國際登記之航空器上之上述罪行❺。此外，該法亦適用於對在美國以外之國家登記之航空器，或在該航空器上所犯上述罪行，而嫌犯在美國領域內被發現者 (To Be Found in the U. S.)❺。上述兩項規定❺提供美國對於破壞航空器罪行行使管轄權基礎。換言之，美國得基於犯罪在美國領域內發生，或對美國航空器或在美國航空器上，或嫌犯在美國領域而確立其管轄權。我國民用航空法第七十七條規定:「以強暴脅迫或其他方法劫持航空器者，處死刑、無期徒刑，前項之未遂犯罰之。」第七十八條又規定:「以強暴、脅迫或其他方法危害飛航安全或其設施者，處七年以下有期徒刑、拘役或二萬元以上七萬元以下罰金。因而致航空器或其他設施毀損者，處三年以上十年以下有期徒刑。因而致人於死者，處死刑、無期徒刑或十年以上有期徒刑。致重傷者處五年以上十二年以下有期徒刑，第一項未遂犯罰之。」

　　資料顯示，大多數劫機者均在航空器降落地國或請求引渡國被起訴與處罰❺。同時，各締約國能依照公約規定❻在航空器上和機場採取防止措

----

❺　49 U. S. C. app. §1472, 1473, 1514, (1982). 這些法規係為履行一九七〇年海牙公約和一九六三年東京公約之義務，故僅規定這個公約所涵蓋非法劫機和航空器上所犯罪行，並不涉及航空器破壞及劫持人質問題。

❺　蒙特利爾公約第五條第一項㈠款和㈡款。The Aircraft Sabotage Act, Section 32 (a).

❺　蒙特利爾公約第五條第一項㈢款，第五條第二項和第七條；ibid., Section 32 (b).

❺　Ibid., Section 32 (a)(b).

❺　J. Murphy, Punishing International Terrorists: The Legal Framework for Policy Initiatives, 1985, pp. 108–116.

施亦是空中劫機事件普遍減少之原因。

　　相對地，一九八五年六月十四日發生一架環球客機 (TWA847) 被劫事件則是公約適用失敗的例子❻。劫機者控制剛從雅典起飛之環球客機，強迫機員駛往貝魯特，機上有乘客一百四十五人，其中一位美國海軍被殺害。

　　六月三十日劫機者將最後一批均屬美國國民之乘客釋放。黎巴嫩當局並未將劫機者起訴，雖然美、黎兩國均為一九七〇年海牙公約締約國。惟兩國之間未締結引渡條約，致美國政府未向黎國提出引渡劫機犯之請求❻。事實上，美國政府顧慮到其他在黎國被挾持人質安全才是決定不提出引渡請求之主要原因。

　　一九七〇年海牙公約並無任何對於庇護或協助劫機罪犯的國家加以制裁規定。一九七八年七月十七日參加在波昂舉行的經濟高峰會議國家共同發表一項有關劫機之波昂宣言 (Bonn Declaration on Hijacking)❻，該宣言規定：「國家及政府領袖，關切恐怖行動及劫持人質，宣示其加強共同努力以打擊國際恐怖行動。為達此目的，當國家拒絕引渡或起訴劫機犯或不歸還航空器時，國家及政府領袖共同決議，其政府將採取立即行動停止所有航空器飛往該國。同時，其政府將採取行動以停止所有從該國或相關國家班機飛入。呼籲他國政府在執行上共同參與。」雖然波昂宣言僅是一種政策宣示 (Statement of Policy) 而非具有法律拘束力之文件❻，卻表明參加高峰會

---

❻　一九七一年蒙特婁公約第十條第一項。

❻　Facts on File, 1985 (45), pp. 457–459, 473–475, 489–491.

❻　依海牙公約規定，黎國有義務將罪犯引渡或起訴（公約第六條和第七條），惟美國現階段政策拒絕依據多邊反恐怖公約作為引渡基礎，可能是未提出引渡請求另一理由。依美國法，罪犯僅得依據有效引渡條約始得被請求引渡。18 U. S. C. §3181 (1982) 行政機關亦嚴格解釋，認為反恐怖公約不是引渡條約，即使這些公約明文規定得作為引渡基礎，例如海牙公約第八條，反對劫持人質公約第十條之規定。

❻　參加國家包括加拿大、法國、西德、義大利、日本、英國和美國。約文見 I. L. M. 1978 (17), p. 1285.

❻　Chamberlain Collective Suspension of Air Services With States Which Harbour

議國家採取行動打擊國際恐怖行動之意願。

一九八一年七月二十日各國政府在渥太華舉行經濟高峰會議，討論一九八一年三月劫持一架巴基斯坦民航機至阿富汗問題，呼籲及確認一九七八年波昂宣言所確立之原則。各國政府領袖指出，阿富汗政府在事件過程中及庇護劫機者之行為已違反其所簽署海牙公約所規定之國際義務，並且構成對飛航安全之嚴重威脅❻。因此，各國政府建議執行波昂宣言，停止所有飛往或飛自阿富汗之班機，除非阿富汗立即採取履行其義務之措施❻；並呼籲所有關切飛航安全國家採取適當行動以說服阿富汗履行其義務❻。美國更主張立即適用波昂宣言之制裁規定。惟，法國、西德和英國三個有民航班機飛往阿富汗的國家，認為在未違反與阿富汗所簽訂雙邊過境協定下，不能採取制裁行動，祇能將一年後終止航空過境協定之意思通知阿富汗。一九八二年十一月三十日三國依據波昂宣言，停止所有與阿富汗之空運❻。

第二節　太空法

壹、概　說

自從一九五七年十月四日蘇聯第一顆人造衛星「旅伴」(Sputnik) 第一號發射成功後，「太空法」(Space Law; Droit de l'Espace) 一詞便在法學界普遍使用，惟其在實證法上還無界說，在概念上，亦未確定。

一般而言，太空法乃指規範國際關係上，有關太空探測與使用之規則總稱。「太空」(Outer Space) 與「大氣空間」(Air Space; l'Espace Aérien) 或「領空」(Territorial Air Space) 係相對名詞，指陸上及海上大氣層外的空間。

Hijackers, Int'l & Comp. L. Q. 1983 (32).

❻ Ibid., p. 627.

❻ Ibid.

❻ Dep't St. Bull., 1981 (81), p. 16.

❻ Chamberlain, op. cit., p. 628.

領空屬於國家主權行使的範圍，適用航空法 (Air Law; Le Droit Aérien)，太空係自由空間，不受任何國家主權的支配，適用太空法。

「太空法」所包括的問題甚多，例如太空與領空的分界、太空的法律地位、太空的探測與使用、太空活動所引起的損害與損失的賠償責任、太空物體的登記制度、太空物體的送還、航空員的救助與送回，和衛星通訊等問題。

東西雙方對太空法上問題，學者所發表文獻及官方所表示的立場甚多 ❻，惟因太空科學技術發展的迅速，太空法衹能在極為有限的程度內，配合太空探測的進展，依據太空活動中所獲得的可靠資料，制訂最適於解決問題的辦法 ❼。

一九五八年聯合國大會創立了一個「太空和平使用特設委員會」(The Ad Hoc Committee on the Peaceful Uses of Outer Space) ❼曾就太空活動的未來範圍，其有效進行所必須的贊助與設備，以及國際合作協定等問題，提出許多實際的建議 ❼。

一九五九年十二月十二日，聯大決議在較為廣泛的基礎上，另設立一個新機構——「聯合國太空和平使用委員會」(The U. N. Committee on the Peaceful Uses of Outer Space)，下設「科學技術」和「法律」兩個小組委員會 (Sub-Committee)。委員會的任務是：1.檢討和平目的的太空探測與使用，已達成何種程度的國際合作； 2.研究實際可行的方法，以進行聯合宜於主辦的和平使用太空的計畫； 3.研究太空探測所引起的法律問題 ❼。

一九六一年十二月二十日，聯大一致確認了兩項原則： 1.國際法，包括聯合國憲章在內，適用於太空與天體； 2.太空與天體，得由各國依照國

❻ 參閱雷崧生譯，甄克士著，太空法，臺灣商務印書館，民國五十七年版，頁 79–173。

❼ 參閱 J. G. Starke, op. cit., p. 194; 沈克勤，前揭書，頁 220。

❼ 一九五八年十二月十三日第 1348 號 (13) 決議。

❼ U. N., Doc. No. A/4141, July 14, 1959.

❼ 大會一九五九年十二月十二日第 1472 號 (14) 決議甲；引自雷崧生，前揭書，頁 51。

際法，自由予以探測與使用，不得為任何國家所據有❼。一九六三年十二月十三日，聯大又一致通過了「關於各國探測與使用太空活動的法律原則宣言」❼，確認為和平目的，探測及使用太空 (Outer Space) 的進展，關於全體人類的共同利益。一九六七年聯大一致通過「關於探測及使用太空包括月球與其他天體之活動所應遵守原則之條約」(The Treaty on Principles Governing the Activities in the Exploration and Use of Outer Space, including the Moon and Other Celestial Bodies)❼揭示：「太空不得由國家以主張主權，或以使用或佔領的方法，或以其他方法，據為己有」❼；「各國探測及使用太空，應遵守國際法……」❼。此外，一九六三年美英蘇三國在莫斯科簽訂「大氣中、太空及水中禁試核子武器條約」(The Nuclear Weapons Test Ban Treaty of 1963)、一九六八年四月二十二日簽訂「援救航天員、送回航天員及送回射入太空之物體之協定」(The Agreement on the Rescue of Astronauts, the Return of Astronauts, and the Return of Objects Launched into Outer Space)、一九七二年三月二十八日簽訂「太空物體造成損害國際責任公約」(Convention on International Liability for Damage Caused by Space Objects)❼、一九七五年簽訂「射入太空物體登記公約」(The Convention on Registration of Objects Launched into Outer Space)❽及一九七九年「月球條約」等都是與太空法有關的重要國際協定。

---

❼ 聯大第 1721 號 (16) 決議。

❼ 聯大第 1962 號 (18) 決議，內容譯文參閱雷崧生，前揭書，頁 285–286。

❼ 該條約於一九六七年一月二十七日分別在華盛頓、倫敦、莫斯科舉行簽字儀式。該條約簡稱「一九六七年太空條約」(1967 Space Treaty) U. N. Doc. No. A/RES/222 (XX), Jan. 25, 1967.

❼ 一九六七年太空條約第二條。

❼ 一九六七年太空條約第三條。

❼ 以上條約引自 J. G. Starke, op. cit., pp. 194–195.

❽ Resolution A/3235 (XXIX), Nov. 26, 1974; ibid.

貳、領空與太空的分界

　　國家享有領空主權已為國際法所確認。一九一九年的國際航空公約規定：「國家對其領域上空享有完全及排他主權」，可否解釋為一國領空沒有邊際而包含大氣層以外的空間，甚至達到月球與其他天體？學者對此問題的見解不一致，有主張領空無限論者，也有主張領空有限論者[81]。惟多數學者以為領空有限論，實際上已經獲得世界多數國家的默認，雖然各國關於為限制領空高度應採何種標準，還無法得到協議[82]。

　　一九六三年聯合國大會所通過的「各國探測及使用太空活動之法律原則宣言」，對於「太空」一詞[83]，未作任何定義，亦未決定太空與大氣層的分界。一九五九年聯合國太空和平使用特設委員會的報告中認為決定太空的高度始於何處，僅為次要問題[84]。就國際法現階段的發展而言，吾人認

---

[81] 參閱彭明敏，太空法的基本問題，法律學，正中書局，民國五十三年版，頁42-54。

[82] 學者對於領空與太空分界標準見解互異，理論上可區分為兩種不同學說：

1. 空間說：此說係依據物理、政治或戰略上的考慮來劃定領空與太空的分界，以維護國家合法利益和技術發展：(1)採物理標準，有依大氣層空氣分佈狀態者，大約以二百公里高度為分界線；有依航空器飛行在技術上的可能高度者，大約為三十五至四十公里高度；有依航空動力學和生理學者；有依地心吸引力者。(2)採政治或戰略標準，係 Kelsen 和 Verdross 兩位學者理論的一部分，認為國家在其領域上空的管轄權不應超出其有效行使的範圍，領空與太空的分界線應以有效控制的高度為準。惟此標準過分依賴地面圖的實際能力，各國因政治或軍事力量的不同，造成界限的差異。

2. 功能說：Chaumont, McDougal, Kroell 等歐美學者主張領空與太空劃界應依從事活動目的而定，例如研究、探測、運輸、通訊、節目傳送、氣象觀測等。依此理論亦難達成一致性標準。

[83] 聯大採用「外空」(Outer Space) 與「大氣以外之空間」(L'Espace Extraatmosphérique) 的名稱，國內學者多譯為「太空」。國際法學會在一九六三年的決議中，法文採用「空間」(L'Espace)。其他學者採用名稱還包括「宇宙」、「星際」、「航星」等。

為國家為安全的理由，在某一高度內的空間得享有主權，此一高度乃是一般所稱大氣層與太空之間的分界；至於大氣層終於何處，或太空始於何處，則目前無須，也無法予以決定。換言之，太空始於大氣層終止之處，兩者分界何在，暫不做進一步的探討。學者甄克士 (Jenks) 所著太空法一書中也指出：「我們對於大氣空間與太空的分界問題，暫時不作一勞永逸的嘗試，而分別地處理每個具體的問題，似乎是很明智的決定。」⑧⑤

參、太空的法律地位

傳統理論試圖將海洋法觀念適用於太空，將其視為「無主物」(Res Nullius) 或「公有物」(Res Communis)。前者導致太空得據有的理論，與現階段的國家實踐相違；後者則主張太空應為全人類而使用，任何國家不得據有太空。自一九五九年以來，此種理論已獲得聯合國多數會員國的支持。現代太空法學者對於太空的法律地位所獲得的結論是：「太空與天體，應依照聯合國的憲章與國際法，得自由地為探測與使用，而不得由任何國家予以據有。」此項原則已為聯合國大會的決議所確認。茲分述如次：

一、太空探測與使用的自由

一九六三年「法律原則宣言」第二項規定：「太空與天體可任由各國在平等基礎上，並依國際法規定，探測及使用之。」一九六七年太空條約第一條規定：「太空，包括月球與其他天體，應任由各國在平等基礎上，並依照國際法探測及使用，不得有任何種類之歧視，天體之一切區域，應得自由進入。」茲剖析如次：

1.從事探測及使用太空的權利限於國家，個人或私人企業不應包括在內。惟國際組織得享有參與太空探測及使用的自由。

2.「探測」一詞包括儀器探測與人員探測。「使用」應適當注意他國利益與避免有害干擾他國活動。

---

⑧④　參閱 U. N. Doc. No. A/4141, at 25, July 14, 1959.

⑧⑤　雷崧生譯，前揭書，頁 169。

3.各國應在平等基礎上探測及使用太空。所謂「平等基礎」的觀念包含「機會」和「享受」的平等。換言之，各國不但在太空利用方面，享有「機會」平等，而且應能夠平等「享受」太空的成果❽。

二、太空不得據有

由於國家無法在太空建立有效主權的事實，必然排除國家排他性據有太空的可能。一九六三年九月十一日國際法學會在布魯塞爾作成決議，指出：「太空及天體不得成為據有對象。」一九六七年太空條約第二條亦明定：「太空，包括月球與其他天體，不得由國家以主張主權或以使用或佔領之方法，或以任何其他方法，據為己有。」

國際實踐亦符合上述原則，一九七〇年七月二十一日美國太空人將美國國旗插在月球上時，美國政府表示此種象徵性行為，不具任何法律或政治意義。至於太空或天體的自然資源，可能予以開發者，則可能成為國家據有的對象❽。

三、太空自由的限制

太空與天體的自由地位，並不是說太空與天體是處於法律的真空或無法律的狀態。依據一九六七年太空條約規定，太空自由原則應受下列限制：

1.國家在太空或天體的活動，應受既存國際法規則❽以及聯合國憲章的規範❽。一九六七年太空條約第三條規定：「當事國進行探測及使用太空，包括月球與其他天體之活動，應遵守國際法……」

2.太空的探測及使用，須尊重他國利益，並應為所有各國的福利及利

---

❽ 國家可經由國際協定，使他國享受太空活動的科學成果，例如美國經由世界氣象組織，將來自衛星的氣象情勢，傳播各地。參閱雷崧生譯，同上，頁 242-244。

❽ 一九六七年太空條約對此問題未予規定，各國意見至為分歧，凡有關開發的法律制度，應待實際情形更為明瞭以後，才能予以考慮。

❽ 例如訴諸武力的限制、和平解決國際爭端、國際侵權行為等。

❽ 例如憲章第二條所揭示的一般原則和第五十一條的自衛權等。

益而實施❾。

　　3.太空須為和平目的而使用，禁止在天體上建立軍事基地，或將任何載有核子武器或任何他種大規模毀滅性武器之物體，放入環繞地球之軌道，不在天體上裝置此種武器，亦不以任何其他方式將此種武器留置太空❾。依據太空條約規定，太空與月球或其他天體使用的限制不同：

　　⑴在月球或其他天體，軍事用途的禁止是絕對的，包括軍事基地的設立、任何種類武器的試驗及其他軍事演習等。

　　⑵在太空僅限於載有核子或大規模毀滅性武器的物體放入地球軌道或留置太空。準此，條約當事國仍得將其他種類武器留置太空；亦得將載有大規模毀滅性武器的火箭，在不放入地球軌道條件下，使之飛越太空；亦得將偵察或軍事間諜用途的物體放入軌道。現階段國際社會，各國對於最後一種情形有高度利用的現象，例如偵察衛星或諜報衛星的運用和將載人的太空實驗室射入軌道等。

　　一九七五年十一月十八日通過決議又重申：「聯合國應為太空和平探測及使用之國際合作之中心」的原則❾。

肆、太空活動的責任

　　太空法學者對於太空活動所造成的損害或損失，其賠償的責任的根據與範圍，見解並不一致。少數學者主張太空活動的受益者是整個世界，其所引起的責任，應由損失發生地，或由特設世界基金負擔。多數學者主張從事太空活動者必須對於其自己所導致的危險，負擔責任。因此，太空活動所造成的損害、死亡或損失，應引起絕對責任或嚴格責任。此派學者認為由損失發生地負擔責任的方案不符公平正義原則。

　　一九六三年「法律原則宣言」第五項規定：「各國對本國之太空工作，

---

❾　一九六七年太空條約第一條。

❾　一九六七年太空條約第四條。

❾　聯大一九六一年第 1721 號有關太空和平使用之國際合作決議已揭示此項原則。參閱 J. G. Starke, op. cit., p. 215.

不論由政府機關或非政府團體進行……皆負有國際責任……國際組織從事太空工作時，其遵守本宣言所定原則之責任，由該國際組織及參加該組織之國家負之。」一九六七年太空條約第六條揭示相同原則。準此，由從事太空活動的國家或國際組織應負賠償的責任，已為實證法所確認。

一、國家從事太空活動的責任

一九六三年「法律原則宣言」規定無論由政府機構或非政府團體所從事的太空活動，均應由國家負擔國際責任。非政府團體在太空的工作，須經所屬國家的核准與經常的監督。至於核准與監督的方式，可視不同種類的太空活動而異。一九六七年太空條約第七條規定，凡發射或促使發射物體至太空的當事國，以及以領土或設備供發射物體用的當事國，對於此種物體或其構成部分在地球、大氣層或太空，加於另一當事國或其自然人或法人的損害應負國際上責任。第八條又規定，當事國為射入太空物體的登記國者，於此種物體及其人員在太空時，應保持管轄及控制權。

依據一九七二年「太空物體造成損害的國際責任公約」規定，國家對於在地球表面的太空物體及飛行中航空器所造成的損害，發射國應負賠償的絕對責任❸。至於在地球表面外的太空物體對另一太空物體或其所載的人或財產造成損害時，發射國僅負過失賠償責任。換言之，唯有損害係由於發射國的過失始承擔責任❹。賠償的請求應循外交途徑向發射國提出，如無外交關係得請他國代為提出或經由聯合國秘書長提出❺。賠償請求應於損害發生之日或認定應負責任之發射國之日起一年內向發射國提出❻。求償之前無須用盡當地救濟辦法❼，發射國所應給付的賠償應依照國際法

---

❸ 一九七二年公約第二條規定。蓋因太空技術發展的萌芽時期，太空活動的安全性仍未達技術上絕對可靠地步，損害的發生常歸咎於無法可得預見的技術上因素。因此，如採「過失責任原則」，被害人勢必負過失舉證之責。而此種過失的鑑定，純係技術上問題，決非一般被害人可得勝任者。

❹ 一九七二年公約第三條。

❺ 一九七二年公約第九條。

❻ 一九七二年公約第十條。

及衡平原則決定 ⑱。

　　實踐上，一九六九年六月五日，日本貨船 Daichi Chinei 號在韃靼尼爾海峽 (Tatarie) 被蘇聯所發射太空物體殘骸所擊中，造成五位船員重傷 ⑲；一九七八年一月二十四日蘇聯間諜衛星 Cosmos 954 號裝載鈾料爆炸掉落在加拿大領域，一年後加國政府向蘇聯提出六百萬美金的賠償請求，大約為加國搜尋碎片費用的半數金額 ⑳。上述太空物體所造成損害的事例均未求助於一九七二年公約的程序。

二、國際組織從事太空活動的責任

　　一九六三年「法律原則宣言」第五項規定：「國際組織從事太空工作時，其遵守本宣言所定原則之責任，由該國際組織及參加該組織之國家負之。」㉑依此規定，國際組織 ㉒ 應與國家同視，具有負擔賠償的法律人格㉓。換言之，國家可經由國際組織，而進行太空活動；當國家利用國際組織時，參加國與國際組織本身，均負責於其所進行的活動。

㊆　一九七二年公約第十一條。

㊈　一九七二年公約第十二條。

㊉　R. G. D. I. P., 1970, p. 494.

⑩　R. G. D. I. P., 1978, pp. 1091–1094.

⑪　一九六七年太空條約第六條採相同原則。

⑫　國際組織乃指從事太空活動的任何政府間國際組織，倘該組織的過半數會員國為一九七二年責任公約和一九六七年太空條約的締約國。責任公約第二十二條第一項規定。

⑬　此項規定為多數西方國家主張，其主要理由有二：1.國際組織具有法人資格；2.多數國家從事太空活動，必須經由國際合作方式為之。經由國際組織，以促成各國參加太空活動，有其政策上的重大理由。如果國際組織無法律上的責任，則勢必由各國單獨負賠償之責。此非一般小國可得負擔者，亦有礙各國太空科學的發展。參閱 U. N. Doc. A/AC. 105/C. 2/SR. 66, 70, 21 Oct. 1966.

伍、發射太空物體的通知與登記

為使太空活動達到有效法律管制的目的，對於發射在軌道上或在軌道外的太空物體的情報❿，必須有權威的記錄。此種記錄也是決定太空物體的管轄、損失或損害責任的主要根據。因此，射入太空物體的登記和情報的提供乃成為太空法的重要問題。

一九六一年十二月二十日，聯合國大會曾決議：「促請發射物體入軌或越軌之國家，『迅速』經由秘書長，向太空和平使用委員會『提供情報』，以作發射之登記，並請秘書長保持上述情報的『公開記錄』(Maintain a Public Registry of Such Information)」❺，至於何種物體應予登記，何種情報應予提供仍有待各國協議。

聯大一九六一年的決議，規定了向聯合國登記的制度，一九六三年「法律原則宣言」第七項規定：「將射入太空之物體登記在案之國家，對於該物體及該物體內任何人員，在其停留外空期間，保有管轄及控制權……」，亦假定本國登記制度的存在❻。

一九六七年太空條約第十一條規定條約當事國應依最大可能實行的程度，將太空活動的性質、進行狀況、地點及結果，通知聯合國秘書長、公眾，及國際科學界。聯合國秘書長於接獲此項資料後，應準備立即有效傳播。(Such information is to be disseminated by the Secretary-General, immediately and effectively.) 一九七五年「射入太空物體登記公約」(The Convention on Registration of Objects Launched into Outer Space)❼對保持有關射入太空物體情報的公開記錄有更詳盡的規定。該公約建立由發射國本

---

❿　一九六七年太空條約對「太空物體」(L'Object Spatial) 未予界定。惟一般認為「太空物體」包括星際飛船 (Les Vaissaux Interplanétaires)、太空船 (Astronefs)、衛星 (Satellites)、太空實驗室、軌道實驗站、星際自動推火箭等。

❺　聯大第 1721 號 (16) 決議。

❻　雷崧生譯，前揭書，頁 209。

❼　聯大於一九七四年十一月十二日通過，並於一九七五年一月十四日舉行簽字儀式。

國登記以及由聯合國登記的制度❿。

陸、國際合作與互助

一九六三年「法律原則宣言」第六項規定:「各國於探測與使用太空時,應遵守合作與互助原則之指示,並應適當尊重他國之對等利益,而進行其太空活動……。」一九六七年太空條約第九條規定:「條約當事國探測及使用太空,包括月球與其他天體,應以合作與互助原則為準繩,其在太空所進行之一切活動,應妥為顧及條約其他當事國之同等利益……。」此項原則不僅是政治或道德的原理,也是法律的原則。

一、航天員的救助與送回

一九六三年「法律原則宣言」第九項規定:「各國應視航天員(Astronauts)為人類在太空之使節,遇其發生意外,遭受危難,或在外國領土或公海上緊急降落時,應給予一切可能之救助。對作此種降落之航天員,應安全迅速送回登記其所乘太空航器之國家。」一九六七年太空條約第五條除重申上述原則外,更規定航天員彼此之間,應互相協助,以及條約當事國應將其在太空,發現對航天員生命或健康可能構成危險的任何現象,立即通知其他當事國或聯合國秘書長。一九六八年「航天員協定」(Astronauts Agreement) 更明訂當事國發現航天員遭受危難情況或緊急降落時 (Any Plight or Emergency Landing),應盡速通知發射當局或公開宣佈;對降落在該國領域內的航天員予以援救,及提供必要協助;對降落在公海或不屬任何國家管轄之地點的航天員應協助搜尋和援救;應將救獲的航天員迅速並安全送回負責發射的登記國或國際組織。

二、太空物體的送還

一九六三年「法律原則宣言」第七項規定:「射入太空之物體及其構成部分之所有權,不因其通過太空或返回地球,而受影響」❿。準此,射入

---

❿ 參閱 G. J. Starke, op. cit., p. 210.

太空的物體，不因發射者失去控制，而成為無主物。

一九六七年太空條約第八條又規定：「此項物體或構成部分，倘在其所登記之本條約當事國境外尋獲，應送還該國；如經請求，在送還物體前，該國應先提出證明資料。」一九六八年「航天員協定」第五條規定條約當事國應告示返回地球的太空物體的位置，協助尋獲、送回或保留聽由發射國處置。

三、太空電信的合作

電信是一切太空活動的神經系統。聯大於一九六一年十二月二十日的決議請求國際電信聯盟 (International Telecommunication Union; ITU)，討論太空通訊中，需要合作的諸項問題❿。一九六二年十二月十四日決議，強調國際合作，以促成可供全世界應用的有效衛星通訊一事，至為重要⓫。一九六九年十二月十六日的決議重申衛星通訊的方法應以普及全球及無差別待遇為基礎，供諸世界各國。

國際電信聯盟在一九六三年的一項決議中確認該組織的會員及準會員均有公平與合理的權利，使用太空頻道。一九六四年八月二十日在國際電信聯盟主持的會議中，各國政府簽訂「建立一全球性商業通訊衛星系統暫行辦法的協定」(Agreement Establishing Interim Arrangements for a Global Commercial Communications Satellite System)，同意依據聯大所揭示平等與和平使用太空原則，以及建立一可供全人類共同使用的電訊衛星系統⓬。

---

❿⁹ 太空條約第八條採納此項原則。

❿ 大會第 1721 (16) 號決議 D 部。

⓫ 聯大第 1802 (17) 號決議第四段。

⓬ 依該協定，首次建立一個「國際電訊衛星會社」(International Telecommunications Satellite Consortium; INTELSAT)。參閱 J. G. Starke, op. cit., p. 212; 丘宏達主編，前揭書，頁 636。蘇聯與社會主義國家集團亦依一九七一年十一月十五日協定，成立類似的衛星通訊組織 (Inters Poutnik)。引自 P. Reuter, op. cit., p. 353.

大　綱

第九章　國家對外關係的機關

第九章　國家對外關係的機關

國家對外的行為，須有特定機關為之代表，以處理對外事務 (Foreign Affairs)。這些對外的機關包括國家元首、外交部長、外交代表、特種使節、領事和常駐國際組織代表團等。

第一節　國家元首

國家元首的外交權通常包括代表國家、派遣與接受外交使節、締結條約、宣戰、媾和等權❶。至於元首是否享有上述外交實權，則視各國憲法規定而異，例如美國憲法規定，條約必須經參議院三分之二多數的批准❷。但，在國際法上，凡經各國承認的政府，不論其元首的實權如何，其地位是相等的，而且享有各種特權和豁免權。

1. 榮典權：國家元首到達外國時應享有禮節上的榮典❸。禮節乃國家互相表示尊敬的形式，例如應當使用禮節上的尊號稱呼元首❹，或鳴放禮砲以軍禮相迎等。

2. 不可侵犯權：國家元首在外國時，享有身體、尊嚴和名譽的絕對不可侵犯權。當地國政府應予特別保護，對於侵犯者必須加重處罰❺。

3. 豁免權：國家元首在外國可不受當地法律及法院的管轄，除非依條約規定❻，或自動接受他國法院的管轄，在他國法院不得為被告。但，一

---

❶　我國憲法第三十五條、第三十八條。

❷　我國憲法規定，條約案須先經行政院會議的議決，再由行政院提經立法院議決，如條約中有涉及領土變更者，則更須國民大會的決議。憲法第四條、第五十六條、第六十三條。

❸　元首的非官式訪問 (Incognito) 雖不享有榮典權，其身體的安全仍應受特別保護。參閱 L. Cavaré, Le Droit International Public Positif, t. II, p. 10.

❹　通例對帝王稱「陛下」(Majesty)，總統稱「閣下」(Excellency)，親王或大公爵稱「殿下」(Royal Highness)。參閱雷崧生，國際法原理，上冊，頁 93。

❺　參閱我國刑法第一百六十條。

國元首得向他國法院提起訴訟。

國家元首在外國違犯當地刑法或從事危害當地國安全的行為時，仍可享有完全的和絕對的刑事管轄豁免權。民事管轄的豁免問題，則視情形而定。

1.國家元首為被告的案件：國家元首不得成為民事訴訟案的被告，英國法院在一八九四年米傑爾案 (Mighell v. Sultan of Johore) 判決指出：「法院不得對一國主權者行使管轄權。」❼準此，主權者享有管轄豁免乃是國家豁免權的結果。晚近英美法等國家的判例趨向嚴格解釋，一九五二年新加坡最高法院在一項判決中指出：「豁免權並不是一項絕對和普遍的規則。假若主權者從事私人行為，豁免權即不存在。」❽

2.國家元首為原告的案件：國家元首可以向外國法院提起訴訟，美國最高法院在一八七一年在沙菲爾號船案 (Sapphire) 指出：「外國主權者得在美國法院提起訴訟。」❾但如被告就同一案件提起反訴時，國家元首或主權者即不得主張管轄的豁免❿。

---

❻ 一九七二年五月間，歐洲議會 (Council of Europe) 所簽訂「有關國家豁免權公約」(European Convention on State Immunity) 規定締約國得主張管轄權豁免的情形。引自 J. G. Starke, 1977, p. 274.

❼ 本案關係 Mighell 女士對 Sultan of Johore 不履行婚姻承諾的控訴。法院表示，Johore 是一個獨立國家，Sultan 是主權者，基於對於所有主權者平等待遇原則，法院不能使他國或其元首成為訴訟之被告。引自 L. Cavaré, op. cit., p. 11.

❽ 參閱 A. J. I. L., 1953, p. 153.

❾ 一八六七年十二月二十二日美國私船 Sapphire 號和法國公船 Euryale 號在 San-Francisco 港發生碰撞事件，Euryale 號嚴重受損，乃以拿破崙第三，法國皇帝名義向美國法院起訴，要求損害賠償。The Sapphire Case, U. S. Supreme Court, 1871, 11 Wallace 164；參閱 G. von Glahn, Law Among Nations, 1970, pp. 96–97.

❿ 美國最高法院判例確認原告為主權者，如果被告提起反訴 (Counter Claim)，當地法院可以受理。National City Bank v. Republic of China Case (1955), 引自 J. G. Starke, op. cit., 1977, p. 281；參閱一九六一年維也納外交關係公約第三十二條第三項。

第二節　外交部長

外交部長是一國外交行政的首長，對駐外使節得頒發訓令，並指導其保護本國利益。外交部長也是外國的外交代表交涉的對象。自第一次世界大戰以來，外交部長的地位益形重要，外交部長會議已成為國際交涉的方式。

在國際法上，外交部長還具有下列兩項特殊的作用：

1.外交部長得為國家對外政策的發言人，他對於外交問題所作的宣言，對國家具有拘束力。常設國際法院在一九三三年「東格陵蘭」（Eastern Greenland）案表示，依據國家間經常和一般的實踐，外交部長有權作對於本國具有拘束力的宣言，尤其是代表政府表明對於某一特定問題的立場❶。

2.外交部長對於本國法院處理有關國際法的案件，所表示的意見，往往有決定性作用，例如一國及其政府是否已獲得承認的問題。

第三節　外交代表

有國家即有外交。外交代表的派遣與接受由來已久，遠在十五世紀，義大利半島出現了城市國家，歐洲的外交也隨著城市國家的出現達到空前的高峰。由於義大利各邦往來的不斷增加，使節便由臨時派遣逐漸變成常設的制度。自十七世紀以後，法國國王路易十四在當時歐洲各國首都派駐常駐外交代表，常設使館乃成為一種普遍的制度❷。

外交使節的權利、義務和特權發展至十九世紀，已形成若干各國所公認的規則。一八一五年召開維也納公會 (Congress of Vienna)，八個歐洲國家簽署了「外交代表等級規則」(Regulation on the Classification of Diplomatic

---

❶　一九一九年七月二十二日，挪威外長 Ihlen 向丹麥駐挪威大使宣稱，挪威政府對於丹麥在東格陵蘭的主權並不反對。法官 Anzilotti 在該案中特別指出：「外交部長以政府名義，在其職權範圍內，就某一問題對外國的外交代表所作的答覆，具有約束國家的力量。」P. C. I. J., Ser, A/B, No. 53, pp. 71, 91.

❷　參閱朱建民著，外交與外交關係，正中書局，民國六十六年出版，頁 51–58。

Agents)，一九六一年八十一個國家又在同一地方簽訂「外交關係公約」
(Convention on Diplomatic Relations)，共五十三條款，凡國家間經常外交關
係的重要問題均已包括在內。由於外交使節遭受綁架或被殺害事件不斷發
生，外交使節特別保護的立法益見迫切，聯合國大會乃於一九七三年十二
月十四日通過「對包括外交代表之國際上應予保護之人，犯罪防止及懲治
公約」(Convention on the Prevention and Punishment of Crimes against
Internationally Protected Persons, including Diplomatic Agents)❸。以上公約
均為外交使節的基本重要文獻。

壹、使節權

使節權 (Right of Legation) 乃是派遣與接受外交代表的權利。在國際社
會中，每一獨立與擁有完全主權的國家都有使節權。

使節權是一種不完全的權利，除了條約明定之派遣使節外，國家並無
接受他國外交代表或在外國設立使館的義務，他國亦不負有相同義務。維
也納外交關係公約第二條規定:「國與國間外交關係及常設使館的建立以協
議為之。」

原則上，祇有完全主權國才享有使節權，主權受限制或附屬於他國的
國家，不得派遣或接受使節，屬國、被保護國、委任統治地、託管領土等
情形均是如此。流亡政府 (Government in Exile) 通常是領土被佔的國家在
他國行使主權的事實政府❹，所在地國通常承認他們的部會首長、辦事人
員以及向他們派遣的外交代表享有外交特權與豁免。此外，梵諦岡❺和某
些國際組織也享有使節權❻。

---

❸ Michael C. Wood, International and Comparative Law Quarterly, vol. 23, 1974, pp. 791–817.

❹ 例如第二次世界大戰期間有八個領土被納粹德國佔領的國家在倫敦均設有流亡政府。參閱朱建民，前揭書，頁 85–86。

❺ 外交關係公約第十四條規定，館長等級中列有教廷大使和公使。

❻ 聯合國憲章第一百零五條第二項及一九四六年聯合國外交特權及豁免公約第十四條規定,會員國的代表及本組織的職員應享受於其獨立行使關於本組織的

貳、使館館長的等級

一八一五年維也納公會通過的「外交代表等級規則」分外交代表為三級：　1.大使 (Ambassadeurs)、教廷特派大使 (Légats) 或教廷常駐大使 (Nonces)；　2.向主權者派遣的公使 (Envoyés)，包括全權公使 (Ministres Plénipotentiaires)、特任公使 (Envoyés Extraordinaires) 或教廷公使 (Internonces)；　3.向外交部長派遣的代辦 (Chargés d'Affaires)。一八一八年愛克斯·拉·夏伯爾 (Aix-la-Chapelle) 會議修訂維也納規則，議訂在第二級與第三級之間增設駐辦公使 (Ministres-Résidents)。

一九六一年維也納外交關係公約稱「外交代表」(Diplomatic Agent) 包括使館館長或使館外交館員。而外交館員則為具有外交官級位的使館人員[17]。準此，一九六一年外交關係公約區分「使館館長」(Heads of the Missions) 為三級，以代替一八一五年的「外交代表等級」：1.向國家元首派遣的大使或教廷大使，及其他同等級位的使館館長[18]；　2.向國家元首派遣的使節、公使及教廷公使；　3.向外交部長派遣的代辦[19]。一九六五年教廷又增派一種署理教廷大使 (Pro-Nonces) 駐紮在其外交代表不能自動擔任外交團領袖的若干亞非國家[20]。因此，以大使、公使或代辦為館長的駐外機關，相對地稱為大使館、公使館或代辦處。至於互設使館館長的等級亦應

職務所必需的特權與豁免。惟聯合國並無代表常川駐在各會員國，是其與國家間使節權不同之處。政府間的專門機構，例如國際勞工組織、聯合國文教組織也如此。參閱一九四七年聯合國大會通過的各專門機構特權及豁免公約。歐洲會社本身具有國際法人資格，也享有主動和被動使節權。參閱 L'Assemblée Parlementaire Européenne 一九六〇年十一月十九日通過的決議。Documents de Séances, Doc. 88, Novembre 1960.

[17]　外交關係公約第一條。
[18]　例如不列顛國協各分子國之間互派的高級專員 (High Commissioner)。
[19]　外交關係公約第十四條第一項。
[20]　向例，羅馬教廷祇在其外交代表可以自動擔任外交團領袖的國家才派遣教廷大使。參閱 R. D. I. P., 1966, pp. 784–785; 朱建民，前揭書，頁 143。

由有關國家商定。二十世紀以前，一般認為祇有大國間才互派大使，二次世界大戰以後，除有關國家若另有協議外，各國間互派大使已是普遍現象。此外，基於國家主權平等原則，除關於優先地位及禮儀的事項外，各使館館長不應因其所屬等級而有任何差別[21]。

參、常駐外交代表的派遣與接受

一、使館館長

一國派遣大使或公使擔任使館館長時，必須事先徵得駐在國的同意。接受國所同意的館長人選稱為「受歡迎之人」(Persona Grata)，此種接受館長人選的行為稱為「同意表示」(Agrément)。一九六一年外交關係公約規定：「派遣國對於擬派駐接受國的使館館長人選，必須查明其確已獲得接受國的同意。」[22]若接受國拒絕同意館長人選，無須向派遣國說明不予同意的理由[23]。

徵得同意後，館長於出國赴任時，必須攜帶「到任國書」(Letter of Credence)，並應於到任後，覲見接受國的元首時，親自呈遞。

二、使館的外交職員

外交關係公約所稱使館的外交職員 (The Diplomatic Staff) 乃係具有外交官級位的使館職員[24]，包括館長以下的公使、公使參事、一秘、二秘、三秘、隨員。派遣國得自由任命適當的人員為外交職員[25]，惟具有下列情形之一者，仍須徵得接受國的同意： 1.關於陸、海、空軍武官，接受國得

---

[21] 外交關係公約第十四條第二項。

[22] 外交關係公約第四條第一項。至於代辦依據第十四條及第十九條規定亦列為館長等級之一，因此，常駐代辦也需要獲得同意。參閱朱建民，前揭書，頁 151。

[23] 外交關係公約第四條第二項。

[24] 外交關係公約第一條丁款。

[25] 外交關係公約第七條。

要求先行提名，徵求該國同意❷；　2.委派屬於接受國國籍之人為使館的外交職員，非經接受國同意，不得為之❷。

肆、外交職務

常駐外交代表的職務 (Functions) 主要在於維持派遣國與接受國間的友好關係，並保護所代表的國家及其國民的利益。自從第二次大戰以來，各國對於情報的獲得相當重視。外交關係公約例示規定使館重要職務如下：

1.代表派遣國：使館的館長和外交職員在接受國的一切活動，均具有代表派遣國的性質。因此，在積極方面，外交代表應利用代表性的社交應酬所獲得的「接觸」，以推行本國政策和保護本國利益。在消極方面，外交代表的言行應當非常謹慎，尤其不應干涉接受國的內政。

2.保護派遣國及其國民利益：國際法承認國家對於本國僑民的生命財產及利益在外國遭受侵害時，如不能在當地獲得救濟，得行使外交保護權。國家行使外交保護必須在「國際法許可的限度內」。換言之，必須具備三個條件：其一是請求保護者必須具有派遣國的國籍；其二是受害人已用盡當地救濟辦法；其三是派遣國接受其國民的請求❷。

3.與接受國辦理交涉：派遣國與接受國間有關促進友好合作及解決爭端等問題，通常由常駐外交代表依本國政府的訓令與接受國當局進行交涉。交涉是一種折衷的藝術，其目的在使雙方均能獲得滿意的結果。

4.以一切合法手段，考察接受國的狀況及發展情形，向派遣國具報。考察 (Ascertaining) 是外交代表以敏銳的眼光觀察接受國政治、軍事、外交、經濟、社會、文化各方面的情形，並隨時向本國政府提出正確報告。考察的意義乃是以「合法手段」取得情報。反之，以非法手段取得資料或情報是間諜行為。

5.促進派遣國與接受國間的友好關係，及發展兩國間的經濟、文化與

---

❷　同上。

❷　外交關係公約第八條第二項。

❷　朱建民，前揭書，頁 127。

科學關係。

伍、外交特權與豁免

外交特權 (Diplomatic Privileges) 一詞的意義包括不得侵犯 (Inviolabilities)、豁免 (Immunities) 和免除 (Exemptions)。換言之，使館和使館人員享有相當的不得侵犯特權、司法與行政管轄的豁免和財稅或公役的免除。惟國際法委員會主張維持傳統名詞，將「特權」和「豁免」予以區分。

長久以來基於一種臆說 (A Fiction)，認為使節雖駐在接受國之內，但從管轄權來看，應視為在其領土以外 (Extraterritorium)，不受其管轄。使節享有「治外法權」(Extraterritoriality) 的理論，自十六世紀以來風靡一時，到了二十世紀始被捨棄。

今日確認外交特權與豁免的理論是基於使節的代表性質和職務上的需要。換言之，外交代表和使館係代表國家或主權者，為便利其職務的執行，應享有特權與豁免。國聯時期的國際法編纂專家委員會也認為外交特權與豁免的根據是：「為自由而不受妨礙地行使外交職務，及維持外交代表與其所代表之國家的尊嚴……❷」外交關係公約前言明白指出：「確認此等特權與豁免的目的不在於給予個人以利益，而在於確保代表國家的使館能有效執行職務。」

一、不得侵犯

㈠外交代表不得侵犯

外交代表人身不得侵犯，外交代表不受任何方式的逮捕或拘禁，接受國對外交代表應特示尊重，並應採取一切適當步驟以防止其人身、自由或尊嚴受有任何侵犯❸。外交關係公約規定外交代表的人身不得侵犯是絕對的，並未設有例外。此外，接受國對於外交代表個人的安全負有特別保護

---

❷　引自杜蘅之，國際法大綱，臺灣商務印書館，上冊，民國六十年版，頁386。

❸　外交關係公約第二十九條。

的責任，並將侵犯之人予以逮捕、審判和懲罰，否則將負國際責任**❸❶**。外交代表不得侵犯還包括其私人寓所及文書、信件和財產**❸❷**。

　　晚近對外交代表的犯罪案件不斷增加，綁架或殺害大使的恐怖暴行時有所聞，給予外交代表特別保護和處罰此類暴行的國際立法確屬必要**❸❸**。一九七一年美洲國家組織在華盛頓簽訂「防止及懲治恐怖主義行為公約」(The Convention to Prevent and Punish the Acts of Terrorism) 規定締約國應依據本國法律及本公約規定，採取一切有效措施，以防止並懲治恐怖主義行為，尤其對於依照國際法，國家負有義務給予特別保護之人的綁架、謀殺或對其生命或身體其他暴行，以及與此等罪行相關的勒索**❸❹**。一九七三年十二月十四日聯合國大會通過「對包括外交代表之國際上應予保護之人，犯罪之防止及懲治公約」**❸❺**，其主要規定如下：

　　1.「國際上應予保護之人」(Internationally Protected Persons) 包含外交使節、在外國的國家元首和外交部長及其家屬、國家代表或官吏、政府間國際組織的代表或官員**❸❻**。

　　2.締約國應就下列罪行，依國內法予以適當的懲罰：⑴故意對國際上

---

❸❶ 我國刑法第一百一十六條規定對於派至中華民國之外國代表故意傷害罪，妨害自由罪或妨害名譽罪者，得加重其刑至三分之一。一九七六年美國制定新法，在美國控制的領土內，意圖殺害或綁架外交官或其他國際上應予保護之人為重罪……。參閱朱建民，前揭書，頁170。惟，外交代表不得侵犯，並不排除對其兇所採自衛行為，或為制止其犯罪進行所採取必要措施。

❸❷ 外交關係公約第三十條。

❸❸ 依據美國國務院反恐怖部門最近報告指出，外交代表已成為國際恐怖分子攻擊主要目標，一九七五年有百分之三十恐怖行動係直接以外交代表為對象，一九八〇年則增加至百分之五十四。以後三年期間亦維持此項比率。參閱 Office for Combatting Terrorism of the U. S. Dep't of State, Terrorist Incidents Involving Diplomats, 1983, p. 1.

❸❹ 朱建民，前揭書，頁 172。

❸❺ 以下簡稱「一九七三年外交代表保護公約」，約文摘要引自 J. G. Starke, op. cit., 1977, pp. 445–446. 該公約已於一九七七年二月二十日生效。

❸❻ 一九七三年外交代表保護公約第一條。

應予保護之人的謀殺、綁架或對其人身或自由侵犯的其他罪行；(2)故意對國際上應予保護之人的館舍、私宅或交通工具的暴力攻擊，致可能危及此等人員人身或自由的罪行；(3)威脅或企圖從事，或同謀參與此種攻擊的罪行。以上規定並不減損締約國負有國際法下防止對國際上應予保護之人的人身、自由或尊嚴受有任何侵犯的其他義務，例如維也納外交關係公約所規定者❸。

　　3.締約國應採必要的措施對於在其領土內、在該國登記的船舶或航空器上所犯第二條所列罪行行使管轄權，假如所稱的罪犯係該國國民，或罪行係侵犯代表該國行使職務的國際上應予保護之人❸。締約國應採必要措施對上述罪行行使管轄權，假如所稱罪犯係在該國領土內，並依本約第八條規定，不被引渡者❸。

　　4.締約國應合作和採配合措施以防止和逮捕所稱罪犯❹。

　　5.締約國應無例外和無不當延緩對在其領土內不予引渡的罪犯向該國有關機關起訴❹。

　　6.公約所規定的罪行在締約國間所締結引渡條約中未載明者，應被視為已包括在內；締約國同意將這些罪行在未來所締結的引渡條約中列為可引渡的罪行❹。

㈡使館不得侵犯

　　使館館舍指供使館使用和供使館館長寓邸之用的建築物各部分，以及其所附屬的土地。

　　外交關係公約規定：「使館館舍不得侵犯。接受國官吏非經使館館長許可，不得進入使館館舍。接受國負有特殊責任，採取一切適當步驟保護使

---

❸　一九七三年外交代表保護公約第二條。

❸　一九七三年外交代表保護公約第三條第一項。

❸　一九七三年外交代表保護公約第三條第二項。

❹　一九七三年外交代表保護公約第四條至第六條和第十條。

❹　一九七三年外交代表保護公約第七條。

❹　一九七三年外交代表保護公約第八條。

館館舍免受侵入，並防止一切擾亂使館安寧，或有損害使館尊嚴之情事。」❹

　　外交關係公約對於使館不可侵犯的規定未設任何例外。準此，在發生災害或緊急情況時，未經館長許可，接受國官員亦不得強行進入使館館舍❹。

　　此外，接受國對使館館舍要加以特別保護，例如在平時提供或加強警衛，在使館遭受不法侵入和侵占時，須將此等不法人員清除。國際法院在「關於美國在德黑蘭的外交和領事人員案」的判決中指出伊朗違反外交關係公約的規定❹。因此，當外國使館受到侵害時，接受國所應負的責任決定於其是否已採一切適當步驟以防止侵害的發生。

　　同時，接受國對於發生侵犯使館情事，應視情節輕重予肇事者以懲罰❹。

　　使館不得侵犯還包括：1.使館館舍及設備，以及館舍內其他財產與使館交通工具免受搜查、徵用、扣押或強制執行❹；2.使館的檔案和文件，無論何時，亦不論位於何處，均不得侵犯❹；3.使館的來往公文不得侵犯。外交郵袋 (Diplomatic Bag) 不得予以開拆或扣留，構成外交郵袋的包裹以裝載外交文件或公務用品為限❹。

---

❹　外交關係公約第二十二條。

❹　使館館舍被利用來反對接受國，致接受國安全受到嚴重威脅，在緊急情況下進入使館事例有一九七三年巴基斯坦強行搜索放置伊拉克使館的軍火。引自王鐵崖，國際法，五南圖書出版公司，民國八十一年版，頁345。

❹　王鐵崖，國際法，五南圖書公司，民國八十一年版，頁345。

❹　例如我國刑法第一百一十八條有關妨害國交罪規定。一九五七年劉自然事件，臺北美國大使館被騷擾、搗毀，我國政府曾竭力加以阻止，事後除道歉、賠償外，並懲處肇事人。參閱朱建民，前揭書，頁177。一九六六年各國在北平使館及外交代表曾受紅衛兵的擾亂和侵犯，中共外交部乃於一九六六年五月十八日宣佈加強保護外交代表及其館舍。參閱 R. D. I. P., 1966, pp. 1010–1011.

❹　外交關係公約第二十二條第三項。一九六三年七月古巴政府徵收美國在哈瓦那大使館及一九六五年六月馬來聯邦沒收印尼在吉隆坡 (Kuala Lumpur) 館舍。參閱 R. D. I. P., 1963, pp. 896–898; 1965, pp. 1150–1151.

❹　外交關係公約第二十四條。

外交關係公約為加強對檔案和文件的保護，規定使館檔案和文件，無論何時，也不論位於何處，均不得侵犯❺。因此，在解釋上，關於時間應包括外交關係斷絕或發生武裝衝突時；關於地點應包括館舍外，不問其是否裝在外交郵袋內。

二、管轄的豁免

管轄的豁免是建立在便利外交代表執行職務的考慮上。依國際習慣，外交代表及其家屬在接受國享有管轄豁免。外交關係公約規定：1.外交代表對接受國的刑事管轄享有豁免；2.除某些案件外，外交代表對接受國的民事及行政管轄享有豁免；3.外交代表無以證人身分作證的義務；4.對外交代表不得為執行的處分，惟執行處分無損於其人身或寓所的不得侵犯權者，不在此限❺。

㈠刑事管轄豁免

外交代表為自由行使職務，對接受國的領土管轄必須享有完全獨立。準此，外交代表對接受國的刑事管轄，享有絕對豁免，不受任何方式的逮捕或羈押。惟享有特權與豁免的人員，負有尊重接受國法律規章的義務❺。外交代表犯罪雖不受接受國的管轄，接受國仍可採取一定的措施，透過外交途徑解決，例如要求派遣國放棄豁免權，或宣佈為不受歡迎人物。

㈡民事管轄豁免

民事管轄豁免是有條件的。外交關係公約規定外交代表對接受國的民事及行政管轄亦享有豁免，但下列三種案件，不得主張豁免❺：

1.關於接受國境內私有不動產的物權訴訟，但其代表派遣國為使館用

---

❹ 外交關係公約第二十七條第二、三、四項。一九六四年十一月阿拉伯聯合大公國在羅馬大使館人員曾利用外交郵袋將一位被麻醉和被縛的以色列國民私密運往開羅。Mordechai Louk Case, R. D. I. P., 1965, pp. 470–474.

❺ 外交關係公約第二十四條。

❺ 外交關係公約第三十一條。

❺ 外交關係公約第四十一條第一項。

❺ 外交關係公約第三十一條第一項。

途置有的不動產不在此列。

　　2.關於外交代表以私人身分，並不代表派遣國而為遺囑執行人、遺產管理人、繼承人或受贈人之繼承事件的訴訟。

　　3.關於外交代表於接受國內在公務範圍以外，所從事之專業或商務活動的訴訟❺。

　　此外，依據國際習慣，外交代表若主動提起訴訟，而經被告提起與主訴直接相關之「反訴」時，則不得對此種「反訴」主張豁免。

㈢作證豁免

　　外交代表在民刑案件均無作證的義務，此乃免除當地法權管轄的自然結果。外交關係公約規定：「外交代表無以證人身分作證的義務。」❺❺但外交代表得由其派遣國拋棄豁免而出庭作證❺❻。

㈣管轄豁免的拋棄

　　外交關係公約規定，外交代表及其他享有豁免的人，對管轄的豁免得由派遣國拋棄之❺❼。依此規定，外交代表不得自動拋棄豁免，因為豁免的給予不是為外交代表個人的利益，而是為派遣國的利益❺❽。無論刑事或民事或行政訴訟豁免的拋棄概須明示❺❾。

三、稅捐、關稅及其他義務的免除

㈠使館稅捐的免除

　　使館及外交代表在接受國內的免除稅捐 (Exemption from Dues and Taxes) 乃是國際法的一項原則。

---

❺　外交關係公約第四十二條明定：「外交代表不應在接受國內為私人利益從事任何專業或商業活動。」外交代表如在其正式職務以外從事專業活動，接受國得宣佈為不受歡迎之人。

❺❺　外交關係公約第三十一條第二項。

❺❻　外交關係公約第三十二條。

❺❼　外交關係公約第三十二條第一項。

❺❽　參閱外交關係公約前言規定。

❺❾　外交關係公約第三十二條第二項。

外交關係公約規定，派遣國及使館館長對於使館所有或租賃的館舍，概免繳納國家、區域或地方性稅捐。惟使館稅捐的免除不適用於下列情形：1.為使館供給特定服務所應繳納的費用，例如污物處理、水電供應、郵政等費用須照章繳納；2.對於與派遣國或館長訂立承辦契約者，依接受國法律應納的稅捐❻。

㈡外交代表稅捐的免除

外交關係公約第三十四條規定，外交代表在執行職務期中，免納一切對人或物課征的國家、區域或地方性稅捐，但不適於下列情形：

1.通常計入商品或勞務價格內的間接稅。

2.對於接受國境內私有不動產課徵的稅捐，但其代表派遣國為使館用途而置有的不動產，不在此列。

3.接受國課徵的遺產稅、遺產取得稅或繼承稅，但以不牴觸第三十九條第四項之規定為限。

4.對於自接受國內獲致的私人所得課徵的稅捐，以及對於在接受國內，商務事業上所為投資課徵的資本稅。

5.為供給特定服務所收費用。

6.關於不動產的登記費、法院手續費或紀錄費、抵押稅及印花稅，但使館館舍除特定服務外，不納任何稅捐。

此外，外交關係公約還包括免除關稅、免適用社會保險辦法❻。接受國對外交代表應免除一切個人勞務及所有各種公共服務，並應免除關於徵用、軍事募捐及屯宿等軍事義務❻。

四、享有外交特權及豁免的人員

館長、使館外交職員及其家屬享有外交特權及豁免乃是一般國際習慣。外交關係公約規定：「外交代表之與其構成同一戶口的家屬，如非接受國國

---

❻ 外交關係公約第二十三條。

❻ 外交關係公約第三十六條、第三十三條。

❻ 外交關係公約第三十五條。

民，應享有第二十九條至第三十六條所規定之特權與豁免。」❻至於使館其他職員應否享有與外交代表同等的特權與豁免外交關係公約將使館的行政及技術人員 (Members of the Administrative and Technical Staff of the Mission) 與外交職員置於同等地位，但關於執行職務範圍以外的行為則無豁免；免除關稅則祇限於最初定居時所輸入的物品，其家屬亦同❻。

　　使館的事務職員 (Members of the Service Staff of the Mission) 如非接受國國民，且不在該國永久居留者，就其執行公務的行為享有豁免，其受雇所得酬報免納稅捐，並享有免適用接受國施行的社會保險辦法❻。私人僕役 (Private Servants of Members of the Mission) 除受雇所得酬報免納稅捐外，僅得在接受國許可範圍內享有特權與豁免，但接受國對此等人員所施管轄應妥為行使，以免對使館職權的執行有不當妨礙❻。

陸、外交代表職務的終止

　　通常使館結束❻，外交代表的職務自動終止；但，外交代表職務的終止，並不影響使館的存在。

　　常駐外交代表職務的終止，有下列幾種不同的情形：

　　1.派遣國通知接受國，謂外交代表職務業已終了。

　　2.接受國通知派遣國，宣告外交代表為不受歡迎 (Non Grata) 人員，如派遣國拒絕或不在相當期間內召回該外交代表，或終止其職務，接受國得拒絕承認該員為外交代表❻。

　　3.其他情形，例如派遣國主動將其外交代表召回，或國書中所載外交

---

❻　外交關係公約第三十七條第一項。
❻　外交關係公約第三十七條第二項。
❻　外交關係公約第三十七條第三項。
❻　外交關係公約第三十七條第四項。
❻　使館結束有兩種情形：其一是因派遣國或接受國滅亡，致使館永久結束；其二是因宣戰、平時斷交、不承認新政府或撤銷承認，致使館暫時性的關閉或撤退。參閱朱建民，前揭書，頁 277–285。
❻　以上兩種情形係外交關係公約第四十三條的規定。

代表的任期屆滿等。

第四節　領　事

壹、領事制度的淵源

領事乃是一國政府的商務代表，而非政治代表。領事制度遠較使節制度為早。在歐洲各國、埃及、敘利亞、巴勒斯坦早有派遣「行政長官」(Magistrats) 來保護本國僑民及商務利益。這些「行政長官」並享有裁判本國僑民的司法權。迄十七世紀，歐洲各國間領事裁判制度已被取消，但在近東及遠東某些國家，領事裁判權 (Capitulation) 的制度仍繼續存在⑲。

近代許多通商條約及雙邊領事條約的締結已逐漸確立有系統的領事關係規則。一九六三年聯合國在維也納召開領事關係會議，通過「領事關係公約」(Convention on Consular Relations)⑳。

貳、領事的種類與等級

傳統上，領事區分為兩種：其一是職業領事 (Professional Consul)，其二是名譽領事 (Honorary Consul)。以上區分經領事關係公約第一條第二項所採納。

職業領事必須由派遣國的國民擔任，是派遣國派駐接受國辦理領事館事務的官員。職業領事的等級係依據各國國內法的規定，通常分為三級㉑：

---

⑲　例如歐洲各國與鄂圖曼帝國（土耳其）所締結的領事裁判權條約，直到一九二三年洛桑條約的簽訂才予以廢止。自鴉片戰爭以來，中國與西方國家所締結的條約亦包含領事裁判權條款，直到第二次世界大戰期間始正式廢除。參閱 Pellisie du Rausas, Le Régime des Capitulations dans L'Empire Ottoman, vol. 2, 1911; Ouang, Le Régime des Capitulations en Chine, Genéve, 1932; 以上所謂領事裁判權並非古代領事制度的延續，而是不平等條約的結果，參閱杜蘅之，前揭書，上冊，頁 392。

⑳　領事關係會議有九十二個國家參加，該公約於一九六七年三月經二十二個國家批准後正式生效。

1.總領事 (Consul General) 是總領事館的館長；2.領事 (Consul) 任領事館館長或總領事館的官員；3.副領事 (Vice-Consul) 任副領事館館長或總領事館的官員。領事關係公約規定，領館館長分為四級：1.總領事；2.領事；3.副領事；4.領事代理人 (Consular Agent)，惟以上等級規定，並不限制任何締約國對館長以外的領事官員設定衔名之權❼❷。

名譽領事昔稱商人領事 (Consuls Négociants) 可由接受國或第三國國民擔任。因為名譽領事仍然可以從事於其本來的職業，可能發生將官方任務置於個人利益考慮下的情形。領事關係公約規定，名譽領事官員制度由各國任意選用，各國可自由決定是否委派或接受名譽領事官員❼❸。事實上，許多國家並不派任名譽領事❼❹。

參、領事的派任與接受

國與國間領事關係的建立，以協議為之。除另有聲明外，兩國同意建立外交關係亦即謂同意（默認）建立領事關係。反之，斷絕外交關係並不當然斷絕領事關係❼❺。

領館館長的委派手續依派遣國的法律規章與國際習慣辦理❼❻不須事先徵求同意。館長每次奉派任職，應由派遣國發給「委任文憑」(Consular Commission; Lettre de Provision) 或類似文書以充其職位之證書❼❼。領館館

---

❼❶　在法國，Louis-Philippe 所頒佈的領事條例已被一九四六年的法令所代替 (Les Décrets Bidault)。現行制度區分為領館館長和領事代理人。後者得由外國國民擔任，不支領酬報，得從事某一種職業。領館館長得在其轄區內任命領事代理人 (Agents Consulaires) 為其代表。J. O., 17 Sep. 1946, 引自 L. Cavaré, t. II, pp. 40–41.

❼❷　領事關係公約第九條。

❼❸　領事關係公約第六十八條。

❼❹　中共不派遣，也不接受名譽領事。參閱王鐵崖，前揭書，頁 375。

❼❺　領事關係公約第二條。領事關係是否斷絕，視兩國意願而定。

❼❻　領事關係公約第十條第二項。

❼❼　領事關係公約第十一條第一項。

長須經接受國准許方可執行職務。換言之，須由接受國發給「領事證書」
(Exequatur) 作為承認其領事地位的表示。領館館長非俟獲得「領事證書」
不得開始執行職務❼。接受國得拒絕不發給「領事證書」，無須向派遣國說
明其拒絕的理由❼。因此，領事證書的發給，實際上也是接受國接受館長
委派的一種方式。

　　派遣國得自由委派領館館員❽。派遣國應在充分時間前，將領館館長
以外所有領事官員的全名、職類及等級通知接受國❽。接受國得隨時通知
派遣國，宣告某一領事官員為不受歡迎人員或任何其他館員為不能接受。
遇此情形，派遣國應召回該員或終止其在領館中的職務。任何派為領館人
員之人，得於其到達接受國國境前，或於其在領館就職前，被宣告為不能
接受。遇此情形，派遣國應撤銷該員的任命❽。若派遣國委派接受國國籍
之人或第三國國民為領事官員，非經接受國明示同意，不得為之❽。

肆、領事的職務

　　領事並非外交代表，不能代表政府從事談判事宜❽。在實踐上，當派
遣國在接受國未設使館時，領館館長通常是該國的唯一官方代表，而被准
予承辦外交事務。領事關係公約乃規定：「在派遣國未設使館亦未由第三國

❼　領事關係公約第十二條。惟領事證書未送達前，館長得暫時准予執行職務，或
　　暫時代理館長職務的情形不在此限，同上，第十三條和第十五條。

❼　領事關係公約第十二條第二項。

❽　領事關係公約第十九條第一項。

❽　領事關係公約第十九條第二項。

❽　領事關係公約第二十三條第一項及第三項。

❽　領事關係公約第二十二條。

❽　一八六五年八月十七日 Guyaquil 委員會在 Medea 和 Good Return 號船案揭
　　示：「領事談判之權責，須經該國政府之特別委任。」De Le Pradelle et Politis,
　　Rec., t. II, p. 429; 引自 L. Cavaré, t. II, p. 42. 一九五五年十一月十九日巴西
　　Porto-Alegre 法院判決指出：「領事並不是該國主權者的直接代表……」，
　　Lauterpacht, International Law Reports, 1956, p. 556.

使館代表之國家內，領事官員經接受國之同意，得准予承辦外交事務，但不影響其領事身分。領事官員得於通知接受國後，擔任派遣國出席任何政府間組織之代表。」❽❺

領事是一國政府派駐外國的行政和商務官員，在其轄區內代表派遣國商人的利益❽❻。領事的主要職務包括商業、保僑、航海及行政性質的事務。領事關係公約所列領事職務如下：

1.於國際法許可的限度內，在接受國內保護派遣國及其國民（個人與法人）的利益。領事保僑的權責源自國際習慣，在欠缺條約規定情形下，亦得行使之❽❼。

2.增進派遣國與接受國間的商業、經濟、文化及科學關係的發展，並在其他方面促進兩國間的友好關係。

3.以一切合法手段調查接受國內商業、經濟、文化及科學活動的狀況及發展情形，向派遣國政府具報，並向關心人士提供資料。

4.向派遣國國民發給護照及旅行證件，並向擬赴派遣國旅行人士發給簽證及其他適當文件。

5.幫助及協助派遣國國民——個人與法人。

6.擔任公證人、民事登記者及類似的職司，並辦理若干行政性質的事務，但以接受國法律規章無禁止的規定為限。

7.依接受國法律規章，在接受國境內的死亡繼承事件中，保護派遣國國民的利益。

8.在接受國法律規章所規定限度內，保護為派遣國國民的未成年人及其他無充分行為能力人的利益。

9.以不牴觸接受國內施行的辦法與程序為限，遇派遣國國民因不在當

---

❽❺　領事關係公約第十七條。

❽❻　領事館的工作一般限於轄區，使館的活動範圍則是接受國全境。

❽❼　一九五五年一月七日紐約 Surrogate's 法院 (Bronx) 在 Bedo's Estate 案指出：「領事與領事代理人的權責建立在國際法及條約和法律規章的基礎上。」Lauterpacht, op. cit., 1955, p. 551.

地或由於其他原因不能於適當期間自行辯護其權利與利益時，在接受國法
院及其他機關之前，擔任其代表或為其安排適當的代表，俾依照接受國法
律規章取得保全此等國民的權利與利益的臨時措施。

10.依現行國際協定的規定，或於無此種國際協定時，以符合接受國規
章的任何其他方式，轉送司法書狀與司法以外文件或執行囑託調查書或代
派遣國法院調查證據的委託書。

11.對具有派遣國國籍的船舶，在該國登記的航空器以及其航行人員，
行使派遣國法律規章所規定的監督及檢查權。

12.對上述船舶與航空器及其航行人員給予協助，聽取關於船舶航程的
陳述，查驗船舶文書並加蓋印章，於不妨害接受國當局權力下，調查航行
期間發生的任何事故及在派遣國法律規章許可範圍內，調解船長、船員與
水手間的任何爭端。

13.執行派遣國責成領館辦理，而不為接受國法律規章所禁止，或不為
接受國所反對，或派遣國與接受國間現行國際協定所訂明的其他職務。

伍、領事的特權與豁免

領事所享有的特權與豁免遠較外交代表為少，原則上採職務需要說，
並兼顧其代表性。一九六三年領事關係公約對領事的特權與豁免的規定如
次：

一、不得侵犯

領事官員不得予以逮捕或羈押候審，但遇犯嚴重罪行的情形，依主管
司法機構的裁判執行者不在此列。對於領事官員不得施以監禁，或對其人
身自由加以任何其他方式的拘束，但為執行有確定效力的司法判決者，不
在此限❽。接受國如違反條約規定對於領事官員的人身侵犯，可能引發國
家責任。一八七二年四月十日美墨仲裁法庭因一位美國領事在墨西哥被拘
禁，違反一八六八年條約，判定墨西哥應支付四仟美元的賠償費。判決文

---

❽ 領事關係公約第四十一條。

特別指出：「領事應受尊重。」❽❾

　　領事的不得侵犯及於領館館舍和領館檔案及文件❾⓪。此外，接受國應給予領館執行職務的充分便利❾❶，尤其是保障領館的通訊自由❾❷和領館人員的行動自由❾❸。在領館、館長寓邸與乘用的交通工具懸掛派遣國國旗和揭示國徽的權利亦獲得公約的承認❾❹。

　　接受國對於領事官員應表示適當尊重，並應採取一切適當步驟以防其人身自由或尊嚴受任何侵犯❾❺。國際判例對此項原則曾多次予以確認。一八七〇年利馬 (Lima) 委員會在查理威勒案 (Charles Weile) 揭示：「給予領事官員的賠償費應較一般人為高。」❾❻在一九三〇年十月二十四日查普曼案 (Chapman)，美墨委員會判決墨西哥政府對美國領事在該國所受重傷害事件負責，因為美國領事已將所受威脅通知墨西哥政府，後者卻未能採取特別的防患措施❾❼。

二、管轄的豁免

　　原則上，領事應受接受國的管轄。惟國際習慣及許多領事條約均承認領事為執行職務的行為，得享有管轄的豁免。領事關係公約規定：「領事官員及領館僱員對其為執行領事職務而實施之行為，不受接受國司法或行政機關之管轄。」但不適用於下列民事訴訟❾❽：

　　　1. 因領事官員或領館僱員並未明示或默示以派遣國代表身分而訂契約

---

❽❾　Moore, Arbitrations, 1898, p. 3248; 引自 L. Cavaré, t. II, p. 45.

❾⓪　領事關係公約第三十一條和第三十三條。

❾❶　同上，第二十八條。

❾❷　同上，第三十五條。

❾❸　同上，第三十四條。

❾❹　同上，第二十九條。

❾❺　同上，第四十條。

❾❻　De Le Pradelle et Politis, Rec. t. II, p. 600.

❾❼　A. J. I. L., 1931, p. 544.

❾❽　領事關係公約第四十三條。

所生之訴訟。

　　2.第三者因車輛、船舶或航空器在接受國內所造成之意外事故，而要求損害賠償之訴訟。

　　在國際實踐和國內法院判例上，國家通常僅同意領事享有刑事案件的豁免，而不包括民事案件，因為後者並非領事職務的執行所必要者❾❾。法國法院經常對領事的管轄豁免採嚴格解釋，並限於執行職務時的行為⓾⓾。此外，領館館舍不得以任何與執行領事職務不相容的方式加以使用。領事官員負有尊重接受國法律規章的義務，並不得干涉接受國的內政。

三、免　除

　　原則上，領館館舍及職業領館館長寓邸之以派遣國或代表派遣國人員為所有權人或承租人者，概免繳納國家、區域或地方性的一切稅捐⓫。免稅亦適用於領事官員、僱員和名譽領事⓬，但不包括為接受國國民或永久居民的領事官員⓭。此外，領館公務用品、領事官員及其家屬的私人自用品，包括供其初到任定居之用的物品在內，免納關稅；私人行李免受查驗⓮。領事官員及其家屬得免除一切個人勞務及所有各種公共服務，並免除類如有關徵用、軍事捐獻及屯宿等的軍事義務⓯；免除外僑登記、居留證⓰、工作證和社會保險辦法的適用⓱。

---

❾❾　一八九八年美國最高法院甚至主張：「領事不得免於刑事管轄。」U. S. v. Wong Kim Ark; 引自 L. Cavaré, op. cit., t. II, p. 48.

⓾⓾　一九六四年法國工業互助保險金庫對阿根廷總領事案，R. D. I. P., 1964, p. 1010.

⓫　領事關係公約第三十二條。

⓬　領事關係公約第四十九條和第六十六條。

⓭　僅得在接受國許可範圍內享有。領事關係公約第七十一條。

⓮　領事關係公約第五十條。

⓯　領事關係公約第五十二條。

⓰　領事關係公約第四十六條。

⓱　領事關係公約第四十七條和第四十八條。

陸、領事職務的終了

領館人員的職務遇有下列情事之一，即告終了⑩：

　1.派遣國通知接受國謂該員職務已終了。

　2.撤銷領事證書。

　3.接受國通知派遣國謂接受國不復承認該員為領館館員。

接受國對於非為接受國國民的領館人員及私人服務人員以及與此等人員構成同一戶口的家屬，不論其國籍為何，應給予必要時間及便利，使能於關係人員職務終止後準備離境，並儘早出境，縱有武裝衝突情事，亦應如此辦理⑩。

第五節　特種使節

外交關係公約僅涉及常駐使節 (Permanent Diplomatic Missions)，其實國家間外交關係尚有其他方式，例如派遣具有代表國家性質的臨時使節 (Temporary Mission) 至另一國家交涉特定問題，或執行特定任務。此種使節團的派遣為特種外交 (Ad Hoc Diplomacy) 方式的一種⑩，又稱「特種使節團」(Special Mission)⑪。

聯合國大會於一九六九年十二月八日通過「特種使節公約」(Convention on Special Missions) 第五十五條乃為補充一九六一年外交關係公約和一九六三年領事關係公約，使這兩種公約臻於完備，並有助於促進各國間的友好關係。該公約確認特種使節團享有特權與豁免，其目的非為個人謀利益，而在確保代表國家的特種使節團能有效執行職務⑫。

---

⑩　領事關係公約第二十五條。

⑩　領事關係公約第二十六條。

⑩　特種外交一詞包括巡迴使節 (Itinerant Envoys') 外交會議和特種使節。參閱 G. von Glahn, op. cit., p. 395.

⑪　特種使節公約第一條（子）款。

⑫　特種使節公約前言。

特種使節公約主要規定如下：

1.特種使節團的派遣與接受：一國得事先經由外交途徑或其他經議定或彼此能接受的途徑，徵得他國同意，派遣特種使節團前往該國❶❶❸。惟派遣或接受特種使節團，不以建有外交或領事關係為必要條件❶❶❹。接受國酌量本國環境與情況及特種使節團的需要,認為特種使節團的人數不合理時，得拒絕接受。接受國亦得不具理由，拒絕接受任何人為特種使節團人員❶❶❺。

2.特種使節團的組成：特種使節團得包括外交職員、行政及技術職員及事務員，派遣國得委派其中一人為團長❶❶❻。

3.特種使節團的便利、特權或豁免：接受國應顧及特種使節團的性質及任務，給予特種使節團執行職務所需的便利❶❶❼。派遣國元首率領特種使節團時，應在接受國或第三國內享有依國際法對國家元首於正式訪問應給予的便利、特權及豁免。政府首長、外交部長及其他高級人員參加派遣國的特種使節團時，在接受國或第三國內除享有本公約所訂明的便利、特權及豁免外，應享有國際法所給予的便利、特權及豁免❶❶❽。

第六節　常駐國際組織代表

向國際組織派遣常駐代表團 (Permanent Delegations) 在國聯時期早已存在❶❶❾，聯合國成立以來，除極少數會員國外，均在紐約設有常駐代表團。與聯合國發生關係的各專門機構，例如國際勞工組織、聯合國糧農組織、聯合國教科文組織等亦得接受會員國的代表，有許多國家確派有代表常川

---

❶❶❸　特種使節公約第二條。
❶❶❹　特種使節公約第七條。
❶❶❺　特種使節公約第八條。
❶❶❻　特種使節公約第九條第一項。
❶❶❼　特種使節公約第二十二條。
❶❶❽　特種使節公約第二十一條。
❶❶❾　一九二五年巴西政府通知國聯秘書長，該國已決定在日內瓦設一常駐代表團，各國隨之仿效，設有常駐代表團與國聯經常保持接觸。參閱朱建民，前揭書，頁 90。

駐紮各該專門機構。其他區域性組織如美洲國家組織、阿拉伯聯盟、歐洲經濟會社亦接受會員國派遣的代表駐紮 ⑳。

一九五八年聯合國大會決議，請國際法委員會研究國家與政府間組織的關係。國際法委員會經一九六八年至一九七一年連續四年的研討，完成草案擬訂，規定適用範圍如下：1.常駐國際組織代表團；2.非會員國常駐國際組織觀察員團體；3.派駐國際組織機構及出席國際組織所召開的代表團。一九七五年三月十四日聯合國終於在維也納通過「國家代表與世界性國際組織關係公約」(Convention on the Representation of States in their Relations with International Organizations of a Universal Character)，就上述各種代表的地位、職務和豁免予以規定 ㉑。由於多數國際組織的地主國已表示不願成為該公約當事國，該公約對於世界性外交法整體的貢獻仍有待商榷 ㉒。

一九七五年公約的規定大體上是以一九六一年外交關係公約為其基礎，惟有三點必須注意：

其一，公約有關免除 (Exemptions) 範圍規定太過廣泛，及超過實際需要 ㉓。

其二，地主國對於派駐國際組織的各國代表團、觀察員所享有特權與豁免所為的保留。

其三，一般外交代表的派遣必須徵求接受國的同意，亦得被接受國宣告為不受歡迎或不能接受的人員。惟會員國派駐國際組織的代表團則無此限制。

---

⑳　朱建民，前揭書，頁 91–92。

㉑　有關國際組織派駐各國代表的地位已有聯合國憲章第一百零五條規定一九四六年二月十三日大會通過「聯合國外交特權及豁免公約」，一九四七年十一月二十一日通過「各專門機關特權及豁免公約」。有關國際組織代表的特權與豁免，參閱 G. von Glahn, op. cit., pp. 396–403; 約文見 A. J. I. L., 1949, Supp., pp. 1–7.

㉒　J. G. Starke, op. cit., 1977, p. 455.

㉓　J. G. Fennessy, A. J. I. L., vol. 70, 1976, pp. 62–72; 引自 J. G. Starke, ibid.

第七節　無外交關係的政府代表

依據傳統國際法，一個政府獲得他國的承認，乃表示承認國確認被承認政府有代表其本國的資格。因此，政府承認的最顯著效果是被承認政府與承認國建立起正常的外交關係和設立常設使館❶。相反地，一國對原已承認的政府可能撤銷承認，轉而承認另一個政權❷。在這種情形下，通常導致外交關係的斷絕和使館的關閉。

在沒有正式外交關係及領事關係時，國家與國家之間或國家與政治實體之間為保護本國僑民和推展雙方的經濟、文化、技術和其他各方面的交流，仍得在相互同意下，派遣政府代表常川駐紮。一九七二年九月二十九日我國與日本斷交後，我國在日本設立「亞東關係協會」，日本也在我國成立「交流協會」，雖非官方機構，實質上是由政府代表主持❸。

一九七八年十二月十五日美國承認中共並與我國斷絕外交關係。但，美國方面為了維持與我國的實質關係，乃於一九七九年三月二十九日由國會通過「臺灣關係法」(Taiwan Relations Act)，四月十日由卡特總統簽署。該法第六條規定成立「美國在臺協會」(AIT)，此一機構在美國總統指示下，代表美國政府與臺灣進行有關計畫、交易或其他關係。同時，第十條規定，我國也可以在美國成立一個對等機構。據此，我國乃成立「北美事務協調委員會」(Coordination Council for North American Affairs)，惟「此一機構必須經由總統確認……代表臺灣提供本法要求之保證與其他行動之必要權威。」此外，第十條 C 項又規定，基於平等互惠原則，兩機構及其正規人員享有特權與豁免權。

由上述規定可知，我國與美國無正式外交關係，雙方乃互設實質上代

---

❶　一般情形是承認而後建交，設館則在建交之後或兩者同時進行。

❷　例如英國於一九五○年、法國於一九六四年和日本於一九七二年承認中共政權。

❸　學者稱此種代表為「準外交及領事代表」，參閱丘宏達主編（陳治世、陳長文、俞寬賜、王人傑等合著），現代國際法，三民書局，民國六十二年版，頁 534–537。

表政府的機構，並享有相對的特權與豁免權。換言之，我國與美國具有官方關係之實，而避免使用官方關係之名❶❷❼。

---

❶❷❼　參閱鍾榮銓，「中美關係法案」之剖析，新生報，民國六十八年四月十二日和十三日；中華日報，中美新關係，今日問題第328期，民國六十八年四月二日；俞寬賜，美國對華關係法案之評議，中央日報，民國六十八年三月三十日。

第十章　條　約

第十章　條　約

第一節　條約的定義與名稱

一九六九年五月二十三日所簽訂的「維也納條約法公約」(Vienna Convention on the Law of Treaties)❶第二條規定:「稱『條約』者，謂國家間所締結而以國際法為準之國際書面協定，不論其載於一項單獨文書或兩項以上相互有關之文書內，亦不論其特定名稱為何。」實際上,「條約」祇是國際協定的一個總名稱，亦可包括國家與國際組織或國際組織相互間所締結的協定。惟，現階段國際社會，條約主要仍是國家間所簽訂條約。至於國家與自然人或法人之間所達成的協議，並非國際法上的「條約」❷。此外，條約的締結必須依據國際法，否則不具有法律上的效力。

此外，條約是一種國際書面協定。換言之，是一種以正式文書的形式所作成的協議，其形式與名稱並不一致，通常由締約國自由決定條約的形式與名稱❸。

在實踐上，條約的名稱極多，有條約 (Treaty)、公約 (Convention)、議定書 (Protocol)、協定 (Agreement)、協約 (Arrangement)、同意紀錄 (Procès Verbal)、規約 (Statute)、宣言 (Declaration)、臨時辦法 (Modus Viendi)、換文 (Exchange of Notes)、蕆事議定書 (Final Act)、總議定書 (General Act)、協議 (Accord) 等❹。條約名稱不同，並不影響其具有拘束力的性質。

---

❶　該公約已於一九八○年一月二十七日生效。

❷　國際法院於一九五二年七月二十二日英伊石油公司案判決指出,伊朗政府與石油公司所締結租讓合同不是國際條約。引自王鐵崖，國際法,民國八十一年版，頁 386。

❸　外交部長在其職權範圍內，代表國家所作口頭聲明，在國際實踐上亦具法律效力。一九三三年常設國際法院在「東格陵蘭地位」案，指出挪威外長所作口頭聲明，對該國具有拘束力。惟，此種方式在實踐上甚少採用。

❹　參閱沈克勤，國際法，民國八十年版，頁 444-448。

第二節　條約的締結與生效

壹、形式要件

一、談　判

往昔，條約的談判由國家元首親自進行。近代國家元首直接參與談判和簽字極屬罕見❺。近百年來，國家實踐顯示，無論雙邊或多邊條約的談判，均由賦有全權的外交代表，以國家或國家元首名義進行談判。

原則上，條約由具有「全權」的外交代表從事談判事宜。換言之，談判代表須持有國家元首或主管機關所頒發的「全權證書」(Lettres Patentes)。條約法公約第二條第一項㈋款稱「全權證書」者，謂一國主管當局所頒發，指派一人或數人代表該國談判、議定或認證條約約文，表示該國同意承受條約拘束，或完成有關條約的任何其他行為的文件。條約法公約第七條第一項規定「出具適當的全權證書」視為代表一國議定。

「全權證書」通常由國家的元首頒發，並由外交部長副署❻。

持有「全權證書」的外交代表僅限於談判與簽字的「全權」。原則上，外交代表沒有批准條約或使條約生效而拘束該國的權力。全權代表乃從事談判的「代表」，其簽字的效力因主管機關批准權的保留而受到限制。

締結雙邊條約時，兩國代表於第一次正式開會時，須各將其所奉全權證書，互相校閱。假如由國際會議議訂多邊條約，則成立一個證書審查委員會，負責審查各國代表的全權證書。但，下列情形，外交代表雖未出具

---

❺ Basdevant, In Conclusion et la Rédaction des Traités, Recueil des Cours, t. V, 1926, p. 547.

❻ M. Sibert, Traité de Droit International Public, t. II, 1951, p. 190. 我國談判代表的全權證書係由總統發給，並由外交部長副署，參閱丘宏達主編（陳治世、陳長文、俞寬賜、王人傑等合著），現代國際法，三民書局，民國六十二年版，頁119-120。條約法公約第二條明定由「一國主管當局所頒發」。

全權證書，乃視為代表國家：

　　1.由於有關國家的慣例，或由於其他情況可見此等國家的意思係認為該人員為此事代表該國。

　　2.國家元首、政府首長及外交部長，為實施關於締結條約的一切行為。

　　3.使館館長，為議定派遣國與駐在國間條約約文。

　　4.國家派往國際會議或派駐國際組織或該國際組織一機關的代表，為議定在該會議、組織或機關內議定的條約約文❼。

二、約文的議定與簽署

　　談判結果通常擬訂條約的約文，並由談判代表在約文上簽署。簽署乃表示對於約文的同意。多數國家間談判所議定的約文，通常必須經過一致同意。晚近由國際組織所擬訂的條約日益增加，全體一致規則已被放棄❽。條約法公約第九條第二項明定：「國際會議議定條約的約文，應以出席及參加表決國家三分之二多數的表決為之；但此等國家以同樣多數決定適用另一規則者不在此限。」

　　一國代表在約文上簽署具有二種意義：其一是表示該國有意接受條約的拘束；其二是表示對約文的認證。至於「初簽」或「待核准的簽署」❾則祇有認證約文的作用；除非相關國家政府於初簽後，再正式簽署，否則並不成為條約的締約國。

　　近代實踐，外交代表在正式簽署前，「初簽」約文，發生於下列二種情形：1.國家未授予外交代表的簽署權；2.該國對於約文是否接受，未能確定。近年來國家對於多邊條約的接受又發展成另一種方式，就是採用「接受條款」，由國家無限期的選擇條款中所載的方法，而承受該條約的拘束❿。

---

❼　上述人員因其所擔任職務視為其代表國家而不須出具全權證書，參照條約法公約第七條第一項㈡款和第二項。

❽　例如聯合國有關各機構均採多數決投票規則；憲章第十八條、第二十七條、第六十七條和第八十九條的規定。

❾　條約法公約第十條㈡項。

這種方式的主要目的雖然在於便利各國國內法上有關承受條約同意的不同規定❶。但實為無必要的複雜和法律上無益的方式❷。至於條約簽署日期具有二種作用：1.條約如於批准前開始生效，則應依簽署之日為生效日期；2.條約如明定必須在相當期限內批准，則簽署可作為期限的起算日❸。

三、條約的批准

(一)批准的意義

條約是否必須經過批准才能生效，因而對簽署國具有拘束力？首先必須了解批准的意義。學者見解不盡相同：勞特派屈 (Lauterpacht) 改編歐本海國際法教本認為「批准」一詞是指一國際條約的當事者對其代表所締結條約的最後確認❹；塞爾 (Scelle) 認為「批准是條約生效的確定程序」；巴斯達蒙 (Basdevant) 表示「批准是有權機關為使國家意願行為具法律效力所為的確認」；查理・盧梭 (Ch. Rousseau) 則主張「批准乃是國內有權機關為使國家受國際拘束，而對條約的贊同 (Approbation)」。條約法公約第二條第一項(乙)款規定:「稱批准者指一國具以在國際上確定其同意承受條約拘束的國際行為。」

條約法公約第十四條規定，遇有下列情形之一，一國承受條約拘束之同意，以批准表示之：

(a)條約規定以批准方式表示同意❺。

(b)另經確定談判國協議需要批准。

---

❿　參閱丘宏達主編，前揭書，頁 122。

⓫　條約法公約第十一條也規定一國承受條約拘束的同意得以簽署或任何其他同意之方式表示之。

⓬　Ch. Rousseau, Droit International Public, t. I, 1970, p. 84.

⓭　M. Sibert, Traité de Droit International Public, 1951, p. 193.

⓮　引自丘宏達主編，前揭書，頁 122。

⓯　形式上，對於批准的條約，約文均予明定，常見的程式如下：1.「本公約應予批准」，例如大陸礁層公約第九條；2.「本公約應盡速批准」，例如一九五二年中日和約第十三條；3.「應至遲於××期限內互換批准文件」。

(c)該國代表已對條約作須經批准之簽署。

(d)該國對條約作須經批准之簽署之意思可見諸其代表所奉之全權證書，或已於談判時有此表示。

條約必須經過批准才能生效的理由❻：(1)為避免全權外交代表於簽署條約時可能發生逾權的爭議；(2)國會制度發展的影響，國會對於條約的接受有議決權；(3)由於條約的重要性，致國家元首對於涉及國家重大利益問題的法律行為必須親自決定。

毫無置疑，現今條約祇有經過締約國互換批准書後才成立，但下列兩種情形則無需批准：1.許多國際協定在簽署時已直接地和確定地締結，無需再予批准者。例如簡式條約 (Les Accords en Forme Simplifiée) 的議訂；2.或條約為求快捷而免除批准手續。

全於批准機構，均由各國國內法自由決定❼。換言之，由各簽署國依現行憲法程序批准。

雙邊條約於批准後，必須互換批准書 (Lettres de Ratification) 後才能生效；換言之，由締約雙方相互交換各該國權力機關批准該條約的證明文件。多邊條約通常採用較為簡化手續,祇須向某一國家或國際組織存放即可❽。條約法公約第十六條規定除條約另有規定外，批准書依下列方式確定一國承受條約拘束之同意：

(1)由締約國互相交換。

(2)將文書交存保管機關。

(3)如經協議，通知締約國或保管機關。

條約批准乃是國家專斷權；此種特質最明顯地表現於下列三種情形：

1.條約條款未預定期限時，簽署國得自由擇定適當時間批准之。在國家實踐上，遲延批准條約情事屢見不鮮。

---

❻　Ch. Rousseau, op. cit., t. I, p. 89.

❼　M. Sibert, op. cit., t. II, p. 195.

❽　一九二八年泛美民航公約第三十三條指定古巴為批准書存放國；一九五八年大陸礁層公約第九條規定：「批准文件應送交聯合國私書長存放。」

2.附條件批准的可能，例如義大利於一九六九年一月二十八日簽署核子武器非擴散條約時，曾以國際原子能總署與歐洲原子能委員會締結核子防護協定，作為批准該條約的條件。

3.由於批准是國家自由行為，簽署國並無批准條約的義務。從政治觀點而言，拒絕批准是一種不友誼和不適當的行為。但從法律觀點而言，卻非違法行為。一八六九年五月十五日，美國國務卿費希 (Fish) 曾表示：「參議院對條約的拒絕並不表示對條約談判國的不禮貌行為。美國未經參議院同意不能締結任何條約。條約的拒絕不得成為抗議、不滿或批評的理由。」❶由此可知，條約簽署國經常依憲法程序而拒絕同意對條約的批准❷。

4.依美國締約權的行使，參議院對於總統所簽訂的條約不但有批准權，還有修改條約權。換言之，參院批准條約時，不必完全接受或完全拒絕，它可以加以改變或修正❸。參院對於條約修改的批准，經常使總統拒絕公佈或使締約他方無法接受，導致條約失敗❹。

至於條約未規定在簽署時生效，批准是否必需？主要乃由當事國意思來決定是否應受未批准條約的拘束❺。

晚近批准的重要性已日趨減低。條約法公約第十一條明定一國承受條約拘束並不以批准為唯一方式；換言之，得以接受、贊同或加入等方式來明白表示一國承受條約拘束的同意。此外，現今國際立法技術的發展，對於多邊條約簽署國的沈默視同默示批准❻。

---

❶ Moore, Digest of International Law, t. V, p. 198.

❷ 美國參議院拒絕批准主要條約如下：凡爾塞條約、一八九二年與法國引渡條約、一八八九年與英國引渡條約等。參閱 G. von Glahn, Law Among Nations, 1970, p. 429. 美國從一七八九年至一九三九年間，由總統簽署九百個條約中，有兩百個條約未經參議院批准。

❸ 胡述兆，美國參院對條約修改權，憲法與行政法，商務印書館，民國五十八年版，頁 44。

❹ 條約被參院修改的命運，其實際情形參閱胡述兆，上揭書，頁 57–60。

❺ 例如一九四七年議訂的歐洲和平條約，芬蘭、保加利亞和義大利均予批准；但匈牙利和羅馬尼亞雖未批准，卻認為條約有效。G. von Glahn, op. cit., p. 428.

㈡條約批准與國內法

上述各國依其憲法程序批准條約，從比較法觀點言，條約批准的憲法程序可分為三典型：

1.行政專屬權：往昔君主政體❷和近代獨裁政體❷，祇有國家元首有批准條約的權力。

2.立法專屬權：例如一九六〇年以前土耳其制度，國民大會是該國唯一締結國際條約的機構❷。

3.行政與立法分屬權：近代大多數國家憲法規定均將條約批准權分屬於行政和立法兩機構。

(1)代議制

凡條約的適用需要修訂國內法者均須國會通過。在英國一八七九年判例確定凡涉及領土讓與、財政負擔，和引渡的條約，都須得到國會的贊同。晚近實例，凡政治性重要條約均於三週內送請國會批准❷。法國一八七五年憲法第八條明定：「共和國總統談判和批准條約，並於國家安全與利益許可下，知照國會。和平或商務條約、涉及國家財政負擔、個人地位和在外國法國人財產權之條約須經國會議決始生效力；任何有關領土割讓、交換和歸併非依法律，不生效力。」一九四六年憲法第二十七條修訂領土變更非經當地人民同意不生效力，同時增列有關國際組織條約須經立法機關同意。一九五八年憲法第五十三條與以前憲法規定大抵相同，惟條款文字修訂：「……上述條約非經立法程序批准或認可，不生效力。」

(2)總統制

美國一七八七年聯邦憲法第二條第二項規定：「總統徵得參議院意見和

❷ 此種新的批准方式有違國際法原則，蓋國家意願表示均須明示表達；同意不得臆測之。

❷ 二次世界大戰前的日本。

❷ 例如一九二二年至一九四三年的義大利法西斯和一九三三年至一九四五年的德國。

❷ 一九二四年土耳其憲法第二十六條。

❷ 沈克勤，前揭書，頁 379。Ch. Rousseau, op. cit., t. I, p. 95.

同意，有締結條約權力；條約必須經出席參議員三分之二多數通過。」在美國憲法體制下，參議院的介入並非單純的贊同。換言之，締約權由總統和參院分別行使。

至於行政協定 (Executive Agreements) 雖然無須參院通過，仍與條約具有相同效力。一九一二年美國最高法院揭示：「與法國締結此商務協定雖非經參院批准的條約，卻是以國家名義和資格所議定，以處理各國間重要商務關係，並經總統公佈，仍然是兩國間的條約 (Compact)。」 ❷ 據統計，美國歷年來所締結行政協定數量多於條約。自一九四五年以來美國已研議削減總統締結國際協定權，並尋求兩院共同控制的可能 ❸。

(3)五權憲法制

我國憲法第五十八條規定，行政院提出於立法院的條約案，應經行政院會議的議決。第六十三條亦明定立法院有議決條約之權。至於何種國際書面協定須依第六十三條規定送立法院議決，仍有待立法院制訂相關條約締結法 ❸。

(三)瑕疵的批准

條約必須經締約國有權機構依照憲法程序的批准，始具拘束力。非依憲法程序批准的效力如何？晚近學說和實踐，原則上認為締約國不符合國內法律程序的批准，不影響條約的效力 ❸。

---

❷ R. N. Swift, International Law: Current and Classic, 1969, p. 443.

❸ Whitton, L'Amendement Bricker, Revue du Droit Public, 1954, pp. 714–721.

❸ 中共全國人民代表大會常委會於一九五四年十月十六日決定「關於同外國締結條約的批准手續」，規定和平條約、互不侵犯條約、友好同盟互助條約和其他在條約中明文規定必須經過批准的一切條約，包括協定在內，均需由全國人代大會常委員會批准；凡不屬上述範圍內的協定、議定書等，由國務院核准。引自王鐵崖，前揭書，頁 405。上述美國總統簽訂的行政協定亦不需參議院同意。我國有關條約締結的程序，尚未以法律明定。

❸ 非依法律程序批准仍為有效條約乃基於國際關係的安全和國家的國際責任的理由。因此，非憲法程序的批准仍不能免除批准國所應負的國際責任和義務。參閱 G. von Glahn, Law Among Nations, London, 1970, p. 428.

常設國際法院在但澤波蘭人民待遇案揭示:「一國不得引述國內憲法對抗他國,以企圖免除條約或國際法上的義務。」❸條約法公約第四十六條規定:「一國不得援引其同意承受條約拘束之表示,為違反該國國內法關於締約權限之一項規定之事實,以撤銷其同意;但違反之情事顯明,且涉及其具有基本重要性之國內法之一項規則者,不在此限。」

四、條約的加入

㈠加入的意義

加入 (Adhesion) 是一國依照一國不曾參與談判或簽署的國際條約的規定,宣告成為該條約當事國的法律行為。條約法公約第十五條明定加入如同批准或接受,乃一國同意承受條約拘束的表達方式之一。

至於一國宣告加入其他國家所締結條約是否包含對該條約的批准?法學家玻利弟 (Politis) 表示:「批准規則與加入似乎毫無相關。事實上,一國政府宣告無保留地加入一個由他國所締結條約,吾人應假設其已預先依憲法程序採取必要措施。故保留批准的加入並非正常。」❹就理論而言,一國的加入條約,如未明示提出批准的保留,將被推斷為確定承受該條約的拘束。

㈡加入的方式

加入乃是條約原締約國為使第三國享受利益或為各國共同利益而設定的制度。加入的權利如未於條約約文中載明,稱為「封閉條約」(Traité Fermé),則第三國如欲享有條約利益,必須與原締約當事國談判和獲得所有當事國的許可。反之,條約中包含加入條款,使第三國得享有條約上權利並負擔義務者,稱為「開放條約」(Traité Ouvert),則第三國祇須以書面宣告表示接受條約拘束的意願。

第三國加入條約的條件亦因加入條款規定而異。通常有下列幾種情形的規定:

---

❸ Treatment of Polish Nationals in Danzig, P. C. I. J., Ser. A/B, No. 44, 1932, p. 24.

❹ Annuaire de L'institut International de Droit Public, 1930, p. 223.

1.沒有任何締約國反對者❸。

2.當事國的明示同意❻。

3.限於某些特定國家❼。

加入通常發生在參加開放性多邊立法條約，依條約法公約第十五條規定：「以加入表示承受條約拘束之同意，遇有下列情形之一，一國承受條約拘束之同意，以加入表示之：(a)條約規定該國得以加入方式表示此種同意；(b)另經確定談判國協議該國得以加入方式表示此種同意；(c)全體當事國嗣後協議該國得以加入方式表示此種同意。」

在國際實踐上，國家得加入已生效或尚未生效的條約，例如條約法公約第八十四條規定：「本公約應於第三十五條批准書或加入書存放之日後第三十日起發生效力。」表示國家可以加入尚未生效的條約。

㈢**加入的效力**

一國加入條約表示與該條約當事國接受相同條件。因此，加入國家除非經已批准或已加入國的明示同意，不得提出保留❸。

㈣**加入與遲延簽署** ❸

遲延簽署 (Signature Différée) 原來作用在賦予全權外交代表未獲知本國政府意思前的待決時間。因此，祇有已參加談判國家，並於極短期限內始有遲延簽署權。後來，凡條約所指定國家均可遲延簽署，以便能成為條約的締約國。晚近，更擴大至未參與談判國家可以在任何時間簽署。

加入與遲延簽署的主要區別在於批准；加入不必經過批准程序。但，近代實踐，國家於加入條約時所提批准保留，致兩者間的區分失其意義。從多邊條約實例觀之，祇有參與談判國於期限內始能遲延簽署；如逾期限，

---

❸ 一九〇六年戰時軍人傷者和病者命運改善公約第三十二條第二項規定：「其他國家得請求加入……假如未有任何締約國的反對。」

❻ 一八九九年海牙公約第六十條。

❼ 一九〇七年設立國際捕獲法庭公約第五十三條。

❸ 實踐上，加入國提出保留並非不可能，例如玻利維亞對於一八九九年海牙日內瓦公約原則適用於海戰公約第十條的保留。

❸ Ch. Rousseau, op. cit., t. I, p. 116.

則第三國必須以加入條約方式為之。

五、條約的登記

國際聯盟盟約第十八條和聯合國憲章第一百零二條均明示規定國家必須將所締結條約送請該國際組織秘書處登記。其目的在於防止秘密條約的存在。

條約登記觀念源自美國總統威爾森 (Woodrow Wilson) 所倡導的公開外交 (Open Diplomacy)❹。國際聯盟盟約第十八條明定:「嗣後聯盟任何會員所訂條約或國際契約,應立送秘書處登記,並由秘書處從速發表此項條約或國際契約,未經登記以前不生效力。」

依據盟約第十八條規定,任何種類條約 (技術協定或簡式條約等),均需向秘書處登記。國聯會員間或會員與非會員所締結條約均有登記義務。一九三四年的美國和一九二〇年的德國雖非國聯會員,亦均同意依規定將締結的條約向秘書處登記❹。

至於未依規定向國聯秘書處登記的條約,是否影響條約自互換批准書之日起生效的原則?學說極為分歧。就國家實踐而言,國聯會員並不認為登記是條約的形成上要件之一❹。就常設國際法院判例而言,土耳其和但澤自由城 (Danzig) 均非國聯會員,常設國際法院卻適用土耳其所締結的一九二三年洛桑第十二議定書和一九二一年的波蘭與但澤所締結協定;這兩項條約均未向國聯秘書處登記❹。

有關一九二四年法國與墨西哥公約爭議的仲裁判決揭示,非國聯會員的墨西哥不得主張法國未將該公約向國聯秘書處登記,即為無效條約。雖然未經登記條約不得在國聯、常設國際法院或其他法院援用❹。

❹　G. von Glahn, op. cit., p. 434.

❹　Ch. G. Fenwick, International Law, 1965, p. 534.

❹　雷崧生著,國際法原理,上冊,正中書局,民國五十八年版,頁 319。

❹　Mavrommatis Palestine Concessions Case, 1924, P. C. I. J., Ser. A, No. 2.

❹　Pablo Najera Case, Recueil de Sentences Arbitrales, U. N., vol. V, pp. 468–473; 引

聯合國憲章第一百零二條採納國際協定強制登記制。該條款明定:

(1)本憲章發生效力後,聯合國任何會員國所締結之一切條約及國際協定,應儘速在秘書處登記,並由秘書處公佈之。

(2)當事國對於未經依本條第一項規定登記之條約或國際協定,不得向聯合國任何機關援引之。

就條款文字而言,憲章第一百零二條與盟約第十八條有兩點不同之處:

其一,憲章採用「當事國」(Party) 一詞,乃指聯合國會員和非會員國。此外,聯合國大會一九四六年決議將國際組織間所締結協定亦納入登記範圍。

其二,憲章規定並未載明未登記之條約不生效力,亦未禁止當事國在聯合國以外的機構或法院中援引未登記之條約。

在實踐上,向聯合國秘書處登記的條約,包括接受國際法院強制管轄權聲明,加入聯合國文件,和單方宣言等。在國際法院判例中,未曾涉及未登記條約效力的裁決❹。

條約法公約第八十條規定:「條約應於生效後送請聯合國秘書處登記或存案及紀錄,並公佈之。」明顯地,條約法公約肯定了登記不是條約生效的要件,因為條約必須「生效後」才向聯合國秘書處登記。

貳、實質要件

條約形式上成立後,必須符合兩項實質條件才能發生國際法上的效力:其一是條約內容的合法;其二是當事國表示條約同意時未發生瑕疵。

自 Ch. Rousseau, op. cit., p. 130; G. von Glahn, op. cit., pp. 434–435.

❹ 國際法院在審理一九五〇年西南非國際地位案和一九五二年英伊石油公司案,南非和英國雖曾提出未登記條約效力問題,但法院認為均非具有條約性質的文件,前者是南非代表的單方宣言,後者是伊朗政府與英伊公司間的租讓契約。Anglo-Iranian Oil Company Case, I. C. J., 1952, Rep. 93; 引自 Mangone, The Elements of International Law: A Casebook, 1963, p. 22.

一、條約內容的合法

　　條約內容如果與既存國際法規則或道德法則相違反，則喪失國際法上效力。歐本海亦主張條約不得與普遍承認的國際法原則相牴觸 ❹。條約法公約第五十三條明文規定：「條約在締結時與一般國際法強制規律（或絕對法）牴觸者無效。」至於強制規律意義和內容如何，公約並未具體說明。

　　實證法學派對於強制規律沒有固定的見解。除少數法學家外，一般國際法的教本或彙編中沒有絕對法 (Jus Cogens) 和意志法 (Jus Dispositivum) 名詞的存在。反之，自然法學派則主張所有國家均應遵守「強迫法」(Necessary Law)。十八世紀渥爾夫 (Wolff, Jus Gentium, 1764) 和華太爾 (Vattel, Le Droit des Gens, 1758) 早已主張國家不得經由同意變更法律，因此「強迫法」與國家意思表示的「意志法」不同。條約締結的目的如屬道德上不可能，則為無效條約，例如條約侵害第三國權利，認許奴隸制或阻止個人自由發展 ❹。

　　二次世界大戰以後，國際法學家對於「強制規律」的存在意見仍極分歧。查理・盧梭 (Ch. Rousseau) 在一九四四年所出版「國際公法原理」強調由於國際法結構的個別性，公秩原則幾乎不存在。國際條約的不法目的的假設毫無實際價值 ❹。他在一九七〇年出版「國際公法」第一冊亦主張：「理論上對於絕對規律性質的共同見解是不存在。因此強制規律含義不明的結果，提供國家單方免除條約義務的新方法，國家祇需引述條約與強制規律相牴觸，即可達到目的。」❹ 相反地，麥克耐爾在所著「條約法」中表示：「任何個人或國家所組成的社會，如果對契約自由未予限制，則令人難以想像。」❺

---

❹　引自丘宏達主編，前揭書，頁 140。

❹　A. Verdross, Jus Dispositivum and Jus Cogens in International Law, A. J. I. L., vol. 60, 1966, pp. 55–56.

❹　Ch. Rousseau, Principes du Droit International Public, 1944, pp. 340–341.

❹　Ch. Rousseau, Droit International Public, t. I, 1970, pp. 150–151.

　　聯合國國際法委員會於編纂條約法公約時將強制規律原則納入草案第三十七條:「條約與一般國際法的強制規律相牴觸者無效。」❺**本**草案條款曾為委員會所一致通過。但,如何將強制規律與其他一般國際法規則予以區分? 國際法委員會某些委員曾主張以列舉方式規定之。委員會最後乃決定不予以規定,其理由有二: 1.列舉規定可能導致其他違反強制規律情形的誤解; 2.完整列舉違反強制規律的情形,非經長期深入研究是不可能做到❺。

　　聯合國國際法委員會亦曾對強制規律的定義個別予以闡明,見解仍未趨一致❺。然而,一般國際法中,某些規則具強制規律性質殆無疑義。換言之,這些規則的存在並非為滿足國家個別的需要,而是為整個國際社會的最高利益。

　　強制規律的特質,吾人似可歸納為下列三點:

　　1.強制規律乃是為維護某種道德價值和人道法則。一九五一年國際法院有關「種族滅絕公約保留」的諮詢意見中表示:「此公約並非為國家個別利益而制訂,而是為全體人類最高利益。」❺任何條約的締結如果違反人道法則(例如奴隸、兒童、婦女販賣)應屬無效。因此,強制規律並非道德本身,而是維護道德的法律規則。

　　2.強制規律是國際社會全體接受和承認的規則。條約法公約第五十條所謂:「國際社會全體」(Communauté des Etats dans Son Ensemble) 其意義若何?條約法起草委員會主席表示:「委員會似乎認為條款中加入『全體』(Dans Son Ensemble) 並非指某規則必須被國家全體一致的接受和承認。換言之,少數或單獨國家拒絕承認某規則的強制性,並不能影響國際社會全體對此

❺⓪　Mc Nair, The Law of Treaties, 1961, pp. 213–214.

❺①　約文參閱 A. J. I. L., vol. 58, 1964, p. 274.

❺②　Ibid., pp. 245, 264.

❺③　例如 Lachs 認為強制規律是國際社會整體利益;Paul 認為是國際公秩;Rosenne 認為是最高社會需要等,參閱 Verdross, op. cit., p. 220.

❺④　I. C. J., 1951, Rep. 23.

規則強制性的承認和接受。」❺因此，規則的絕對性應由國際社會主要組成分子所確信者❻。

　　3.強制規律須涉及國際社會的重大利益。強制規律不僅有關「共同」利益，而且是「根本」或「主要」利益❼。

　　至於相關國家因適用強制規律而對其定義發生爭議時如何解決？在國際法體制下，爭端當事國除了不得以武力或威脅方式求得解決外，可以在相互同意下，選擇其認為適當方式。一九六九年條約法公約第六十六條甲項亦規定：「關於第五十三條（一般國際法強制規律）或第六十四條（一般國際法新強制規律）之適用或解釋之爭端之任一當事國得以請求書將爭端提請國際法院裁決之。但各當事國同意將爭端提交公斷者不在此限。」

二、當事國表示條約同意時未發生瑕疵

　　一九六九年維也納條約法公約前文中明文規定：「自由同意、善意原則和條約必須遵守規則乃舉世所承認。」❽

　　當事國意思的合致乃條約生效的首要條件。其次，條約必須是國家自由同意的結果。私法上意思表示瑕疵的理論可否適用於國家締約時所發生的錯誤、詐欺和脅迫等情形，而使條約失效❾？

　　在理論上，同意的瑕疵及其效力問題可分為下列三種不同觀點：

　　1.勞特派屈 (Lauterpacht) 認為錯誤、脅迫或詐欺等瑕疵的條約，根本

---

❺　Conference des Nations Unies sur le Droit des Traités, Première session, 1968, pp. 513–514.

❻　R. Ago, Droit des Traités à la Lumiére de la Convention Vienne, R. C. A. D. I., 1971, III, p. 323.

❼　Ch. de Visscher, Positivisme et Jus Cogens, R. G. D. I. P., vol. 75, 1971, pp. 8–9.

❽　中文約文參閱丘宏達編輯，現代國際法參考文件，民國八十五年版，三民書局，頁 63。

❾　民法上的意思表示瑕疵可分為虛偽或錯誤等之意思表示不一致和詐欺或脅迫等之意思表示不自由兩種。參閱曾榮振著，民法總整理，民國六十一年版，三民書局，頁 74–98。

無法律上的效力。

2.歐本海 (Oppenheim) 和安齊諾蒂 (Anzilotti) 等認為對締約代表個人所為脅迫或詐欺等行為，故條約無效。反之，國家因強制力使用的結果而被迫接受條約，則條約效力不受影響。

3.塞爾 (G. Scelle) 則排除契約觀念適用於國際法的可能。他認為立法條約的效力是以社會利益和需要為其基礎。因此，強迫締約的效力決定於是否與客觀的法則相符。

法學家查理‧盧梭 (Ch. Rousseau) 則認為上述理論均未能符合國際社會的實際❻：

1.與社會實際不符：國際實踐並未承認強迫可成為條約失效的原因。

2.與法律實際不符：意思表示瑕疵理論的類推適用，並不能將國際條約視同私法契約。

因此，國家同意的瑕疵及其效力問題，惟有從國家在政治和外交方面的實踐求得了解。

㈠錯　誤

錯誤可以再分為法律和事實錯誤兩種。國際判例經常排除法律錯誤為條約失效的原因❻。在國際法上，國家不得因不知其行為的法律結果而免除責任。事實錯誤由於締約代表的謹慎甚少發生。但，談判代表所依據錯誤的文件或地圖而締結條約仍有可能，例如一九六六年英國女王對於智利與阿根廷之間 Andes 邊界事件的仲裁判決❻。此外，錯誤的存在必須依錯誤的嚴重程度予以判定。換言之，締約之一方如對錯誤的嚴重性未加考慮，而主張錯誤的存在，則屬權利的濫用❻。維也納條約法公約第四十八條規定：「⑴一國得採引條約內之錯誤以撤銷其承受條約拘束之同意，但此項錯誤以關涉該國於締約時假定為存在，且構成其同意承受條約拘束之必要根

---

❻　Ch. Rousseau, op. cit., pp. 144–146.

❻　Eastern Greenland Case, P. C. I. J., Ser. A/B, No. 53, 1933, p. 92.

❻　R. G. D. I. P., 1967, pp. 167–171.

❻　M. Sibert, op. cit., t. II, p. 205.

據之事實或情勢者為限。⑵如錯誤係由關係國家本身行為所助成，或如當時情況足以使該國知悉有錯誤之可能，第一項不適用之。」

㈡詐 欺

詐欺乃指條約係由一國對另一談判國所為無法防患的「欺騙」所成立者❻。國家締約的詐欺行為亦屬罕見。條約法公約第四十九條規定：「倘一國因另一談判國之詐欺行為而締結條約，該國得援引詐欺為理由，撤銷其承受條約拘束之同意。」

㈢脅 迫

1.對一國代表的脅迫

近代對一國代表的脅迫行為幾乎已消失。以往史實可列舉者如下：

⑴亨利第五於監禁教皇巴斯加二世 (Pascal II) 五十天後取得 一紙條約。

⑵拿破崙第一以脅迫方式，要求查理四世和費迪南放棄西班牙王位。

⑶高麗國王經兩天抗拒後接受日本條件，締結一九五〇年條約。

⑷捷克總統和外長經希特勒的召見後，於一九三九年三月十四日至十五日受到監禁和精神虐待。

這些例子均屬對一國代表的脅迫行為，致條約失效應無庸置疑。條約法公約第五十一條規定：「一國同意承受條約拘束之表示係以行為或威脅對其代表所施之強迫而取得者，應無法律效果。」

2.對國家之脅迫

早期仲裁判決對國家的強迫問題表示：「國際法未明示形成任何規則。」❻一九三〇年威爾德魯 (Verdross) 提出新理論：「以武力取得條約無效，假如強迫行為違反國際法規則。」❻中國在一九二二年華盛頓會議曾依此原則，表示日本於一九一五年以威脅方式所提「二十一條款」為無效條

---

❻ Ibid., p. 205.

❻ Affaire Croft, Recueil des Arbitrages Internationaux. t. I, 1856, p. 37; Sibert, ibid.

❻ Verdross, Regles Générales du Droit International de la Paix, Recueil des Cours, t. V, 1929, p. 430.

約，條約法公約第五十二條則規定：「條約係違反聯合國憲章所含國際法原則以威脅或使用武力而獲得締約者無效。」至於戰爭結果，戰勝國對戰敗國強迫所締結的和平條約應屬有效。

(四)賄　賂

條約法公約第五十條規定：「倘一國同意承受條約拘束之表示，得經另一談判國直接或間接賄賂其代表，而取得該國得援引賄賂為理由，撤銷其承受條約拘束之同意。」

第三節　條約的保留

壹、保留的意義

保留是國家於簽署、批准或加入條約時，所為下列有關意願的聲明：1.排除條約某些條款；2.不接受條約適用時某些義務；3.確定條款意義。條約法公約第二條第一項稱「保留乃是一國於簽署、批准、接受、贊同或加入條約時所作之片面聲明，不論措辭或名稱為何，其目的在摒除或更改條約中若干規定對該國適用時的法律效果。」

一國對於公約條款亦得提出解釋聲明 (Déclaration Interpretative) 的保留，以確定條款內容。美國參議院經常於批准條約時附加聲明，以對條約某些條款事先給予解釋[67]。假如解釋聲明為其他當事國所接受，事後發生條款意義的爭議時，此種事先聲明具有很大價值。晚近美國已不用「約定」(Understandings) 一詞，而改稱「解釋保留」(Interpretative Reservations)[68]。若未有締約國明示提出異議，則提具解釋保留國得認為解釋條款為條約的一部分。

---

[67] 例如美國於批准一九五一年九月八日與日本所締結和平條約之保留；一九五四年九月八日之東南亞集體防衛公約。

[68] G. von Glahn, op. cit., p. 430.

貳、保留的方式

一、簽署時提具保留

談判國於簽署時在約文或附件中提具保留的優點是： 1.其他締約國均可得知保留內容； 2.如屬多邊立法條約，保留的簽署使得某些國家容易接受條約部分條款。其缺點是：1.因某些國家採遲延簽署 (Signature Différée)，而複雜化； 2.破壞締約國間平等原則，產生解釋困難。

二、批准時提具保留

一國於批准書存放時提具保留形成嚴重的不便。因為談判程序已終結，其他締約國僅能整體的接受或拒絕條約。事實上，締約國經常因國內憲法上的理由而於批准時提具保留。

多邊立法條約通常開放給所有國家參加，任何國家均得自由決定接受或排除條約某些條款的拘束❻❾。但，國際法院在北海大陸礁層事件揭示：「對於平等適用於所有國際社會分子國的習慣法或一般法律規則，國家不得行使提具保留。」❼⓿

雙邊條約的保留無異變更原協議的內容，於批准時提具保留事實上表示拒絕批准，而欲重新談判的意願❼❶；除非締約他方明示同意接受，雙邊條約的保留不能發生法律效果。

三、加入時提具保留

一國於加入條約時提具保留表示對於原締約國已協議確定的條約提出單方的修訂。此種保留方式可能發生更多的不便。

---

❻❾ 例如我國於五十九年九月二十三日批准大陸礁層公約，對該約第六條第一項及第二項提出保留。

❼⓿ North Sea Continental Shelf Cases, I. C. J., No. 63, 1966, pp. 38–39.

❼❶ G. von Glahn, op. cit., p. 430.

參、保留生效的要件

一、形式要件

保留必須正式通知其他締約國。換言之，保留必須以書面載明或記載於特別外交文件中。例如：記載於簽署議定書，附加議定書，批准或加入書中。條約法公約第二十三條第一項規定保留必須以書面提具，並致送締約國及有權成為條約當事國的其他國家。

二、實質要件

原則上，保留必須獲得其他締約國的接受，締約當事國對於一國所提具保留得以明示或默示方式表示接受，例如其他締約國對於載明保留的批准書的存放未提出反對，得推定為默示同意。條約法公約第二十條第五項規定，倘一國在接獲關於保留的通知從十二個月期間屆滿時，迄未對保留提出反對，此項保留即視為業經該國接受。

國際法院在一九五一年對於「防止及懲治殘害人群罪所附保留問題諮詢意見」表示即使公約中無明文規定，亦應許可提出保留，其他有關國家對於此項保留並不一定需要明示同意[72]。

肆、保留的效力

雙邊條約提具保留的法律效力較易確定，保留如為締約他方所接受，與締結新約無異。保留若為他方所拒絕，則因缺乏意思合致，條約因而無法成立。

多邊條約的保留，其效力的確定較為複雜。泛美聯盟採用的制度是：一國提具保留不一定要得到所有締約國的同意[73]；聯合國及歐洲國家則採

---

[72] 參閱沈克勤，前揭書，頁 390。全文可參閱 R. N. Swift, International Law: Current and Classic, pp. 454–463.

[73] 參閱丘宏達主編，前揭書，頁 131。

需要全體締約國同意的原則❼。

　　條約法公約規定除條約另有禁止保留外，當事國可以提具保留❼；凡是條約明示准許的保留，無須其他締約國事後予以接受❼。但條約如未明示保留的准許，其效果如下：

　　1.保留經另一締約國接受，就該另一締約國而言，保留國即成為締約的當事國，但須條約對各該國均已生效。

　　2.保留經另一締約國反對，則條約在反對國與保留國間並不因此不生效力，但反對國確切表示相反的意思者不在此限。

　　3.表示一國同意承受條約拘束而附以保留行為，一俟至少在另一締約國接受保留，即發生效力❼。因此，條約法公約原則上仍採取了需要同意的規則。

伍、保留的撤回

　　提具保留乃一國的單方行為，提具保留國得隨時撤回保留，無須他國的同意。因為保留提出的目的在於限制條約的適用，條約當事國並無理由反對消除足以阻礙條約條款完整和平等適用的因素。條約法公約第二十二條規定：「除條約另有規定外，保留得隨時撤回，無須經業已接受保留之國家同意。」

---

❼　"A State may make a reservation when signing, ratifying on acceding to a convention, prior to its entry into force, only with the consent of all states which have ratified." 45 A. J. I. L., Supp., 1951, p. 110.

❼　條約法公約第十九條。

❼　條約法公約第二十條第一項。

❼　條約法公約第二十條第四項。

第四節　條約的效力

壹、條約與當事國

原則上，條約效力限於締約當事國之間。條約法公約第二十六條規定：
「凡有效條約對其各當事國有拘束力，必須由各該國善意履行。」聯合國憲
章弁文揭示：「同茲決心……創造適當環境……尊重由條約與國際法其他淵
源而起之義務。」國際聯盟盟約弁文亦明定：「恪遵條約上之一切義務。」

近代國際協定或條約也承認條約對當事國有拘束力的原則。一九二八
年哈瓦那泛美會議通過的條約法公約第十條規定：「任何國家不得免除條約
義務或變更條約規定。除非以和平方式獲得其他當事國的同意。」一九二五
年羅加洛協定 (Accords de Lecarno) 和一九二八年克洛格公約 (Pacte
Kellogg) 均有相同原則的宣示。在判例上，一八九九年的一項仲裁判決中
早已宣示：「由條約所生義務拘束國家，與契約拘束個人無異。」 **78**

條約對於締約國的立法、司法和行政等機構具有拘束力。條約法公約
第二十七條規定：「一當事國不得援引其國內法規定為理由而不履行條約。」

條約經正式公佈後，締約國的機構必須履行條約義務。一國立法機關，
有義務不制定違反條約的法律。法律的制定並不能廢止先前條約的效力。
法律違反條約義務可能構成國際責任問題 **79**。

假如條約締結於法律之後，則發生牴觸情形，其解決方式是在條約生
效期間，法律應停止適用於締約當事國。換言之，由行政機構主動採取措
施配合之。

條約的執行如涉及國家預算，必須經立法機關的議決。在此種情況，
享有立法權和財政權的國會必感責任重大，例如在一八三四年，法國國會
議員拒絕通過為執行一八三一年美法協定所需的預算。依該協定規定，法
國同意賠償美國公民於大革命期間所受的損害，該協定由法國國王依一八

78　Metzger v. Haiti, Moore, Digest, op. cit., t. V, p. 369.

79　A. Mestre, Les Traités et le Droit Interne, Rec. Des Cours 1931, t. IV, pp. 275–277.

三〇年憲章第十三條規定批准。當債務到期，法國政府向國會請求通過必需款項受到拒絕。法國政府祇好宣稱，外國政府未能了解法國法律有關國家財政的條約，必須獲得國會的通過；法國政府並非惡意不履行條約義務。最後，法國國會於一八八五年才同意所應清償的債務❽。

事實上，各國國內法對於適用條約情形不盡相同。在美國凡自動生效條約 (Self-Executing Agreement)❽，祇要與美國憲法不相牴觸，即使與以前的美國法律相違反，美國法院亦應遵守。如果國會通過違反條約的法律，依照一般假設，國會無意制定與條約規定相反的法律，因而該項法律對於條約的廢止或修正，將不被認為已經獲得實施❽。美國法院判例對於條約效力影響美國法律問題均持慎重態度。例如在有關聯合國憲章是否直接影響加州法律時，法院曾揭示：「無可置疑，憲章是一種條約，美國聯邦憲法亦明定條約是美國最高法律，各州法院法官應受拘束。但，一項條約並不能自動廢止與條約相違反的地方法律，除非該條約條款是自動生效者。」❽此外，判例亦揭示：「條約不能變更憲法，與憲法牴觸者無效」的原則❽。在英國，國際條約必須經國會立法以實施之；如遇成文法規與先前所簽訂條約條款相牴觸，英國法院須優先適用國內成文法❽。在我國，條約規定與國內法規相牴觸，則條約的適用優於法律❽。

---

❽ M. Sibert, op. cit., t. II, p. 248.

❽ 凡不需要經過立法，即可由政府機構適用的條約稱為自動生效條約，參閱美國最高法院對於 Missouri v. Holland, Supreme Court, 1920, 252. US. 416 案之觀點，引自 Swift, International Law: Current and Classic, 1969, p. 474.

❽ 沈克勤，前揭書，頁 79。

❽ Fujii v. California, 242P. 2d617; 引自 Swift, op. cit., p. 474.

❽ The Cherorokee Tobacco, 引自 Swift, ibid., p. 475.

❽ 沈克勤，前揭書，頁 78。

❽ 司法院第八九二號令解釋。

貳、條約與第三國

一、通則

原則上，條約不能使非簽署或非加入的國家享受利益或發生損害 (Res Inter Alios Acta Neque Nocet Neque Prodest)，亦即條約僅於締約當事國間發生效力。條約法公約第三十四條明定：「條約非經第三國同意，不為該國創設義務或權利。」

條約對第三國不具拘束力的原則已為國際判例所確認。常設國際法院在一九二三年有關東加利里亞案 (Eastern Carelia Case) 諮詢意見中表示：「就國聯盟約的會員國而言，應遵守盟約條款的義務。但對非會員國而言，不受盟約的拘束。」❽❼

事實上，條約在締約國間的效力並不能阻礙其對第三國發生利害關係。安齊諾蒂 (Anzilotti) 所說未侵權的損害 (Damnum Sine Injuria) 如果推演於條約關係，則甲和乙兩國合法所簽訂商務條約可能對丙國造成損害。

二、為第三國設定權益的條約 (Pacta in Favorem Tertiorum)

國際條約可能因為事實上 (Ipso Facto) 原因或因條款規定，使得第三國獲得權利或利益。條約法公約第三十六條規定條約得為第三國設定權利，該第三國倘無相反表示，應推定其表示同意。

㈠條約因事實上原因使第三國受益

國際條約事實上 (Ipso Facto) 可能產生一種客觀存在的法律，而其利益的享有超越原有締約國範圍❽❽，例如國際海峽或運河地位的公約已成為一種普遍適用（Applicabilité Erga Omnes；即對任何人適用之意）的法律，並

---

❽❼　參閱 Ch. Rousseau, op. cit., t. I, pp. 184–186.

❽❽　丘宏達主編，前揭書，頁 147，引自 J. G. Starke。

不以締約當事國為限❽❾。

㈡最惠國待遇條款

　　最惠國待遇條款 (Clause de la Nation le Plus Favorisée) 乃指兩國之間基於片面或相互原則，所達成協議條款（通常在通商或航海條約中列入），條款有條件或無條件允許，如果締約國的一方已同意，或將同意給予第三國或第三國人民某種利益；締約國的另一方或其人民亦能獲得最優惠的待遇。例如：甲國與乙國締結最惠國待遇條款，甲國又與丙國締約，給予丙國某種利益，則乙國因而獲得與丙國相同的利益。

　　最惠國待遇條款顯然地構成非締約當事國不享有條約權利和負擔義務原則的例外。一國從最惠國條款中獲得利益（例如乙國）其所處地位甚為複雜。就與獲得利益條約關係而言，本屬該條約之第三國；卻因獲得該條約利益而成為締約當事國。因此，就受益國而言，必須形式上亦成為條約締約國。

㈢條款為他國設定權利 (Stipulation pour Autrui)

　　條約可否僅依締約當事國的協議，而給予第三國以某種權利或利益？同時，第三國是否有權向締約國請求履行依條約所應給予的權益？

　　首先，吾人必須區分條約給予第三國是單純利益，抑或真正權利。假如，條約賦予第三國權利，其有效成立，必須符合兩項要件：

　　1.必須締約當事國有創設此種權利的確實意願。

　　2.必須由第三國，對條約所提供權利表示接受。

　　常設國際法院於一九三二年有關瑞法之間上薩伏伊與格斯自由區案❾❿，承認條約不僅可給予第三國以利益，更可賦予真正權利。至於第三

---

❽❾　例如一九二三年洛桑公約前言對有關土耳其兩海峽地位規定；一八八八年君士坦丁堡公約第一條對蘇彝士運河規定；凡爾塞條約第三八〇條對基爾運河規定，均明定任何國家船舶有通過自由權。巴塞隆納規則第三條明定祇有懸掛締約國旗幟船舶始享有航行自由權，曾受普遍批評。

❾❿　Case of the Free Zones of Upper Savoy and Gex, 1932, P. C. I. J., Ser. A/B, No. 46. 該案與第三國權利問題，可參閱 E. J. de Aréchaga, Treaty Stipulations in Favor of Third States, A. J. I. L., vol. 50, 1956, pp. 338–357.

國可否主張權利，並要求締約當事國履行？一八五六年巴黎條約有關土耳其地位規定，英、法、奧三國為締約當事國，當土耳其要求履行條約規定時，該條約締約國乃否認土耳其有此請求權。德比 (Derby) 爵士以英國政府名義表示，土耳其不能主張任何權利，因為英國僅對法、奧兩國負條約義務❾❶。事實上，本案否認第三國請求權乃因締約當事國缺乏賦予第三國權利的意願。因為條約當事國有意給予非締約國權利和偶然事實致第三國享有利益，兩者情形不同。後者，第三國無權要求履行。因此，常設國際法院在格斯自由區案亦表示：「此乃性質問題」(Une Question d'Espéce)❾❷。

條約法公約第三十六條明定：「如條約當事國有意以條約之一項規定對某一第三國，或其所屬一組國家或所有國家給予一項權利，而該第三國對此表示同意，則該第三國即因此項規定而享有該項權利。」此外，第三國依條約規定享有權利時，如經確定當事國原意為非經該第三國同意不得取消或變更該項權利，則當事國不得取消或變更之❾❸。

三、為第三國課加義務的條約

原則上，非條約當事國無須承受條約的義務 (Pacta in Odium Tertiorum)。但，第三國如承認某條約，而負尊重該條約的義務；此項義務乃源自承認，而非條約本身。條約法第三十五條規定：「條約當事國有意以條約之一項規定作為確立一項義務之方法，且該項義務一經第三國以書面明示接受，則該第三國即因此項規定而負有義務。」

條約對第三國具拘束力，有下列幾種情形：

1.有關確立領土或政治狀態的條約：例如一八五六年有關亞蘭 (Aland) 島非軍事化公約對於非締約國的芬蘭和瑞典有拘束力。

2.有關河流和鐵道條約，沿岸國或相關國家均有遵守義務。

3.國際組織憲章的規定：國際聯盟盟約第十七條和聯合國憲章第二條

---

❾❶ 引自 E. J. de Aréchaga, op. cit., p. 349.

❾❷ Ser. A/B, No. 46, pp. 147–148.

❾❸ 條約法公約第三十七條第二項。

第六項有關和平解決國際爭端的義務。此乃這兩個國際組織負有維持世界和平與安全的責任；同時，和平解決國際爭端已成為國際法的原則，非會員國也有遵守的義務。

4.條約所載的規則為習慣法則，因而對非締約國具有拘束力者❾。國際法院在北海大陸礁層案就大陸礁層公約第十二條第一項的規定❾表示：「任何條款屬於保留條款者，不得視為既存法律規則。」❾換言之，不得提具保留的條款應屬一般國際習慣而能適用於任何國家❾。

至於原締約當事國是否可以取消或變更第三國之義務？條約法公約第三十七條第一項規定，該項義務必須經條約各當事國與該第三國的同意，才能取消或變更。

參、條約與個人

二元論者認為條約非國內法源，不能直接適用於個人。歐本海 (Oppenheim) 也說：「有關承認個人權利的條約；條約本身並未為個人創設權利，乃課締約國負義務經由國內法方式 (By Their Municipal Law) 使權利得以發生。」❾

事實上，近代國際協定對於締約國人民應享有一般權利均有明文規定❾。一九五三年通過的歐洲基本自由及人權保護公約⓿，第一條規定：

---

❾　條約法公約第三十八條規定：「條約所載規則由於國際習慣而成為對第三國有拘束力。」

❾　該條款規定任何國家得於簽署、批准或加入時對本公約第一條至第三條以外各條提出保留。

❾　I. C. J., Rep. 3, 39.

❾　國際法院之見解似未妥當。因為在條約中對某些條款得提出保留，與該條款是否為習慣法則，並無必要關聯性存在。Ibid., Rep. 3, 248. 參閱拙著，大陸礁層之研究，法商學報第 8 期，頁 359–360。

❾　Dickinson, The Law of Nation, 1929, p. 1053.

❾　例如有關航運、商務、著作權保護、漁權等國際協定的規定形式如下：「每一締約當事國人民得於其他締約國領土上享有某種權利。」

「締約國承認其司法管轄權內之任何人享有公約第一章所規定權利。」該公約第二十五條又規定個人或非政府組織或團體得向人權委員會提起違反人權公約之控訴案，但以被控國家事先承認該委員會有受理個人控訴案為限❶。

常設國際法院在一九二八年但澤法院管轄權案❷，承認一九二一年有關在波蘭機關服務的但澤鐵路員工權利和義務協定，對於個人有直接效力，並得由個人在國內法院引用。法院說：「在當事國意願下，國際協定內容得採納創設個人權利和義務的規則，並得由國內法院適用之。」

因此，條約是否得為個人規定權利和義務乃取決於當事國的意願。下列兩項要素乃不可或缺者：

1. 締約當事國必須同意條約得直接賦予人民以權利。
2. 個人必須對於當事國意願負舉證之責。

第五節　條約的終止或停止

公約法並非永久不變的原則，必須隨著社會生活的發展而變遷。條約有效成立後，因某種法律或事實原因的發生而終止。假如某種原因使條約暫時不能施行，稱為條約的停止。導致條約終止或停止的原因，吾人可以歸納為兩大類：其一是締約國意願表示的結果；其二是國際習慣的規定。

壹、當事國的意願

一、當事國合意而終止或停止

締約當事國意思合致而終止或停止條約的方式有兩種：

㈠明示方式

---

❶　參閱拙著，歐洲人權保護之研究，中興法學第 8 期，頁 52 以下。

❷　同上，頁 63。

❸　L'Affaire Sur la Compétence des Tribunaux de Dantzig, Ser. A/B, No. 28, p. 17; 引自 Ch. Rousseau, op. cit., t. I, p. 181.

當事國也得為終止或停止某前訂條約的目的，而締結特別條約，或依條約中特別條款規定而終止條約。條約法公約規定條約得依條約規定或經當事國同意而終止，或停止施行條約❸。

多邊條約的終止或停止可能引起極複雜問題。在理論上，凡有關領土法律地位或設立國際機構條約的終止或停止，須經全體當事國同意；凡涉及國家間單純問題的規定，對於不同意終止或停止的當事國，舊約仍有效。

(二)默示方式

條約因締結後訂條約而默示終止或停止施行。

在國家實踐上，無論多邊或雙邊條約，前後訂定條約規定相牴觸者不勝枚舉，雙邊條約中可能發生甲、乙兩國所訂條約和甲、丙兩國後訂條約規定不一致。例如一九二四年五月三十一日，中俄協定第五條明文規定，蘇聯政府承認外蒙完全為中國之一部分，並尊重在該領土內中國主權。但一九三六年三月十二日簽訂的蘇蒙互助協定，蘇聯卻承諾對外蒙的軍事援助，以對付日軍在滿蒙邊境的武裝挑釁。多邊條約中可能發生甲、乙、丙所訂條約與甲、乙、丙、丁前訂條約相牴觸。例如一九二八年克洛格 (Kellogg) 公約絕對禁止以戰爭作為國家政策的工具；但國際聯盟盟約卻規定行政院盡力促使爭端國直接達成諒解，若未能因此獲得解決，則行政院提出報告，將爭端的事實及行政院認為適當之解決方案一併提出，如果此一報告獲得爭端當事國以外之全體理事的同意，則此一報告對爭端國具有拘束力❹，假若該報告未能獲得全體同意，則爭端國仍然享有自由行動權❺。此外，一九四七年關稅暨貿易總協定 (GATT) 第二十四條規定關稅聯合；而一九五七年羅馬條約設立歐洲經濟會社和會員國間優惠區，則某國同時為上述兩公約的當事國，必然發生公約適用不合的情形。

理論上，有關條約規定相牴觸的解決，無法確立可適用的一般法則。在國內法上，法律的牴觸可適用「後法優於前法」(Lex Posterior Derogat

---

❸　條約法公約第五十四條和第五十七條。
❹　國聯盟約第十五條第六項。
❺　國聯盟約第十五條第七項。

Priori) 或法律位階❿等原則予以解決。但國際法性質不同於國內法，吾人欲以法律原則以解決條約牴觸問題，實際上無法適應國際社會的特殊結構。因為國際法的拘束力源自國家的意願，當出現兩種不同意願時，必須尋求協和的解決方式，而非於對立中抉擇之。條約法公約第三十條規定亦採此精神。

條約法公約第五十九條亦明定任何條約於其全體當事國就同一事項締結後訂條約，有下列情形之一時，應視為業已終止：(1)後訂條約與前訂條約已規定不合程度，使兩者不可能同時適用；(2)自後訂條約可見，或另經確定當事國的意思為此一事項應以該條約為準。倘自後訂條約中確定當事國有停止施行前訂條約的意思時，前訂條約應視為停止。

二、當事國單方意願而終止或停止

國際協定亦可能因當事國單方意願表示而終止或停止：

㈠依條約規定而廢止

廢止 (Denunciation) 乃國家片面宣告不受條約的拘束。因此廢止必須依條約規定，否則不發生效力，並引發國際責任問題。

當事國之一方宣告廢止雙邊條約當然終止條約效力。對於多邊條約的廢止，僅能視為退出行為，條約對其他當事國繼續有效。

通常條約條款中規定有關廢止或退出的事項如下：

1.國家廢止或退出條約，應向某國或某機構通知，聯合國所擬訂公約，當事國行使退出權利應通知秘書長。

2.條約條款大都規定國家於條約生效之日起，幾年或幾個月內不得廢止或退出。

3.一般條約亦明定當事國，應將廢止或退出條約的意思至遲於幾個月或幾年以前通知之。條約法公約第五十六條第二項規定，條約如無關於廢止或退出的規定，並依第一項規定，容許廢止或退出時，當事國應至遲於十二個月以前通知之。換言之，通知後的一段期間內，條約效力不受影響。

---

❿ 指憲法優於普通法律，法律優於命令。

(二)當事國之一違反條約而終止或停止

當事人一方不履行義務致他方亦得免除之 (Exceptio Non Adimpleti Contractus) 乃古老私法原則，其在國際法上是否可以類推適用？

一般言之，當事國於對方不履行條約時，得維持條約效力，並要求履行或廢除該條約。英美學者將違約情形分為主要或非主要條款的違反。但格羅秀斯 (Grotius) 早已主張條約條款重要性並無輕重之分。華太爾 (Vattel) 亦認為條約具整體性[107]。另一些學者則依條約性質來決定，立法條約乃一般規則的制定，不得廢除之。契約條約涉及相互利益的交換，在一方違約時，他方當然可以廢除。

在國家實踐上，一九六九年四月十九日，伊朗曾單方終止一九三七年與伊拉克所訂邊界條約；其理由是伊拉克並未遵守該條約所確立河川航行平等權原則[108]。一九五二年二月二十五日，我國亦因蘇聯一再違反一九四五年簽訂中蘇友好條約，而宣告廢除該條約[109]。

條約法公約第六十條亦規定當事國一方有「重大違約」(Material Breach; la Violation Substantielle) 情事時，他方或其他當事國有權援引違約為理由終止該條約，或全部或局部停止其施行[110]。所謂「重大違約」乃指非依條約法公約規定而廢棄條約，或所違反的條款係為達成條約目的或宗旨所必要者（第三項規定）。此外，人道性質條約有關人身保護的條款不能適用違約而終止的規定[111]。

(三)棄權 (Renunciation)

棄權乃國家基於條約規定或單方行為，聲明拋棄條約某項權利之謂。棄權是一種法律行為，必須經由當事國明示宣告。

---

[107] L. Delbez, op. cit., p. 339.

[108] Ch. Rousseau, op. cit., t. I, p. 215.

[109] 引自丘宏達主編，前揭書，頁 164。

[110] 多邊條約之當事國之一有重大違約時，條約的終止或停止施行，須經其他當事國一致協議；此外特別受違約影響的國家有權援引違約為理由在其本國與違約國之間將條約全部或局部停止施行。見條約法公約第六十條第二項。

[111] 條約法公約第六十條第二項。

法國在一九二七年曾公佈法令，放棄凡爾塞條約有關處理在法國境內德國人民財產權；一九五一年九月八日金山和約第二條乙項和己項規定，日本宣佈放棄對於臺灣及澎湖群島以及南沙群島及西沙群島之一切權利、權利名義和要求**⑫**。前者是一國單方宣告放棄條約某項權利，後者是依公約規定放棄權利的實例。

貳、變　故

一、戰爭對條約效力的影響

戰爭**⑬**對交戰國所締結的條約是否發生影響，國際法未有一般法則，學說與國家實踐亦未能符合。

在理論上，往昔學者認為戰爭狀態可默示終止任何條約**⑭**。

但十九世紀以來，由於美國判例所確立原則的影響**⑮**，逐漸採取戰爭僅致條約停止施行，並不能完全廢止條約效力的見解。一九一〇年英美大西洋漁權仲裁案，仲裁法庭對於一八一二年戰爭是否終止一七八三年條約所允許美國人民在英國水域捕魚的問題，曾揭示：「近代國際法的發展上，承認大多數由條約所產生的義務並不因戰爭而終止，至多僅使條約的施行停止。」**⑯**

上述國際判例與二十世紀以來國家實踐並不符合。兩次世界大戰後的和平條約有時明定戰爭結果致交戰國間前訂條約無效。一九五二年四月二十八日中日和平條約第四條規定：「承認中國與日本國間在一九四一年十二

---

⑫ 丘宏達編輯，現代國際法參考文件，三民書局，民國八十五年版，頁941。

⑬ 即經正式宣戰而開始的戰爭。當事國採取戰爭以外的強制手段，例如報仇、平時封鎖或經濟抵制等手段，對條約並不發生影響。

⑭ L. Delbez, op. cit., p. 341; J. G. Starke, op. cit., 1972, p. 491.

⑮ 例如承認美國獨立的一七八三年英美條約並不受一八一二年戰爭的影響。參閱 G. von Glahn, op. cit., p. 564; Bishop, International Law: Cases and Materials, 1962, pp. 182–183.

⑯ Ch. Rousseau, op. cit., t. I, p. 221.

月九日以前所締結的一切條約、專約及協定，均因戰爭結果而歸無效。」

因此，戰爭對條約效力影響問題，吾人可以歸納如下：

㈠戰爭發生仍繼續有效

條約不因戰爭發生而失效情形有：1.條約明文規定不因戰爭而終止者；2.規範戰爭狀態的條約，例如一九四七年日內瓦諸公約，戰爭開始時不僅繼續生效，而且應誠信履行；3.確立客觀情勢條約，例如割讓、劃界或國際地役條約，其效力不受戰爭影響。

㈡戰爭發生而停止施行

包括中立國和交戰國的多邊條約在當事國未有相反意思表示時，通常在戰爭期間，條約停止施行於交戰國間；但和平恢復後條約自動重新適用於前交戰國 (Statu Quo Ante Bellum)。中立國與交戰國間或中立國相互間 (Inter se)，條約不受影響。

㈢戰爭發生而終止

除非有相反規定，有關同盟友好的雙邊條約因戰爭發生而終止。一般商務條約除非新約明文規定，否則應終止效力❼。就理論而言，條約效力應取決於當事國意願，戰爭乃表示當事國默示同意終止條約。

二、情勢變遷

習慣法承認條約締結後，假如締約當時情勢遭遇重大的變更，當事國有權單方終止條約。此即所謂「情勢變遷」(Rebus Sic Stantibus)。

有關「情勢變遷」理論，學者見解並不一致，可歸納如下：

㈠主觀說

乃假設當事國於締約時即已「默認」此理論的存在。因此，情勢是否發生變遷決定於當事國的解釋。這種見解的缺點是導致當事國片面專斷終止條約的可能，並在國際關係上，為公約法種下破壞的因子。

---

❼ 俞寬賜引 Starke 謂戰後是否自動恢復效力，或重締新約，尚無定論，故應在和約中明文規定。參閱丘宏達主編，前揭書，頁 687。

㈡客觀說

法學家塞爾 (G. Scelle) 主張情勢變遷乃屬不可預料事變，故應允許當事國有修訂條約可能；但不能遽然終止條約 ❶❶⑧。換言之，條約因情勢變遷須經友善了解始得終止。

國家實踐上，當事國經常未徵求其他當事國的意思，以政治、經濟或社會情勢的改變為藉口，企圖免除條約負擔。例如：埃及於一九五七年一月一日廢止一九五四年有關蘇彝士運河的英埃條約；蘇聯於一九一八年至一九一九年期間廢止前沙皇政府所締結條約 ❶❶⑨；我國曾於一九二六年十一月六日廢止一八六五年之中比友好條約。

法國亦多次援引情勢變遷理論，單方廢止條約。在格斯自由區案，法國主張自一八一五年條約設置自由區以來，情勢已根本改變，因而有權廢止該條約。第二次世界大戰初期，法國亦援引情勢變遷，以免除依國際法院規約第三十六條第二項（任擇強制管轄條款）所負義務。

法學家查理·盧梭基於高度國際道德，否認情勢變遷允許當事國單方之廢止條約，並主張情勢是否變遷須獲得其他當事國的同意；如未能一致，則須由仲裁或司法解決之。他同時引述一八七一年一月十七日倫敦議定書所揭示：「承認任何當事國除非經同意，不得免除條約義務或變更其規定，此乃國際法基本原則。」 ❶❷⓪

由於國際法的功用在於保障條約的實施，國家主觀認為條約負擔過重，並以情勢變遷為理由，企圖片面終止條約，必須由法律方式予以限制。條約法公約第六十二條第一項乃首先規定：「條約締結時存在之情況發生基本改變而非當事國所預料者」不能視為「情勢變遷」。其次規定：「情況之基本改變」(Fundamental Change of Circumstances; Changement Fundamental de Circonstances) 必須是：⑴此等情況的存在構成當事國同意承受條約拘束的「必要」根據；⑵該項改變的影響將「根本」變動依條約尚待履行的義務

---

⑧　L. Delbez, op. cit., p. 342.

⑨　R. N. Swift, op. cit., p. 452.

⓪　Ch. Rousseau, op. cit., t. I, p. 227.

的範圍。但是，如該條約係確定邊界的條約，或情況的基本改變係當事國違反條約義務的結果，則不得援引情勢變遷原則作為終止或退出條約的理由[121]。

當事國援引情況的基本改變以終止或退出條約時，學者認為必須依條約法公約第六十五條規定「通知」其他當事國，並徵得「同意」後始生效力。假如當事國對於「情況之基本改變」發生爭議，更應依第六十六條尋求司法解決、仲裁或和解的程序。

第六節 條約的修改

壹、條約修改的意義

條約修改乃指當事國之一方表示意願，並獲得他方同意，對於條約中某些不適用的條款予以變更[122]。因此，修改與情勢變遷而終止條約不同。

1.性質不同：「情勢變遷」理論源自習慣法，條約的修改則根據當事國的協議[123]。

2.內容不同：「情勢變遷」使條約完全終止，但修改僅造成條約部分的消滅 (Parte In Qua)。換言之，祇是以新條款替代同意廢止的條款。

貳、條約修改的程序

原則上，多邊條約的修改，必須獲得所有當事國的同意，始能生效。事實上，國際協定的修改欲獲得所有當事國的同意相當不易。至少會有一國因「滿意其所有」(Beatus Possidens) 而反對或拒絕修改。

---

[121] 條約法公約第六十二條第二項。

[122] 條約法公約有關條約約文更改，使用「修正」(Amendment) 與「修改」(Modification) 二個名詞。前者指全體當事國對條約的更改；後者指若干當事國彼此間對多邊條約的更改，參閱該公約第四十條及第四十一條。事實上，兩者都是對條約內容的部分變更。

[123] 條約法公約第三十九條。

有兩種不同方式的修改不必經當事國全體一致的同意：

1.締結新約取代原有條約。此種方式的缺點是，假如原條約的所有當事國不能成為後訂條約的當事國時，必然發生兩種條約同時並存的情事。

2.由多數決的方式修改條約。

一、條約修改的提議

在國家實踐上，條約修改得由締約任何一方的請求❷或規定由相當數目國家❷或由某一國際機構提出修正案❷。同時，修改條約的提議必須通知全體締約國❷。

二、修改的議決

每個締約國均應有權參加：1.關於修改條約提議採取行動的決定； 2.修正條約的任何協定的談判及締結❷。多邊條約的修改通常召集外交會議討論和議決之。大多數情形均以三分之二多數通過❷，少數情況則採二分之一多數通過❸。

三、修改的同意

國家對於條約修改的同意表示須經由接受方式，或經過一定期限後未提出反對，即視為默示同意。

四、修改的限制

條約法公約第四十一條規定，假如僅在若干當事國彼此間修改多邊條

---

❷　例如一九五八年公海公約第三十五條。聯合國所擬訂條約採此方式。

❷　例如一九六八年核子武器非擴散條約第八條。

❷　例如國際勞工公約。

❷　條約法公約第四十條第二項。

❷　同上。

❷　例如聯合國憲章第一百零八條。

❸　例如一九四九年日內瓦公約。

約，應受到下列限制：

　　1.須條約內有此種修正可能的規定；

　　2.此種修改不為條約所禁止，而且不影響其他當事國享有條約上之權利或履行其義務，以及不干涉任何如予損抑即與有效實行整個條約之目的及宗旨不合之規定者；

　　3.應將修改的內容通知其他當事國。

參、國際聯盟盟約的修改

　　國際聯盟盟約第二十六條規定:「⑴本盟約之修正經行政院全體及大會代表多數之批准即生效力；⑵任何會員國可以自由不承認盟約修正案，但因此即不復為國際聯盟會員。」

　　本條款有關盟約修改有三項特點：1.盟約修改經會員國簡單多數的決定；2.修改的條約必須經批准，拒絕批准是可行的；3.多數的表決並不能強制少數服從，反對修正案的國家保有退出盟約的權利。

肆、聯合國憲章的修改

　　聯合國憲章規定兩種修改憲章的程序，憲章第一百零八條規定:「修正案經大會會員國三分之二之表決，並由聯合國會員國之三分之二（包括安全理事會全體常任理事國），各依其程序批准後，對於聯合國所有會員國發生效力。」憲章第一百零九條又規定全體會議修改程序:「聯合國會員國為檢討憲章，得以大會會員國三分之二之表決，經安理會任何七個理事國之表決，舉行全體會議。全體會議以三分之二表決所建議對於憲章之任何更改，應經聯合國會員國三分之二（包括安理會全體常任理事國）各依其憲法程序批准後，發生效力。」

　　聯合國大會在一九六三年十二月十七日依憲章第一百零八條規定通過憲章第二十三條、第二十七條和第六十一條的修改❸，並於一九六五年八

---

❸　有關安全理事會理事國由十一國增至十五國（第二十三條）；安理會程序事項之決議應以九理事國之可決票表決之（第二十七條）；經濟暨社會理事會理事

月三十一日生效。

伍、政府間海事諮詢組織所擬訂公約的修改⑱

二次世界大戰以來，國際組織無論在法律上或實務上對於國際法的發展具極大的貢獻。尤其是國際組織數量上的增加及其活動範圍的擴大，更有助於擬訂或創設新的國際法規則。

政府間海事諮詢組織 (Inter-Governmental Maritime Consultative Organization) 自一九五八年三月十七日在倫敦設立以來，擬訂有關海事安全、海域保護和海事責任等公約。這些公約修改的程序，大部分均明定無論實質或程序問題的修訂，均須經當事國三分之二以上的通過。修訂方法有兩種可行的途徑：其一是經由外交會議的召開，通過新公約以替代舊公約，其二是由國際組織的表決而通過公約修正案。

第七節　條約的解釋

條約的擬訂無論如何謹慎，總是難以避免發生條約解釋的問題。換言之，就條約條款文詞所引起的疑義予以澄清和確定。條約約文的疑義可能涉及文字的確實意義、當事國真意及條約目的等問題⑬。

壹、條約解釋的方式

在目前國際法體制下，除非當事國的事先或事後同意，任何一國並無將條約解釋所發生的爭議交付仲裁、司法解決或其他機構解決的義務。但在實踐上，大部分條約的條款有關條約解釋方式均有明文規定。

國自十八國增至二十七國（第六十一條）。

⑱ 參閱 Zensah et Zimmerbi, L'Activite Reglèmentaire de l' O. M. C. I., pp. 31–47; 8 Colloque de la Société Francaise pour le Droit International, Paris, 1974.

⑬ Ehrlich, L'Interprétation des Traités, Rec., t. IV, 1928, p. 40.

一、由條約當事國解釋

由所有當事國意思一致而解釋條約。拉丁法諺所謂:「有權解釋者行使解釋權 (Ejus Est Interpretari Cujus Est Condere)。」

㈠明示解釋

乃由當事國經由公約締結或外交方式以解釋條約的法律行為。原則上,有權解釋國應包括所有當事國。

明示解釋之形式有四種類型:

1.條約中列入「解釋條款」,以避免條約適用時,各當事國對約文名詞可能發生之異議,英美法所謂「法定意義」(Legal Definitions),例如條約法公約第二條有關「用語」規定,對於何謂「談判國」「締約國」「當事國」等名詞予以解釋。

2.締結條約時以解釋文件或附加條款附屬於條約本文。

3.於條約生效之後,由當事國簽訂解釋協定,其目的在於消除已發生的約文疑義。

4.當事國之一方的解釋而為他方所明示接受。

㈡默示解釋

乃由當事國以相同及協和方式來適用條約條款。因此,默示解釋亦稱實踐解釋 (L'Interprétation Pratique)。

二、由國際機構解釋

多數法律性質的國際爭端均由條約解釋所引起,當事國得事先或臨時同意,將條約解釋的爭端提交國際機構解決。

1.仲裁: 仲裁解釋是由當事國依特別仲裁協定或仲裁條約選任仲裁員以解釋條約。凡爾塞條約的解釋曾多次交付仲裁。

2.國際法院: 國際法院依規約第三十六條第一項和第二項規定而行使條約解釋權,或依第六十條規定對法院判決詞予以解釋。一九四八年五月二十八日國際法院在有關聯合國會員入會的諮詢意見表示,國際法院有解

釋憲章權❸。

　　3.歐洲人權法院：依一九五〇年十一月四日簽訂的歐洲基本自由和人
權保護公約所設立的歐洲人權法院❸，對於各締約國之遵守人權保護公約
有監督權，因而對該公約有解釋權。

　　4.歐洲會社法院：依一九五七年三月二十五日設立歐洲經濟會社的羅
馬條約第一百六十四條規定，歐洲會社法院對該條約有解釋權❸，同時依
該法院規約第三十七條規定，對其判詞有解釋權。

　　國際機構解釋條約的效力原則上是相對的。國際法院規約第五十九條
規定：「法院之裁判除對於當事國及本案外，無拘束力。」

　　但，國際法院規約第六十三條規定：「⑴凡協約發生解釋問題，而訴訟
當事國以外尚有其他國家為該協約之簽字國者，應立由書記官長通知各該
國家。⑵受前項通知之國家有參加程序之權，但如該國行使此項權利時，
判決中之解釋對該國具有同樣拘束力。」據此，公約法承認多邊條約當事國
於國際解釋程序進行中，得為本身利益對於司法或仲裁的解釋裁決有介入
權❸。

貳、條約解釋的原則與方法

　　有關條約解釋原則與方法依條約性質而有差異。一般言之，契約條約
的解釋在探求締約當事國的意願 (Intention)，並達成當事國義務的平衡。因
此，必須著重「主觀方法」的採用。反之，立法條約乃建立客觀的法律體
制，其解釋則傾向於客觀方法。

　　早期國際法學家將羅馬法或私法上有關契約問題解決方法適用於條約

---

❸　L. Delbez, op. cit., p. 348.

❸　參閱 Rapport du Conseil de L'Europe à la Conférence Internationale des Droits de L'Homme, 1968, pp. 44–46.

❸　約文參閱 P. Reuter et A. Gros, Traités et Documents Diplomatiques, Paris, 1963, p. 280.

❸　一九〇七年海牙和平解決國際爭端公約第八十四條有關仲裁程序規定亦相類似。

解釋上。近代無論學說、國際判例或國家實踐，對條約解釋的原則與方法亦未能協調一致。

　　條約法公約第三十一條至第三十三條有關條約的解釋祇不過是例示規定。因此，解釋原則與方法的探討，在實務上仍有其價值。

一、一般原則

　　1.「不需要解釋即不必解釋」乃學者華太爾 (Vattel) 名言。換言之，吾人不得經由解釋的方式排除文意清楚的條款。

　　2.善意原則 (La Bonne Foi)

　　條約法公約第三十一條第一項明定：「條約應善意解釋之。」❸國家法律行為須受善意原則支配不僅表現於單方行為❸，和締約行為上 (Négotia Bonae Fidei)，而且條約解釋也應依善意原則解釋，才能探求當事國的真意。善意內涵兼具心理與倫理要素，多數國際判例均採納此原則❹。

　　3.有 效 原 則 (Ut Res Magis Valent Quam Pereat; Principle of Effectiveness)

　　條約不得為無效的解釋，稱之為「有效解釋原則」。換言之，條約規定內容發生疑義時，必須從保證條約適用的可能性上解釋之。一九一〇年英美有關大西洋漁權案的仲裁判決，對於一八一八年十月二十日所簽訂英美條約第一條的解釋曾揭示：「除非有特別證據，條約文字不得視為無意義。」❹但，不得以「有效原則」的解釋方法來變更、修正或補充條約的條款❹。

　　4.應參照條約的目的與宗旨

---

❸　國際法學院於一九五六年四月十九日在 Grenade 之決議亦採相同原則。

❸　例如國家為防止公海污染，不得採取僅符合本身經濟利益之措施。

❹　Ch. Rousseau, op. cit., t. I, pp. 269–270.

❹　英美兩國就有關一八一八年條約條款之「海灣」(Bays) 意義發生爭端。參閱 R. N. Swift, op. cit., pp. 249–252.

❹　South West Africa Cases, I. C. J., Rep. 1966, p. 50.

條約法公約第三十一條第一項規定：「條約應依其用語按其上下文，並參照條約之目的及宗旨所具有之通常意義，解釋之。」因此，條約中特定文句發生疑義時，應依照條約的一般目的與上下文義予以解釋。

二、解釋的方法

㈠廣義或狹義解釋

條約應採廣義或狹義解釋並未有一般原則可參照。一九二五年常設國際法院對於解釋一九二〇年十一月九日的但澤與波蘭協定的諮詢意見表示：「有關條約條款的廣義或狹義解釋，祇有在一般解釋方法失敗後，始能採用之。」[143]

國際判例大多數採狹義方法解釋條約。但，狹義解釋亦僅能視為輔助方法，在條款文義不明或不清楚時才能使用。

㈡類推解釋

類推解釋乃比較方法的採用，其目的在於填補條約的闕文，或救濟約文的疑難。換言之，參照同一條約的其他條款或其他條約，以解釋條約中某一條款。此種方法的採用可能超出解釋範圍，甚至演變成新規則的擬訂。

㈢其他理則解釋

排他推論乃傳統邏輯法則，所謂「明示列舉一物或一人者得排除其他」(Expressio Unius Est Exclusio Alterius)。此外，合理解釋應優先悖理解釋 (Raisonnement Ab Abursdo) 也是不可爭辯的法則。

三、條約約文本身的解釋

欲從條約約文中探求締約當事國的真意，構成約文本身的「文字」、「上下文」和「使用語文」的解釋方法也須注意。

㈠文　義

當事國經常因條約文義的不同見解，而發生條約適用的爭議。

一般言之，條約文字的解釋應採納較為「通俗」(Sens Ordinaire)、「習

---

[143] P. C. I. J., Ser. A/B, No. 15, 1925, p. 39.

用」(Sens Usuel)、「流行」(Sens Populaire) 或「本義」(Sens Naturel) 的意義，已為多數國際判例所確認。但，晚近國際法院的判例顯示此原則並不具絕對性；假如與條約上下文義或條約目的相衝突，則應排除而不適用之❹。

此外，約文中的「專門」或「技術」性名詞，法官必須確定當事國所使用該名詞的定義，例如解釋約文中所載「損害」、「民事法」、「國際法原則」、「仲裁」等名詞的意義。

㈡上下文

條約法公約第三十一條第一項明定條約應依其用語按其上下文解釋之。所謂「上下文」除指序文及附件外，尚包括：㈎全體當事國間因締結條約所訂與條約有關的「任何協定」；㈏一個以上當事國因締結條約所訂，並經其他當事國接受為條約有關文書的「任何文書」（同條第二項）。

因此，上下文的解釋除應顧及字與字或條款與條款之間關係外，更應參照條約整體內容或序文所闡述締約動機和目的予以解釋。此外，相關的條約亦得一併參考。

㈢兩種以上文字約文的解釋

假如以兩種以上不同語文做準文本❺，意義發生分歧時，除當事國另有協議外，每種文字的約文應同一作準❻。換言之，各當事國祇受其本國語言意義的拘束。

假如比較作準約文後，發現意義有差別，應採用顧及條約目的及宗旨之「最能調和各約文」的意義❼。國際判例中亦曾就兩種不同語文的約文發生歧義時，採納意義較為清楚的約文。常設國際法院對一九三二年十一月十五日在「解釋一九一九年有關夜間僱用婦女公約諮詢意見」表示：「在

---

❹　South West Africa Cases, I. C. J., Rep., 1962, p. 336.

❺　例如設立歐洲經濟社會之一九五七年三月二十五日簽訂之羅馬條約以法文、德文、義文和荷文擬訂。

❻　條約法公約第三十三條第一項。

❼　條約法公約第三十三條第四項；常設國際法院在一九二四年瑪洛馬蒂斯案之裁判曾依此原則解釋法文 "Controle Public" 和英文 "Public Control" 之意義。Mavrommatis Palestine Concession Case, P. C. I. J., Ser. A/B, No. 9, 1924, p. 9.

對公約所規定的工業事業中，適用於擔任監督或管理職位，而不通常從事體力工作的婦女。」⑭此外，原始約文⑭或法院地的使用語文也有被法官優先採納的可能性。

---

⑭　P. C. I. J., Ser. A/B, No. 50, p. 375. 參閱丘宏達主編，前揭書，頁 160。

⑭　即參照條約的準備工作 (Travaux Préparatoires) 中原始約文所採用的語文。

第十一章　國際環境保護

第一節　國際環境法的發展

近幾年來，環境保護不僅是各國政府所關注問題，而且成為國際法之重要領域。鑑於此種問題之新穎性，相關法制仍不夠完備，其基本原則亦不甚明確。環境國際法 (Droit International de l'Environnement) 之探討固可從既存國際法有關領土主權、國家責任、海域管轄權等規則著手。惟，發展中之環境國際法之內容，在若干方面已超出傳統國際法之範疇。

發展中之環境國際法所致力解決之法律問題大致可歸納如下：

1. 國家是否有義務防止和控制其管轄內或管轄外之環境污染？

2. 假如國家有保護環境之義務，則此種義務之性質及違反義務之責任為何？

3. 污染之國際標準如何界定？

4. 國家有不從事污染他國領土或海域之義務是否限於造成嚴重污染並有重大損害之情況？

5. 國家應採取何種環境保護措施？

6. 國家從事自然資源開發或工業發展新計劃可能造成污染或損害他國利益時，是否有義務通知或諮商可能受影響之國家？

7. 在此情況下，可能受影響國家之反對意見具有何種效果？

8. 國家是否有義務控制在其領域內有關環境活動所造成之影響？

9. 若對他國環境構成危害時，是否應採取特別措施？

10. 國家對其國民所造成他國環境污染之損害，應否負責任？是否應提供可能補償或救濟之方式？

11. 發展中國家與已開發國家是否具相同義務？

環境國際法發展過程相當快速而複雜，吾人所期待乃是一種新的完整規則之形成。聯合國和政府間海事諮詢組織 (OMCI) 在此方面扮演一個重

要角色。若干非政府組織，如國際法協會 (Association du Droit International) 和國際環境法委員會 (Conseil International du Droit de l'Environnement) 也有相當重要貢獻。若干國際會議在環境法形成上亦負起非常重要任務。

關於環境國際法之一般原則，以一九七二年在斯德哥爾摩舉行之「聯合國人類環境會議」所通過之「人類環境宣言」(Declaration of the Human Environment) 最為重要，該宣言包括國際環境保護之全面性原則之宣示❶，這些原則涉及自然環境保護、生物資源利用、動植物群系之保護、有害物質排放之限制、海洋污染之防止、以及環境保護和經濟發展之關係。該宣言第二十一項及第二十二項宣示了兩項重要國際環境法原則：第二十一項規定:「依據聯合國憲章和國際法原則，國家有主權上權利依其環境政策開發資源，並有責任保證在其控制或管轄內之活動不造成他國或國家管轄界限外區域之環境損害。」宣言第二十二項又規定:「國家應更進一步發展有關在其管轄或控制內活動造成其管轄界限外地區之污染和其他環境損害受害人之責任與賠償之國際法。」

一九九二年六月三日至十四日在巴西里約熱內盧舉行的「地球高峰會議」通過了兩項重要的國際文件❷： 1.二十一世紀行動議程 (Agenda 21)； 2.里約環境與發展宣言。里約宣言重申斯德哥爾摩所通過「人類環境宣言」，並試圖在其基礎上再向前邁進❸。其中第二項原則規定:「根據『聯合國憲章』和國際法原則，各國擁有按照其本國的環境與發展政策開發本國自然資源的主權權利，並負有確保在其管轄或控制範圍內的活動不致損害其他國家或在國家管轄範圍界限以外的地區的環境的責任。」

第十三項規定:「各國應制定關於污染和其他環境損害的責任和賠償受

---

❶ 全文見 Un Monthly Chronicle, vol. 9, No. 7, July 1972, pp. 86–90.

❷ 聯合報，民國八十一年六月十四日、八月十六日。有關地球高峰會議議程參閱 UNCED, The Global Partnership for Environment and Development: A Guide to Agenda 21, Geneva, April 1992; UN Conference on Environment and Development, Rio de Janeiro, 3–14 June 1992, A/CONF. 151/4, 1 May 1992.

❸ 宣言內容參閱中國國際法與國際事務年報第 7 卷，民國八十四年版，頁 103–107。

害者的國家法律。各國還應迅速並且更堅決地進行合作，進一步制定關於在其管轄或控制範圍內的活動對在其管轄外的地區造成的環境損害的不利影響的責任和賠償的國際法律。」

第十四項規定：「各國應有效合作阻礙或防止任何造成環境嚴重退化或證實有害人類健康的活動和物質遷移或轉讓到他國。」

上述國際文件為國際環境法提供一個發展的基礎。

現階段各國對於環境污染之注意，已從個別意外事件，例如車諾比(Chernobyl) 核能廠事故❹，移轉到日常生活污染、資源使用以及危險廢棄物處置等廣泛之環境危害問題上。科學家相信，歐洲國家重工業發展和汽車廢氣之排放，正在慢性損害中歐地區森林❺。一九八八年科學家報告亦指出，全球臭氧層破壞在過去十七年間已發生，北極臭氧洞已被發現❻；一九八九年科學家又在南極發現前所未有之破洞❼。這些證據顯示，在大氣層人為化學改變，乃是臭氧快速耗盡之主因；大氣層臭氧量之耗損，使得有害之太陽紫外線輻射到地球表面，對人類和動植物造成不利影響。同時，大氣臭氧層之垂直分佈改變，可能是全球溫升之一項重要因素❽。過去三十年來，全球平均氣溫已上升攝氏〇‧四度❾。本世紀以來最高溫六年均發生在八〇年代，而一九八八年則是紀錄上最熱的一年。二十一世紀中期，全球氣溫將上升攝氏四至五度❿。海洋水位上升將造成若干海岸之

---

❹　Malone, The Chernobyl Accident: A Case Study in International Law Regulating State Responsibility for Transboundary Nuclear Pollution, 12 Colum, J. Env'l L., 1987, pp. 203-206.

❺　Rissberger, On the Brink of an Ecological Calamity: Acid Rain, Transboundary Air Pollution and Environmental Law in West Germany, 12 Syr. J. Int'l Comm., 1985, pp. 325-331.

❻　Kerr, Evidence of Arctic Ozone Destruction, 240 Science, 27 May 1988, p. 1144.

❼　Kerr, Ozone Hits Bottom Again, 246 Science, 20 Oct. 1989, p. 324.

❽　Hansenm, The Greenhouse Effect: Protections of Global Climate Change, in I Effects of Changes in Stratospheric Ozone and Global Climate, 1986, p. 199.

❾　Kerr, The Global Warming is Real, 243 Science, Feb. 1989, p. 603.

洪水氾濫，人類居住模式、糧食利用、交通和自然生態系統均將發生重大變化。此種溫升帶來環境上變化，必將影響未來人類生活方式，吾人不能加以忽視。

至於酸雨，目前在歐洲和北美所受危害最為嚴重；巴西、中國和南韓等逐漸邁向工業化國家也有受害之報告資料⓫。就大多數受酸雨影響國家而言，酸雨之污染源，通常來自兩個或兩個以上之鄰國，污染源包括燃煤和燃油之發電廠、家用和工業用之熱爐以及汽機車之排放所產生之 SO_2 和 NO_x⓬，這些排放物經常隨空氣漂散到數千哩外之地區 ⓭。

此外，全球每年有上千萬噸之危險廢棄物 (Hazardous Wastes) 如何處置之複雜問題，最近幾年亦引起公眾之極大注意與關切，尤其是許多技術上最進步之工業和化學處理，所產生之廢物，通常被視為實際或可能危及人類健康和環境。由於人類對於這些大量廢棄物之不適當處置所造成危險之認識，工業化國家均已制訂嚴格之危險廢棄物管理法規⓮。嚴格環境保護法規之制訂，使得危險廢棄物之處置費用在最近幾年大為增加⓯，因此，

⓾ Shabecoff, Global Warmth in '88 Is Bound to Set a Record, N. Y. Times, 2 Feb. 1989, at 1, col. 1.

⓫ J. Cormick, Acid Earth: The Global Threat of Acid Pollution, 1985, p. 6.

⓬ Cameron, Int'l Cooperation and Acid Rain Pollution: Establishing the Framework for Control, 18 Int'l J. Envt'l Stud., 1982, p. 129.

⓭ 研究資料顯示，酸雨造成之損害相當廣泛。在歐洲，約有六百萬公頃森林地受影響，其中一百萬公頃嚴重受損。Molski & Dmuchowski, Effects of Acidification on Forests and Natural Vigetation, 1986, p. 302. 在瑞典八萬五千個湖泊中有一萬八千個受影響。Dickson, Acidification Effects in the Aquatic Environment, 1986, p. 19.

⓮ Prabhu, Toxic Chemicals and Hazardous Wastes: An Overview of National and International Regulatory Programs, 11 Int'l Env't Rep. (BNA), No. 12, Dec. 1988, p. 687.

⓯ 在美國依法律所規定之危險廢棄物之處置 (Disposal) 每噸目前約花費二千五百美元，雖然在大多數情形，實際處置費用較少。Shabecoff, Irate and Afraid, Poor Nations Fight Efforts to Use Them as Toxic Dumps, N. Y. Times, 5 July

許多私人企業為節省處置費用，將其所生產之危險廢棄物輸往處置較為經濟和環境法規不嚴格之國家 ❻。許多開發中國家已實際上或在計劃中，成為工業化國家所生產危險廢棄物之「傾棄場所」(Dumping Ground) ❼，許多工業化國家廢物輸出者，利用開發中國家無能力有效監督危險廢棄物，虛偽陳述其廢棄物之危險性質，並支付大量金錢將其廢棄物在不安全設施中予以處置。危險廢棄物運送和交易之國際管制乃成為國際環境法之另一重要課題。

　　現階段國際法以兩種策略來處理國際環境保護問題：其一，就相關問題簽訂多邊條約以因應嚴重和可察覺之環境危害；其二，發展出能夠適用一切環境損害之國際責任制度。在國際條約方面，一九八九年在巴塞爾 (Basel) 通過有關「危險廢棄物跨國運送管制及其處置公約」 ❽，乃首次全球性規範危險廢棄物之交易，並制定具有拘束力之國際標準，以保護人類生活和環境免於危險廢棄物不適當處置之危害。

　　環境酸化、地球溫升及臭氧層破壞所造成地球氣候變化的環境危害，國際社會已通過若干重要公約，包括一九七九年「長程跨國空氣污染公約」及其議定書❾、一九八五年「維也納有關臭氧層保護公約」❿、一九八七

　　1988, C4, col. 4.

❻　Transfrontier Movements of Hazardous Wastes with Regard to Developing Countries, U. N. Doc. EP/WG. 95/2, 1983, p. 6.

❼　自一九八六年以來，至少有十一個國家接受來自歐美國家之廢棄物。另有三十八個開發中國家被歐美國家建議為廢棄物處置場。Bollag, Developing Countries Win Support for Curbs on Toxic Dumping, N. Y. Times, 22 Nov. 1988, at C4, col. 1.

❽　Basel Convention on the Control of Transboundary Movements of Hazardous Wastes and Their Disposal, U. N. Doc. EP/IG. 80/3, 1989.

❾　The Convention on Long-Range Transboundary Air Pollution, 18 I. L. M., 1979, p. 1442; SO$_2$ Protocal, U. N. ECE Doc. ECE/EB, AIR/7, Annex I, 6 Aug. 1985; NO$_x$ Protocal, 28, I. L. M., 1989, p. 212.

❿　Vienna Convention for the Protection of the Ozone Layer, 26 I. L. M., 1987, p. 1516.

年「蒙特利爾有關破壞臭氧層物質之議定書」及其修正案 ❷ 以及一九九二年六月三日至十四日在里約熱內盧 (Rio de Janeiro) 舉行地球高峰會議所達成若干協議。

　　至於海洋環境保護，油污和放射性廢料所造成海洋污染問題最受各國政府所關切。若干重要國際公約所發展出來規則和原則對於海洋環境保護法律制度之建立有決定性影響。有關油料污染公約首推一九五四年在倫敦通過之「海洋油污防止公約」❷，該公約禁止在海岸附近之油料排放。一九七三年在倫敦集會，通過一項「來自船舶污染防止公約」❷，凡來自船舶之油料和其他有害物質之排放所造成污染海水均予管制。一九六七年 Torrey-Canyon 號油輪擱淺之意外事故顯現出國際間在防止海上意外事故所造成油污方面之合作有進一步加強之必要，亦導致一九六九年在布魯塞爾簽訂「油污意外事故在公海上行使干涉之國際公約」❷，並經一九七三年之議定書所補充❷。另一方面有關油污被害人賠償問題，一九六九年之「油污損害民事責任公約」❷建立了油料污染損害賠償之無過失責任制度。

---

❷　Montreal Protocal on Substances that Deplete the Ozone Layer, Harvard International Law Journal, 1989 (29), p. 185; 26 I. L. M., 1987, p. 1552; London Revision, Report of the Second Meeting, U. N. Doc. UNEP/OZ. L. Pro. 2/3, 29 Juin 1990.

❷　"International Convention for the Prevention of Pollution of the Sea by Oil"; 參閱 Quéneudec, Conventions Maritimes Internationales, 1979, pp. 103 et s.

❷　"La Convention Internationale de 1973 sur la Prévention de la Pollution par les Navires", 參閱 A. L. C. de Mestral, in The Canadian Yearbook of International Law, vol. XII, 1974, pp. 239–254.

❷　"International Convention Relating to Intervention on High Seas in Case of Oil Pollution Casualties", 參閱 9 International Legal Materials, 1970, p. 25; Quéneudec, op. cit., 1979, p. 121.

❷　一九六九年公海上行使干涉之布魯塞爾公約另由一九七三年一項包括其他有害化學物質之議定書 (Protocol) 所補充。

❷　"International Convention on Civil Liability for Oil Pollution Damage", 約文見 9 International Legal Materials, 1970, p. 45; Quéneudec, Droit Maritime

　　一九七一年之「油污損害賠償國際基金設立公約」❷乃為補充上述「民事責任公約」不足而簽訂。在政府間海事諮詢組織以外，尚有其他國際油污保險基金設立提供油污事故之增額補償計劃，例如一九六九年之「油污責任油輪所有人自願協定」❷和「油輪油污責任臨時補充約定」❷。此外，一九七二年在倫敦通過「廢料及其他物質傾倒造成海洋污染之防止公約」❸不僅促進有關廢料污染海洋之有效管制，而且是現階段規範放射性廢料傾倒所造成海洋污染之主要國際協定。公約基本制度乃是將廢料予以分類，凡非公約所許可之廢料，均禁止在海中傾倒，其中包括高放射性強度廢料 (Déchets Fortement Radioactifs)。同時「國際原子能總署」並就放射性廢料強度之定界和放射性廢料傾倒作業之管制作成若干「建議」(Recommendations)。

　　一九八二年聯合國海洋法公約之通過表現了各國在海洋環境保護方面之關切和合作之意願，也接納上述國際公約或區域協定有關海洋污染之規則。海洋環境保護和保全乃成為新海洋法之重要課題。

International, 1971, p. 355. *經一九八四年議定書 (Protocol of 1984) 所修訂。*

❷ "International Convention on the Establishment of an International Fund for Compensation for Oil Pollution Damage"，*約文見* 11 International Legal Materials, 1972, p. 284. *經一九八四年議定書所修訂。*

❷ "Tankers Owners Voluntary Agreement Concerning Liability for Oil Pollution"，*參閱* Revue Générale de Droit International Public, 1970, p. 732.

❷ "Contract Regarding an Interim Supplement to Tanker Liability for Oil Pollution"，*參閱* Dubais, A Propos de TOVALOP et CRISTAL, Journal de Marine Marchande, 20 Fév. 1975, p. 430; Dubais, La Pollution en Droit International, Genéve, 1975, p. 115.

❸ "London Convention on the Prevention of Marine Pollution by Dumping of Wastes and Other Matter"，*約文* James Barros and Douglas M. Johnston, The International Law of Pollution, N. Y., 1974, pp. 250–262; *參閱* A. L. C. de Mestral, La Convention sur la Prévention de la Pollution Résultant de l'Immersion de Déchets, The Canadian Year Book of International Law, vol. XI, 1973, pp. 226–243.

第二節　地球氣候的保護

壹、環境酸化

　　環境酸化造成生態系統破壞、土地和水質污染以及建築物和地下水道等設施之腐蝕。在大氣中排放硫氧化物、氮氧化物和揮發性碳氫化合物係酸雨 (Acid Rain) 形成主要原因。

　　由於酸雨現象之不確定性以及國家利益之考量，任何一種國內管制空氣污染之解決方案採行於國際層面均有其困難。有關減少跨國空氣污染方法之選擇，最理想乃是經由國際協商，以確立排放減少之目標，再由各國自行決定如何達成此目標。一種區域性協調方案是最佳途徑，受到環境酸化危害或威脅國家越早達成協議越能獲益，從而防止跨國空氣污染。

　　一九七九年由歐洲經委會 (ECE) 會員國所簽署有關「長程跨國空氣污染公約」(The Convention on Long-Range Transboundary Air Pollution)❸❶於一九八三年生效後已成為第一個處理大氣環境之多邊條約。該公約僅係一般原則之宣示，呼籲各國合作解決日益嚴重之環境酸化現象。公約並未明定二氧化硫及其他污染物排放之管制目標或進程表。惟，一九八五年通過之二氧化硫議定書 (SO₂ Protocol)❸❷，當事國同意在一九九三年以前減少其國內二氧化硫之排放至一九八〇年水準之百分之三十。此種齊頭式污染減少方案雖存在若干環境上和經濟上問題，卻具重大意義。自該議定書生效以來，各當事國二氧化硫排放量已顯著減少。此種表面上專斷之污染排放減少規定，已成為各國國內空氣污染管制措施有效性之指標。此外，一九八八年通過之氧化氮議定書　(NOₓ Protocol)❸❸當事國同意初步凍結氧化氮排

---

❸❶　18, I. L. M. 1979, p. 1442. 由歐洲經濟委員會 (ECE) 出面協商主要係其會員包括東西歐、美加等主要污染排放和受害國家，如果由 OECD 主導則勢必排除東歐集團。

❸❷　又稱 30% Club Agreement，於一九八七年九月生效，U. N. ECE Doc. ECE/EB. AIR/7, Annex I, 6 Aug. 1985.

放至一九八七年水準，而後再減少排放。議定書並要求各國在國際所承認之「臨界負荷」(Critical Loads) 基礎上減少排放。此方案與齊頭式減少排放不同，必須首先確立環境目標，再確定達成此目標所需排放減少之數量。此方案亦較適合解決跨國空氣污染之區域政策。

由上述長程跨國空氣污染公約從無管制目標設定之公約，發展到通過兩個拘束國家實際污染減少之國際協定，顯示國家在國際層面上解決環境問題之誠意與信心。

貳、地球溫升

大氣溫室效應 (The Greenhouse Effect) 造成地球溫升現象，使海洋水位上升、洪水氾濫、沿海地區土壤鹽化。此種地球溫升對於人類生活形態、土地與糧食利用、交通以及自然生態系統發生重大影響。溫室效應係大氣中二氧化碳、甲烷、氯氟碳化物和氧化氮等逐漸增加之結果。人類從事各種工業和農業活動是造成這些溫室氣體日益驟增的主因，尤其是石化燃料使用和森林濫伐。

地球溫升現象之因應策略有二：1.適應策略，乃指調整社會形態以因應氣候改變之影響；2.預防策略，乃是管制溫室效應氣體排放，並停止森林濫伐。包括減少石化燃料使用，開發再生能源和提高能源效率。由於預防措施未能對地球溫升現象產生立即顯著效果，必須配合一種實際而有效之公共教育政策，以及開發中國家之合作。

一九九二年二月十八日在紐約舉行「地球高峰會議」之會前預備會議，討論如何限制二氧化碳及其他造成溫室效應氣體之排放。歐洲共同體、日本及其他國家主張在西元二○○○年二氧化碳排放量應凍結在一九九○年之水準。美國因主要能源來自本國生產之煤碳、遽然設限會影響經濟發展而反對此項方案，主張限制溫室效應氣體之總排放量，而不特定限制二氧化碳之排放，並同意撥發基金作為協助開發中國家配合控制溫室效應之補助 ❸❹。關於停止熱帶雨林濫伐之國際森林公約亦因馬來西亞反對而流產。

---

❸❸　28, I. L. M., 1989, p. 212.

同年六月三日在里約舉行之地球高峰會議對全球環境問題達成若干協議[35]，包括控制地球溫升，並同意在下次會議提出各國如何履行降低溫室效應之計劃。惟，因美國仍堅持排除二氧化碳排放量上限規定，致使此項協議效力減弱。

參、臭氧層破壞

臭氧層 (Ozone Layer) 之破壞，導致太陽紫外線直接照射到地球表面，危害人類健康和環境。證據顯示，人類大量使用氯氟碳化物 (CFCs) 及其他化學物質所引發大氣層化學變化乃是臭氧層快速破壞主因。氯氟碳化物在工業上被廣泛利用，作為冷卻劑、發泡劑、噴霧劑和絕緣體，也是一種價廉之物質。關於臭氧層保護之國際立法主要有一九八五年維也納「有關臭氧層保護公約」[36]和一九八七年蒙特利爾「有關破壞臭氧層物質之議定書」及其修正案[37]。

蒙特利爾議定書所確立臭氧層之國際保護制度包括：1.明列受管制之破壞臭氧層物質，包括五種氯氟碳化物 (CFCs) 和海龍 (Halons) 等；2.就不同類別之「受管制物質」(Controlled Substances) 設定減少生產與消費量以及全面禁用之期程表；3.設立貿易障礙，禁止議定書當事國與非當事國間輸出或輸入受管制物質和相關產品，以建立一種廣泛參與之誘因；4.尊重開發中國家特別需要，規定延遲實施「期程表」之年限；5.對開發中國家之財政與技術協助。為補助開發中國家因發展安全替代品所增加之成本，設立一種「多邊基金」(Multilateral Fund) 以提供所需資金。

蒙特利爾議定書顧及開發中國家需要乃是能夠獲得普遍接受之主因。

---

[34] 李界木，挽救地球增溫被冷淡處理，自立晚報，民國八十一年四月三日。

[35] 高峰會將收尾，地球得到什麼? 美聯社特稿，聯合報，民國八十一年六月十四日。

[36] 26, I. L. M., 1987, p. 1516. 該公約有四十三國代表參與談判。迄一九九一年十二月三十一日，八十個國家和歐體 (EC) 均已批准，U. N. Doc. 4476 L. Ratifica.

[37] Harv, Int'l L. J., 1988 (29), p. 185.

惟，議定書仍有若干待補強之瑕疵：1.有關貿易制裁規定之執行尚無體制和程序之建立；2.受管物質除五種氯氟碳化物和三種海龍 (Halons) 外，對於其他可能造成環境更大危害之物質並未列管。惟，一九九○年倫敦修正案已決定擴大管制物質範圍；3.允許開發中國家十年之緩衝期，可能導致全球氯氟碳化物消費量之增加，當事國必須努力協助開發中國家發展安全替代品。

蒙特利爾議定書之財政條款，尤其是「多邊基金」(Multilateral Fund) 之設立，顯示全球環保及公平經濟發展邁向一個重要階段。「多邊基金」提供一種針對開發中國家在保護臭氧層所支付成本之財政協助方法，使得臭氧層保護措施能夠在極少成本下完成。「基金」亦提供開發中國家批准議定書之經濟誘因，使議定書成為全面禁止臭氧破壞物質之有效國際文件。工業化國家在財政上之承諾與開發中國家之遵守議定書有互動關係。「基金」之管理係利用世銀等既存政府間組織，惟執行委員會 (Executive Committee) 本身建立一種新的決策體系，承認工業化國家（資金提供者）與開發中國家（資金接受者）均享有同等發言權。蒙特利爾議定書之基金制度可作為未來有關氣候變化和生物多樣化之國際環保公約財政架構之範例。

至於臭氧層破壞之國際責任問題，國際習慣之責任制度以特定國家受到明顯而嚴重損害為要件，顯然無法解決全球環境問題。蒙特利爾議定書避免直接觸及責任問題，並未減損其保護臭氧層之有效性，卻能夠緩和工業化國家與開發中國家之政治對抗，並擴大實現議定書目標之合作基礎。

第三節　危險廢棄物的跨國運送

危險廢棄物交易雖獲得短期之利益和方便，卻造成長期之環境問題。工業化國家政府若無意願和能力管理危險廢棄物之輸出，必將助長全球環境之惡化。規範危險廢棄物輸出和遏阻此種毒物在開發中國家傾棄之制度化和有效方法之欠缺，勢必助長「垃圾帝國主義」(Garbage Imperialism)，並增加全球環境之威脅。

工業化國家處理危險廢棄物之策略，除減少廢棄物產量和研究改善廢

棄物技術外，乃是將危險廢棄物輸往處置費用低廉和管制法規較為寬鬆國家。開發中國家同意危險廢棄物輸入之主要理由有二： 1.財政上考慮； 2.未了解或被告知有關廢棄物之成分與毒性。此外，危險廢棄物未經同意之非法輸入更是造成環境危害之重要原因。

危險廢棄物之交易與跨國運送雖可獲得短期方便與利益，卻造成長期無法補救之環境問題，更可能損及輸出國與輸入國間之外交關係。將危險廢棄物輸往開發中國家已使工業化國家在政治、經濟和道德上蒙受不利影響。因此，工業化國家必須盡最大能力和誠意來管制危險廢棄物之輸出。工業化國家除應制訂有效管理危險廢棄物輸出之國內法規外，更應在國際合作基礎上，協調建立一種有關危險廢棄物交易之一致性國際程序和標準以及損害賠償之責任制度，以減少危險廢棄物輸出可能造成之環境危害。

一九八九年在瑞士巴塞爾 (Basel) 所通過有關「危險廢棄物跨國運送管制及其處置公約」 (Basel Convention on the Control of Transboundary Movements of Hazardous Waste and Their Disposal)❸，象徵最近十幾年來，國際社會致力於達成全球性有關危險廢棄物運送多邊條約之最大成就。巴塞爾公約所建立危險廢棄物跨國運送之管制乃從兩方面著手：

1.在程序上建立一種跨國運送之「通知」(Notice) 和「事先告知同意」(Prior Informed Consent) 之手續。輸出國必須首先「通知」輸入國和任何過境國有關一切危險廢棄物之運送資料，在未獲得輸入國書面同意之前，危險廢棄物之跨國運送不得實施。此種程序上規定乃為保證危險廢棄物輸入國能夠獲得一切必要資料，並隨時有效和正確地監視該廢棄物之狀況。此外，當事國亦有義務禁止特定廢棄物輸往因行使主權上權利而禁止該廢棄物輸入之國家。至於公約所規定「事先告知同意」制度之利弊，學者看法不盡一致，吾人認為此種制度所提供較大程度之環境保障，已超越任何可能增加之交易成本以及運送時間延遲之不利考量，更可促使廢棄物生產人盡量在本國處置，以減少危險廢棄物之跨國運送。

2.在實質要件方面，公約規定，當事國必須禁止廢棄物之輸出，假如

---

❸　28, I. L. M., 1989, pp. 649, 668.

其有理由相信，該廢棄物不被以一種「環境上健全方法」(An Environmentally Sound Manner) 管理。換言之，廢棄物輸出若未能符合此項要件，即使輸入國已有接受輸入之同意表示，輸出國仍有禁止該廢棄物輸出之義務。因此，輸出國有責任詳細審查，以阻止廢棄物在輸入國由於環境上不健全方法之處置所造成環境危害。至於輸出國如何評估其有理由相信，系爭廢棄物將會以「環境上健全方法」處置？其所依據標準為何？必成為巴塞爾公約執行之關鍵問題，若未有具體解決方案，必將影響危險廢棄物跨國運送之國際管制。

巴塞爾公約由於工業化國家與開發中國家間之歧見，未能提出任何危險廢棄物跨國運送之具體責任與賠償制度。惟，在公約體制下，輸出國若允許廢棄物在未符合公約規定條件下輸出並造成他國損害，應承擔國際責任。換言之，危險廢棄物跨國運送之國際責任，應限於輸出國之明顯過失情況。惟，此種以過失為基礎之國際責任制度仍不足以保護因危險廢棄物不當處置而遭受損害之個人。因此，發展出一種課以從事危險廢棄物交易之個人負擔「嚴格責任」之制度乃有其必要性。

巴塞爾公約所建立危險廢棄物跨國運送之管制制度，並非為完全禁止危險廢棄物之跨國運送，而是為促使危險廢棄物之生產減少到最低程度，蓋因各當事國仍得自行決定有關危險廢棄物之輸入。公約之實施將使危險廢棄物跨國運送成為昂貴和困難，進而誘使其生產量之減少。

第四節　海洋環境的保護

長久以來，約佔地球面積百分之七十一點四之浩瀚大海面臨日益嚴重之污染問題。

所謂「海洋環境之污染」(Pollution of the Marine Environment) 乃指人類直接或間接把物質或能量引入海洋環境，以致造成或可能造成損害生物資源和海洋生物、危害人類健康、妨礙捕魚和海洋其他正當用途之各種海洋活動、損壞海水使用質量和減損環境優美等有害影響。

現階段海洋環境被污染已嚴重到不容忽視之地步，若干學者專家更提

出警告說:「依目前污染比例,二十五年以後,海洋中約有百分之七十五至八十五之動物將面臨滅絕之危險。」❸ 因此,各國採取聯合行動來保護和保全海洋環境已是刻不容緩之事。一九八二年聯合國海洋法公約第一百九十四條更明確規定,各國應在適當情形下,個別或聯合地採取一切必要措施,以防止、減少和控制任何來源之海洋環境污染;並應採取一切必要措施,確保在其管轄或控制下之活動之進行不致使其他國家及其環境遭受污染之損害。

壹、油料污染

在海洋環境污染中,以油料污染問題最為嚴重。依據估計,由油料運輸活動所造成之油污約十倍於人類其他活動❹。而大部分油污係來自油輪之正常清洗操作所造成之油料排放❹。在油料污染之嚴重威脅下,各國除採取單方措施制訂法律和規章來保護海洋環境外,在國際合作方面更簽訂若干國際公約以防止油料之故意或意外污染,並且建立一種適宜油污損害之賠償制度。

在防止故意油污方面,一九五四年倫敦公約無法完全禁止油污,因其不適用於兩萬噸以下油輪;而排放禁區規定並不足以阻止禁區外之油污擴散至海岸。一九七三年倫敦公約將來自船舶之油料和其他物質之排放所造成海洋污染予以管制,並確認沿海國有權處罰外國船舶之違反行為。在防止意外事故油污方面,一九六九年布魯塞爾公約承認沿海國對船舶意外事故所造成之油污,享有在公海上之干涉權 (Droit d'Intervention),形成海洋自由原則之一項實質上限制。公海干涉之目的在於避免公海上之油污事件危及沿海國之領海和港口。惟此種干涉權僅適用於海難或其他意外事故所

---

❸ A. L. Danzing, Marine Pollution—A Framework for International Control, Washigton D. C., 1972, pp. 1–2.

❹ Bergman Samuel, No Fault Liability for Oil Pollution Damage, Journal of Maritime Law & Commerce, 1973, p. 2.

❹ 全球約有五分之一商船從事油料運輸; ibid., p. 6.

造成之污染。反之，船舶故意排放所導致之污染並非公約適用範圍。

在油污之賠償責任方面，有關油污損害賠償之國際公約採取「客觀責任」(La Résponsabilité Objective) ❷制度並配合保險制度之實施。此種以危險理論 (La Théorie du Risque) 為基礎之油污或放射性污染之損害賠償制度，雖仍以油污與損害之間因果關係存在為其要件，卻不必提出任何「過失」(La Faute) 或「疏忽」(La Négligence) 之證明。一九六九年之油污損害民事責任之公約即採納此種制度，並將賠償責任集中於船舶所有人，以便利被害人之求償。該公約並規定船舶所有人油污賠償責任之最高限額。此種限制責任也是「客觀責任」制度適用之必然結果。公約又規定船舶所有人必須參加保險或提供其限制責任內賠償最高限額之財務擔保，以保障被害人能獲得必要賠償。此外，為補充一九六九年民事責任公約之不足，一九七一年之布魯塞爾公約進一步設立「國際賠償基金」以提供被害人更完整和公平之賠償。

貳、放射性廢料污染

核能開發如同其他工業活動，無法避免廢料之產生。現階段，人類除了讓這些廢料、放射性能自然消失外，無法將其完全消除。因此，必須以一種使人類免受放射危害之安全方式，將這些廢料予以儲存或傾倒。至於所採取安全預防措施之嚴格程度則取決於相關廢料之放射性標準及其物理

---

❷　參閱王澤鑑，侵權行為法之危機及其發展趨勢，中興法學第 12 期，民國六十六年出版，頁 14。法國學者對於放射性物質或油料污染之意外災害之賠償責任制度，則多稱為「客觀責任」(La Résponsabilité Objective)。此種以危險理論 (La Théorie du Risque) 為基礎之「客觀責任」制度，雖仍以意外事故與損害事實 (放射性或油污) 之間因果關係存在為條件，任何過失 (La Faute) 或疏忽 (La Négligence) 之證明從而被排除。至於國際責任方面，「客觀責任」制度之適用範圍包括環境損害責任 (Dommages à l'Environnement) 和特殊危險活動之責任 (Les Activités Comportant des Risques Exceptionnels)。參閱 Pierre-Marie Dupuy, La Résponsabilité Internationale des Etats Pour les Dommages d'Origine Technologique et Industrielle, Paris, A. Pedone, 1976, pp. 103-104, 204-206.

狀態。

原則上，有關放射性廢料之管理政策，受到兩種不同措施之支配：其一為將廢料「濃縮－儲存」；其二為將廢料「稀釋－分散」。

有關氣態廢料 (Les Déchets sous Forme Gazeuse) 之處理原則在於淨化有放射性存在之空氣 **[43]**，使大氣中之放射性物質不致導致工作人員及公眾暴露於超過安全輻射劑量之上。

大部分之液態廢料皆利用稀釋或分散方法處理。若其放射性強度很高，不能利用稀釋法暫時儲存使其衰變，或不適用於分散法滲入地下層，則需將液態轉變為穩定之固態，封存在特製之密封罐內，予以長期儲存埋藏。

固態廢料通常採用陸地儲存、深坑埋藏和海底儲存及外太空投射等所謂終極或永久處理法 (Ultimate or Permanent Disposal) 處理之。

海洋因其容積大且範圍廣泛，提供稀釋、分散和儲存之良好場所，亦導致人類將放射性廢料傾棄海洋之構想。若干國家基於地理、地質或人口因素，無法將放射性廢料在陸地排放或儲存，對於此種處理方法更感興趣。本文僅就放射性廢料在海洋中排放或傾倒之問題予以探討。

放射性廢料排放或傾倒海中包括三種不同情形：其一是將低強度放射性廢料以管道方式排放在沿海水域 **[44]**；其二是將裝在密封罐內之固態廢料沉放公海海底 **[45]**；其三是核能船舶之排放 **[46]**。

---

[43] 核動力廠之氣態廢料中主要的三種分裂產物氣體為碘、氪及氙。此三種氣體滯留在燃料元件內，當更換燃料元件時，需先儲存一段期間，再移至用過核燃料再處理廠處理之。再經稀釋和過濾後，由高煙窗放出於大氣層。若氪及氙氣所含之放射性高，則予以濃縮後，再依固態廢料方法處理。參閱莊明家，核子工程學，徐氏基金會出版，民國六十八年版，頁 238。

[44] 一九四四年美國首先採此方式，法國、荷蘭、瑞典和英國也採納。

[45] 美國從一九四六年開始採用此方式，約有八萬居里 (Curies) 傾倒在大西洋，一萬五千居里在太平洋。英國從一九四九年起在大西洋實施類似傾倒，約達四萬居里。從一九六七年至一九七四年，約有三萬五千噸之中低強度放射性固態廢料在國際管制下被傾倒在大西洋東北部一處深達五千公尺之海溝中。參閱 Patrick Reyners, La Pratique des Évacuations en Mer des Déchets Radioactifs et

有關放射性廢料在公海傾倒係由政府專責機構實施與管制，並須遵守國際規則 ❹；在領海或港口排放通常由核子反應器或裝置之經營人實施，並須受國內法規和國際規則之拘束，蓋因海洋污染具有「跨界」(Caractére Transfrontiére) 之特性。至於核能船舶所實施之放射性廢料排放更應受特別規章限制，禁止其在明顯不適當地區（例如濱海地帶或港口水域）排放。

放射性污染之實證法首推一九五八年之日內瓦公海公約之相關規定。該公約第二條首先確認公海自由原則，而第二十五條又課國家在防止放射性污染海水之雙重義務：其一為國家應參照主管國際組織所訂定之標準與規章，採取辦法，以防止傾倒放射性廢料而污染海水；其二為國家應與主管國際組織合作採取辦法，以防止任何活動因使用放射性材料或其他有害物劑而污染海水或其上空。

公海公約第二十五條在適用上之困難乃是有關海洋放射性污染未予定界。因此，該條款可能被解釋為「任何放射性物質傾倒海中不論其數量多寡或放射性強度，均為污染源。準此，任何放射性廢料或其他物質在海中傾倒或排放物為公海公約所禁止。」此種見解忽略了海洋具有龐大稀釋能力之事實 ❹。反之，倘若吾人無法就所謂「應予禁止傾倒之放射性物質」予以定界，則須確定何種情況下，海水為放射性所污染。

一九七二年十月三十日至十一月十三日由英國政府邀請聯合國會員國及其專門機構在倫敦集會，通過「防止廢料及其他物質傾倒污染海洋公約」❹，填補了自一九五八年公海公約簽訂以來所存在之法律真空。該公

Necessité d'une Réglementation Internationale, In Economica, Paris, 1976, pp. 98–100.

❹ 廢料主要來自冷卻循環或離子交換劑樹脂 (Résines Échangeuses d'Ions)，此種排放之流動特性，可能造成不適當區域之污染。Ibid.

❹ 在公海排放或傾倒廢料，其輻射許可最高劑量（最高標準）應依據國際規則。

❹ Y. Sousselier, Situation Actuelle et Prévision pour l'Avenir des Problémes Posés par les Déchets Radioactifs, Le Compte Rendu de la Réunion d'Information de l'AEN. sur l'Évacuation des Déchets Radioactifs, OCDE, Paris, 1973.

❹ London Convention on the Prevention of Marine Pollution by Dumping of Wastes

約之目的在於促進有關廢料污染海洋之有效管制，並邀請具有共同利益之締約國締結區域協定，以實現放射性廢料傾倒之協和政策。歐洲各國幾年來已呈現出此種合作之形式，以確保放射性廢料傾倒海中之作業能嚴格遵守有關之國際安全規則。倫敦公約乃是現階段規範放射性廢料傾倒所造成海洋污染之主要國際協定。公約基本制度乃是凡非公約所許可之廢料，均禁止傾倒，並將「廢料」(Déchets) 分成為三大類：第一類屬於絕對禁止傾倒之廢料；第二類屬於傾倒須經「特別許可」(Un Permis Spécifique) 之廢料；第三類屬於傾倒須經「一般許可」(Un Permis Général) 之廢料。依公約規定，各締約國在發給許可證時應適當顧及國際原子能總署之「建議」(Recommandations)。因此，放射性廢料之傾倒除應考慮到經濟性效益外，更應符合主管國際組織建議之標準，例如每單位居禮 (Curie) 之含量、傾倒區海水深度不得低於二千公尺等限制。此外，鑑於任何物質均具放射性，倫敦公約並未將任何物質視同具有放射性污染來處理，惟在何種標準下得視為非放射性物質，因而不受公約之管制，目前未有任何數據。雖然每噸不超過千分之一居禮 (10^{-3} ci/t) 為多數國家所採行。換言之，國際原子能總署賦予國家自行決定，惟此種自由裁量權應顯著地以合理和誠信方式行使之。

一九七二年倫敦公約並就有關放射性廢料傾倒之許可證發給明定其管轄。凡放射性廢料在締約國領域裝載者，由沿海國發給許可證；在非締約國領域裝載者，則由船旗國發給。換言之，公約承認沿海國對於在其領域為傾倒目的而裝載放射性廢料之本國船舶或外國船舶享有管轄權。

and Other Matter, 約文見 James Barros and Douglas M. Johnston, The International Law of Pollution, No. 4, 1974, pp. 250–262. 參閱 Mestrel, La Convention sur la Prévention de la Pollution Résultant de l'Immersion de Déchets, Canadian Year Book of International Law, vol. XI, 1973, pp. 226–243; 本公約係依據一九七二年六月五日至十六日在 Stockholm 舉行之聯合國環境會議所通過之建議 (Récommandation 86)。參閱 R. Stein et R. M. Walder, L'Application aux Pollutions d'Origine Radioactive des Conventions Internationales Protectrices de la Mer, Economica, Paris, 1976, pp. 117–118.

惟，倫敦公約之適用受到兩項限制：

1.享有主權豁免之船舶或航空器

公約第七條第四項規定：「本公約不適於國際法下享有主權豁免 (Sovereign Immunity) 之船舶和航空器。惟，每一締約國應採取適當措施，以確保其所擁有或經營之船舶或航空器之活動方式符合本公約之目的與宗旨。並應通知國際組織。」本條款具兩方面之意義：其一，禁止締約國依據公約規定，對享有主權豁免之外國船舶或航空器行使管轄權；其二，要求締約國確保其所擁有或經營，並享有主權豁免之船舶或航空器在活動方式上能夠符合公約規定。

2.不可抗力和急迫情況

倫敦公約之基本制度在「不可抗力情況下」(In Cas of Force Majeure) 得完全予以排除而不適用。其條件是「傾倒乃是避免危害之唯一方法，以及傾倒可能減少損害」。此外，在「急迫」(In Emergencies; Cas d'Urgence) 情況下，允許締約國對於附款 I 所列之絕對禁止傾倒物質，發給「特別許可證」❺⓿。換言之，在發生對人類健康無法接受及無其他可行解決之「急迫」情況，國家得允許將公約所禁止高強度放射性廢料傾倒海中。

由於本條款含義不甚明確，每一締約國可能依其主觀解釋而排除公約基本制度之適用。因此，公約進一步規定，締約國應事先諮商其他國家或可能受（傾倒）影響國家及主管國際組織。後者與其他締約國及其他相關國際組織諮商後，應立即建議該締約國所應採取之最適當程序。

參、一九八二年海洋法公約有關海洋環境保護的規定

一九八二年聯合國海洋法公約在海洋環境保護所建立之一般制度，就各種不同污染來源分別規定船旗國、沿海國和港口國有關防止、減少和控制海洋污染之立法權、執行權和責任問題。

---

❺⓿　一九七二年倫敦公約第五條第一項、第二項。

　　在船旗國方面，來自船舶污染之管轄權問題最受重視。海洋法公約要求船旗國對懸掛其旗幟之船舶，無論在何處發生污染行為，應進行調查，如有充分證據，應盡速依其本國法律提起訴訟，並應將其所採取行動和結果通知有關國家和主管國際組織❺。此種規定雖賦予船旗國在來自船舶污染方面之極大權力，卻相對要求其履行嚴格義務，以確保其本國船舶能遵守有關國際規則和標準。惟，就事實顯示，船旗國經常未能認真履行此種義務，因而導致海洋法邁向沿海國管轄權擴張之途徑。

　　在沿海國方面，由於海洋法公約承認沿海國在其專屬經濟區內對自然資源開發和養護享有「主權上權利」(Sovereign Rights)，導致沿海國就該區之「海洋環境保護和保全」事項得行使管轄權。因此，沿海國得為防止和控制其領海、專屬經濟區和大陸礁層上覆水域之污染而制訂法律和規章，並就船舶違反行為進行實際檢查，如有充分證據，可按其本國法律提起司法程序，並得扣留該船舶❺❷。惟，須注意者，此項權力行使必須該船舶之違反行為導致「大量排放」而對海洋環境造成「重大污染」或有造成「重大污染」之威脅。所謂「大量排放」或「重大污染」含義不明，將來在解釋和適用公約時可能發生爭議。

　　海洋法公約為防止沿海國濫用其權力，在刑事管轄權行使方面，採取「提起司法程序暫停」(Suspension on Institution of Proceedings) 制度，規定沿海國對在其專屬經濟區內違反污染規定的外國船舶提起司法程序六個月內，船旗國若就同樣控告提出加以處罰的司法程序時，則船旗國有權要求沿海國停止其已進行的司法程序。惟沿海國若遭受重大損害或船旗國一再不願對其船舶的違反行為有效執行國際規則時，其提起司法程序權不受影響❺❸。吾人認為此種司法程序暫停制度仍不足以保障船旗國對本國船舶違反行為處罰的優先權，蓋因在其提出請求時，沿海國可能已迅速就案件作成判決。

---

❺　海洋法公約第二百一十七條。
❺❷　海洋法公約第二百二十條。
❺❸　海洋法公約第二百二十八條。

　　在港口國方面，海洋法公約規定船舶目的地或停靠的港口國亦得對該船在其領海或專屬經濟區外，以及在他國領海或專屬經濟區內的違反行為行使管轄權❺❹。由於港口國同時也是沿海國，港口國亦得對外國船舶在其領海或專屬經濟區內的違反行為行使管轄權。

　　由上述可知，傳統海洋自由原則和船舶國在公海上對本國船舶享有專屬管轄權的海洋法規則，在海洋環境保護需求下，喪失其絕對性；沿海國或港口國權力的擴張必將有助於防止、減少和控制海洋環境污染。吾人深信各國所採取的聯合行動必能使孕育生命溫床的海洋繼續為人類提供所需資源。最後，吾人必須強調者，上述國際公約和海洋法公約的簽訂雖然提供各國在海洋保護的法律依據，但「環境倫理」(Environmental Ethic) 觀念的倡導仍有待加強。

---

❺❹　海洋法公約第二百一十八條。

大　綱

第十二章　國際責任

第十二章　國際責任

第一節　概　說

　　原則上，國際責任 (International Responsibility) 係指一國在其管轄下，不法損害了外國或外國人，所應負擔的賠償或補救的責任。國際責任確認的目的在使違反國際義務的國家受到國際法的制裁。

　　國際法上有關國際責任制度的發展相當緩慢。往昔國家或其國民遭受他國的不法損害時，通常採用「報仇」(Reprisal) 方式以求正義的滿足。迄十六世紀，神學家維多利亞 (Victoria) 和蘇瑞 (Suarez) 開始主張武力的使用必須是為對抗他國的違法或嚴重損及正義的情形下，才能視為合法行為。格羅秀斯 (Grotius) 也確立了以「過失」為基礎的國際責任理論❶。晚近國際司法和仲裁制度發展的結果，國際判例已確立了某些國際責任的習慣法則，例如「用盡當地救濟辦法」、「受害人國籍」、「拒絕正義」等原則。

壹、國際責任的基礎

　　國際責任源自國際義務的違反。「不法行為」(L'Acte Illicite) 是責任成立的首要條件。不法事實的歸責，損害和賠償均因不法行為而產生。反之，一國的作為或不作為，經國際法的尺度衡量，認為是合法的，則無國家責任的發生❷。

　　然而，國家所應負擔的責任可能超出不法行為的範圍，例如國家從事高度危險的活動所造成的責任。關於從事危險活動的災害責任雖然尚未確立一般性原則；然近代科學技術的發達，在公海舉行核子試爆或環境水源污染等造成他國損害的特別責任已逐漸形成。晚近許多公約對於核子、核子船舶或核物質運輸、公海污染、太空物體所造成的損害賠償責任等均有

---

❶　參閱 L. Cavaré, Le Droit International Public Positif, t. II, 1969, p. 411.

❷　J. G. Starke, Introduction to International Law, 1972, p. 294.

明文規定❸。

貳、國際責任的主體

國際責任應是可歸責 (Imputability) 於「國家」的不法行為所引起的責任。國際責任乃指國家與國家之間的責任而言。個人所受的不法損害，必須由其國籍所屬國家，基於保護僑民的權利，以外交手段，向侵權國交涉，或向國際法院提起損害賠償的訴訟。換言之，受害的個人，經由本國政府向責任國提出損害賠償的要求，則該事件乃轉變成為兩國之間的問題。常設國際法院在瑪洛馬蒂斯案判決指出：「當一國為其國民利益代向國際法院提起訴訟，就後者（法院）看來，國家即成為唯一的索償者。」❹

國際組織也可以成為國際責任的主體。國際組織與會員國、非會員國或其他國際組織之間均可能發生國際責任。國際法院於一九四九年四月十一日就聯合國人員，於執行公務受到傷害，且某國對該傷害應負責時，作為國際組織的聯合國，能否對該國法律或事實政府主張國際求償權問題，法院發表諮詢意見，認為聯合國有權對未遵守義務，致造成該組織損害的國家，主張國際求償。法院又表示，無論責任國是否為聯合國會員國，聯合國均可對之提起索償❺。此外，聯合國的和平維護軍對會員國造成的損

---

❸ 例如在一九六二年五月二十五日在布魯塞爾簽定的「核子船舶行使人過失責任公約」(Convention on the Liability of Operators of Nuclear Ships) 約文見 A. J. I. L., vol. 61, 1967, p. 446. 一九六三年「核子損害民事公約」(Vienna Convention on Civil Liability for Nuclear Damage) 一九六七年「關於各國探測及使用太空包括月球與其他天體之活動所應遵守原則之條約」第七條規定：「凡發射或促使發射物體至太空，加於另一當事國或其自然人或法人之損害，應負國際上之責任」約文參閱丘宏達編輯，現代國際法參考文件，三民書局，民國八十五年版，頁 332。

❹ "Once a State has taken up a case on behalf of one of it's subjects before an International tribunal in the eyes of the latter the State is the only claimant", Mavrommatis Palestine Concessions Case, Ser. A, No. 2, 1924, p. 12; 引自 J. G. Starke, op. cit., 1972, p. 313.

害亦應負責❻。但國際組織的工作人員或團體為某一國利益並受其支配❼或受國際組織支配卻受該國實際的管理或指揮❽所造成的損害，國際組織不必承擔責任。

參、國際責任的法源

國際責任的規則主要源自國際習慣。某些國際公約也涉及國際責任問題的規定，例如海牙第四公約第三條規定戰時軍隊中的官兵，有違反國際義務的行為時，應由國家負責❾。在國際立法方面，自一九三〇年海牙國際法編纂會議失敗以來，國際責任乃是當前聯合國國際法委員法會研究主要問題之一。一九八一年又通過「關於國家責任條款的草案」❿。

第二節　國際責任成立的要件

壹、不法的事實

引起國際責任的首要條件是不法事實的存在。換言之，國家的行為有違背國際義務的事實。國家應負的國際義務可區分為作為的積極義務與不作為的消極義務。

至於一國違反國際法的不法行為是否必須出於故意或過失，始構成國際責任？換言之，應採用過失責任（相對責任）或無過失責任（絕對責任）理論？多數學者支持絕對責任⓫。

---

❺　"Reparation for Injuries Suffered in the Service of the U. N." 「為聯合國服務受傷之賠償」諮詢意見案，參閱張永恆著，國際法院，頁 204–206。

❻　J. Salmon, Les Accords U Thant Speak du 20 Fév. 1965, Annuaire Français de Droit International, 1965, p. 468.

❼　國際法委員會草案第九條。

❽　例如韓戰中的美軍。

❾　海牙第十三公約第二十五條和第五公約第五條亦涉及國家有擔保其國境內個人或官員遵守國際法之義務。

❿　該草案內容，參閱丘宏達，現代國際法基本文件，民國七十三年版，頁 343。

國家在下列幾種特殊情形下，違反國際義務，可免除國際責任：

1. 不可抗力：不可抗力必須具備不可抗禦，不可預料和外力等三項要素 ⓬。條約法公約第六十一條亦明定發生意外不可能履行條約時，當事國得終止或退出條約 ⓭，利柏特 (Ripert) 也說：「負有義務者因不可抗力因素致無法履行義務，得免除任何責任。」 ⓮一九一二年十一月十一日蘇俄賠款案仲裁判決亦確認「不可抗力」原則 ⓯。一九二五年英國對摩洛哥求償案，法官俞伯 (M. Huber) 表示暴亂、叛亂和戰爭視同「不可抗力」 ⓰。

2. 合法自衛：係對抗不法侵害的防衛行為。在國內法上，防衛行為是否過當應由法官判定；在國際關係上，除非當事國的同意，法官介入可能性甚少。由於暴力行為在國際法上也未必是不法的行為 ⓱，國際法上的合法自衛所受限制不若國內法嚴格。合法自衛在國際法上的真正作用是當一國不法行為受到譴責時，乃表明係處於一種合法自衛的狀態，以圖免除該行為所應負的國際責任。例如一八三八年的「加洛林號」(Caroline) 案加拿大對英國叛變時，叛軍避難於美國，並在美裝備船舶一艘，英國在美國領海將該船摧毀。英國行為顯然違反尊重他國領土主權的國際義務。美國提出抗議，英國則認為是行使合法自衛權。最後，兩國政府認為在此種情勢

⓫ 丘宏達，現代國際法，三民書局，民國八十九年版，頁 726；J. G. Starke, op. cit., p. 310.

⓬ 參閱 P. Reuter, op. cit., p. 221.

⓭ 條約法公約第六十一條第一項僅限於因實施條約所必不可少的標的物永久消失或毀壞以致不可能履行條約時的情形。

⓮ 引自 L. Delbez, op. cit., p. 372.

⓯ L'affaire de l'Indemnité Russe，本案涉及一八七九年君士坦丁堡條約規定，土耳其同意賠償蘇俄人民在一八七七年至一八七八年間戰爭所受損害。土耳其卻未依規定償付賠款，並主張付款將危及其生存。法院在判決中確認「不可抗力」原則，但拒絕同意土耳其的主張，法院認為賠款的償付不致危及土耳其的生存。引自 Delbez, ibid., p. 372.

⓰ L'Affaire des Réclamations Britanniques au Maroc, ibid.

⓱ 例如報仇等強制解決國際爭端之方式。

下，自衛必須在急需和無其他方法可供選擇下行使。英國終於對此事件表示抱歉**⑱**。

　　3.免責的契約條款：十九世紀下半葉拉丁美洲各國政府與外國公司或人民簽定契約時，經常在契約中列入「卡爾佛條款」(Calvo Clause)**⑲**，聲明日後因該契約所引起的糾紛，應適用當地法律，由當地法院處理，訂約的外國人或外國公司，不得請求本國政府的外交保護或援助。準此，中南美洲各國政府依此條款，對於外國人因被「拒絕正義」而受損害，享有免除國際責任的特權。至於卡爾佛條款的效力，就理論而言，該條款的目的若是在停止一國行使外交保護權，或規定外國人放棄請求本國保護的權利，或規定一國不得干預明顯違反國際法的案件，應屬無效**⑳**。因為保護本國僑民是國家的權利，個人不得代替國家聲明拋棄此種權利。

　　一九八一年國際法委員會所通過「關於國家責任條款」草案明列國家免責的事由包括：1.他國強迫所為國際不當行為**㉑**；2.經他國同意的行為**㉒**；3.對付他國不當行為所採取符合國際法的措施**㉓**；4.一國係在不可抗力或極度危難情況下所為行為**㉔**。同時，該草案關於引用「必要情況」(State of Necessity) 作為國家免責事由有下列限制**㉕**：

　　第一，國家引用「必要情況」以排除該國違反國際義務行為，須是：

　　1.該行為係為維護國家基本利益所遭遇嚴重和立即危險的唯一方法。

　　2.該行為對於應負義務的國家的基本利益不造成嚴重損害。

---

⑱　L. Delbez, op. cit., p. 369; L. Oppenheim, t. I, pp. 300–301.

⑲　卡爾佛條款係因阿根廷法官 Calvo 而得名，參閱 J. G. Starke, op. cit., pp. 299–301.

⑳　Ibid.; 丘宏達主編（陳治世、陳長文、俞寬賜、王人傑等合著），現代國際法，三民書局，民國六十二年版，頁 437–438。

㉑　一九八一年「關於國家責任條款草案」第二十八條，第三十二條。

㉒　同上，草案第二十九條。

㉓　同上，草案第三十條。

㉔　同上，草案第三十一條，第三十二條。

㉕　同上，草案第三十三條。

第二，在任何情況下，國家不得引用「必要情況」以免除其違反國際義務的責任：

1.倘國家行為係違反國際法一般「強制規律」(A Peremptory Norm) 的規定。

2.倘國家行為係違反一個條約明示或默示規定，並且該條約排除對義務（履行）引用「必要情況」的可能。

3.倘相關國家促成「必要情況的發生」。

貳、「可歸責」於國家

不法行為必須是可歸責於 (Imputability) 國家的行為始發生國際責任。「可歸責」於國家的行為有下列四種情形：

1.國家機關行為：任何國家機關依該國國內法具有此種地位者❷，因此，一個國家機關，不論是屬於制憲、立法、行政、司法或其他權力之下，不論擔任國際性或國內性職務，也不論在國家組織中處於上級或下級地位，其行為依國際法應視為該國行為❷。

2.經授權行使政府權力要素的其他實體的行為：(1)一個國家內，地方政治實體機關的行為，但以該機關在有關事件中係以此種資格行事為限；(2)或雖非國家或地方政府政治實體正式結構的一部分，但經該國國內法授權行使政府權力要素的實體❷。

3.逾越權限行事或違背關於其活動的指示行事的機關行為❷。

4.實際上代表國家行事的個人行為：原則上，非代表國家行事的個人行為，依國際法不應視為國家行為，不可歸責於國家❸。惟，個人或群眾

---

❷　一九八一年國家責任條款草案第五條。

❷　同上，第六條。

❷　同上，第七條。

❷　同上，第十條。

❸　同上，第十一條。在 L'Affaire Cotesworth et Powell, Grande Bretagne-Colombie, 5 Nov. 1875. 仲裁法官在本案揭示：「一國對於個人行為不必負責。」引自 L. Cavaré, op. cit., t. II, pp. 491–492.

在正式當局不存在和有理由行使政府權力要素的情況下，實際上行使這些權力要素，其行為可歸責於國家❸❶。

參、損害的發生

損害的發生是國家負擔國際責任的主要原因；無損害，即無賠償。國際判例，亦認損害是賠償不可或缺的條件❸❷。

國家引起國際責任的損害區分為下列二種情形：

1.國家所受的損害：包括財產的和精神的損害，例如一國船舶遭受他國不法的捕拿或破壞即屬財產損害。外交代表或領土主權受到他國侵犯，則構成損及國家尊嚴或主權的精神損害。

2.國民所受的損害：一國國民的生命或財產在外國受到損害時，國家得於受害人用盡當地救濟辦法後，行使外交保護權。實證法學者認為一國國民受到損害有損國家尊嚴，因而發生國家的國際責任❸❸。一九三一年迪克生車胎公司案 (Dickson Car Wheel Co.) 美墨委員會在判決中指出：「對求償國國民的損害乃係國際法上義務的違反，構成一種國際上的不法侵犯。」❸❹

---

❸❶　同上，第八條。

❸❷　一八六八年克里特島發生叛變，一艘土耳其巡邏船不法臨檢一艘義大利船舶。土耳其承認該艦行為不合法，並譴責艦長。義大利仍不滿意，代輪船公司向土國提出損害賠償的請求。仲裁法官表示，義國輪船公司並未蒙受任何損害，因而無任何賠償的必要。另案，一九二四年常設國際法院在 Mavrommatis 案判決表示 (Ser. A, No. 2)，無任何損害即不收受任何賠償。引自 L. Delbez, op. cit., p. 355.

❸❸　或謂基於「國民的損害得視為國家本身的損害」的假設，認為對國民損害間接造成國家損害，參閱丘宏達主編，前揭書，頁 428。

❸❹　學者 Scott 則認為在國際關係中引入此種性質的國際責任似無必要。引自 L. Cavaré, op. cit., t. II, p. 448.

第三節　外交保護與國際索償

國家有權利保護旅居外國的本國僑民。一國為其國民所受損害向責任國要求賠償或補償時，稱國際索償。當國家因其國民的損害向責任國提起索償時，必須遵循下列原則：

壹、受害人的國籍

提出國際賠償的國家，受害人應歸屬該國國民。換言之，國籍是一國對其國民實施外交保護的依據。一九二四年常設國際法院在瑪洛馬蒂斯案揭示：「當一國國民受他國不法侵害，無法依正常途徑得到救濟時，受害人的本國有保護他的權利，乃是國際法的基本原則。」㉟一九三九年常設國際法院在 Panevezys-Saldutiskis 鐵路案揭示：「欠缺特別協定時，唯有國籍的聯繫給予國家外交保護權。」㊱準此，依條約規定所建立的保護關係，委任統治制或託管制下，一國仍得對非本國國民施行外交保護㊲。相反的，一個沒有國籍的人，在任何國家受到任何損害，並無一個國家可對其實施外交保護㊳。原則上，一國只得為其國民所受損害實施外交保護，而向責任

㉟　Mavrommatis Palestive Concession, Ser. A, No. 2. 引自丘宏達主編，前揭書，頁442。

㊱　"En l'absence d'accords particuliers, seul le lien de nationalité donne à l'Etat le droit de protection diplomatique," P. C. I. J., Ser. A/B, No. 76, p. 16.

㊲　學者 Starke 引述按照美國和法國法律或實踐，某些個人受到美、法二國的外交保護，並不一定具有美、法的國籍。 Starke, op. cit., p. 338. 依歐洲人權保護公約的規定，國家得為其管轄下的任何個人起訴，不問該個人具何國國籍，P. Reuter, op. cit., p. 236. 以上事實，吾人認為並不影響個人在國外享有外交保護權是國籍的基本屬性。

㊳　國際法對於無國籍人的保護與救濟是從根源上，消除無國籍的狀態和救濟與保護現有的無國籍人二方面著手。聯合國國際法委員會亦主張由聯合國依照國際協定而予以保護。參閱 A. J. I. L., vol. 48, 1954. Suppl, p. 62. 引自杜蘅之，前揭書，頁 339。

國要求賠償。受害人自遭受損害至提出賠償請求時，必須保有該國的國籍 ❸。此乃「國籍繼續」原則的適用。一九二四年，美德混合索償委員會的判決表示：「採行此項原則的理由是，國家因其國民的損害而受損。通常加害國，只接受受害國的控訴。」❹ 此外，國家間亦可締結條約來特別規定關於國民受損害的索償程序 ❹。

　　國家施行外交保護權，不得向受害人保有國籍的國家提起損害賠償的要求。在十九世紀時，美國學者惠頓 (Wheaton) 在「克洛克案」(Knocke Case) 說過「美國不能給予歸化美國籍的普魯士人實施外交保護，以對抗受害人原籍的國家。」❹ 但一九四九年國際法院在「為聯合國服務受傷害的賠償」案 (Reparation for Injuries Suffered in the Service of the U. N.) 的諮詢意見亦談及如何避免聯合國對其工作人員應有職務上保護權利，與工作人員具有國籍的國家應有外交上保護的衝突問題。法院又稱，聯合國工作人員為被告國家國民時，聯合國提起索償，係緣由受害人在該組織內擔任的職務，與工作人國籍無關係。即使假定被告國家，是受害人具有國籍國家，該國作為被告國家的法律地位，並未因之發生變化 ❹。

　　兩個或兩個以上國家分別對同一個人授與國籍而發生國籍衝突時，「有效原則」(Principle of Effectiveness) 可以作為衝突的依據。依據國家實踐，司法仲裁判決和學者的意見，有效的國籍必須以存在的真實聯繫 (A Genuine Connection of Existence) 為其基礎。換言之，國家授籍特定個人作為國民，必須該個人在生活上、經濟上、情感上、依屬於該國社會 (Social Attachment)。一九五五年國際法院在勞特邦案 (Nottebohm case) 的判決採用「真實及有效國籍」原則 (Real Effective Nationality)，主張經由歸化取得

---

❸　參閱 L. Delbez, op. cit., p. 322.

❹　引自丘宏達主編，前揭書，頁 443。

❹　例如一九六五年三月十八日通過的「解決國家與他國國民間投資爭端公約」。
　　參閱沈克勤，前揭書，頁 324–325。

❹　L. Delbez, op. cit., p. 378.

❹　參閱張永恆，前揭書，頁 206。

一國國籍的外國人，其與歸化國之間，如缺乏真正的聯繫，第三國沒有義務承諾此種歸化的效力。有效原則可以限制國家專斷地經由國內法方式，解決某一與該國事實上無真正聯繫的情勢。一九三〇年海牙「國籍法衝突問題」公約規定，關於決定何人係其國民的事情，乃專屬於各國主權的事項；並且某一個人是否隸屬某特定國籍的問題，應依該國國內法以為斷。準此，當雙重國籍問題，造成二國間的爭議時，有效國籍不僅意指真正聯繫的存在，而具有依憑既存事實，某國籍優於另一國籍的涵義。一九五五年梅傑案 (Merge Case) 美義調解委員會判決主張梅傑女士不得被視為具備有效的美國國籍。因為她本人未有在美經常居住的事實，其夫的永久性職業和利益亦非經常設於美國。事實上，梅傑女士持有義大利護照，與其夫（義國外交官）長久居留於日本。故美國政府無權為梅傑女士向義國政府行使外交保護權。

　　公司的國籍方面，通常一國為實行外交保護某一公司利益或代之在國際上進行司法訴訟時，首先必須判定公司的國籍。判定公司國籍最適當的標準是依據公司與國家之間所表示的「真正和有效」(Real and Effective) 聯繫，通常是依公司設立主義及住所主義。此外，在戰時經常採用「控制原則」作為判定公司敵性標準，未被普遍承認為國際法上的原則。一九七〇年國際法院在巴塞隆納電車、電燈及電力股份有限公司案指出，當一國造成某家外籍公司損害時，除該公司所屬國家外，國際法不承認他國可對該公司股東施以外交保護權。法院在判決表示：「巴塞隆納公司屬加拿大的事實，業經獲得廣泛承認。加國政府過去很多年，一直對該公司行使外交保護權——該公司並未喪失公司資格，仍保有採取公司行動的能力。因此，當公司隸屬之國加拿大，可採取行動時，（法院）無法基於公正原則，賦予比國政府可對比籍股東行使外交保護的法律地位。」❹

---

❹　Barcelona Traction, Light and Power Company Limited, Belgium v. Spain, I. C. J., Rep. 3, 1970, 事實及判決理由參閱 Leech, Cases and Materials on the International Legal System, N. Y., 1973, pp. 1129–1136. 在本案，國際法院裁定，依照判例，比利時無權代該公司股東的比利時國民，向法院控訴西班牙要求損

貳、用盡當地救濟辦法

　　就程序而言，一個外國人在僑居地受到損害，應先尋求「當地救濟辦法」(Local Remedies; Recours Locaux)。如果受害的外國人未用盡僑居國法律所規定的司法或行政救濟辦法，其國籍所屬國家，不得實施外交保護。

　　一九五五年國際法院在「殷特韓德」法案 (Interhandel) 揭示：「用盡當地救濟辦法乃是國際習慣所確定一項規則。」❹法院在本案指出：「美國法律既對個人，提供適當救濟辦法，以防止美國政府行政部門侵犯個人權利，對此等法律理應善加利用，殷特韓德公司應先用盡美國國內各種補救辦法，在未完全使用美國國內補救辦法之前，不能提交公斷或和解處理。」❻一九六一年哈佛草案第一條第二項規定：「國家僅得允許本國人用盡當地（被索償國）規定的救濟辦法或國際救濟辦法後，依本公約提出索償。」❼

　　用盡當地救濟辦法原則，在某些情形下例外不予適用：1.當事國在公約或協定中明定免除該原則的適用者；2.責任國缺乏可供救濟的辦法，美國務卿費希 (Hamilton Fisch) 說過一句名言：「在外國的原告並不一定要用盡當地救濟辦法，假如該外國沒有可供利用的救濟辦法。」❽3.救濟辦法不可能被利用，或不實際（例如法院功能的不良），或具危險性（例如原告有遭受不良待遇的危險）❾。相反的，原告不得以不能支付利用當地救濟辦

害賠償，因為該公司在加拿大註冊，應屬加拿大國籍。法院在本案所持理由要點如下：1.衹有公司國籍所屬國家才能行使外交保護權，為該公司所受損害，進行國際索償；2.公司國籍所屬國家行使專屬外交保護權，除非國籍國欠缺外交保護能力下，才可能轉讓給該公司股東國籍所屬國家；3.一國基於平等原則，主張有權保護本國籍的股東，勢必造成各國競相為其國民索償，因而導致國際經濟關係的不穩定。

❹ I. C. J., Reports, 1959, p. 2.
❻ 參閱張永恆，前揭書，頁 118-122。
❼ 參閱丘宏達，中國國際法問題論集，商務印書館，民國五十七年版，頁 101-102。
❽ The Robert E. Brown Claim, B. Y. I. L., 1924, p. 210; 杜蘅之，前揭書，頁 445。
❾ 一九六一年哈佛草案第十九條第二項所列情形如下：(1)如無救濟辦法可供獲得

法所需費用或保證金為藉口，而免除此原則的適用。

參、清白原則

國家祇能為守法的國民向損害國提出求償要求。申言之，外國人如違反當地法律，或違反國際法，以致遭受到損害，都沒有要求補償的權利 (Nemo Auditur Propriam Turpitudinem)。此乃英美法系所稱「清白」(Clean Hand) 原則。法學家伯夏 (Borchard) 說過：「任何人不得因其自身過失而受益，原告出庭時須清白。」大陸法學者亦接納此種理論。西班牙學者賈西亞·阿利亞斯 (Garcia Arias) 也說：「一國不得為享有該國外交保護權的自然人或法人利益提出求償要求；假若此等自然人或法人對於他國未具備端正行為。」

一九二九年一艘加拿大船「孤獨號」(I'm alone) 偷運私酒前往美國，在美國海岸外二百浬的海上被美國海岸巡邏船 Dexter 所擊沉。一九三五年加美仲裁委員會認為並無賠償走私貨及船隻損失的理由；但同意補償加拿大政府有關船員的損失，因為該船從事違犯美國有關禁運的法律❺。

肆、時效問題

如果在損害發生後的長久時間才提出賠償的要求，是否因而喪失請求權？學者的理論並不一致，實證法學者認為時效原則是私法觀念，不能適用於國際公法。反之，部分學者支持法律統一的理論，認為國內法與國際法不應嚴格區分，例如衡平和正義的觀念可視為普遍適用的原則，「時效」觀念亦復如此。吾人認為第二種理論較能符合社會的實際。

仲裁協定未明文規定時，仲裁法官對於時效的適用因案件而異。在一八七〇年美國與巴西間損害賠償案，法官並不因美國對於巴西政府的一項

實質上的補償；(2)如因可歸責於國家的作為，不作為，事實上阻礙救濟辦法的利用；(3)如果有極端遲延的救濟辦法可供利用，或司法程序無理的遲延。丘宏達，前揭文，頁 115。

❺ U. N. Reports of International Arbitral Awards, vol. III, p. 1609.

照會經過十年期間未予答覆，而拒絕受理賠償的要求。反之，在一八六三年，利馬仲裁委員會拒絕受理一件事件發生後二十六年才提出的賠償請求案❺。

一九二五年國際法學會在海牙通過如下決議：「爭端當事國間如未締結公約規定時效問題，時效的確定應完全由法官決定之；法官應就案情來考慮時效的適用。」

晚近國際判例主張適用時效時必須有重大理由。一九五六年三月六日英希安巴的洛斯仲裁案 (The Ambatielos Arbitration)，仲裁委員會揭示：「毫無置疑，未有任何國際法規則確定消滅時效的期間，除非是特別協定明文規定。委員會就本案情形而言，無法引述理由以證明時效原則應適用於希臘政府的求償。此外，希臘政府並未長久時間保持沈默和不作為。」❺

第四節　國際責任的適用

壹、內　戰

就國際法上戰爭法規而言，戰鬥中的暴力行為所造成的損害不發生任何責任。除非是武力行為違反國際法，例如非軍事需要的破壞，軍隊違法行為，擄奪，無償徵用等。至於內戰的結果所引發的國際責任則區分為下列二種情形：

1.叛軍獲勝時，叛軍應就其本身行為和合法政府的行為負責，但新國家的成立的情形，不在此限❺。傳統國家責任法確認革命所為行為自始應視為政府行為。一九三一年英墨求償委員會判決墨西哥應就其革命軍所造成的損害負責，因為革命軍於勝利後已成立一個政府❺。

---

❺　以上判例引自 L. Cavaré, op. cit., t. II, pp. 443–444.

❺　A. J. I. L., vol. 50, pp. 674–679; Lauterpacht, International Law Reports, 1956, p. 306.

❺　聯合國國際法委員會草案第十五條, Rapport de la Commission, 27 Session, A/10010, p. 5.

2.合法政府獲勝，應就其官員行為負責，但對叛軍的行為不必負責任。一九〇三年加拉加斯案委員會在「山比亞吉歐」案 (Sambiaggio Case)，法官拉爾斯頓 (Ralston) 說明合法政府對革命軍行為無須負責理由如下：

(1)革命軍非政府官員。

(2)任何人不可能為危及其生命的敵人所為行為負責；革命軍的行為乃為推翻合法政府，並取而代之；故合法政府並無對革命軍的損害行為負責的理由。

(3)政府應僅就其所能控制或指揮的人員的行為負責；革命軍的行為實非合法政府所能控制者❺。

但下列情況，國家仍應負責：

(1)合法政府正式赦免或以其他方式饒恕叛軍時。

(2)合法政府有疏於防範的過失行為，或損害的發生部分由其造成者。在鹿登案 (Ruden Case)，秘魯莫杜布 (Motupe) 居民在內戰中侵佔原告的農場並破壞其建築物，當時秘魯軍不僅未保護外國人，受軍官指揮的部隊也參與掠奪行為，仲裁委員會仍判決秘魯政府應負損害賠償之責❺。

在一九二五年摩洛哥西班牙人區的英國損害賠償案判決，確認國家機構在內戰中的過失行為，國家仍應負責。本案法官俞伯 (Huber) 說，雖然國家對革命事件本身不必負責；但國家機構因未盡其所能以有效的制止動亂中所引起的不便則應負責。事實上，國家應盡「應有的注意」(Une Certaine Vigilance) 以預防或制止損害行為的發生❺。在一九三〇年英墨損害賠償委員會在有關墨西哥城的轟炸案判決中表示：「墨西哥應負責任，其有權限的機構疏於採取適當措施以鎮壓叛變或強盜行為⋯⋯或懲治應負責之人。」

---

❺ David Roy Case, A. J. I. L., 1934, p. 585.

❺ 引自 L. Cavaré, op. cit., t. II, p. 549.

❺ De La Pradelle et Politis, Recueil des Arbitrages International, t. II, pp. 587–590.

❺ L'Affaire des Réclamations Britanniques dans la Zone Espagnole du Maroc 1925. 引自 L. Cavaré, op. cit., t. II, p. 551.

貳、拒絕正義

國家得因「拒絕正義」(Denial of Justice) 而負國際責任。廣義言之，凡違反保護外國人義務的可歸責於國家機關的行為皆構成拒絕正義，美國採此說。狹義言之，係指司法機關拒絕審判。至於司法判決的公平性不可能構成拒絕正義，拉丁美洲國家採此說。較為折衷的觀念，乃指可歸責於司法作用的任何損害和不法行為，學者華太爾 (Vattel) 和多數仲裁判決均採此說。例如一八七五年十一月五日英國與哥倫比亞在哥德俄斯案 (Cotesworth and Powell) 仲裁判決揭示，可歸責於司法人員的不法措施即構成拒絕正義❺❽。

依據判例和實踐，拒絕正義有下列三種情形：

一、拒絕外國人利用國內法院

國家有義務允許受損害外國人向該國國內法院提起訴訟。準此，拒絕或無理延阻外國人向國內法院起訴即構成拒絕正義。在實踐上，國家拒絕外國人利用法院的事實極屬罕見；較常見的是國內法未規定充分的救濟方式。

二、司法程序的嚴重缺陷

一國應設立公正和能發揮正常功能的法院。換言之，司法或救濟程序須具有一般國際標準，布萊利 (Brierly) 也指出某些國家的不夠文明標準的法院，可能構成拒絕正義❺❾。司法程序不正常的遲緩❻⓪、過分草率、故縱犯罪者不加逮捕、法官不能獨立行使職權、審判前羈押的權力濫用❻❶等情

---

❺❽　Moore, Arbitration, No. 2083.

❺❾　Brierly, Law of Nations, 1955, p. 227.

❻⓪　一八九一年 Consonno 案的仲裁判決指出波斯拖延程序達八年之久，應負責任。L. Cavaré, op. cit., p. 540.

❻❶　係指非法羈押而言。一八九七年 Costa-Rica-Packet 案，荷蘭承認在公海上逮捕

形均構成拒絕正義。

三、司法判決的錯誤

法院依國內法或國際法審判可能發生錯誤。原則上，法院根據國內法的錯誤判決不發生國家責任問題，除非是判決違反國際法 ❷。反之，嚴重或不可原諒的錯誤則構成拒絕正義，例如法官故意的欠缺公平的判決。此外，司法判決的不執行亦構成拒絕正義 ❸。

參、違反契約的責任

國家與外國人或外國公司簽定契約不履行時的國家責任問題相當複雜。原則上，國家不履行條約的義務，即發生國際責任的問題。但契約的履行和解釋所引起的爭端通常是由締約國法院根據該國國內法解決。因此，祇有「拒絕正義」的情形發生，始引起締約國的責任問題。換言之，外國人或公司在締約國違反義務時，必須先利用該國國內法所提供的救濟辦法。

關於債務契約問題，一九〇七年「海牙限制以武力索取契約債務公約」規定一國不得以武力代其國民向債務國索取債務，除非債務國拒絕接受仲裁，或執行仲裁裁決。準此，一國仍得為其國民向債務國索取契約債務而主張國際仲裁解決。但，某些國家長久以來實踐對於契約債務的外交索償方法，相當審慎 ❹。

混合委員會的判決對於國家不履行契約債務的見解所採「用語」並不一致。例如：「等於拒絕正義的侵佔行為」、「具有損害意思的惡意行為」、「國家對於不同契約當事人的歧視」等 ❺。中南美洲國家為阻止外國政府

船長屬非法羈押。

❷ 違反國際法判決所生的國家責任，事實上，非因拒絕正義的結果，而是國家違背所應遵守的國際法規則的國家責任問題。

❸ L'Affaire de l'Elisa, 27 Nov. 1863, Commission de Lima; 引自 L. Cavaré, op. cit., p. 544.

❹ P. Reuter, op. cit., p. 248.

❺ Ibid.

行使外交保護權，經常在與外國人或外國公司所訂契約中列入「卡爾佛條款」(Calvo Clause)❻❻；就法律觀點而言，此種條款，並不能限制國家保護本國僑民的權利。

晚近，關於國家與他國國民簽訂契約所引起爭端的解決，其發展趨勢是：其一，排除契約依據締約國國內法解決；其二，放棄外交保護手段，尋求仲裁解決的途徑。

第五節　賠償的性質與計算

國際責任的確定主要目的在使責任國負擔損害賠償的責任，此種基本原則經國際判例迭次確認。常設國際法院在邵作廠案判例確認：「違反國際協定就包含了給以足夠賠償的義務，這是國際法的原則。」❻❼由於國際法欠缺有關賠償的一般規則，法官得引用國內民法觀念或衡平法原則作為判決的依據。惟晚近判例顯示有限制法官適用衡平法的趨勢。例如一九五四年國際勞工組織行政法庭一項判決表示：「法官應嚴格遵守法律規定；唯有欠缺法規時始得適用衡平法。」❻❽

關於賠償的方式，責任國應盡可能恢復損害發生前的狀態❻❾，恢復原狀如不可能，則應給付相當於恢復原狀的金錢賠償。

恢復原狀包括法律的或實質的賠償，或兩者兼而有之。法律的賠償在消除不法的事實或結果，例如某一法律的撤銷，拒絕許可的變更等；實質的賠償具有不同形式，例如不法逮捕個人的釋放，沒收財產的歸還，毀壞建築物的重建等。

金錢賠償必須注意兩點：其一是賠償不應超過損害，間接損失不應計算在內。換言之，應以受害人實際的損害或損失為計算標準。其二是賠償不應低於損害： 1.如果是財產的損害，賠償應包括利潤損失的補償，例如

---

❻❻　參閱上節。

❻❼　Chorzow Factory Case, P. C. I. J., Ser. A, No. 9, 1927, p. 21.

❻❽　Lauterpacht, International Law Reports, 1955, p. 409; 1954, p. 395.

❻❾　Chorzow Factory Case, P. C. I. J., Ser. A/B, 1928, p. 47.

不法拿捕外國漁船，賠償金額應包括該船不能使用期間的利潤損失❼； 2.
如果是非財產的損害，例如身體的傷害、殺害、拘禁或任意驅逐出境等情
形，則損害的估計勢將發生困難，因為必須注意到受害人或其繼承人所受
損害以及國家所受精神上的損害。

　　通常根據損害發生之日，作為金額評估標準，例如國際法院在一九四
七年哥甫海峽案判決阿爾巴尼亞賠償英國船舶的金額評估係依船舶損失時
的價值❼，依據提起索償或判決之日者較少採用。

　　此外，賠償可能是精神的賠償，例如由法官宣告某國行為的不法，正
式道歉，不再發生同樣事件的保證和對犯罪者的懲罰等。

---

❼　參照同類型船隻在相同條件下的漁獲量估量。

❼　Corfu Channel Case, I. C. J., Rep., 1949; L. Cavaré, t. II, p. 564.

大 綱

第十三章　國際爭端

第十三章　國際爭端

在國際社會中，國家相互依存關係日益加深，各國在交往中由於國家利益、思想觀念、歷史傳統或政治制度等方面的差異，難免發生歧見或糾紛❶。一般言之，解決國際爭端的方法不外有兩種：其一是和平的解決方法 (Peaceful Means)，其二是強制的解決方法 (Coercive Means)。國家使用武力的強制方法以解決國際爭端，無益於國際和平與安全的維持，反而有加速國際關係惡化的趨勢。晚近國際法的發展乃逐漸趨向於限制或禁止國家使用武力以解決爭端。因此，國家發生爭端時應先自行選擇或依聯合國憲章所提供的和平方法求得解決❷。

第一節　國際爭端的種類

壹、事實情勢的爭端

在國際關係中，國家因事實問題的歧見 (A Difference of Opinion on Point of Facts) 而發生爭端者屢見不鮮。

一八九九年和一九〇七年二次海牙和平會議通過的和平解決國際爭端公約採用「國際調查委員會」(International Commission of Inquiry) 的辦法，以公平調查方式，剖明事件的真實情況，作客觀報告，以利爭端解決。惟採用這種調查制度受到嚴格限制，例如調查係任意性質，不得涉及國家榮譽與重大利益等❸。

晚近國際組織對調查制度也加以運用❹。聯合國大會於一九五七年一

---

❶　參閱丘宏達主編（陳治世、陳長文、俞寬賜、王人傑等合著），現代國際法，三民書局，民國六十二年版，頁 539。

❷　聯合國憲章第三十三條。

❸　參閱一九〇七年公約第九條至第三十六條規定。

❹　聯合國憲章第三十三條第一項。

月成立五國委員會調查蘇聯壓制匈牙利人民起義事項❺。一九六七年第六委員會全體一致通過決議，指出在仲裁或調解程序外，確立客觀事實的重要性，乃建議各會員國就有關事實爭議的確立，應求助於相關國際組織和「特別委員會」(Commissions Ad Hoc)。委員會並要求各國提名五人列入專家名單之內，以供爭端當事國選用❻。

貳、政治爭端

政治爭端係關涉國家利益，無法依據法律規則解決的爭端。準此，凡當事國所爭論者非以法律規則或法律權利為根據者，均屬政治性質的爭端。

一般言之，政治爭端唯有經由當事國直接協議解決。當事國對問題的解決通常受到國際社會政治現狀、公共輿論或國際組織限制武力使用等實力和道德力的支配。

聯合國憲章第十四條規定：「大會在不違背第十二條安理會權限下，對於其所認為足以妨害國際間公共福利或友好關係之任何情勢，不論其起源如何，包括由違反憲章所載聯合國之宗旨及原則而起之情勢，得建議和平調整辦法。」依此規定，任何政治爭端得由聯合國解決之。

參、法律爭端

法律爭端係當事國對既存法律的適用或解釋所引起的歧見，其解決方法為法律規則的適用。準此，法律爭端必須具備兩項要素：其一是當事國彼此認為該爭端涉及法律問題而願意依法解決者；其二是該爭端能依據法律規則解決者❼。

---

❺ 經過數月在各地對於匈牙利難民的盤問，該委員會於六月發表報告書。大會決議認為一九五六年七月十一日的匈牙利事件，乃由人民自發的起義；現在匈牙利政權是由蘇聯以武力干涉，加諸匈牙利人民之上的政權。參閱李恩國，聯合國憲章概論，正中書局，民國五十九年版，頁 253。

❻ R. Raton, A. F. D. I., 1967, pp. 408–411.

❼ 參閱 J. Stone, Legal Controls of International Conflict, London, 1959, p. 148; J. H. W. Verzijl, La Classification des Différends Internationaux et la Nature du Litige,

肆、混合性爭端

通常國家對於事實情勢所發生的歧見，多數具有法律和政治的混合性質。一九三一年常設國際法院審理「德、奧兩國依一九三一年協定所建立的關稅制是否牴觸聖日耳曼條約第八十八條的規定」時❽，德、奧主張兩國關稅聯合與聖日耳曼條約的規定無關。反之，法、義、捷等國則認為應經國聯行政院的同意。就爭端性質而言，本案乃屬條約適用的法律問題，法院雖然認為奧國獨立並不受影響，法國卻認為阻止德、奧的聯合關涉該國重大利益，此一爭端乃轉變成為政治性質的爭端❾。

第二節　和平解決爭端的方法

壹、斡旋與調停

斡旋 (Good Offices) 和調停 (Mediation) 一樣，都是由第三者的介入，促成爭端國的直接談判，惟其介入的程度略有不同。斡旋在於促成爭端當事國的談判，第三國並不直接參與，也不作任何主張。至於調停，第三者在談判過程中，提出其認為適當的解決辦法。斡旋或調停，無論是出於爭端國的請求，或是出於第三國的自願，都是建議的性質，爭端國並無接受的義務❿。

就實踐而言，出於爭端國的請求而調停的情形並不多見，最著名例子是一八八五年的加洛林島案 (Iles Carolines)，教皇 Lion XIII 被爭端國請求

R. D. I. et L. C., 1925, p. 728.

❽ 該條款規定奧國的獨立是不可讓與的，除非經國聯行政院的同意……奧國應自制任何性質上有損及其獨立的行為。P. C. I. J., Ser. A/B, No. 41, 1931, pp. 52–56.

❾ 王人傑在國際爭端之分類引述 Max Huber 見解表示：「一切法律問題隨時都有滲入政治色彩的可能，本來是法律性質之國際爭端，在其演進過程中，常轉變為高度政治性質之爭端。」參閱，丘宏達主編，前揭書，頁 542。

❿ 海牙和平解決爭端公約第六條。

擔任調停人，解決德國與西班牙兩國對加洛林島主權歸屬。第三國自願調停的情形較為常見，例如一八九七年列強出面調停土、希戰爭；一九一七年教皇保祿十五 (Benôt XV) 自任調停人，試圖結束第一次世界大戰；一九六五年九月七日，蘇聯介入印巴有關喀什米爾問題爭端，建議爭端國在蘇聯境內從事談判，兩國接受建議在 Tachkent 會談，並於一九六六年一月十日結束談判，簽署一項宣言，同意逐漸恢復正常關係❶。

由國際機構擔任調停人，也是調停程序進步的表現。國聯盟約❷規定會員間發生爭議如不交付仲裁或法律解決者，應由調停方法解決，茲就盟約主要規定分述如下：

1.國聯對於爭端的發展，得採取防止的一般行動❸。

2.原則上調停為解決政治性質爭端，法律性質爭端則由仲裁或司法解決❹。

3.爭端國必須在爭議將決裂前，決定不利用仲裁或司法解決時，經由調停解決爭端❺。

4.行政院盡力促使爭端國直接達成和解，若未能因此獲得解決，則行政院提出事實及解決方案的報告❻。

5.盟約規定行政院報告後屆滿以前三個月，爭端國不得從事戰爭❼。

聯合國憲章第六章有關爭端的和平解決規定，一方面要求會員國依第三十三條規定方式和平解決爭端，另一方面大會及安理會充任調停人的角色更具重要性。

---

❶　參閱 L. Cavaré, Le Droit International Public Positif, t. II, pp. 227–228.

❷　國聯盟約第十一條至第十七條。

❸　國聯盟約第十一條。

❹　國聯盟約第十三條。

❺　國聯盟約第十五條。

❻　同上。

❼　國聯盟約第十二條。

貳、調　解

一、調解的意義

　　凡國際司法解決範圍以外，任何涉及事實、法律或利益的問題，均得由調解 (Conciliation) 程序處理。

　　調解乃是由爭端當事國將爭端提交一個常設或非常設的委員會處理，由該委員會查明事實真相，並提出解決辦法的報告書，惟該報告書並無裁決性質，對當事國並無拘束力 [18]。準此，調解的辦法是由一八九九年和一九〇七年修訂海牙和平解決國際爭端公約所規定的「調停」(Mediation) 和「調查」(Inquiry) 兩種程序的綜合運用 [19]。

　　通常調解委員會由五人組成，爭端國選定本國籍和第三國籍委員各一人，主席則由雙方共同選定第三國人士擔任。當事國亦得預先設置常設性委員會並規定委員任期。委員會具調停者的任務，必須調和及消除歧見。報告書對當事國並無拘束力。

二、調解的特質

㈠調解具伸縮性

　　調解委員會得事先或依特殊案件臨時設置。委員會組織可採三人或五人制，惟須維持第三國籍委員多數的原則。在權限方面，委員會可處理「任何性質的爭端」(Les Différends de Toute Nature) [20]。委員會的任務限於「提

---

[18]　參閱 H. Rolin, L'Heure de la Conciliation comme Mode de Réglement Pacifique des Litiges, Annuaire Européen, 1957, pp. 3–18.

[19]　Ibid., p. 3; 拙著，Réglement Pacifique des Différends dans le Cadre Européen, The Annals of The Chinese Society of International Law, 1974, No. 14, pp. 32–33.

[20]　國際法學會在一九六一年之決議，Annuaire de l'Institut de D. I., 1961, II, pp. 375–380. 例如一九五四年，一九五五年法、瑞兩次領土主權爭議案，委員會處理法律爭端。參閱 Mme, Bastid, La Technique et les Principes du Droit Public, Etudes en l'honneur de G. Scelle, Paris, 1950, pp. 1–20.

議解決辦法」(Proposer la Solution)，接受與否的決定權仍屬於爭端國。此乃調解與仲裁或司法解決相異之處。但，委員會的任務並非單純的諮詢工作；而是探求爭端國的意向，予以調和，並說服爭端國接受其所提的解決辦法。

㈡程序不流於形式

在程序上，調解與仲裁相類似。惟當事國或委員會的意願可決定程序。委員會的決議通常採多數決原則，票數和相反意見不予登錄。

㈢工作的秘密性

工作的秘密也是委員會成功的條件之一，因其有助於當事國間的相互讓步。委員會工作記錄除非當事國的同意不得公佈之[21]。

三、調解在國際組織的地位

聯合國憲章第三十三條規定任何爭端當事國應先利用「調解」或其他方法和平解決爭端。聯合國大會又於一九六六年通過「公民及政治權利公約」(Convenant on Civil and Political Rights)[22]對調解程序相當重視。該公約第二十八條設立一個由十八人組成人權委員會，負責審查當事國提交的報告；第四十二條規定人權委員會亦得選定五人組成特別調解委員會以期爭議問題獲得和解。

聯合國教科文組織 (UNESCO) 在一九六二年十二月通過一項議定書，設置一個常設調解委員會負責處理教育歧視爭端的解決[23]。一九六五年有關解決國家與他國國民間投資爭端公約也採納調解程序。

自一九六九年以來，由於各國對司法解決未能普遍予以支持，多邊條約中列入調解程序條款的情形日趨普遍，調解在解決國際爭端的方法上益形重要。一九六九年維也納條約法公約第六十六條乙款規定，關於條約失效，終止及停止施行（第五編）的規定，在適用或解釋上引起爭端時，任

---

[21] 國際法學會決議第十條、第十一條、第十三條。Annuaire, op. cit., p. 380.

[22] 約文見 A. J. I. L., vol. 61, 1967, pp. 861–890.

[23] 約文見 A. F. D. I., 1962, p. 670.

一當事國得向聯合國秘書長提出請求，將爭端提交調解委員會解決❷❹。

參、仲　裁

　　一九〇七年海牙公約第三十七條規定，仲裁 (Arbitration) 係由爭端國自行選定法官，遵循法律以解決爭端。準此，仲裁具臨時和個別性質。法官可先由爭端國同意下就個別事件選定，或依雙邊或多邊條約預先選定以處理將來可能發生的某類爭論。至於仲裁的裁決 (Award) 可否超越法律以外的政治考慮，則視仲裁協定有無規定而定。有些仲裁協定同意法官得依法律以外的衡平原則以裁決案件，這也是與司法解決不同之處。仲裁較具彈性，往往可圓滿解決一些非司法途徑所能處理的政治性質爭端❷❺。

一、仲裁制度的演進

　　仲裁制度淵源於希臘羅馬時代，當時神聖羅馬帝國或教皇經常擔任仲裁任務，處理各國糾紛。近代主權國家出現，此一制度乃失其重要性。直至十八世紀，仲裁制度因英、美兩國的採用，重新為各國所重視。一九〇〇年常設仲裁法院 (Permanent Court of Arbitration) 依一八九九年海牙和平解決爭端公約規定成立於海牙。事實上，常設仲裁法院並非一個常設性質的法院，祇不過是一份仲裁員的名單，供給締約國隨時選定仲裁員，以組成仲裁法庭。

　　第一次大戰後，戰勝國與戰敗國協議組成四十多個「混合仲裁法庭」(Mixed Arbitral Tribunals) 以處理人民之間的損害賠償案件，個人可以直接

---

❷❹　依條約法公約附件所定的調解委員會的程序解決。該附件規定，調解委員會組成方式如下：⑴聯合國秘書長應製成並保持一項調解員名單，由合格法學家組成。名單由各國指派二名調解員所構成。⑵爭端當事國各由上述名單中指派本國國民和非本國國民各一人（即當事國雙方指派出四人）。⑶上述四名調解員派定後，再由此四人從名單中選出第五名調解員擔任主席。

❷❺　法國學者 P. Reuter 則持相反意見，認為仲裁法官被賦予超法律的考慮以裁決政治爭端，就名稱而言已非「仲裁」而是「擴大仲裁」(Arbitrage ÉIargi) 或「新仲裁」(Néo-arbitrage)。參閱 P. Reuter, Droit International Public, p. 377.

向法庭提起控訴❷。此外，海牙常設仲裁法院處理案件更趨多元性，包括戰爭引起的爭端和損害賠償案❷。

　　二次世界大戰以後，仲裁制度更具彈性和複雜。傳統的元首仲裁和常設仲裁法院的方法雖已消失或甚少被採用，卻出現其他型態的仲裁。例如一九五六年十月二十七日法國與西德締結有關沙爾區 (Sarre) 條約，設置仲裁法庭以裁決因該條約的適用或解釋所引起的爭端。一九五四年巴黎協定，設立有關在德國財產、權利和利益的仲裁委員會，處理政府與個人之間的爭端。總之，晚近仲裁多元化的嘗試乃為建立一種更完美的仲裁制度。

二、仲裁組織

　　爭端國得自行選擇個人、具權威的法官、國內法院或國際機構❷擔任仲裁者。自十八世紀以來仲裁組織的型態可區分為三類：

㈠混合委員會

　　混合委員會的原始型態是由爭端國各選出相等名額委員組成。再由委員選定其中一名為主席 (Surarbitre)。委員會仲裁案具和解性質。通常仲裁協定同意仲裁員得依衡平和正義裁決案件。主席祇有委員意見不一致時才介入。這種型態的仲裁是英美關係發展出來的一種制度，其優點是由當事國直接參與爭端的解決，近似和解方法；仲裁員率皆由專家擔任。其缺點是裁決不易公正。

　　迨十九世紀後半葉，混合委員會中已開始有第三者參與仲裁工作，同時委員會的組成維持第三國籍者居多數原則。

㈡元首仲裁

　　元首仲裁淵源於歐洲，其優點如下：1.程序簡單，仲裁員依書面裁定，

---

❷　參閱杜蘅之，國際法大綱，下冊，頁 463。

❷　例如一九二二年挪威航運公司案、一九三一年 Chevreau 被驅逐案、一九三二年美國與瑞典間 Kronpring 船舶案。引自 L. Cavaré, op. cit., p. 334.

❷　例如國聯行政院得由爭端國的同意選定為仲裁者，參閱常設國際法院有關洛桑條約第三條二項解釋之諮詢意見，P. C. I. J., Ser. B, No. 12, p. 27.

不必舉行言詞辯論； 2.擔任仲裁的國家元首被認為雙方好友，裁決較易達到公平； 3.元首的威望是裁決執行的一種保證。

元首仲裁的缺點如下： 1.仲裁者並非專家； 2.國家元首的地位或權力可能發生變動而影響裁決的執行； 3.國家元首可能基於政治因素考慮，而做出損及爭端國一方的裁決。

元首因非專家，有時難以勝任工作，元首仲裁的方式乃發展成由元首指派代表代為仲裁的制度。此種制度兼具元首仲裁和仲裁委員會或仲裁法庭的優點 ❷。

㈢仲裁法庭

仲裁法庭通常由三人或五人組成，其中爭端國各指派仲裁員一人，其餘由爭端國共同選定的第三國籍人士擔任。這種制度的優點是爭端國得視案件性質選定專家擔任仲裁者 ❸；缺點是爭端國可能利用中立仲裁員的選任以阻礙爭端案件提交仲裁。歐洲公約為補救這種缺點，乃規定爭端國之一方通知他方之日起三個月內無法順利組成仲裁法庭時，應由共同指定的第三國政府選定仲裁員；如果指定第三國政府仍無法一致時，得由爭端國任一方請求國際法院院長提名仲裁員 ❹。聯合國國際法委員會所提「有關仲裁程序規則之模式」(Modéle de Régles sur la Procédure Arbitrale) 也採用此種補救辦法 ❺。

---

❷　例如一九六〇年六月十二日，阿根廷與智利簽訂協定，同意將兩國長久以來的邊界爭端交由英國女王仲裁。該協定後來未被批准；英政府又依一九〇二年兩國所簽訂的仲裁條約，組成一個由英國人擔任的仲裁法庭。法官由英王指派，裁決則以英王個人名義行使。R. D. I. P., 1967, pp. 257–260; 1960, p. 618.

❸　一八七二年阿拉巴馬案的仲裁庭採五人制，一九五七年簽訂的歐洲和平解決爭端公約第二十條第二項也採此制，維持法庭中中立仲裁員 (Les arbitres neutres) 多數的原則。拙著，前揭文，頁 21–22。

❹　一九六三年六月二十六日法國與阿爾及利亞協定處理撒哈拉 (Sahara) 石油既得權尊重的仲裁案採此方式。C. Vigner, l'Accord Franco-Algérien du 26 juin 1963 en Matiére d'Arbitrage Pétrolier pour le Respect des Droits Acquis au Sahara, A. F. D. I., 1964, p. 391.

三、仲裁的權限

仲裁員的權限原則上由仲裁協定 (Compromis) 規定。但，仲裁協定有疑義或不詳盡時，仲裁員有自行決定其權限之權。

一九〇七年海牙第一公約第七十三條規定應授權仲裁法庭得經由解釋仲裁協定、條約及適用國際法原則以決定其權限。晚近仲裁協定或條約大都明定仲裁員有決定權限之權；但越權的解釋可能導致仲裁裁決的無效。

四、仲裁的適用法

㈠由仲裁協定明定適用法

原則上，仲裁員應適用仲裁協定所規定的法律規則以解決爭端，例如一八七一年阿拉巴馬仲裁案，英、美兩國所簽訂華盛頓仲裁協定，明定海戰時中立國的權利和義務。

㈡由仲裁協定賦予仲裁者自由裁量權

某些仲裁協定並未確定仲裁員所應適用的法律，而賦予仲裁員較之一般法官更廣泛的權力。仲裁員依仲裁協定而享有自由裁量權的情形如下：

其一是仲裁協定列入條款規定仲裁員不僅可以法律原則裁決，也可以依憑事實、衡平原則或情勢考慮以和平方式解決爭端。此種情形特別適於解決非法律問題的領土爭端；仲裁員扮演調停者或調解者的角色。

其二是仲裁協定授予仲裁者解決關涉兩國將來關係的問題，而非單純就當前具體事件的處理。例如一九一〇年大西洋漁權案，海牙常設仲裁法庭依仲裁協定建議，採用一項解決英、美兩爭端國未來關係的程序❸。

㈢仲裁協定未規定時，應適用國際法

仲裁者的權力在仲裁協定中未予規定時，應採嚴格解釋。仲裁者應限於法官職責，依據國際法裁決案件❸。

---

❸ 　參閱 J. Dehaussy, Travaux de la Commisson du Droit International des N. U., A. F. D. I., 1958, pp. 441–443; 1957, pp. 371–375.

❸ 　De La Pradelle et Politis, op. cit., t. II, pp. 441 et s. 引自 L. Cavaré, op. cit., p. 286.

仲裁協定未明文規定時，仲裁員可否適用衡平原則？一九五六年法、希 Phares 案，仲裁員拒絕適用衡平原則，其理由是：「依公允善良 (Ex Aequo et Bono) 裁決之權不得臆測之，爭端國未有任何意願表示時，不得允許之……❸」。其他仲裁案，仲裁員則認為「無可避免」❸ 或「仲裁員應顧及當事國願望，做一種公平的解決。」❸

歐洲和平解決爭端公約第二十六條則規定應遵循法律，「在國際法一般原則範圍內依公允善良原則裁決……」準此，仲裁員只有在欠缺既存法律規則下，始得依衡平原則裁決案件❸。吾人認為除非爭端國明示提具保留，仲裁員應得超越法律的考慮，依衡平法解決爭端。波蘭代表拉希 (Lachs) 在聯大第六委員會曾表示，問題在於仲裁與司法解決應否予以區分。他認為兩種方法不同，仲裁可不考慮法的形式，憑良知擔任爭端案件的和解人 (Amigable Componedor)❸。

五、仲裁的程序

仲裁的程序因仲裁型態、爭端國或仲裁員意願而異。一般言之，仲裁協定並不詳盡規定仲裁程序。一九四七年二月十日盟國與義大利所訂和平條約第八十三條規定，每一委員會依衡平及正義規則制訂其程序。元首仲裁時，由元首決定程序。

仲裁程序受英美混合委員會制度影響甚大。原則上，仲裁以書面審理為原則，言詞辯論為例外❸。一九○七年海牙第一公約第七十條規定，爭

❸ 海牙第一公約第三十七條規定，仲裁係由法官遵守法律規則解決爭端。
❸ Sentence arbitrale du 24 juillet, 1956. 參閱拙著，前揭文，頁 29。
❸ 一九二九年五月二日美、古 Walter Fletcher 之裁決；ibid.
❸ 一九○八年 Trail Smelter 案；ibid.
❸ 學者羅蘭 (Rolin) 認為如此規定將使仲裁法庭無法裁決有關變更法律情勢的政治爭端；ibid.
❸ General Assembly, Official Records, 13th Session, 6th Committee, pp. 65–66; 參閱 L. B. Sohn, International Arbitration Today, Recueil des Cours, 1963 (I), p. 80.
❸ 例如 Alabama 仲裁案，其仲裁協定規定言詞辯論為例外，法庭有自行決定之

端當事國得由其代理人或輔佐人到庭為口頭辯護。仲裁制度的發展似乎趨向言詞辯論。

六、仲裁的裁決

㈠裁決的形式

仲裁裁決的形式不盡相同。海牙第一公約第七十九條規定，裁決書 (Award) 應記載仲裁員姓名，並由主席和書記或秘書簽署。仲裁裁決應否載明「理由」(Motif)，視仲裁型態而定。元首仲裁的裁決通常不附「理由」。反之，混合委員會的仲裁均附「理由」❹。

仲裁的裁決採多數決原則，持反對意見的仲裁員不得於裁決書內發表個別意見，以免減低裁決的道德意義❷。事實上，某些仲裁的裁決並未遵循此一原則❸。

㈡裁決的效力

1.仲裁的裁決對當事國具有拘束力

爭端一經仲裁裁決，當事國即應遵守。換言之，仲裁的裁決具有法律拘束力，當事國在法律上有接受的義務❹。

一九三九年六月十五日常設國際法院在比利時商業公司案判決揭示：「仲裁裁決具拘束力……希臘對裁決的不執行，已違背國際義務。」❺

原則上，仲裁的裁決對第三國不具拘束力。但第三國可能受到裁決的

權。De La Pradelle et Politis, op. cit., t. II, p. 916.

❹ 海牙第一公約第七十九條規定應附理由。

❷ 一九〇七年海牙第一公約第七十八條修正一八九九年海牙公約第五十二條規定得發表個別意見。

❸ 常設仲裁法庭於一九一〇年「大西洋漁權案」仲裁；Drago 博士述明其個別意見。

❹ 一九〇七年海牙第一公約第八十四條規定。

❺ 本案乃因希臘政府不執行一九三六年的仲裁裁決，比利時政府為維護該國公司利益向法院起訴，Société Commerciale de Belgique, Ser. A/B, No. 78, pp. 174, 176.

直接或間接影響。海牙第一公約第八十四條規定，如果爭端的內容是一個多邊條約的解釋問題，爭端當事國應通知其他簽約國，使其有參加仲裁程序的機會；接到通知而參加仲裁程序的國家，因而受裁決的拘束。

2.仲裁的裁決屬終審性質

海牙第一公約第八十一條規定，仲裁的裁決是最後的決定，沒有提起上訴的可能。許多仲裁協定 (Compromis) 亦明定仲裁的裁決具終審性質：

⑴仲裁的裁決無上訴的可能。仲裁員並無修正錯誤的權力，仲裁的裁決不得重新審理。一九六〇年國際法院在「一九〇六年十二月二十三日西班牙國王的仲裁裁決案」揭示：「國際法院並非上訴法院。」 **❹⁶** 常設國際法院在比利時商業公司案也表示：「仲裁的裁決是最後的判決，不能上訴。」**❹⁷**

⑵仲裁的裁決原則上不可能覆審 (Revision)。爭端國除非在仲裁協定預先規定外，不得要求覆審。一九二三年十二月六日常設國際法院在 Jaworzina 案的諮詢意見表示，除非爭端國正式同意，仲裁員不得變更裁決 **❹⁸**，海牙第一公約規定，除仲裁協定的規定外，祇有發現新事實，在辯論終結時為法庭所未知悉，而對裁決有決定性影響者，才有覆審的可能。法庭覆審時不得就案件的事實或文件的解釋予以修正。

㈢裁決的執行

原則上，爭端國必須善意執行仲裁的裁決。爭端國之一造，如不履行仲裁的裁決，他造可以使用國際法所允許的方法，以執行該裁決 **❹⁹**。多數仲裁協定或仲裁條約經常列入保證裁決執行的條款，明定：「國家應善意執行裁決。」

國聯盟約第十三條規定，會員約定彼此以完全誠意實行所發表的裁決或判決；但，對於不執行裁決的國家，卻沒有實際制裁的規定。聯合國憲

---

[46]　Arbitral Award Made by the King of Spain on 23 Dec. 1906, I. C. J., Reports, 1960, p. 214.

[47]　"Les Sentences arbitrales sont sonveraines et sans appel."

[48]　Jaworzina Case, P. C. I. J., Ser. B, No. 8, p. 38.

[49]　雷崧生，前揭書，下冊，頁 16。

章第九十四條規定，安全理事會得採辦法，以執行國際法院的判決，並未提及仲裁的裁決。事實上，仲裁的裁決也可以受到憲章第九十四條的保障；爭端國之一造，得因他造不執行裁決向國際法院起訴。換言之，由國際法院的介入以保證仲裁裁決的執行。

事實上，合法的仲裁的裁決，多數國家均能遵守，甚至修正國內法規來執行裁決❺⓿。

㈣裁決的無效

原則上，仲裁裁決的效力由爭端國認定。惟爭端國與裁決有直接利害關係，可能發生任意否認裁決效力的情形。一九二九年國際法學會乃建議：「國家在所簽署的仲裁條約或仲裁條款中約定就有關越權或仲裁法庭權限的爭議問題交由常設國際法院審查。」❺❶聯合國國際法委員會在一九五五年所擬仲裁程序公約草案也規定，經爭端國一造的請求，國際法院得依據本草案所列的其中一項理由，宣佈仲裁裁決無效❺❷。

至於仲裁裁決無效的情形可歸納如次：

1. 仲裁協定的不合法。
2. 未依仲裁條款選任仲裁員。
3. 仲裁協定期滿後選任仲裁員。
4. 仲裁者的越權 (L'Excés de Pouvoir)，例如仲裁者裁決未經授權的問題 (Ultra Petita) 或未依仲裁協定適用法律，或仲裁者的重大錯誤等。

七、強制仲裁及其障礙

往昔，國際仲裁純係任擇性。從十九世紀開始，在和平主義者的推動下，仲裁逐漸取得強制的性質，以作為和平的保障。同時，各國政府對於

---

❺⓿　例如美國執行一八九三年白令 (Behring) 海漁權案的裁決。L. Cavaré, op. cit., p. 320.

❺❶　Annuaire de l'Institut de Droit International, t. II, 1929, p. 304.

❺❷　O. N. U., Commentaire sur le Projet de Convention sur la Procédure Arbitrale, 1955, pp. 111 et s.

強制仲裁的適用範圍，也表示予以限制的關切 ❸。例如一九○三年英法仲裁條約限制交由仲裁的爭端不應涉及締約國重大利益、獨立和榮譽 (Les Intérêts Vitaux, l'Indépendance et les Honneurs des Parties Contractants) ❹。美國在同時期與他國所締結的仲裁條約不僅採用類似的「保留」，更認為仲裁協定應當取得條約的形式 ❺。這些「保留」的含義曖昧，締約國在適用上可以自由裁量，對於強制仲裁構成實質上的妨害 ❻，學者韋雪爾 (Ch. de Visscher) 稱之「強制仲裁的政治障礙」 ❼。

　　然而，這種「保留」乃是仲裁所必需和不可避免者，任何嘗試改變仲裁程序的彈性特點，終被證實為毫無成效 ❽。就實例看來，如果爭端涉及國家的重大利益，我們幾乎無法期望有關國家會願意將其提交強制的仲裁。反之，仲裁儘管是基於當事國的同意，卻未使其失去重要性。法國學者戴爾貝 (Delbez) 對於仲裁條約中列入保留條款將某些爭論排除於仲裁範圍，有其獨特見解。他說：「各國政府在盛行的和平主義壓力下，或為表示其和平的意願，而甘願簽署一項仲裁條約。同時，又自覺其對本國之責任，乃堅持拒絕將國家重大利益交由第三者（法官）處理。因此，各國政府接受強制的原則，卻又將其適用（強制仲裁的適用）隸屬於一些極嚴格的條件下。」 ❾

---

❸　Ch. de Visscher, Théories et Réalités en Droit International Public, 雷崧生譯，商務印書館，民國六十四年版，頁 310。

❹　參閱拙著，前揭文，頁 17。

❺　即需要美國參議院三分之二多數的同意。

❻　拙著，前揭文，頁 18。

❼　雷崧生譯，前揭書，頁 310。

❽　例如一九五二年國際法委員會建議：「仲裁條約的締約國……如否認爭端的存在，或主張爭端並不在條約所規定的適用範圍以內，應在仲裁法庭尚未組成以前，即提交司法解決。」聯合國大會最後摒棄這個將仲裁程序司法化的建議。同上，頁 312。

❾　L. Delbez, Les Principes Généraux du Contentieux International, Paris, 1962, p. 68.

肆、司法解決

司法解決 (Judicial Settlement) 乃是由國際法院，依據法律規則解決爭端的方式。這種方式，高度地排除了國際爭端的政治性。換言之，爭端國所尋求者是一個基於現行國際法的判決，而不是尋求一個以修改法律為前提的解決辦法 **❻**。

現階段國際法院行使司法職權有逐漸衰落的趨勢。學者認為除了導因於意識形態相對峙的東、西集團的緊張局勢外，還有兩項新的因素直接地減少了各國政府的利用國際法院：其一是爭端的達到司法階段者不多，各國政府對於國際法已有較正確的認識，可以預防爭端的發生。當爭端發生時，則較傾向於直接交涉的方式，予以解決；其二是解決爭端的分權，尤其是區域組織內特殊法院的設立 **❻**。

一、國際法院成立的經過

第一次世界大戰結束後，國際聯盟依盟約第十四條的規定 **❻**，於一九二○年二月設立一個由十人組成的法學家顧問委員會，從事法院規約的草擬工作。國聯大會並於一九二○年十二月十三日通過該委員會所提出的常設國際法院規約草約，一九二一年九月一日規約正式生效。常設國際法院 (The Permanent Court of International Justice; La Cour Permanente de Justice International) 於一九二二年一月三十日在海牙正式成立，至一九四○年德國進佔荷蘭而停止工作。

一九四四年在華盛頓敦巴頓橡園舉行會議時，曾就常設國際法院問題提出建議：其一是適當修正常設國際法院的規約；其二是以規約作為基礎擬訂新規約。一九四五年金山會議乃採納擬訂新規約的方案。

---

❻ 雷崧生譯，前揭書，頁 315。

❻ 同上，頁 318–319。

❻ 國聯盟約第十四條規定：「行政院應籌擬設立經常國際審判法庭之計畫，交聯盟各會員採用……」。

聯合國憲章第七條規定國際法院 (The International Court of Justice; La Cour Internationale de Justice) 為聯合國主要機關之一。第九十二條規定:「國際法院為聯合國之主要司法機關……規約係以常設國際法院之規約為根據,並為本憲章之構成部分。」此外,國際法院規約第三十六條第五項規定,前此接受常設國際法院強制管轄的國家,如其有效期間尚未屆滿,則應認為接受國際法院的強制管轄。準此,就法律而言,國際法院並非繼承常設國際法院;惟在事實上,新法院則為舊法院的繼續。

二、國際法院的組織

國際法院由法官十五人組成,其中不得有二人為同一國家的國民❸。法官應不論國籍,就品格高尚,並在各本國具有最高司法職位的任命資格或公認為國際法的法學家中選任❹。每次選舉法官時,應注意務使法官全體確能代表世界各大文化及各主要法系❺。以上係法官專業上和政治上資格的規定。

法官選舉是由大會及安理會就常設仲裁法院 (The Permanent Court of Arbitration) 各國團體所提出的名單內選舉之❻。在常設仲裁法院並無代表的聯合國會員國,其候選人名單應由各該國政府為此事而委派的團體提出;接受規約的非聯合國會員國,如無特別協定,應由大會經安理會的提議規定之❼。

大會及安理會就候選人名單獨立舉行法官選舉,「候選人在大會及安理會得絕對多數票者,應認為當選」❽。大會的絕對多數票乃指全部會員國

---

❸　國際法院規約第三條。
❹　國際法院規約第二條。
❺　國際法院規約第九條。依「君子協定」,選出法官地區分配名額為:非洲三名、拉丁美洲二名、亞洲三名、西歐及其他國家四名、東歐二名、北美洲一名。
❻　實際上,各國提名團體,均由政府委派,與由政府直接提名並無不同,參閱李恩國,聯合國憲章概論,正中書局,民國五十九年版,頁 123。
❼　國際法院規約第四條。
❽　國際法院規約第十條第一項。

過半數的票數，在安理會則是獲得任何理事國所投票數的過半數票 ❻ 。

法官任期九年，並得連選連任，每三年選舉三分之一法官 ❼ 。

原則上，法院應由全體法官開庭。但法官九人即足構成法定人數 ❼ 。法院為處理特種案件，得由法官三人或三人以上組成分庭 ❼ 。此外，法院為迅速處理事務，應於每年以法官五人組成簡易法庭，以應當事國的請求，用簡易程序，審理及裁判案件 ❼ 。法官受理訴訟案件時，當事國國籍的法官保有參與審判權，如當事國無本國籍法官參與者，得委派一名特別法官 (Judge Ad Hoc) 參與審判 ❼ ，並享有與其他法官平等地位。法院並設院長和副院長各一人，任期三年，由法官互選，獲多數票者當選。

三、國際法院的管轄權

國際法院的管轄權包括訴訟管轄權 (Contentions Jurisdiction; la Juridiction Contentieuse) 和諮詢管轄權 (Advisory Jurisdiction; la Juridiction Consultative) 兩種。

㈠訴訟管轄權

1.訴訟當事國

國際法院規約第三十四條規定：「在法院得為訴訟當事國者，限於國家。」 ❼ 換言之，國家以外的國際組織，法人或自然人均不能成為法院審理訴訟案的當事者，亦無權參加訴訟程序。可利用國際法院的國家可分為三類：

第一類是聯合國會員國。憲章第九十三條第一項規定：「所有聯合國會

---

❻ 　依習慣，安理會各常任理事國均應有人被選為國際法院法官。引自王鐵崖，前揭書，頁 579。

❼ 　國際法院規約第十三條。

❼ 　國際法院規約第二十五條。

❼ 　國際法院規約第二十六條。

❼ 　國際法院規約第二十九條。

❼ 　國際法院規約第三十一條。

❼ 　參照國際法院規約第六十二條、第六十三條。

員國均為國際法院規約之當然當事國。」規約第三十五條第一項規定：「法院受理本規約各當事國之訴訟。」因此，聯合國會員國可以成為法院審理案件的當事國。

第二類是非聯合國會員國而為國際法院規約當事國。成為規約當事國的條件應由大會經安理會的建議就各別情形決定之❼，例如一九五〇年的瑞士和列支敦斯登，一九五四年的日本和聖馬利諾成為規約當事國。

第三類是非國際法院規約的當事國。法院受理非規約當事國的訴訟條件，除現行條約另有規定外，由安理會定之❼。

2.管轄權的基礎

國際法院對國際爭端的管轄權乃以國家意志為基礎，此項原則為多數國際判例所確認❼。各國同意國際法院訴訟管轄權的方法如下：

其一，依當事國簽訂特別協定或自願提交的一切案件：規約第三十六

---

❼　聯合國憲章第九十三條第二項。

❼　國際法院規約第三十五條第二項。安理會於一九四六年通過決議，所列條件為：該國已先向國際法院書記處交存一項宣言，聲明該國願意依憲章、規約及程序規則的條件，承認法院管轄，保證認真執行法院判決，並承擔憲章第九十四條加之會員國之一切義務。

❼　爭端當事國拒絕法院管轄，經法院宣判無管轄審判的主要爭端事件如下：1.一九四三年自羅馬運搬之貨幣黃金案，法院稱：「英、美、法、義固同意法院對本案有管轄權，惟如未獲阿國同意，此項管轄權仍無法使該院有權對義國請求書內問題加以判決」，Monetary Gold Removed from Rome in 1943, I. C. J., Rep., 1954, p. 32; 判文引自張永恆，前揭書，頁96。2.「一九五四年九月四日空中事件」，因蘇聯未同意法院之管轄，法院判決無法審理該爭端。Aerial Incident of 4 Sept. 1954, I. C. J., Yearbook, 1958–1959, p. 91. 3.「一九五三年三月一日空中事件」，因捷克政府未接受其對美國請求書內爭端之管轄權，法院稱無法對該請求書，採任何進一步行動。Aerial Incident of 10 March 1953. 4.「英伊石油」案，法院在判詞內指出，其管轄權是建立在兩當事國之同意上。其對本案有否管轄權，端賴伊朗及英國，依規約第三十六條第二項所宣佈接受其強制管轄之聲明而定。Anglo-Iranian Oil Co. Case, I. C. J., Rep., 1952. 參閱 L. Cavaré, op. cit., t. II, p. 377.

條第一項前段規定，法院的管轄包括各當事國提交的一切案件。爭端當事國對業已發生的爭端，訂立特別協定 (Compromis)，自願同意，關於該案接受法院的管轄。當事國如將此種協定通知法院，法院即被賦予訴訟管轄權。自國際法院成立以來，當事國依特別協定同意讓法院審判的案件並不多 ❼❾。此外，爭端之一造單方面將爭端提交法院，而獲得他造當時或事後的同意，法院亦具有管轄權。

其二，依條約：由國家訂立多邊或雙邊條約，規定將來可能發生的一切爭端或某類爭端提交法院審理；法院依此條約規定而取得強制管轄權者。法院規約第三十六條第一項規定，法院的管轄包括聯合國憲章或現行條約及協約中所特定的一切事件。國際法院規約第三十七條更進一步規定：「現行條約或協約規定某項事件應提交國際聯合會所設之任何裁判機關或常設國際法院者，在本規約當事國間，該項事件應提交國際法院。」

其三，依任擇強制管轄條款：規約第三十六條第二項規定：「本規約各當事國『得隨時聲明』關於具有下列性質之一切法律爭端，對於接受同樣義務之任何其他國家，承認法院之管轄為當然而具有強制性，不須另訂特別協定：(1)條約之解釋；(2)國際法之任何問題，(3)任何事實之存在，如經確定即屬違反國際義務者；(4)因違反國際義務而應予賠償之性質及其範圍。」學者認為規約第三十六條第二項列舉規定的適用範圍不如同條第一項所定「包括一切案件或事件」❽⓿。

國際法院對於此類案件的管轄權是基於各當事國所作的上述聲明。此種管轄雖具強制性，卻是由國家自由決定是否承擔此種義務，故稱之為「任擇強制管轄條款」(Optional Compulsory Jurisdiction Clause) 此外，上述聲明，得無條件為之，或以數個或特定的國家間彼此拘束為條件，或以一定的期

---

❼❾ Asylum (Colombia v. Peru); Minquiers and Ecrehos (Franch v. U. K.); Sovereignty over Certain Frontier Land (Belgium v. Netherlands); North Sea Continental Shelf (Germany v. Denmark; Germany v. Nertherlands); Corfu Channel (U. K. v. Albania). L. Cavaré, op. cit., p. 376.

❽⓿ P. Reuter, Droit International Public, Paris, 1976, p. 395.

間為條件❽。目前有效的多數聲明中，均以相互接受國際法院強制管轄為
條件。

　規約第三十六條第二項「任擇強制條款」的適用受到下列兩種主要限
制：

　其一是聲明接受管轄國家數量上的限制。據統計，聲明接受此條款的
國家約佔世界所有國家的三分之一❽。

　其二是接受管轄的保留。國家通常依照第三十六條第二項規定而接受
法院管轄的聲明，均附有一些保留條件。例如聲明中附有「相互原則」為
條件，必須另一當事國也接受法院管轄，管轄權才能成立；或聲明中附接
受期間❽；或聲明中附國內管轄權的保留，凡依照國際法屬於各國國內管
轄的爭端，法院無權審理❽。

❽　國際法院規約第三十六條第三項。

❽　至一九七五年有四十五國接受管轄條款與一九三九年的數目相近。所有共產國
　　家，多數中東、非洲、亞洲和美洲國家均未聲明接受強制管轄條款。詳細數目
　　參照 I. C. J., Yearbook.

❽　通常以五年為期，期滿再予延期或作廢，但許多接受強制管轄條款國家期滿後
　　未予延期。

❽　在一九四六年以前各國之保留均依盟約第十五條第八項所稱「按諸國際公法純
　　屬一國國內法權內事件」為條件，故情形並不嚴重，因國內管轄權範圍有客觀
　　標準。美國於一九四六年聲明的保留是：「由美國所認定 (As Determined by the
　　U. S. A.) 在本質上屬於美國國內管轄的一切爭執事件。」此種保留形式為包括
　　法國和印度等十一個國家所採取。美國在「殷特韓德」(Interhandel) 公司一案
　　中曾引述此項保留稱：「美政府出售及處理美籍公司的股票，應屬本國主權的
　　行使範圍內，係純國內管轄事件，根據美國一九四六年八月十四日聲明第二保
　　留條件，國際法院無權處理此問題。」美國保留形式的有效性曾受批評。參閱
　　Bisclop, International Law: Cases and Materials, 1962, p. 64. 部分學者認為此類
　　保留條款具「單方性質」(Un Caractére Potestatif) 致接受法院管轄之聲明無效。
　　法國的保留聲明擴及「關於國防活動的爭執事件」。一九七三年六月二十二日，
　　國際法院因核子試爆案 (Nuclear Tests Case, 1974)，應紐西蘭的請求，以一項命
　　令指示某些法國在該院最終宣判前不得進行核子試爆的臨時保全辦法後，法國
　　於一九七四年一月十日通知撤回接受強制管轄的聲明。參閱 P. Reuter, op. cit.,

　　自第二次世界大戰以來，接受國際法院強制管轄，而附加保留的實例，已嚴重的變質。國家從前是公開地拒絕將真正的政治爭端提交法官判決，而現在的拒絕，掩蔽在法律技術的策略之下❽。

　　國家的抗拒強制管轄，不僅表現於其作接受宣言的保留裡，而且可以在進行訴訟程序時，提出先決反對意見。換言之，答辯國往往以先決的反對意見，正圖避免一個關於是非曲直的判決。

　　3.國際法院判決的效力

　　國際法院的判詞全敘明理由，並應載明參與裁判的法官姓名❻。判詞如全部或一部分不能代表法官一致的意見時，任何法官得另行宣告其「反對」或「同意」的個別意見❼。判詞的意義或範圍發生爭端時，經任何當事國的請求後，法院應予解釋。

　　國際法院判決效力如下：

　　⑴拘束力：法院的判決除對於當事國及本案外，無拘束力❽。但有兩種情形，法院判決對於第三國具有同樣拘束力：其一是條約發生解釋問題，訴訟當事國以外其他簽字國行使參加程序的權利時，判決中的解釋對該國具有拘束力❾；其二是某國認為某案件的判決可影響屬於該國具有法律性質的利益時，得向法院聲請參加，並由法院裁定此項聲請❿。

---

　　　　p. 397.

❽　雷崧生譯，前揭書，頁327。中華民國在舊金山會議時，曾主張新規約應訂明國際法院對於一切法律爭端都有強制管轄權，引自沈克勤，前揭書，頁504；中共則反對強制管轄，王鐵崖編著，國際法，頁585指出：「眾所周知，國際法院不是凌駕於國家之上的司法機構，如果強迫主權國家違背自己的意志而無條件地接受強制司法解決的義務……這實質上就是對國家主權的任意限制和否定，其結果不僅嚴重地破壞國際法制度和國際和平，而且還會危及各國的獨立和生存。」

❻　國際法院規約第五十六條。

❼　國際法院規約第五十七條。

❽　國際法院規約第五十九條。

❾　國際法院規約第六十三條。

⑵確定力：法院的判決係屬確定，不得上訴❾。如於判決後，發現具有決定性的事實，而此項事實在判決宣告時為法院及有關當事國所不知者，此當事國得根據此項事項，聲請法院「覆核判決」(La Révision)。惟聲請覆核當事國所不知的事實，以非因過失而不知者為限。覆核的聲請至遲應於新事實發現後六個月內及自判決日起十年內為之❾。

⑶執行力：憲章第九十四條規定，聯合國每一會員國為任何案件的當事國者，承諾遵行國際法院的判決。遇有一造不履行依法院判決應負義務時，他造得向安理會「申訴」。安理會如認為必要時，得作成建議或決定應採辦法，以執行判決。

㈡諮詢管轄權

1.請求發表諮詢意見的機構

聯合國憲章第九十六條規定，大會或安全理事會對於任何法律問題，得請國際法院發表諮詢意見。聯合國其他機關，及各種專門機關，對於其工作範圍內之任何法律問題，得隨時以大會之授權，請求發表諮詢意見。國際法院規約第六十五條規定：「法院對於任何法律問題如經任何團體由聯合國憲章授權或依憲章而請求時，得發表諮詢意見。」準此，大會和安理會以外的其他機構請求法院發表諮詢意見必須具備兩項條件：其一是須經大會的許可❾；其二是意見必須關涉請求機構在工作範圍內的問題。

大會已經授權經濟暨社會理事會及託管理事會，以及政府間海事諮詢組織❾、聯合國教科文組織❾、世界衛生組織、國際民航組織、國際貨幣

---

❾　國際法院規約第六十二條。

❾　國際法院規約第六十條。

❾　國際法院規約第六十一條第一項、第四項、第五項。

❾　聯合國大會於一九四九年十二月六日決議，就有關西南非國際地位之法律問題發表諮詢意見，表示發表諮詢意見的請求乃屬程序問題，無須採用三分之二之多數原則，引自 L. Cavaré, op. cit., p. 390. 李恩國在聯合國憲章概論指出：「在大會中請求法院發表諮詢意見為重要性問題，故需三分之二多數表決。」參閱頁 136。

❾　一九五九年一月十九日大會通過一項決議，請求國際法院就海事安全委員會之

基金、世界氣象組織等專門機構可向國際法院請求發表諮詢意見。

2.發表諮詢意見的程序

　　法院規約規定，請求諮詢者應以申請書送交法院，對於問題應有確切敘述，並附說明該問題之一切文件❾❻。書記官應即通知有權出庭的國家，或取供給情勢的國際團體，提出書面或口頭陳述❾❼。諮詢意見應當庭公開宣告❾❽。關於發表諮詢意見的程序，儘可能應參照訴訟的程序❾❾。

3.發表諮詢意見的限制

　　憲章第九十六條和規約第六十五條規定，法院對於任何「法律問題」，得發表諮詢意見❿⓿。所謂法律問題乃指一切可以基於法律，予以答覆的問題而言。準此，國際組織向法院所提出的問題是超越法律以外的政治考慮時，法院便會拒絕予以答覆。國際法院得以考慮每個案件的情勢，而決定法院應否拒絕發佈諮詢意見⓿❶。一九六二年七月二十日「聯合國某些費用案」，國際法院發表諮詢意見說：「發表諮詢意見乃係法院自由裁量權 (Le

---

　　　　結構，是否符合政府間海事諮詢組織公約之問題，發表諮詢意見，此項發表意見之請求，經該組織秘書長傳達國際法院辦理。參閱張永恆，前揭書，頁230。

❾❺　聯合國教科文組織執行理事會於一九五五年十一月二十五日通過決議，請求國際法院就國際勞工組織行政裁判所所作對聯合國教科文組織控訴之判決之法律問題發表諮詢意見，嗣經聯合國教科文組織行政長於同年十二月二日轉達國際法院辦理。參閱同上，頁224–225。

❾❻　國際法院規約第六十五條第二項。

❾❼　國際法院規約第六十六條第一項和第二項，關於國際爭端，向法院請求發表諮詢意見，多由大會或安理會提出，故在法律上嚴格言之，並無爭端當事國可言。惟在法院習慣上，有關當事國或團體，得由律師參加辯護。參閱李恩國，前揭書，頁136–137。

❾❽　國際法院規約第六十七條。

❾❾　國際法院規約第六十八條規定，自常設國際法院以來，諮詢管轄與訴訟管轄的程序，已漸漸地趨於一致。參閱雷崧生著，國際法原理，下冊，第七版，頁31。

❿⓿　國際法院是否有權解釋憲章曾受爭議。一般認為解釋憲章等於修改憲章，與其職權相牴觸。參閱王鐵崖，前揭書，頁586。

⓿❶　雷崧生譯，前揭書，頁331。

Powoir Discrétionnaire)，但法院祇能就法律問題發表諮詢意見。假如一個問題並非法律問題，應拒絕發表諮詢意見。」❿

國際法院對於合法提交的問題，可以在法律上予以答覆者，即應予作答，不必考慮申請是否政治動機所促成，或答覆後可能引起的政治後果。

4.諮詢意見的效力

諮詢意見僅具諮詢性質，並無訴訟案件的判決所具的拘束力 (Res Judicata)❿。但在某些情形下，諮詢意見因當事國於事先以條約或協定規定，而具有拘束力。例如國際勞工會議於一九四六年通過，一九四九年修訂的國際勞工組織行政法庭規約第十二條規定:「執行理事會得對法庭的管轄權或程序上的基本錯誤表示異議，並得就法庭判決的效力問題請求國際法院發表諮詢意見。國際法院的意見具拘束力。」一九五六年十月二十三日國際法院在「國際勞工組織行政法庭所作對聯合國教科文組織控訴的判決」乃依上述規約第十二條規定發表諮詢意見指出，行政法庭所作判決正確無誤❿。

國際法院發表諮詢意見無需當事國的同意，蓋因國家無權要求國際法院發表諮詢意見❿。至於國際法院是否必須答覆諮詢意見的請求? 法院為聯合國的機構，其答覆係構成對聯合國組織活動的參與，故原則上，不能予以拒絕❿，惟仍須視案件的情節而定。

第三節　強制解決爭端的方法

現階段的國際社會，仍然缺少一個具有強制力量的中央機構。國家為保障其權利，在和平方法證明無效後，經常採取武力或非武力的強制方法

---

❿　Certain Expenses of the U. N., Advisory Opinion, I. C. J., Rep., 1962, p. 155.

❿　諮詢意見在法律上並非毫無意義，對於國際法律問題能提供權威性參考意見。

❿　I. C. J., Rep., 1956, p. 77.

❿　Interpretation of Peace Treaties, Advisory Opinion of March 30th 1950, I. C. J., Rep., 1950, p. 71.

❿　Ibid.

以解決國際爭端。

壹、扣押在第三國的財產

扣押在第三國手中的財產可以達到損害賠償判決的執行目的。在「一九四三年自羅馬搬運的貨幣黃金」案，英國曾主張一九四三年德國自羅馬所搬運返國，而扣押在盟國手中的阿爾巴尼亞國家銀行的貨幣黃金，應撥予英國，部分抵充一九四九年哥甫海峽案內阿國應對英國的賠款❿。

貳、報　復

報復 (Retorsion) 是一個以相同或相似的行為，對付不禮貌、不友誼或不公平的行為❿。引起報復並非是違法的行為，通常一個國家如果認為自己忍受著不利的影響時，便可用報復的方法以尋求解決❿。報復的方法則視個別情形而定，凡不違背法律而可對他國施用壓力的方法均可採用，例如提高關稅率、輸出或輸入的禁止、借貸的拒絕等。英國曾拒絕與阿爾巴尼亞建立外交關係的理由是阿國不履行國際法院在哥甫海峽案的判決❿。世界銀行拒絕信貸於不履行對第三國應盡義務的債務國，也是一種補充國家報復手段的強制方法。世界銀行在一九六九年六月出版的「原則與操作」(Principes et Opérations) 指出，國家因不履行對外國的金融上義務或因徵收補償事件損及外國人財產，其信用受到影響時，銀行通常通知此類爭端的相關政府，說明除非該國盡力尋求公平與合理的解決辦法，否則銀行和國際開發協會 (Association International de Développement) 將不提供援助❿。

---

❿ Monetary Gold Removed from Rome in 1943; 參閱張永恆，前揭書，頁 93–96。

❿ Oppenheim-Lauterpacht, International Law, vol. II, 1952, p. 134.

❿ 雷崧生，前揭書，下冊，頁 34。

❿ E. Lauterpacht, Survey of the Contemporary Practice of the U. K; Int'l and Comp. Law Quarterly, Jan. 1959, pp. 157–158; 引自 R. Pinto, Le Droit des Relations Internationales, Payot, Paris, 1972, p. 223.

❿ Ibid., pp. 223–224.

參、非武裝的報仇

　　報仇 (Reprisals) 係一國為對付他國不履行國際義務的違法行為，所採取的強制方法。非武裝的報仇得對侵權國或該國國民實施，例如扣押侵權國船貨、抵制、驅逐出境、扣押私人財產、斷絕交通、拒償債務、停止條約履行等方法❶❷。英國政府為強制伊朗履行一九五五年七月五日國際法院在英伊石油公司案的判決，乃決定拒絕繼續交付伊朗某些貨品，並且停止給予該國英幣兌換美元的方便❶❸。

　　上述強制方法，在實施上可能遭遇到困難。這些方法違反國際性或區域性人權公約的規定，或引起侵權國的反抗，或導致國際組織的介入❶❹。

肆、武裝的報仇

　　武裝報仇原係私人執法的殘餘制度。在十九世紀，國家將這種制度用於在平時對抗外國的一種強制方法：它是以一些內含敵意，卻不造成戰爭狀態的行為，使該國屈從報仇國的意志。事實上，武裝報仇的運用高度地成為強者對抗弱者的工具❶❺。

　　傳統國際法容許一個國家可以用武力強迫他國遵從其意願是由於國際關係的個別主義迄未消失和有效國際組織的尚未建立兩項因素所導致的結果。

　　國際法在理論和實踐方面對於國家行使報仇權利設定若干限制。一九二八年七月三十一日葡德特別仲裁法庭在「諾利拉」事件仲裁案 (Naulilaa Incident Arbitration) 指出：「祇有經謀求補償而無效的報仇才是合法。……固然國際法並未要求報仇的程度應比照違法行為，如果報仇與引起報仇的

---

❶❷　參閱 L. Delbez, op. cit., p. 490.

❶❸　R. Pinto, op. cit., p. 224.

❶❹　例如有關國際法院判決的執行，聯合國憲章已有明文規定；憲章第九十四條規定。

❶❺　參閱雷崧生譯，前揭書，頁 270–273。

行為完全不成比例 (Hors de Toute Proportion)，吾人應視為過分而不合法。
德國在安哥拉 (Angola) 邊境的攻擊不能認為是『諾利拉』事件的合法報仇
……因德軍在行動前未預先謀求補償……其行動超過報仇所必要的程
度。」⑯

　　聯合國憲章不但禁止會員國以戰爭作為推行國家政策的工具，也不容
許在國際關係上以威脅或武力，或以與聯合國宗旨不符的任何其他方法，
侵害任何會員國或國家的領土完整或政治獨立。準此，在聯合國體系裡，
國家採取個別訴諸武力的強制方法已成為違法的行為⑰。國際法院在一九
四九年的哥甫海峽案的判決亦支持此論點。法院指出：「英國軍艦通過哥甫
海峽不僅為實施航行目的的通過，而且是顯示其強大武力，使阿爾巴尼亞
不敢再砲擊通過船舶；英艦的通過並不構成對阿國主權的侵犯……⑱」。

　　在實例方面，武裝報仇與合法自衛權的行使⑲經常不易區分。聯合國
對於巴勒斯坦問題曾多次強調，武裝報仇不得視為合法自衛的手段。一九
五六年一月十九日安理會在 Tibériade 湖案件全體一致通過決議，指出敘利
亞當局阻礙以色列在 Tibériade 湖的活動違反停戰協定，但這種阻礙並不能
證明以色列行動的正當。安理會欲提醒以國政府的是，安理會已決定譴責
這種軍事行動，不論（該行動）是否為報仇所採取者。負責停戰監督的布
郎 (Burns) 將軍向聯合國報告也指出以國的這種報仇可能導致真正的敵對
行為。另一方面，停戰的故意違反，未受聯合國的制裁，乃無可避免地發
生這種自衛的方法。在葉門控訴英國轟炸 Fort d'Harib 案，安理會也宣告報
仇是不符聯合國的原則與宗旨。英國代表也接受武裝報仇應予禁止的原則，
但認為英國的行動是防衛的行為⑳。一九六四年八月「東京灣事件」(The

⑯　R. S. A., vol. II, pp. 1027–1028; 譯文參照杜蘅之，前揭書，頁 483–484。

⑰　部分學說主張國家為保障國家間司法判決的執行或其權利，假如國際組織未能
　　予以有效保證時，則武力的使用成為合法行為。參閱 R. Pinto, op. cit., p. 225.

⑱　Corfu Channel Case, Rep., 1949, pp. 30–31.

⑲　聯合國憲章第五十一條規定之自衛權。

⑳　所有安理會會員國在討論中均譴責武裝的報仇。Rev. des N. U., Avril, 1964; 引
　　自 R. Pinto, pp. 242–243.

Gulf of Tonkin Incident)，美國政府認為所採的係有限度的武裝自衛行動，因為「美國海軍在國際水域的東京灣從事正常作業時，受到故意和重複的攻擊」㉑，英國首相也宣佈：「北越行為構成在國際水域對美國軍艦未受挑釁的攻擊，美國有權採取報仇手段。」相反地，捷克代表就案件的事實和法律問題有不同的說明：「事件是由進入北越領海的美國軍艦所引起。此外，在這種情形下，合法自衛權祗許可美國在海上擊退此類攻擊，而不得進行轟炸。」蘇聯代表也說：「合法自衛權在任何情形下，不得以報仇方法行使之。事實上，國際法並不承認報仇權。」㉒聯合國一九七〇年十月二十四日通過「關於國家間友好關係的國際法原則宣言」的決議呼籲國家不得從事武裝報仇㉓。此外，依據憲章第五十一條的規定，國家受到武力攻擊時，在安理會採取必要辦法以前，得為合法自衛而採取武裝報仇行為。

伍、平時封鎖

封鎖 (Blockade) 是一國以足夠海軍力量阻止被封鎖國的船舶出入被封鎖的海口或海岸。一八五六年巴黎宣言規定封鎖必須具備二項條件：其一是有效的封鎖，必須維持足夠力量實際阻止被封鎖國船舶的進出；其二是公告開始封鎖的日期與被封鎖的區域，如屬戰時封鎖並應經由外交途徑通知中立國㉔。

平時封鎖 (Pacific Blockade) 與戰時封鎖的主要不同點是前者的效果不能夠及於第三國。換言之，封鎖國無權捕獲企圖破壞封鎖的第三國船舶，第三國亦無尊重平時封鎖的義務㉕。

自十九世紀以來，平時封鎖的實例很多，國際社會遂默認其為一種強

㉑　美國代表 M. Adlai Stevenson 向安理會的報告。事實上，美國在 Westmoreland 將軍指揮下在東京灣進行三十四號 A 計畫。Ibid.

㉒　Rev. des N. U., Juillet-Aout, 1964, pp. 15–24; ibid.

㉓　La Résolution du 24 Oct. 1970 A. 2625 (XXV); A. F. D. I., 1970, p. 519.

㉔　參閱 P. Reuter, op. cit., p. 479.

㉕　J. G. Starke, op. cit., pp. 486–487.

制解決爭端的方法。這種武力強制方法通常皆由海軍強國對弱小國家行之。

晚近，美國所實施的平時封鎖在國際法上創下了非常特殊例子。一九六二年十月底美國對古巴實施類似檢疫的隔離 (Quarantine) 措施，乃是一種效力及於第三國的平時封鎖行為 [126]。一九五〇年六月二十七日美國政府決定以軍艦巡弋臺灣海峽，吾人認為也是一種平時封鎖的獨特措施。美國政府在聯合國安理會表示：「共產軍隊佔領臺灣對於太平洋區的安全，和在該區執行合法任務的美軍，勢必帶來直接威脅。」[127] 美國政府認為上述措施係為實現聯合國維持區域和平與安全的宗旨。

此外，一國以武力封鎖鄰接他國領海、港口或海岸的海峽乃構成侵略行為，可能引發他國行使合法自衛權。一九五八年領海及鄰接區公約第十六條第四項明定之：「在公海之一部分與公海另一部分，或外國領海之間供國際航行之用海峽中，不得停止外國船舶的無害通過。」一九四九年國際法院在哥甫海峽案亦確認海峽通航權 [128]。

一九五三年埃及開始管制經過 Tiran 海峽的以色列商船。一九五五年九月封鎖範圍擴大，任何船舶欲通過 Akaba 海峽，必須於七十二小時前通知埃及當局，並須獲得特別許可。以色列的飛機不得飛越海灣上空。一九六七年埃及總統又宣佈在 Tiran 海峽對以色列實施封鎖。埃及政府認為海峽水域屬該國領域，有權在海峽行使航行管制。以色列則認為利害關涉該國存亡 [129]。

---

[126] 參閱 A. J. I. L., vol. 57, pp. 512–513; 杜蘅之，前揭書，頁 485; 丘宏達主編，前揭書，頁 571–572。該封鎖區域及於公海，亦違反公海自由原則。

[127] L. M. Goodrich & Anne P. Simons, The U. N. and the Maintenance of International Peace and Security, p. 436.

[128] I. C. J., Rep., 1949, p. 28.

[129] Chronique. O. N. U., Juin 1967, pp. 14–18.

陸、干 涉

一、干涉的意義

國際法對「干涉」(Intervention) 一詞，缺乏一致性定義。一些國際法學家認為干涉係一國專橫地干預他國內政或外交事務，以達到維持或變更既存的事實或秩序❿；依此定義，干涉乃為國際法所不容許❶。事實上，近代國際關係中，干涉行為仍不可避免，此乃是國際政治的特質。

就國際法學家而言，他們只注意到何種形式及何種程度的干涉是構成對他國主權的非法干預。法國學者查理·盧梭也把干涉區分為「合法的干涉」與「不合法的干涉」，雖然干涉大多是不合法的❷。

二、干涉的方式

1.外交干涉：外交官公開對他國內政或外交措施加以批評，構成干涉他國行為。一九五四年美國國務卿杜勒斯 (Dulles) 宣稱：「如果法國的國民大會不批准歐洲防衛公約，美國政府將重新考慮其對歐洲政策。」此宣言在當時發表，令人不得不懷疑杜勒斯欲使多數法國國會議員贊同防衛公約。

2.顛覆干涉：係一國為本身利益，從事宣傳，造成他國社會的不安和分化，並進一步協助當地叛亂團體奪取政權，例如一九五四年美國顛覆瓜地馬拉。

3.軍事干涉：一國用以影響或控制他國內政方法失敗以後，通常是直

---

❿ Oppenheim-Lauterpacht, International Law, vol. I, 1955, p. 305; Ch. Rousseau, Droit International Public, 1953, p. 321; 參閱杜蘅之，前揭書，頁 487。

❶ 國際習慣承認國家享有獨立權，不容許一國干涉他國事務。協定國際法亦確認不干涉原則，例如聯合國憲章第二條第四項和第七項的規定。聯大一九六六年的決議中，也將不干涉原則列為國家友好與合作關係中應遵守的國際法規則。

❷ Ch. Rousseaux, op. cit., 1953, p.326. 我國學者雷崧生指出國際法認為合法的干涉有兩類：其一是根據國際條約的干涉，其二是根據國際法規則的干涉；前揭書，頁 83–84。

接派遣軍隊幫助合法政府鎮壓叛亂團體，或協助叛亂團體對抗合法政府，或由於第三國的干涉而引起的反干涉。例如：一九五八年美國派遣一萬四千名軍隊前往黎巴嫩壓平叛亂團體、一九五六年蘇聯對匈牙利的武裝干涉、一九六八年蘇聯武裝干涉捷克、一九六一年美國的介入豬灣 (Pigs) 事件、一九五六年以、英、法三國聯合干涉埃及等。

三、合法的干涉

合法的干涉係國家在有法律權利根據的情況下進行。茲就國際法或國際實踐所承認的合法干涉分述如下：

㈠內戰中外國軍事援助的合法性

一國經他國合法政府的自動邀請，在內戰中給予合法政府以軍事上的援助，不得視之為武裝侵略行為，學者通稱「應邀干涉」(Invitational Intervention)❸。「應邀干涉」是一國合法政府行使內國公權的正常結果，其合法性自不容置疑。

在國家實踐上，一九五一年美國分別與日本、南非聯邦、澳大利亞、印度簽訂軍事援助條約❹。一九五四年九月八日簽訂的東南亞集體防衛條約第二條明文規定外來的軍事援助。一九五八年美國基於兩國間的友好條約關係，應黎巴嫩的邀請，派遣一萬四千名軍隊前往黎巴嫩。

反之，一國應他國叛亂團體的要求，給予軍事援助，應視同侵略行為。一九○○年國際法學會的建議案，禁止第三國供給叛亂團體以任何武器、軍需或貸款❺。國際法學者塞爾曾就西班牙的內戰表示其見解：「任何贊助叛亂團體的干涉可能被合法政府視為國聯盟約第十條所稱『侵犯』。」❻卡

---

❸　參閱 E. Lauterpacht, Intervention by Invitation, International and Compacative Law Quarterly, Jan. 1958, p. 103.

❹　Recueil des Traités des N. U., No. 1835, 2600, 1769, 1904.

❺　Art. 2, para. 2.

❻　G. Scelle, Les Bases du Droit Positif en Matiére de Guerre Civile, R. G. D. I. P., 1938, p. 272.

斯特龍 (Castren) 在出版的「內戰」一書指出：「禁止援助叛亂團體是一種如此普遍地被接受的實踐，以致有可能將此種實踐視為習慣法則。」 ⓘ

㈡人道干涉

原則上，一國未經許可在他國領土上實施軍事干涉，以解救被非法拘留的該國國民，乃構成武裝侵略行為。但若干實例顯示，為救助實際上生命受到不法威脅的個人，國家可以實施人道干涉 (Humanitarian Intervention)。人道干涉的行動應限於救助或撤退時實施，並不得具有政治或軍事目的。

一九六四年十一月二十四日至二十五日，比利時政府在英、美兩國的協助下，對剛果實施人道干涉，拯救大約二仟名生命遭受危害的個人。聯合國二十二個會員國在安理會對此種干涉行為的合法性表示異議。安理會對此特殊事件未做任何決議，僅涉及剛果一般情勢的處理，並重申「不干涉的原則」 ⓘ。一九六五年五月美軍在聖多明哥 (Saint Domingue) 的登陸，詹森總統宣佈是為救助和保護數百萬的美國國民和三十多個國家僑民的生命 ⓘ。

㈢援助殖民地獨立的干涉

聯合國大會一五一四號決議明確譴責殖民地的制度。準此，在殖民地獨立運動的戰鬥過程，任何對統治國政府的援助均屬非法行為。反之，任何國家給予民族解放運動的支持在法律上是容許的。一九六五年聯大決議邀請所有國家對在殖民地的民族解放運動給予物質上和精神上的協助 ⓘ。

ⓘ　Castren, Civil War, 1966, p. 118. 十八世紀的法學家華太爾 (Vattel) 則主張：「在內戰中，外國得援助其認為有理由（符合正義）之一方……」；引自 R. Pinto, op. cit., pp. 257–258.

ⓘ　30 Sep. 1964, S. 6129; Chronique. O. N. U., Déc. 1964, p. 9; 參閱 K. W. Grundy, The Stanleyville Rescue: American Policy in the Congo, The Yale Review, 1967, p. 242.

ⓘ　法國代表在安理會表示，美國政府顧慮其僑民的安全而採取干涉行動。但，此類干涉在目的、持續時間和方式等方面應予限制。事實上，美國的干涉具有重要政治目的。R. Pinto, op. cit., p. 264.

一九六一年哥亞 (Goa) 事件，印度引述聯大第一五一四號決議，作為其軍事干涉的合法依據。印度主張，哥亞地區的居民有權起來反抗葡萄牙的統治，印度援助該地居民乃是國際法所容許的❹。至於軍事援助統治國壓制當地居民的反叛，就法律觀點而言，仍無法視之為武裝侵略，因為武裝侵略的對象必須是國家。

㈣國際組織的干涉

聯合國的首要宗旨，在於維持國際和平及安全。憲章規定達成此項目的的兩種辦法：其一是和平方法❷；其二是採取有效集體辦法，以防止並消除對於和平的威脅，制止侵略行為或其他破壞和平的行為。

在聯合國制度下，由安全理事會決定是否有對和平的威脅或破壞，或是否有侵略行為的存在❸。此項決定對所有會員國具有拘束力❹。然後再由安全理事會決定所應採取的步驟❺。此外，聯合國大會也有權討論維持及恢復國際和平及安全的問題。除關於依第十二條第一項安全理事會正在處理的爭端及情勢外，大會並得向安全理事會及各會員國提出建議❻。聯合國所採取的集體干涉措施主要乃決定於一般政治情勢及強國間的關係。

聯合國自成立以來，曾多次介入一國內部武裝衝突。依憲章第二條第七項的規定，聯合國不得干涉在本質上屬於任何國家國內管轄之事件。原則上，一國內部武裝衝突應屬該國國內管轄的事件，得排除聯合國管轄權的行使。但，下列情形聯合國仍得依職權而實施干涉：

1.對於和平的威脅：當世界和平受到威脅時，聯合國得依憲章規定實施干涉❼。第三國的介入一國內戰對於和平構成了威脅，聯合國得對此事

---

❹　Res. 2015 (XX) para. 10.

❹　參閱 Wright, The Goa Incident, A. J. I. L., 1962 (56), p. 618.

❷　聯合國憲章第六章。

❸　聯合國憲章第三十九條。

❹　聯合國憲章第二十四條和第二十五條。

❺　聯合國憲章第三十九條，第四十條和第四十一條。

❻　聯合國憲章第十條和第十一條。

❼　聯合國憲章第一條第一項及第七章。

件予以干涉。在聯合國的實踐上更廣及對於「和平的潛在威脅」(Une Menace Virtuelle contre la Paix) 的干涉。換言之，對於未有明顯既存威脅的存在，卻關涉「國際利益」(International Concern) 的情勢，聯合國認為即具干涉的理由❶❹❽。

2.對於非自治領土的獨立運動：當內戰的發生關涉某一非自治領土的獨立運動時，聯合國得依職權干涉❶❹❾。但，聯合國此種干涉管轄權的行使，不得擴大至其他形式的分離運動，尤其是有關政治體制的抉擇問題。

3.合法政府的請求：憲章第二條第七項雖規定不得干涉屬於任何國家國內管轄事件。但憲章不禁止會員國放棄此項國內管轄事件不受干涉的權利。準此，一國合法政府於內戰發生時，得請求聯合國實施干涉，例如在剛果和塞普路斯的情形。

4.人道干涉：在內戰中，聯合國得為人道上的理由而實施干涉，尤其是關涉軍事行動的行為與方式的戰爭法規問題。

❶❹❽　參閱 D. Schachter, A Legal Analysis of the U. N. Congo Experience, Proceedings of the A. S. I. L., 1963, pp. 216–223.

❶❹❾　聯合國憲章第十一章。

無因管理　　　　　　　　　　　　　林易典／著

　　本書之主要內容為解析無因管理規範之內涵，並檢討學說與實務對於相關問題之爭議與解釋。本書共分十三章：第一章為無因管理於民法體系中之地位，第二章為無因管理之體系與類型，第三章為無因管理規範之排除適用與準用，第四章至第六章為無因管理債之關係的成立要件，第七章為無因管理規範下權利義務的特徵，第八章至第十章為管理人之義務，第十一章為管理人之權利，第十二章為管理事務之承認，第十三章為非真正無因管理。

繼　承　　　　　　　　　　　　　戴東雄／著

　　本書共分四編，第一編為緒論，包括：民法繼承編立法之原則、制定、修正及現行繼承法財產繼承之特色等。第二編為遺產繼承人，包括：法定繼承人之範圍、順序及其應繼分、代位繼承之要件與效力、繼承權喪失之事由以及真正繼承人對自命繼承人行使繼承回復請求權等。第三編乃遺產之繼承，包括：繼承人可繼承之標的物範圍、繼承費用、酌給遺產及共同繼承等。第四編為遺產繼承之方法，包括：遺產之分割、繼承之承認、拋棄繼承及無人承認之繼承等。在本書各編之重要章次之後及附錄，並提出實例，以邏輯之推演方法，解決實際之法律問題。

物權基本原則　　　　　　　　　　　陳月端／著

　　本書主要係就民法物權編的共通性原理原則及其運用，加以完整介紹。近年的物權編修正及歷年來物權編考題，舉凡與通則章有關者，均是本書強調的重點。本書更將重點延伸至通則章的運用，以期讀者能將通則章的概括性規定，具體運用於其他各章的規定。本書包含基本概念的闡述、學說的介紹及實務見解的補充，更透過實例，在基本觀念建立後，使讀者悠遊於條文、學說及實務的法學世界中。

Civil Law
法學啟蒙　民法系列

論共有　　　　　　　　　　　　　　　温豐文／著

　　本書分別就共有之各種型態——分別共有、公同共有、準共有以及區分所有建築物之共有等，參酌國內外論著及我國實務見解，作有系統的解說，期使讀者能掌握共有型態之全貌，瞭解共有制度之體系架構。在論述上，係以新物權法上之條文為對象，闡明其立法意旨與法條涵義。其中，對共有制度之重要問題，如應有部分之性質、共有物之管理方法等，特別深入分析，舉例說明，以增進讀者對抽象法律規範之理解，進而能夠掌握其重點，並知所應用。

保　證　　　　　　　　　　　　　　　林廷機／著

　　想多了解保證之法律制度，卻因為法律條文太過龐雜，專業之法律教科書又太過艱深，讓您「不得其門而入」嗎？

　　龐雜的法律條文常令剛入門的學習者產生「見樹不見林」、「只知其然，不知其所以然」的困惑。本書以淺顯的用語，引導讀者領略保證契約之「意義」、「成立」、「效力」，並輔以圖示說明當事人間權利義務關係。建立基本觀念架構後，再進一步探究特殊種類保證與實務操作模式，相信您也能成為保證達人！

法律行為　　　　　　　　　　　　　　陳榮傳／著

　　本書討論法律行為的基本問題，筆者儘量以接近白話的語法寫作，並降低各種法學理論的爭辯評斷，以方便初學者入門。此外，為使讀者掌握相關司法實務的全貌，筆者在寫作期間蒐集、參考了數百則實務的裁判，並在內文中儘可能納入最高法院的相關判例及較新的裁判，希望藉由不同時期的案例事實介紹，描繪出圍繞著這些條文的社會動態及法律發展，讓讀者在接受真正的法律啟蒙之外，還能有一種身在其中的感覺。